AF752760

Le *care*, face morale du capitalisme

Assistance et police des familles en Amérique latine

P.I.E. Peter Lang
Bruxelles · Bern · Berlin · Frankfurt am Main · New York · Oxford · Wien

Blandine Destremau et Isabel Georges (dir.)

Le *care*, face morale du capitalisme

Assistance et police des familles en Amérique latine

Action publique
Vol. 15

Cet ouvrage est issu des résultats finaux du projet LATINASSIST – ANR Les Suds II (2011-2014) présentés lors du Séminaire international « Gouverner les pauvres en Amérique latine : gérer les femmes par l'assistance », réalisé en février 2014 à l'UMR 201 « Développement et sociétés », à Nogent-sur-Marne, avec le soutien de l'ANR et de l'IRD.

Cette publication a fait l'objet d'une évaluation par les pairs.

Toute représentation ou reproduction intégrale ou partielle faite par quelque procédé que ce soit, sans le consentement de l'éditeur ou de ses ayants droit, est illicite. Tous droits réservés.

© P.I.E. PETER LANG s.a.
Éditions scientifiques internationales
Brussels, 2017
1 avenue Maurice, B-1050 Brussels, Belgium
www.peterlang.com ; brussels@peterlang.com

ISSN 1783-6077
ISBN 978-2-8076-0532-9
ePDF 978-2-8076-0533-6
ePub 978-2-8076-0534-3
Mobi 978-2-8076-0535-0
DOI 10.3726/b12053
D/2017/5678/82

Information bibliographique publiée par « Die Deutsche Bibliothek »

« Die Deutsche Bibliothek » répertorie cette publication dans la « Deutsche National-bibliografie » ; les données bibliographiques détaillées sont disponibles sur le site <http://dnb.ddb.de>.

Table des matières

Remerciements et dédicace

Cet ouvrage est issu d'un financement ANR SUDS II, pour un projet intitulé *Offre institutionnelle et logiques d'acteurs : femmes assistées dans six métropoles d'Amérique latine.* L'aventure du projet LATINASSIST (2010 – 2014) s'est révélée intense et riche, tant humainement qu'intellectuellement. Plus que de remerciements, il s'agit ici d'une gratitude envers ce collectif qui a fonctionné dans la générosité et le partage, garants de la constitution d'une grande intelligence collective et d'une bienveillance dans les échanges.

Nous souhaitons remercier deux personnes qui nous ont aidées lors des moments sensibles et denses de notre parcours : Beatriz Maida Paca, qui a été notre stagiaire, puis notre assistante, en particulier lors de l'organisation du colloque final. Et Aimée Zeitz, qui s'est embarquée dans le projet au moment du colloque également, a traduit un des chapitres et a accompagné la relecture des textes.

Nous remercions aussi Emilie Jacquemot et Carmen Mata, du laboratoire IRIS, qui ont su mettre leur professionnalité et leur rigueur au service de la construction du manuscrit, étape délicate dans la menée à bien d'un projet d'ouvrage collectif. Et également Jean-Charles Boulanger d'avoir relu ce texte avec attention pour en extirper les erreurs et coquilles.

Finalement, nos pensées émues vont à Bruno Lautier, qui nous a quittés le 4 février 2013, et avait été un des initiateurs du projet. Sa joie était grande de pouvoir rassembler autour de lui, et autour de questions qui lui tenaient à cœur depuis longtemps, un bon nombre de ses anciens doctorants. Il n'en aura pas vu l'achèvement. Elles vont également à Marguerite Bey, décédée le 22 novembre 2012, qui avait investi dans ce projet son énergie et son intelligence, forgée par de longues années de recherche. Nous souhaitons leur dédier ce livre.

L'origine du livre

Cet ouvrage est un des fruits de l'aventure collective qu'a été le projet LATINASSIST – ANR Les Suds II (2011-2014), dans lequel participaient six équipes nationales (Argentine, Brésil, Chili, Colombie, Cuba, Mexique). Le choix de ces pays a été motivé d'une part par la qualité des liens des chercheurs avec les coordinateurs initiaux du projet – pour un certain nombre ses anciens étudiants à l'Université de Paris I – IEDES, qui avaient trouvés des postes dans leurs pays d'origine[1]. D'autre part, la plupart de ces pays ont bénéficié, pendant cette période, d'une conjoncture politique de gouvernements dits « de gauche » et de ce fait de politiques sociales « plus volontaristes », incitant à l'analyse. Celles-ci contrastent avec la conjoncture précédente des années 1990, marquées par les politiques néolibérales qui ont accompagné le retour à la démocratie après la fin des régimes dictatoriaux et/ou militaires dans la région, ainsi qu'avec ce « retour en arrière » que nous vivons dans la région actuellement.

Ce projet a permis de mettre en lumière non seulement la variété des formes d'appropriation des acteurs de l'offre des politiques sociales latino-américaines, mais également la dimension de genre contenue dans ces politiques, qui s'impose à l'analyse théorique. Nous sommes entrés dans le projet en construisant une focale sur « les femmes[2] » (destinataires et agentes de l'assistance) et leur place dans ces politiques ; notre titre initial était ainsi : « Offre institutionnelle et logiques d'acteurs : femmes assistées dans six métropoles d'Amérique latine ». Notre travail collectif nous a permis de passer d'études sur les femmes à des analyses sur les relations de genre incorporées dans et reproduites par les politiques d'assistance, et d'élaborer des réflexions en termes de rapports sociaux de sexe, génération, classe et race. Plus largement, nous avons été amenés à nous interroger sur la place du travail du *care* dans le capitalisme contemporain, dans ses configurations locales observées.

Le projet initial a été construit autour de six équipes territoriales, engagées sur des terrains dans six métropoles ou villes : Buenos Aires, São Paulo/São Carlos, Santiago de Chile, Bogotá, La Havane, Guadalajara. Les chercheurs y ont adopté des objets de recherche diversifiés, tous en rapport avec des politiques d'assistance et/ou sociales. L'élaboration progressive, au sein du projet, d'axes problématiques transversaux, qui coupaient au travers des équipes nationales/régionales et faisaient sens de la diversité des objets, a

[1] Un ouvrage collectif chez Karthala marque le point de départ intellectuel du projet (Borgeaud-Garciandía *et al.*, 2009).

[2] De ce fait, bien que la plupart du temps, les acteurs analysés sont des actrices, nous n'employons pas systématiquement la forme grammaticale féminine, sauf si cela change le sens de la phrase, pour faciliter la lisibilité du texte.

constitué un enjeu clé de notre démarche. Le déplacement du regard, comme la variation des échelles d'analyse, ont constitué des outils épistémologiques centraux de la démarche d'enquête « compréhensive ».

Par tâtonnement, en particulier lors de nos rencontres d'équipe (deux à Paris, une à Guadalajara (Mexique), une à São Carlos (Brésil), mais aussi lors d'autres rencontres scientifiques (colloques, congrès), se sont ainsi élaborées trois perspectives problématiques, au sein desquelles la comparaison entre terrains s'est progressivement tissée, en mobilisant les ressources de la pluralité des disciplines des « latinassistologues » (sociologie, économie, anthropologie, science politique). Les trois parties de cet ouvrage sont ainsi le produit d'une démarche méthodologique articulant la variation des niveaux d'analyse, la confrontation des différentes réalités nationales et la réflexivité méthodologique, formalisées lors d'une journée consacrée à la méthodologie la veille du colloque final.

Les équipes du projet ont été affectées par deux décès : celui de Bruno Lautier, coordinateur initial du projet, et celui de Marguerite Bey, qui coordonnait l'équipe mexicaine et avait considérablement contribué au suivi scientifique et administratif du projet. Profondément ébranlés, les « latinassistologues » ont néanmoins su se réorganiser et poursuivre leurs travaux. Les équipes ont par ailleurs intégré de nouveaux membres, dans le cadre de travaux universitaires et/ou de nouveaux projets de recherche qui se sont articulés à LATINASSIST. Nous souhaitons remercier ici en particulier Beatriz Maida Paca, qui a été l'assistante du projet pendant plusieurs mois et Aimée Zeitz, qui nous a aidées à préparer et réviser ce manuscrit.

Photographie : *Maïté Baldi. Colombie, 2012.*

INTRODUCTION

Gouverner les pauvres en Amérique latine

Gérer les femmes par l'assistance

Blandine DESTREMAU
Centre National de la Recherche Scientifique (CNRS),
Institut de recherches interdisciplinaires sur les enjeux sociaux (IRIS)/
École des Hautes Études en Sciences Sociales (EHESS), Paris

Isabel GEORGES
Institut de recherche pour le développement (IRD),
UMR 201 « Sociétés et développement », Nogent-s-Marne
et Université de São Paulo (USP)/Université fédérale
de São Carlos (UFSCar), Brésil

> Vous êtes ici non pas parce que vous vous êtes inscrits, mais parce que vous avez obtenu un bon score [...]. Applaudissez-vous ! [...] Par conséquent, vous êtes des privilégiés. Nous aimerions que toutes les familles y aient droit, mais ce n'est pas possible ; donc, estimons-nous heureux d'être privilégiés, parce que quelqu'un va nous aider à améliorer notre qualité de vie ! [...] Cette intervention est menée à bien par un agent que l'on appelle *apoyo familiar* [appui familial], c'est la jeune fille qui vient chez vous et frappe à votre porte. Elle peut vous aider dans toutes les dimensions de votre vie (Rojas 2012, p. 175).

Ces termes sont extraits du discours d'une responsable municipale du programme *Chile Solidario*[1] lors d'une « cérémonie d'intégration » de familles sélectionnées pour en devenir bénéficiaires. Elle est significative de l'idée principale qui guide cet ouvrage. Le développement, depuis les années 1980, de formes néo-libérales de capitalisme (Harvey, 2010 ; Laval, Dardot, 2010 ; Lascoumes, Le Galès, 2012) dans la plupart des pays d'Amérique latine, s'est accompagné de *politiques morales* qui

---

1 Sur lequel Carolina Rojas Lasch a réalisé son travail de Doctorat en Sociologie (Rojas Lasch, 2015).

répondent aux critiques de ceux qui se veulent les représentants des victimes des politiques de réduction des dépenses publiques. Conduites dans le sillage des ajustements structurels, ces politiques sont devenues hybrides, associant la réduction de la pauvreté et sa transformation en marché. Par ailleurs, des scandales de corruption ne cessent de fissurer les édifices démocratiques.

Justifiées dans un premier temps par une rhétorique de la lutte contre la pauvreté et la nécessité d'inclusion des pauvres dans la croissance économique, ces politiques se sont progressivement mues en *politiques de la vulnérabilité*. La vieille distinction entre pauvres valides et invalides s'est ainsi cristallisée en deux trains de politiques publiques distinctes, relayés par une nébuleuse d'acteurs hybrides, publics, privés ou semi-privés. D'un côté, les pauvres employables ou activables (Bennholdt-Thompson, 1988 ; Colomb, 2012 ; entre autres), sont gouvernés essentiellement par des incitations économiques, dont le registre moral est celui de la responsabilité et l'indépendance à l'égard du marché. De l'autre, des « vulnérables », « pauvres désarmés » qui ne peuvent subvenir à leurs besoins par l'activité productive (Lautier, 2013 ; Thomas, 2010), soit qu'ils relèvent eux-mêmes de la « handicapologie » (Castel, 1995), soit qu'ils sont engagés dans le soin de personnes dépendantes – enfants et/ou personnes âgées et handicapées. Si le paradigme de l'entrepreneuriat de soi les concerne aussi (Donzelot, 1994 ; Machado, 2002), c'est essentiellement dans un registre moral et pédagogique.

Cet ouvrage explore le monde des « nouvelles » politiques d'assistance enracinées dans des discours compassionnels et des logiques réciprocitaires. Aussi diversifiées qu'elles puissent être selon les pays, dispositifs et étapes historiques, ces politiques puisent au registre d'une double éthique de la responsabilité et du *care*[2], articulée par des mécanismes pseudo-contractuels, encadrant le déploiement de travail reproductif et informée par des dispositifs de contrôle de proximité. Ce monde, fondé sur

[2] Sans prétendre vouloir refaire ici la généalogie du terme à partir des publications originaires d'auteures comme Carol Gilligan (1982) et Joan Tronto (1993), déjà realisée par ailleurs (Paperman, Laugier, 2006 ; Molinier, Laugier, Paperman, 2009 ; Molinier, 2013, entre autres), il suffit de signaler que nous l'employons dans une acception large, incluant un ensemble d'activités extrêmement hétérogènes, dans leur majeure partie liées à la reproduction et accomplies par des femmes, allant du travail du *care* aux personnes, en passant par l'industrie du sexe (Parreñas, 2012) jusqu'au travail domestique, mais pouvant s'étendre à d'autres activités de service et à la relation de dépendance qui peut s'établir entre différentes catégories professionnelles, comme le médecin et l'infirmière, par exemple (Molinier, 2013).

l'évitement du conflit social, construit ses figures et rôles : d'un côté les bénéficiaires, essentiellement des femmes, qui prodiguent des soins dans un cadre domestique et familial ; de l'autre des (quasi) professionnelles du social, du psychosocial, et de l'aide à domicile, encore des femmes, qui font fonctionner ce qui apparaît comme des politiques du *care*. Nous montrons cependant la porosité des frontières entre les différents rôles.

Le « travail » des professionnelles du social est fondé sur la transversalité des rôles sociaux des femmes pauvres, qui, en professionnalisant leurs fonctions traditionnelles de *care*, prolongent la régulation/gestion morale des pauvres au-delà de la sphère publique. Les unes mettent les autres au travail, engendrant des micro-différenciations sociales. Dans cette reconfiguration du « social », ce sont les femmes qui sont responsabilisées non seulement pour la reproduction des familles, mais pour la moralité de l'ensemble des membres du groupe familial, tous âges et sexes confondus. Dans ce schéma, il n'y a plus de raisons de protéger les hommes des effets néfastes des politiques néolibérales puisque les femmes assurent la reproduction biologique et sociale. Il s'agira cependant toujours de politiques (services) réalisées par des pauvres, pour des pauvres. Si, d'un côté, ces politiques trient les « bons » et les « mauvais » pauvres, leurs formes d'opérationnalisation estompent les catégories analytiques des sphères publique et privée. L'intérêt public disparaît au bénéfice des intérêts d'acteurs particuliers.

C'est ainsi que nous proposons ici une analyse en termes de consolidation, sous le paradigme hétéroclite de « programmes de transferts conditionnels », et plus généralement d'un éventail de politiques sociales d'assistance (non contributives), d'une face morale du capitalisme instituant une police des familles. Cet éventail relève d'une configuration plus large, incluant des politiques répressives socio-éducatives et des incitations financières et comportementales, qui concourent au « gouvernement moral des pauvres ».

Nous tenons à souligner que les contradictions et ambiguïtés sous-jacentes qui ont marqué les politiques (sociales) au cours de la période allant globalement du début des années 2000 jusqu'aux années 2010 (avec un certain étalement dans le temps, et différentes réactions des pays latino-américains à la crise des *Sub-primes* de 2008) constituent *a posteriori* un des principaux résultats de notre recherche. Cette période, qui a été considérée comme « volontariste » et marquée par des gouvernements « de gauche » en Amérique latine, a en effet aussi été imprégnée par un certain nombre d'injonctions contradictoires[3]. Ces dernières ont contribué au retour en arrière brutal que traversent ces pays à l'heure actuelle, en ce qui concerne la reconnaissance d'un minimum de droits sociaux et de l'intérêt public. C'est du moins l'hypothèse qui se dégage après-coup de l'ensemble d'études empiriques que nous présentons ici.

Les politiques sociales à l'ère néolibérale : un État qui prend soin

Contrairement à l'époque de l'après-guerre, et de l'avènement de la période des « trente glorieuses » en Europe, les politiques sociales à l'ère néolibérale se caractérisent par un social qui a été durablement reconfiguré par l'acceptation de l'idée d'une crise permanente du travail, et l'existence de travailleurs et travailleuses « surnuméraires ». En Amérique latine (sauf ici dans le cas de Cuba), ladite société salariale n'a jamais été généralisée. Dans ce sens, ces politiques constituent la réponse donnée en termes de gouvernementalité à une demande sociale qui émane de territoires aux trajectoires et aux conjonctures radicalement distinctes. L'objectif de ces politiques n'est pas de créer du travail salarié pour tous, mais plutôt de socialiser cette « armée de réserve » de sujets qui ne sont pas – et ne seront jamais – pleinement employables. Ce faisant, l'État se décharge de sa responsabilité (morale, éthique, politique) pour leur bien-être. Voici le rôle, ou la « fonction sociale » de ces « nouvelles » politiques sociales « déterritorialisées » dans le sens où elles sont fondées sur une représentation de la nature de la demande comme étant homogène, indépendamment de ses variations sociales et territoriales.

Cette manière de produire de l'ordre et de l'intégration sociale s'effectue toutefois de manière contrainte : le paradigme de « l'entrepreneuriat de soi » rend inopérantes les distinctions entre les sphères privée et publique, issues d'une autre ère. En effet – et c'est en cela que ces politiques sont caractéristiques d'une nouvelle phase du capitalisme mondialisé – ces formes de mise au travail de ceux et celles qui n'en ont précisément pas,

3 À titre d'exemple, cette période qui a été qualifiée au Brésil de « Luliste » par certains auteurs (Singer, 2016), a été marquée par une combination entre deux formes de consensus : un consensus actif des mouvements sociaux et de quelques leaders syndicaux, avec un fort ancrage politique ; et un consensus passif produit par une réduction relative des inégalités sociales, et surtout de la pauvreté. Cette dynamique a été inversée au cours des six mois qui ont suivi le coup d'État parlementaire et le renversement de la présidente Dilma Roussef du Parti des Travailleurs (PT) en mai 2016.

concernent l'ensemble des sphères de la vie, y compris la sphère familiale. Le capitalisme, avec sa tendance à s'approprier, et à rendre lucratifs des domaines qui précédemment lui avaient échappé, a ainsi encore amplifié son étendue (Harvey, 2010). Les efforts pour se montrer digne de recevoir l'aide de l'État sont à fournir par les sujets conformément au rôle social qui leur a été (ré)attribué.

Les politiques sociales – et *a fortiori* les « programmes de transferts conditionnels » – réassignent, dc façon coercitive, des fonctions sociales distinctes aux sujets sociaux, hommes et femmes, d'âges, de niveaux de qualification et d'expériences différents. Ces politiques vont de pair avec les politiques économiques néolibérales. Si le « nouvel esprit du capitalisme » correspond bien à une manière de réduire l'accès au travail salarié, privilège réservé à une petite fraction de la population, il laisse dans la pratique à l'État la charge de prendre soin des « inaptes » – sans toutefois déclarer cette subvention publique à l'initiative privée (Boltanski, Chiapello, 1999). Ainsi, au niveau du discours la rationalité néolibérale (Dardot, Laval, 2009) domine, même si les pratiques de prise en charge (ou non) des inaptes au travail divergent selon les contextes et les périodes. Les politiques sociales ont, à l'ère néolibérale, la fonction de recréer un cadre « socialisant » au moindre coût – sans création de droits universels et sans fonction redistributive *a priori* – afin d'inciter les hommes comme les femmes à accomplir leur fonction sociale respective (Cabanes, Georges, 2014), variable selon le cadre sociétal. De ce fait, en cas de réception d'une prestation, celle-ci peut être interprétée par les intéressé.e.s, souvent des femmes, comme relevant du « hasard », d'un coup de chance ou encore de la « grâce de Dieu » (Ceballos, 2015 et dans ce volume).

Dans ce sens, le « compromis de gouvernement au croisement des politiques sociales et néolibérales » (Cabanes, Georges, 2014) qui caractérise cette période en Amérique latine, permet de produire de l'adhésion, de la légitimité, de la reconnaissance, mais aussi du clientélisme politique et social. Il contribue à développer un secteur du social au sein duquel croissent les professions, les emplois, les subventions. Ces politiques s'adressent directement à l'individu, de façon rapprochée, *attentionnée* : l'État et les divers échelons de pouvoir et d'action publics se présentent comme soucieux, compassionnels, *caring*. Ce que Berndt qualifie de « libertarian paternalism as a policy script that is capable of overcoming both the perceived shortcomings of the interventionnist state and the self-regulated market » (2015 : 3), et qui n'exclue pas la violence, la menace, la répression (Morice, 1999).

Les politiques d'assistance et de contrôle *modernes* des pauvres ont toujours combiné attribution de tâches et rôles socio-économiques, encadrement répressif et police de l'ordre familial (Chevalier, 1958 ; Donzelot, 1984 ; Merklen, 2009 ; Wacquant, 2004). Un tournant a eu lieu pendant les années 1990, consacrant la notion d'« investissement social » : ces politiques publiques intègrent l'idée de mieux rentabiliser les interventions à l'égard des pauvres, considérées comme des postes de dépense « passives », et à les incorporer à la logique capitaliste d'accumulation par le marché et de financiarisation. Une sélection, ou segmentation, s'opère entre pauvres susceptibles de produire du travail productif, et pauvres « dés-économisés », réservés au travail reproductif, voire à aucun autre travail que le travail sur soi. Entre les deux, les travailleurs du social, dont le rôle est de mettre chacun et chacune à sa place et d'insuffler à tous le sens de ses responsabilités. Dans ce contexte, un rôle spécifique a été réservé aux femmes pauvres.

L'ouvrage que nous présentons ici se situe donc sur un territoire particulier du néolibéralisme et de ses politiques sociales, contigu aux incitations faites aux « pauvres » à s'intégrer dans les marchés du travail, et contigu également aux politiques répressives (Feltran, 2014). Main gauche de l'État (Bourdieu, 2012), fermement armée de principes moraux et de convictions pédagogiques de la responsabilité individuelle, les politiques sociales néolibérales se rattachent, selon Loïc Wacquant (2010 : 151), à « une spécification sociologique "épaisse" du néolibéralisme qui englobe la supervision par le *workfare*, un état pénal proactif et le trope culturel de la "responsabilité individuelle" ».

Nous mettons en lumière comment ces politiques investissent le territoire de la reproduction sociale, enjoignant aux femmes populaires de remplir de façon responsable et *morale* leur rôle de productrices et reproductrices d'êtres humains socialisés – et disponibles pour les marchés du travail et de la consommation ; et leur rôle de productrices et reproductrices d'un ordre social et d'un ordre moral. Nous montrons également comment ces rôles peuvent s'articuler avec d'autres processus de subjectivation et de production de consentement, voire de soumission. Mais aussi comment ce territoire constitue une pièce du système néolibéral, tant du côté moral, que pratique, qu'encore comme secteur à fort potentiel marchand, et susceptible de produire des consommateurs.

Notre principal résultat scientifique est que les politiques de réponse aux questions soulevées par le travail reproductif et son éthique, et plus largement les nécessités *politiques* de prise en charge du soin aux dépendants et de l'éducation des enfants, dans le cadre du paradigme d'investissement social, débouche sur des politiques de captation, de répartition et de mise à disposition de travail de *care*, destinées avant tout aux femmes des classes populaires. Avatar de ce que Donzelot appelait « la police des familles », écho manifeste de l'invention de la femme au foyer qui a constitué une étape décisive du développement capitaliste, et imprégnées de « néo-familialisme » (Chauvière, 2006)[4], ces politiques publiques tendent à instaurer un ordre social et moral qui permette la reproduction sociale et économique. Cet ordre repose sur une division du travail entre sexes, générations et classes sociales, traverse la famille, qui en est la cellule clé de mise en œuvre, et en extrait la « plus-value », rendue gracieusement. Elles reposent sur la construction du consentement des destinataires à des mesures émanant d'institutions qui se soucient des gens, prennent soin d'eux, qui leur prêtent attention : du *care* public qui produit du *care* privé.

Ces interventions sociales sont devenues de plus en plus comportementales[5], sous-tendues par une technologie sociale très sophistiquée, nourrie des connaissances en neurosciences, qu'on aurait pu qualifier de manipulatoires en d'autres temps, mais qui s'affranchissent du fait des « bonnes causes » qu'elles servent ainsi (Banque mondiale, 2015 ; Servet, 2015). Pour Berndt (2015), « [the behavioural approach shifts the focus] from the market to the market subject, that is, from market failure to behavioural failure, and from market regulation to

---

4 Pour Chauvière (2006, p. 1), « Le familialisme est une forme d'action publique, marquée par l'hypertrophie de la raison familiale dans la conduite des affaires publiques, ce qu'il faut comprendre bien au-delà de la gestion de la seule sphère domestique ou des seules prestations familiales. C'est le choix, dans certaines conditions historiques, de faire de la famille – et non pas seulement l'individu (homme, femme ou enfant) – l'unité référentielle de politiques publiques visant aussi bien les questions de population, de protection, de redistribution, etc., de la considérer comme la médiation principale entre l'État et les citoyens voire, par extension, un modèle de société "démocratique" valable pour la vie politique tout entière, concurremment à l'individualisme citoyen ». Si la dimension familialiste des politiques sociales est présente à Cuba également, c'est plutôt de façon implicite, par défaut de capacité des politiques publiques à décharger les familles des besoins reproductifs (Destremau, 2015).

5 On peut notamment se référer à Harrison, Sanders (2014) ; Tabin *et al.* (2008) ; Chelle (2012) ; Destremau, Lautier (2014), parmi bien d'autres.

behavioural engineering » (p. 3). Changer les gens (Wacquant, 2010), et en particulier les femmes, dans un contexte d'articulation discursive entre arriération et marginalité perçues (Berndt, 2015 : 4), pour organiser le travail reproductif au sein des ménages, c'est ce à quoi œuvrent pour bonne part les politiques et programmes étudiés dans cet ouvrage.

Or, si les enjeux de *care* se posent aujourd'hui dans un cadre renouvelé, les réponses que leur donnent les politiques publiques de par le monde sont diverses, articulant des contributions du marché, des pouvoirs publics, de la famille proche et de la communauté au sens plus large (voisinage, société civile, etc.). Ce *care diamond* se module également selon les milieux sociaux, le degré de professionnalisation des femmes, les degrés de socialisation des prises en charge, et les arbitrages entre marchandisation et démarchandisation des forces de travail, toutes choses largement étudiées, du moins dans les pays du Nord (Simonet, 2010 ; Hochschild, 2012). Si cet ouvrage porte donc sur des « cas » latino-américains, de nombreux travaux indiquent qu'il s'agit là d'un scénario qui se déploie dans de multiples pays du Sud et du Nord, avec des variantes propres aux espaces nationaux et à leurs interrelations.

L'Amérique latine, laboratoire d'une nouvelle génération de politiques *conditionnelles* d'assistance

L'Amérique latine est considérée par les chercheurs en politiques sociales – tout au moins ceux qui échappent à un occidentalo-centrisme parfois coriace – comme un laboratoire de politiques publiques. En particulier de la fin des années 1990 jusqu'au milieu de la présente décennie, à l'exception notoire de Cuba, l'État social signe son « retour », au confluent d'une reconnaissance des revendications de mouvements sociaux (Georges ; Lima, dans ce volume), y compris féministes (Santos, dans ce volume), d'une dette sociale des États-nations envers leurs populations[6] et du régime capitaliste néolibéral

[6] Cette dette procède des révolutions industrielles qualifiées de « miracle » (brésilien, chilien), réalisées au prix d'une intense exploitation des travailleurs (Oliveira, 1972 ; Sader, 1988). Francisco de Oliveira (1972) a été un des premiers auteurs à avoir mis en évidence la fonctionnalité du maintien des inégalités sociales et régionales pour permettre l'accumulation capitaliste. Dans des contextes comme celui du Brésil, l'exploitation des travailleurs s'est faite notamment par la non-prise en charge par l'État ou les entreprises des conditions minimales de reproduction sociale. La construction des logements, la lutte pour l'accès à l'éducation, la santé, le transport et plus généralement le défrichement des périphéries des grandes villes brésiliennes

actuel (Dagnino *et al.*, 2006). Ce « retour » a été marqué par l'extension d'une nouvelle génération de politiques conjuguant protection sociale, développement social et lutte contre la pauvreté. Parmi ces politiques hétérogènes, proposant différents types d'incitations, les « programmes de transferts conditionnels » occupent une place particulière : en dépit de leur diversité (Ceballos, Lautier, 2013), un large consensus s'est établi quant à leur bien-fondé.

Si le développement économique des pays sous-développés constitue la raison d'être de la Banque mondiale depuis les années 1970, l'investissement dans le capital humain, comme réaction aux conséquences sociales des politiques néo-libérales, dès les années 1990, ces politiques ont été préconisées par des organisations internationales (ONU, BM) d'une part pour rendre moins choquante la pauvreté apparente dans ces démocraties encore jeunes d'Amérique latine, et d'autre part, pour « rendre rentable » la génération des femmes plus âgées, peu qualifiées, si ce n'est sur le marché du travail, du moins dans leur *care* dédié à la génération suivante. En Amérique latine, ces politiques sont vues comme un moyen efficace pour contraindre et récompenser les « bons » pauvres, légitimant la logique méritocratique, colonne vertébrale du capitalisme englobant. Sur le marché politique interne, dans ces pays où le retour à la démocratie constitue encore un acquis récent – de nouveau remis en question dans certains, comme au Brésil –, il s'agit par ailleurs d'un argument électoral important (Georges, Ceballos, 2014). Que l'État reconnaisse des pauvres méritant.e.s, longtemps complètement déconsidéré.e.s ou objets d'actions charitables, constitue en effet toujours un acquis politique bien qu'instable et soumis à de nouvelles politiques d'austérité.

Ainsi, il s'agit typiquement d'un artefact politique qui recouvre une grande diversité de pratiques et de formes d'appropriation par une nébuleuse d'acteurs nationaux et internationaux, mais qui a réussi à créer un consensus remarquable (Lautier, 2010). Au tournant des années 2010, ces politiques sont présentées comme une solution « paradigmatique », un moyen peu couteux, pourvu d'une visibilité et d'un rendement politique élevés, dans la lutte contre la pauvreté, technologie sociale largement exportée (vers l'Afrique, notamment, mais aussi l'Asie).

La complexité de l'offre institutionnelle d'assistance rend cependant difficile de circonscrire et isoler un programme ou une politique pour en

---

a ainsi reposé *quasi* exclusivement pendant longtemps sur l'initiative collective des travailleurs et travailleuses, et notamment des femmes, l'« auto-construction » des logements par l'entraide, ou *mutirão*, en étant un des exemples les plus connus.

faire un objet d'étude, d'autant que les registres terminologiques dessinent des territoires brouillés. D'un côté, une homogénéisation apparente, qui déborde largement l'Amérique latine : on peut qualifier d'illusion linguistique l'émergence d'un vocabulaire consensuel (Lautier, 2010) de « mots plastiques » (Poerksen, 1995) autour de ces programmes qualifiés génériquement de *Conditional cash transfert programmes*, dont une analyse systématique révèle les dimensions d'imaginaire politique, de creuset de certaines formes de citoyenneté, et ses relations aux formes propres du politique (Borgeaud-Garciandía *et al.*, 2009 ; Cartier-Bresson, Destremau, Lautier, 2009). De l'autre, de la différenciation : par-delà la terminologie commune, il ne s'agit pas des mêmes dispositifs : d'un pays à l'autre, l'« empreinte des origines » (Merrien, 1990), les formes de circulation, de réception, de « traduction » et « d'adaptation » de certaines politiques sociales, leur confèrent des caractéristiques nationales, voire régionales marquées (Lautier, 2012 ; Merrien *et al.*, 2011 ; Ceballos, Lautier, 2013 ; Georges, Santos, Araújo, 2015). Il n'est ainsi pratiquement plus question de « politiques publiques » mais de « programmes », liés à un gouvernement, à ses engagements, ses performances et sa temporalité (Hibou, 2013). Ces « cités par projets » (Boltanski, Chiapello, 1999) développent leurs terminologies, qui se greffent, se combinent et dessinent des frontières d'inclusion et d'exclusion. Les politiques sociales cubaines, quant à elles, sont aussi marquées par une terminologie particulière, qui a forgé une culture commune, ébranlée par les bouleversements progressifs et profonds que traverse l'Ile depuis un quart de siècle (Destremau, dans ce volume).

Les usages locaux de mots se déplacent pour participer à la construction d'espaces cognitifs et discursifs étayés d'artefacts (Jaramillo, dans ce volume) révélant toutefois, à l'examen, prises de distance et résistances (Peñafiel, dans ce volume). Dans les textes de cet ouvrage, dont la plupart a été originellement écrit en espagnol ou portugais, nous n'avons pas systématiquement tenté d'homogénéiser ces termes, dont la forme française demeure marquée par l'empreinte des différentes traditions académiques, de l'auteur, de sa culture, et de celle de son traducteur ou sa traductrice : ces mots sont parfois traduits par « bénéficiaires » ou « usagers », « assistance » ou « transferts conditionnels de fonds », « aide » ou « soin », ou encore « *care* », etc.

Mais c'est également d'un programme à l'autre, d'un public cible à l'autre, sur fond de postulat commun – relevant globalement de « l'activation » et des « conditionnalités » –, qu'il se passe des choses différenciées. C'est dans cet espace d'entre-deux que se situent les contributions à cet ouvrage, qui entreprennent de mettre au jour les mécanismes sous-jacents de certaines de ces interventions sociales à partir de l'étude de la pratique des différents acteurs et actrices qui participent à leur mise en place, pour en expliciter certaines des logiques d'action, des configurations relationnelles (familiales, sexuelles, sociales) et des usages – instrumentalisation, détournement, justification, résistance. En prêtant attention aux rapports sociaux de sexe, de classe, d'âge et d'origines ethniques[7], imprégnant les relations concrètes à l'œuvre dans les opérations des projets, ces travaux examinent ce que ces politiques mobilisent de positionnements individuel et collectif, de subjectivation, de statut et d'identité sociaux et de stratégies, en particulier de la part des femmes qui en sont destinataires à divers titres (mères de famille, filles de personnes âgées, travailleuses, retraitées, pauvres, etc.).

Loin de rétrécir son périmètre d'action, l'État demeure donc très présent, mais ses modes d'intervention se modifient. Hormis à Cuba, des services publics minimaux sont fournis au moindre coût et les pouvoirs publics tendent à se « décharger » de la responsabilité du bien-être social et économique vers les individus et des organisations privées. Dans ce sens, l'intervention de l'État se réalise au prix d'une hétérogénéisation croissante de l'ensemble des acteurs (Rizek, dans ce volume), d'une financiarisation (Rodríguez, dans ce volume), d'une moralisation (Santos, dans ce volume), d'une bureaucratisation (Hibou, 2013) et d'une technicisation du travail social (Lascoumes, Le Galès, 2005). L'ensemble de ces dimensions configure un obscurcissement des processus démocratiques (Cabanes, Georges, 2014 ; Ceballos, Lautier, 2013). Les politiques sociales, en particulier, associent systématiquement des acteurs institutionnels publics à divers niveaux territoriaux, des organisations internationales, nationales ou locales, privées, marchandes et non marchandes, formant des nébuleuses d'acteurs.trices, engagés à défendre leurs intérêts plus que ceux des pauvres dont il s'agit. Elles mobilisent diversement des registres caritatifs, de droit social ou humain, de contrôle social et de sécurité, de

---

7 Dans cet ouvrage, la dimension ethnique n'est pas traitée explicitement, signe probable d'une « pudeur » ou d'une euphémisation de la part des chercheurs qui y ont contribué. De fait, alors que les relations d'assistance interviennent dans la régulation, voire la naturalisation des rapports sociaux de classe, ces différences sociales recouvrent, la plupart du temps, une forte dimension raciale et/ou ethnique dans ces pays. Or, dans des pays comme le Brésil, le mythe de la démocratie raciale est un des piliers centraux du dispositif de normalisation de la pauvreté, qui repose sur le présupposé idéologique d'une égalité des chances et des sujets au départ, afin de pouvoir légitimer les mécanismes de tri méritocratiques situés au centre du travail d'assistance sociale.

conditionnalités et de contrats, de devoirs et de normes morales, religieuses et bureaucratiques. En outre, elles s'enchevêtrent avec des initiatives variées, visant la promotion des femmes ou de l'activité économique, l'amélioration de la santé ou de l'éducation, la cohésion territoriale ou son contrôle, ou la lutte contre la discrimination.

Deux dispositifs caractérisent ces programmes et services d'assistance dits conditionnels : ceux qui vérifient les *conditions* nécessaires pour permettre l'inclusion des ménages dans le programme ; et ceux qui permettent qu'ils demeurent dans le programme, c'est-à-dire essentiellement les *conditionnalités* qui exigent de la part des bénéficiaires un certain nombre de *contreparties*. Une des spécificités de cette technologie sociale est l'individualisation de l'attribution, et l'effet de subjectivation des contreparties individuelles attendues des bénéficiaires, une autre dimension centrale de ces politiques sociales à l'ère néolibérale.

Les personnes dont cet ouvrage donne à entendre les voix sont pour la plupart des élu.e.s des programmes, présentées comme porteuses d'un *désir*[8] ainsi réalisé. Par l'attribution aux ménages de « points » qui leur permettent d'accéder au statut d'*insider* (du programme) (voir Ceballos ; Maximo e Melo ; Rojas Lasch ; Villarreal et Carillo, dans ce volume), les administrations, travailleurs sociaux et employé.e.s des programmes sont amené.e.s à mettre en œuvre un « processus d'inclusion sélective » (Fassin, 2012 : 17 ; Rojas Lasch, 2012 ; Georges, Santos, 2013 ; Georges, Santos, 2016 ; Georges, dans ce volume ; Lautier, 2009). Nous observons ainsi une nouvelle modalité, extrêmement technologique et dématérialisée, de « gouvernement par les nombres » (Desrosières, 2008), qui a vu, dans les années 1990, l'extension du domaine de la production statistique sur la pauvreté, et corrélativement celui des comparaisons de performances dans la lutte contre la pauvreté (Destremau, Salama, 2002). Les textes présentés ici montrent que tant les États et administrations, que les différent.e.s intermédiaires et les bénéficiaires eux/elles-mêmes, sont pris.es dans l'autorité des indicateurs, mesures et quantifications, sans en comprendre la logique mystificatrice, quelle que soit par ailleurs l'interférence des logiques clientélistes. Mais aussi, ces différents acteurs. trices, notamment les intermédiaires, s'approprient de la puissance légitimatrice des chiffres pour mettre à leur service la production de leur propre demande, démontrer leur utilité et garder leur marché (Georges, dans ce volume ; Georges, Santos, 2013).

---

8 L'on pourrait ainsi filer l'analogie avec les considérations de Lordon (2010), qui se situent essentiellement dans la sphère du travail salarié.

L'entrée d'un ménage dans le programme signe l'adhésion du titulaire bénéficiaire à un contrat, et sa soumission à certaines conditionnalités comportementales, plus ou moins exigeantes, dont le respect est contrôlé par des travailleurs sociaux. L'activité de ces travailleurs et travailleuses s'inscrit, à son tour, dans le dispositif d'opérationnalisation de la politique qui en restreint l'étendue et les marges de manœuvre. Entrer dans le programme n'offre en effet pas de *droit*, pas de garantie d'y rester, qui doit en principe dépendre de la conformité aux conditions – largement comportementales et morales – imposées, déclinaisons de l'« activation » ou d'« incitations »[9]. Imbriquant autonomie paradoxale et des protocoles transactionnels de donnant-donnant ou d'échange, impliquant des gratifications matérielles, relationnelles, affectives, etc. (Carillo, Garnica ; Rojas Lasch, dans ce volume), ces conditionnalités sont censées déboucher sur de « bons comportements », eux-mêmes supposés garants d'une sortie de la pauvreté (avant tout pour la génération suivante ; Santos, 2014). Les femmes, essentiellement en tant que mères, sont en première ligne comme « bénéficiaires » activées vers la responsabilité parentale et le *care*, et pour certaines vers l'emploi et la professionnalisation (souvent aussi dans des professions de *care* ; voir Borgeaud-Garciandía ; Tizziani, dans ce volume). L'efficacité du dispositif psychosocial dissimule la contrainte derrière la construction du désir partagé (par tous les participant.e.s) de satisfaire aux critères requis, et par là de se faire reconnaître, voire de se distinguer (Rojas Lasch, 2015).

En contraste, à Cuba la pauvreté est gérée comme prix à payer pour la révolution socialiste et ses acquis sociaux, économiques et politiques, et donc de façon idéologique avant tout. Le développement de programmes d'assistance ciblés ne permet pas de dire que le gouvernement cubain développe des politiques de lutte contre la pauvreté ni, pour le formuler de façon plus précise, des politiques visant « les pauvres ». « Les pauvres » ne constituent ni une catégorie institutionnelle ou administrative des politiques publiques, ni une catégorie opératoire et pratique des interventions sociales. Non qu'il ne s'agisse que d'euphémisation d'une « question » dont la reconnaissance signerait l'aveu de l'échec des politiques socialistes. C'est aussi que les manifestations concrètes de la pauvreté, et il y en a, n'entrent pas en contradiction avec la frugalité prônée par

9 De nouveau, Cuba se distingue des autres cadres nationaux étudiés ici. L'assistance demeure en dehors des processus de gouvernementalité et d'incitation, et aucune conditionnalité n'est explicite en contrepartie des prestations distribuées par l'assistance, outre le devoir de chacun de se prendre en charge dans la mesure de ses capacités (voir Destremau, 2014a et dans ce volume).

le régime de façon aussi violente que dans un régime consumériste de marché. On peut donc parler de gouvernementalité de la pauvreté comme système de répartition et mise en œuvre d'une conception socialiste de la justice sociale ; mais non de gouvernementalité des pauvres. Ceci dit, les ouvertures marchandes et la montée des inégalités, en engendrant des tensions et en faisant apparaître comme moins « normales » et acceptables les situations de grand dénuement, requièrent un ajustement des discours, justifiant le basculement des normes de justice sociale d'un postulat égalitariste vers un postulat d'entrepreneuriat et d'auto responsabilité (Destremau, 2014b).

Responsabilisation et consentement : économie morale de l'assistance

L'accès ou l'insertion volontaire des assistées (travailleuses et bénéficiaires) à l'assistance se présente, de leur point de vue, comme une alternative, parmi d'autres possibles. Leur adhésion ne constitue pas un droit, mais, dans le meilleur des cas, se présente comme le fruit de leur « travail » moral, de la construction de leurs carrières morales (Georges, Santos, 2013, 2016 ; Becker, 1963). Ce sont bien elles qui s'engagent (ou pas, d'ailleurs), dans une relation d'échange. Dans cette perspective, en prenant l'approche de « l'entrepreneuriat de soi » (Donzelot, 1994) au sérieux, ce serait des pratiques de freinage de leur travail moral qui se configureraient comme des formes de résistance : la réintroduction de la politique (Rancière, 1998) – et non de la police – se ferait donc par ce biais.

À l'exception de Cuba, qui fait ici office de contre-modèle, nos travaux témoignent du caractère disciplinaire des *transactions* instituées par les nouvelles politiques d'assistance. Le propre des conditionnalités et des modes d'intervention psychosociaux qui les mettent en œuvre est cependant de donner forme à des dispositifs où la contrainte se dissimule derrière la logique de « mérite » et de « récompense », l'« enchantement » de technologies et artefacts (Jaramillo, dans ce volume). Axe central de la transaction d'assistance, la responsabilisation apparaît ici comme « un nouveau mécanisme d'inscription subjective de l'emprise de la domination sur les individus » (Martuccelli, 2004 : 470) :

> La responsabilisation se situe à la racine d'une exigence généralisée d'implication des individus dans la vie sociale et à la base d'une philosophie les obligeant à intérioriser, sous forme de faute personnelle, leur situation

> d'exclusion ou d'échec. Il s'agit ainsi moins d'un appel à la responsabilité individuelle que d'une série de processus confrontant l'acteur, puisqu'il a toujours la possibilité de « faire » quelque chose de sa vie, aux conséquences – parfois de plus en plus involontaires – de « ses » actes. (*id.* : 479).

Ces injonctions à la responsabilité s'exercent « par les normes » (Thévenot, 1997), les « standards » (Thévenot, 2009), sans violence apparente, avec le consentement des assistés. Elles prennent appui sur le désir de « membres » de « participer » aux programmes, d'y faire une carrière morale et/ou professionnelle (Georges, dans ce volume), d'avoir leur part, ou de faire part (Peñafiel ; Ceballos dans ce volume) : « l'efficacité sociale de l'aide aux plus vulnérables se mesure désormais à leur degré de *compliance* (acquiescement) » (Thomas 2010 : 201).

L'acceptabilité et la légitimité de ces normes et attentes sont renforcées par la bureaucratisation et l'apparente « neutralité » des procédures (Hibou, 2013) ainsi que par l'appel à des techniques sophistiquées de gestion du social (Lascoumes, Le Galès, 2005). Actées par des *relations* dans lesquelles se jouent des transactions affectives et émotionnelles, ces techniques nouvelles de gestion du social invisibilisent subtilement leur caractère politique, laissant de cette façon plus d'espace à la volonté des individus « de bien faire ». S'opère ainsi, avec la professionnalisation, la normalisation et la bureaucratisation des pratiques d'assistance au sens large comme du travail social, un *shift* des paramètres de référence, qui ouvrent de la place à l'adhésion et la reconnaissance individuelles. Le caractère « néolibéral », et plus « moral » résiderait donc aussi dans cet appel subtil aux formes de mobilisation de soi.

> La *doxa* néolibérale présente le respect de ces normes, règles, procédures bien particulières comme l'expression de la « bonne gouvernance », en voyant dans ces formalités de simples techniques. Elle met l'accent sur l'universalité de la rationalité économique, et plus précisément, entrepreneuriale, sur la dimension technocratique de ce processus et sur son efficacité, sa sécurité et sa moralité, dans une vision dépolitisée du gouvernement qui est une forme très idéologique d'analyse du politique. (Hibou, 2013 : 10).

Or les règles et procédures sont loin de se résumer aux technologies neutres et dépolitisées qu'elles semblent être. Elles mettent en œuvre une économie morale qui constitue une pièce maîtresse de leur efficacité à, précisément « moraliser la misère » (Thomas, 2010 : 158). Ces nouvelles politiques d'assistance, activent, se justifient, se légitiment en effet par l'appel à des normes et valeurs morales plus que par leur efficacité, toujours contestée (Lo Vuolo ; Valencia Lomelí, dans ce volume).

Le concept d'économie morale, dont Didier Fassin et Jean-Sébastien Eideliman (2012) proposent une nouvelle théorisation, nous aide à conceptualiser l'espace des transactions dont il s'agit ici. La définition en est « la production, la répartition, la circulation et l'utilisation des émotions et des valeurs, des normes et des obligations dans l'espace social » (p. 37). « Cette définition », précisent-ils, « accentue plus l'adjectif que le substantif. Elle est une économie *morale.* » Sur les valeurs et les normes, reconnaissant la distinction opérée par la philosophie morale, ils justifient : « les premières renvo[ie]nt à l'appréciation de ce qui est bien et de ce qui est mal (ou meilleur ou pire), les secondes se réfèr[e]nt à des règles, des principes, des obligations (ce qu'il faut ou convient de faire ou ne pas faire). [...] Les valeurs procèdent au moins pour partie de normes et les normes dépendent pour partie de valeurs ». Finalement, « les émotions ne sont pas séparées des valeurs et des normes, [...] notamment sous la forme de sentiments moraux ».

Les nouvelles politiques sociales étudiées ici permettent d'analyser comment « on passe des normes et des valeurs, voire des émotions, qui circulent dans l'espace social, aux représentations et aux pratiques des agents lorsqu'ils sont confrontés à des situations particulières » (Fassin, Eideliman, 2012 : 10). Leur *économie morale* parvient à réduire – en apparence – la dimension politique et la place du conflit à peau de chagrin pour produire une illusion de consensus (Lautier, 2010), ralliant un vaste soutien des organisations internationales, humanitaires et les milieux politiciens qui en promeuvent le modèle. Portées par des médiations religieuses (Santos, 2014), bureaucratiques et professionnelles d'« entrepreneurs de morale » (Becker, 1963) impliqués dans la mise en œuvre des programmes d'assistance (Georges, dans ce volume), ces normes et valeurs travaillent également l'adhésion des bénéficiaires et de la population qui pourrait en être bénéficiaire aux règles qu'incorporent ces programmes (sinon à leurs principes de justice, beaucoup plus obscurs). Elles contribuent fortement à l'adhésion des employé.e.s, professionnel.le.s et bénévoles qui y œuvrent directement ou par sous-traitance. Ainsi, certaines des professionnel.le.s de l'assistance étudiées ici accomplissent dans la pratique un travail de « pacification sociale » (Georges, 2012).

Au plan relationnel et explicitement moral, une sorte d'accord est forgé entre assisteurs et assisté.e.s, autour de valeurs partagées, d'une entente sur ce qui est bien, le juste et le souhaitable, qui va donner accès à, faire *mériter* des prestations matérielles ou une sanction : agir de façon *responsable*, s'occuper de ses enfants, être une bonne mère (le plus souvent, mais aussi le cas échéant un bon père), une bonne fille (et prendre soin de ses parents).

Sauf à Cuba où les transactions de l'assistance ont encore une faible consistance économique (Destremau, dans ce volume), ces économies morales, toutefois, sont aussi des économies, toutes morales qu'elles soient : elles distribuent ce qui s'apparente souvent à des gratifications, des récompenses, plutôt que des prestations de droit. Aussi, dans ces pays latino-américains, qui selon les cas imitent plus ou moins fortement les politiques sécuritaires de leur grand voisin nord-américain, face à des « instances d'ordonnancement » (Feltran, 2014) concurrentes, ne pas devenir victime de violence policière et/ou membre du crime organisé peut constituer un avantage que l'insertion dans les rouages de l'assistance procure. Ces économies témoignent d'une monétarisation de valeurs morales et de « l'effort comme critère de jugement du bon pauvre » (Rojas, 2012 : 188). Elles donnent lieu à des chaines de transactions permettant des conversions entre le marché politique, celui de la production de la citoyenneté, de création d'emplois et d'argent public, les émotions et les affects, la reconnaissance et ses marques symboliques et matérielles (Georges, Santos, 2016). Au plan macrosocial, on observe, parallèlement à la privatisation d'une partie importante des biens et services impliqués dans la mise en œuvre de ces politiques, comme leur sous-traitance systématique, une progression, variable selon les pays, de l'enchevêtrement de ces politiques et programmes avec des intérêts marchands et financiers (Georges ; Rizek ; Rodríguez Salazar, Arévalo, dans ce volume). La domination d'une éthique de marché, qui tend à dénigrer l'action publique comme corrompue et clientéliste, contribue à légitimer comme morale cette pénétration du marché.

Comme le montre en particulier le texte de Villarreal et Carrillo, pourtant, le resserrement des liens d'intérêt et de clientèle entre politique et secteur privé marchand s'effectue au détriment de la morale dont il semble s'agir (Georges, Santos, 2016). À l'instar des autres grands programmes nationaux, une politique sociale aussi visible que le programme *Bolsa Família* qui a été mis en place au début des années 2000 au Brésil est ainsi issue d'une conjoncture politique et sociale où la création d'une politique se transforme en « marchandise politique » (Misse, 1997) résultant, du moins en partie, de la prise en compte d'intérêts politiques et financiers de diverses industries puissantes : agro-alimentaire (Georges, Ceballos, 2014), immobilière (Rizek, dans ce volume), bancaire (Rodríguez Salazar, Arévalo, dans ce volume), pharmaceutique, assurantielle, etc. Dans cette perspective, l'économie morale apparaît d'un côté comme un marché de dupes, mais de l'autre comme une pièce indispensable à la pérennité et la légitimation de l'ensemble des formes de gouvernementalité analysées, tant au plan national qu'international.

Mobiliser le concept d'économie morale ne doit toutefois pas aboutir à la construction d'un paysage pacifié, univoque : « il existe des tensions et des fluctuations au sein d'une même économie morale : les représentations et les pratiques attachées à un problème ne sont pas homogènes et les confrontations auxquelles elles donnent lieu se déploient dans les arènes publiques et privées » (Fassin, Eideliman, 2012 : 14). Certains textes de cet ouvrage montrent de fait que les formes d'appropriation mises en œuvre par les personnes impliquées à divers titres dans ces politiques sont loin de suivre une logique binaire entre soumission à ces règles et normes, et des logiques de résistance. Les personnes naviguent à souhait, ou plutôt, « à besoin », entre différents régimes normatifs (ou « instances d'ordonnancement »).

D'un côté, on a bien ces expressions du désir d'« en être », ces visites intempestives tolérées et subies au cœur du foyer (Rojas Lasch, 2012, 2015 et dans ce volume), ces intériorisations des règles, qui donnent à penser à une adhésion aux normes, parce qu'elles permettent l'accès à un gagne-pain comme travailleur ou comme « bénéficiaire » (Georges, dans ce volume). De l'autre, simulation et dissimulation règnent simultanément à l'apparente acceptation des valeurs sous-jacentes aux critères d'attribution d'avantages sociaux (Peñafiel ; Ceballos ; Rojas Lasch, dans ce volume) ; certaines femmes bénéficiaires dissimulent ainsi leur compagnon ou des hommes de la famille, pour répondre au « profil » requis pour pouvoir prétendre à certains bénéfices. Un regard attentif permet aussi de mettre au jour un espace de jeu dans la définition de soi, qui permet de ne pas être réduit à la définition des autres, des producteurs de catégories (Ireton, 2004 ; Peñafiel, dans ce volume), des doutes sur le bien-fondé des incitations et orientations, sur la justesse et la justice des mesures (Borgeaud-Garciandía ; Ceballos ; Jaramillo, dans ce volume) et un désenchantement face à l'écart entre le monde de papier, comptes et comptages, indices et autres médiations, d'une part, et le monde vécu, de l'autre (Jaramillo, dans ce volume). La résistance, ou la mésentente (Rancière, 1995) toutefois, prend plus la forme d'un jeu *avec* les règles que *contre*[10], ou une opposition frontale[11]. Dans sa discussion sur les formes de la domination et du consentement, Martuccelli conclut ainsi de sa lecture des travaux de Scott : « les dominés sont moins entravés au niveau de la pensée et du discours qu'ils ne le sont au niveau de l'action et de la lutte politique [...]. La domination peut imposer le consentement pratique des dominés, mais pas le consentement volontaire » (*id.* : 473)[12].

Le *care*, main gauche féminisée du néolibéralisme

La performativité d'une rhétorique construite d'abord autour de la « féminisation de la pauvreté » et de l'inégalité de genre, puis de la vulnérabilité, et de l'aptitude supposée des femmes à montrer plus de sollicitude et de responsabilité à l'égard des besoins de la famille que les hommes (Bradshaw, 2008 ; Molineux, 2007 ; Mioto, 2009), de leur « *care to care* » (Dorlin, 2005), détermine les contours de la plupart des programmes et dispositifs examinés dans cet ouvrage. En effet, ils s'adressent essentiellement à des femmes, bénéficiaires enjointes de se comporter comme de bonnes mères, filles, épouses, petites-filles ; et travailleuses employées dans leur mise en œuvre. L'économie morale du *care*, dans son acception éthique élargie, est cruciale dans la production de ces configurations. À l'inverse, c'est parce que cette éthique du *care* est placée au cœur de la transaction morale d'assistance (et non, par exemple, l'éthique du travail salarié) que ces programmes épousent des schémas si fortement « genrés ».

Les politiques du *care* dont il s'agit ici organisent la prise en charge du travail reproductif nécessaire dans le cadre de configurations familiales différentes de celles que le capitalisme industriel avait mises en place

10 Dans l'univers ouvrier, on peut encore établir l'analogie avec les pratiques de freinage, et de la question du jeu entre les ouvriers autour des seuils de productivité, analysées par Michael Burawoy (1979), comme étant une des façons pertinentes de résister au capitalisme quand il devient monopole.

11 Encore que les stratégies d'*exit* ne soient pas ici analysées.

12 Dans cette perspective théorique, sur le plan empirique, l'étude de Natacha Borgeaud-Garciandía (2009) portant sur des ouvriers et surtout des ouvrières des maquillas au Nicaragua montre l'importance des subjectivités pour résister à la domination. Ces travailleuses dépourvues des « supports d'autonomie et d'indépendance » (Castel) subissent une domination qui s'exerce par l'intermédiaire du travail, reposant sur l'idée de l'*absence de choix*, l'*instabilité* de la situation de travail et de vie, et la *nécessité* de vivre, soi et les siens, sans la certitude rassurante de pouvoir y parvenir. L'auteure montre comment ces travailleuses préservent toutefois une part d'elles-mêmes qui reste insoumise, car « ne pas le faire serait se condamner à l'inexistence ».

au XIXe siècle, en instituant la division sexuelle du travail productif masculin et reproductif féminin au sein de familles nucléaires urbaines. Les familles qui sont ciblées par ces politiques du *care* ne se construisent pas nécessairement autour du couple parental mais, dans une perspective que Marques-Pereira qualifie de marianiste (dans ce volume), autour de la figure de la mère entourée de ses enfants, et plus largement de la femme en charge de personnes dépendantes dont elle doit prendre soin (et notamment des personnes âgées, *cf.* Carillo, Garnica ; Rosas ; Villarreal, Carilllo ; Destremau, dans ce volume). Ces ménages manquent souvent de bras masculins valides et employables : ils se composent de femmes de diverses générations, d'hommes malades ou invalides, de personnes âgées ; les hommes sont bien souvent absents, ou leur présence gommée et rendue invisible, plus dans certains pays que dans d'autres (Rojas Lasch, pour le Chili, dans ce volume).

C'est avant tout le déficit de travail de *care* (Hochschild, 1995) dans les familles qui déclenche la sélection pour l'assistance (Carrillo, Garnica ; Rojas Lasch ; Rosas ; Destremau, dans ce volume)[13]. Mais en même temps, la production du *care* par les travailleuses sociales, avec les femmes bénéficiaires, est nécessaire pour que la relation d'assistance s'établisse. Les femmes les plus pauvres sont alors « libérées » de leur obligation de s'employer sur le marché et autorisées (incitées) à se consacrer entièrement au *care*, l'État fournissant en quelque sorte une contrepartie en revenu et en reconnaissance. De ce fait, s'organisent d'une part les priorités des rôles féminins des couches populaires (Lo Vuolo, dans ce volume) ; et d'autre part celles des politiques publiques, qui postulent que les soins proprement maternels sont les meilleurs pour les enfants, et que s'occuper des enfants (ou plus largement prendre en charge le *care* familial et social) est l'activité la plus souhaitable des mères populaires (cheffes de ménage ou non). La bonne parentalité est considérée comme le levier le plus efficace pour éviter que les enfants de tels ménages deviennent pauvres à leur tour, voire deviennent des « hors la loi » ou des criminels (Georges, Santos, 2013 ; 2016).

Un enjeu central de ces politiques sociales tourne autour de la reproduction sociale : l'équation promue par les programmes dont il est question ici articule ainsi reconnaissance – et valorisation – du travail reproductif, garantie (contractuelle, subjective, volontaire et naturalisée)

---

[13] C'est dans une certaine mesure également le cas à Cuba, où la crise de la reproduction sociale contribue à une mobilisation des politiques publiques en faveur du soin aux personnes âgées (Destremau, 2015).

de l'investissement familial (substitut et complément de l'investissement social), et reproduction du patriarcat, y compris sans la figure de la domination masculine. Par le truchement de travailleurs sociaux éducateurs et contrôleurs – la plupart du temps également des femmes –, par une rhétorique de la compassion, l'État met ainsi les femmes des classes populaires au travail maternel et reproductif. Par le travail sur les subjectivités, le versement d'aides sociales conditionnelles est un levier pour la production d'un « sujet-femme » (Saint-Hilaire, 1996 ; Rojas Lasch, 2015), sujet assujetti des rhétoriques de la vulnérabilité (Thomas 2010 : 51). Il garantit le dévouement des femmes pour éduquer la génération suivante et s'occuper des autres membres dépendants du foyer (Odone ; Enríquez Rosas ; Carrillo Hernández, Vásquez Garnica, dans ce volume), alors que certaines autres sont appelées à se consacrer à une forme ou une autre d'activité, afin d'assurer un revenu minimal à leurs descendants.

La tendance familialiste et l'assignation des femmes au *care* passe également par des formes de professionnalisation, lorsque des femmes présumées employables, mais pas suffisamment pour rejoindre le salariat « normal » sont encouragées à devenir « entrepreneuses d'elles-mêmes » pour endosser le rôle de travailleuse du *care* (domesticité, aide aux personnes, travail social) (Borgeaud-Garciandía ; Georges ; Rojas Lasch ; Tizziani, dans ce volume). Subventionnées par l'État, ces politiques publiques qui articulent incitation à l'emploi et résolution d'un déficit de travail pour autrui, contribuent au « maternalisme public » (Rojas Lasch ; Marques-Pereira, dans ce volume).

Semblant répondre à certaines des revendications des mouvements des femmes au nom de l'égalité (Jenson, 2011 ; Georges, Santos, 2016), ces politiques intègrent une version individualisée de « l'empowerment » (Jenson, 2011, *op. cit.* ; Bénicourt, 2014). Elles tiennent aussi compte des recommandations des grands organismes internationaux du développement, comme la Banque mondiale, des agences onusiennes et d'importantes fondations et ONG, en faveur d'une vision à long terme et d'une attention aux générations futures. Dans une perspective « d'investissement social », mais sans finalité productive directe (si l'on considère le travail reproductif comme non-productif), elles s'appuient sur la « participation » des intéressé.e.s (Jenson, 2011, *op. cit.* ; Marques-Pereira, dans ce volume) et (ré)organisent la répartition du travail de production et de reproduction au moindre coût, en se basant sur « l'organisation même des familles des classes populaires » (Santos, dans ce volume). De la sorte, ces « nouvelles » politiques sociales agissent comme des vecteurs de hiérarchisation sociale, notamment par la mise au travail de femmes et la (re)négociation de la professionnalisation du travail du *care*. Elles contribuent en effet à réaffirmer des formes de division sociale et sexuelle du travail qui assignent des positions différenciées aux hommes et aux femmes, selon leur appartenance de classe et leur ethnicité, et institutionnalisent des rapports sociaux entre femmes de milieux sociaux et de générations différentes (Borgeaud-Garciandía ; Georges ; Santos ; Tizziani, dans ce volume ; Georges, Santos, 2013 ; 2016).

Se dessinent ainsi trois catégories idéal-typiques de femmes. Les femmes professionnelles qualifiées (épouses, mères et/ou filles de personnes âgées) peuvent s'engager sur le marché du travail en achetant (emploi direct, services marchands ou semi-marchands) une partie du travail domestique et de *care* qu'elles ne produisent pas elles-mêmes. Les femmes populaires, libérées de l'engagement dans le travail reproductif de leur propre ménage du fait de la baisse des taux de fécondité et des possibilités de partage de toutes les formes de travail entre femmes cohabitant ou proches (Borgeaud-Garciandía, 2009), peuvent s'engager comme domestiques chez les professionnelles, et/ou fournissent des services concourant à la reproduction sociale (travail domestique et de *care* privé, travail social et de *care* social) (*cf.* Borgeaud-Garciandía ; Tizziani, dans ce volume ; Georges, 2008). Une partie de ces dernières se consacre également au travail productif (dans les secteurs industriel, agricole et de services, mais souvent dans des conditions de forte exploitation et des statuts d'emploi très instables). Finalement, les femmes assistées, populaires elles-aussi et fréquemment racialisées ou ethnicisées[14], qui ont peu de chances de s'insérer de façon rentable sur les marchés du travail et dont le *care* est le principal « travail », sont incitées à se consacrer aux soins pour autrui dans un cadre familial, selon une vision essentialiste, marquant une « re-traditionalisation de la famille » (Marques-Pereira, dans ce volume) ou relevant du modèle « postmoderne » d'idéal de *care* analysé par Hochschild (1995). C'est une tension qui traverse également les transformations de la société cubaine, tant la charge du *care* dans cette société vieillissante pèse, par défaut mais aussi du fait de la morale dominante, sur les familles et les femmes (Destremau, 2015b; 2017).

---

14 Sur la faiblesse ou l'euphémisation de la plupart de nos analyses concernant la question raciale ou ethnique, voir note 7 ci-dessus.

Nombreuses sont celles qui cumulent, combinent ou alternent les activités associées à chacune de ces catégories idéal-typiques. En effet, les femmes (comme les hommes) se débrouillent, et cumulent des situations de multi- ou pluriactivité (Graziano da Silva, 2001), et d'appartenances catégorielles multiples, et gèrent avec leurs proches et leur entourage les tensions et contradictions qui peuvent en découler. De fait, nombre d'entre elles deviennent des médiatrices (Cabanes, Georges, 2009 ; Cabanes, 2014), ou traductrices entre différents registres moraux, qu'elles rendent compatibles en arbitrant, selon la situation, en faveur du registre moral à mobiliser parmi ceux qui leur paraissent accessibles. Dans certains cas de figure ces registres moraux semblent se compléter et se renforcer mutuellement (comme entre les registres de l'assistance et celui des religions pentecôtistes et charismatiques ; Santos et Rosas, 2014 ; Santos, dans ce volume ; Aubrée, 2012) ; dans d'autres, ils s'excluent mutuellement (Georges, 2013).

Au-delà des distinctions entre travail productif et reproductif, et entre travail formel et informel qui ont pendant longtemps orienté l'analyse de la construction du politique dans les sociétés latino-américaines (Georges, 2015), se pose alors la question de la citoyenneté de ces femmes, au cœur du projet d'État social (Orloff, 1993 et 1996). Les « nouvelles » politiques sociales actent des déplacements des fondements de la citoyenneté, du statut d'emploi – central en Amérique latine jusqu'aux années 2000 – vers celui de l'inclusion et des identités. Alors que, depuis les années 1990, les politiques néolibérales de précarisation et de diversification des statuts d'emploi ont été érigées en modèle de référence *sine qua non*, les citoyens et citoyennes, détenteurs de droits, se trouvent transformés en « entrepreneurs d'eux-mêmes » (Donzelot, 1994 ; Machado, 2002, *op. cit.*), y compris pour correspondre au profil requis, toujours changeant, du bénéficiaire de certains programmes et services sociaux, et pouvoir rendre la contrepartie attendue de la « transaction assistancielle ». Ceballos (dans ce volume) argue ainsi de l'assignation des femmes « bénéficiaires » à une forme assistancielle de citoyenneté. À Cuba, comme le montre Blandine Destremau dans ce volume, l'égalitarisme qui présidait à la construction de la citoyenneté révolutionnaire est en passe de céder le pas à des formes différenciées, et de plus en plus inégalitaires, d'universalisme.

Qu'advient-il des hommes ? Devenus électrons libres, « libérés » de leurs responsabilités familiales, ils peuvent – voire doivent – s'investir dans le travail productif (Cabanes, dans ce volume). Ces politiques de « gouvernement moral des pauvres » impliquent la gestion des subjectivités des hommes comme des femmes, et opèrent une division sexuelle et sociale du travail productif et reproductif (Borgeaud-Garciandía, Georges, 2016), en étroite articulation avec l'ordre des classes, races et générations, et l'ordre social instauré et/ou rétabli (Lo Vuolo, dans ce volume). En effet, une des caractéristiques néolibérales de ces politiques sociales réside justement dans la manière dont elles exposent les hommes aux politiques de précarisation de l'emploi. La « police » des femmes et des familles se fait donc dans un jeu de clair-obscur par rapport à la place des hommes, constituant les deux côtés de la même médaille.

Présentation de l'ouvrage

L'objectif général de cet ouvrage est d'analyser certains effets sociaux des politiques publiques d'assistance sociale conduites dans six métropoles d'Amérique latine : Buenos Aires, Bogotá, São Paulo, Guadalajara, la Havane et Santiago de Chile. Sa question centrale porte sur les logiques et stratégies des destinataires – bénéficiaires et professionnel.le.s – de ces politiques, particulièrement les femmes, et la construction de leur statut d'usager.e.s, d'assisté.e.s, de citoyen.ne.s et de leurs représentations des politiques publiques. Elle porte aussi sur ce qui se fait *au nom* des programmes d'assistance que la recherche explore, le plus souvent sous un angle macro-économique, macro-politique et macro-social d'une part (travaux sur les transferts transnationaux de politiques publiques, sur les mécanismes de conditionnalités, sur les apports de légitimité de programmes d'assistance aux pouvoirs en place, etc.) ; et discursif d'autre part (travaux sur les dimensions cognitives des politiques publiques, les communautés épistémiques, etc.).

Privilégiant une approche qualitative, voire ethnographique, et des enquêtes de terrain systématiques, la plupart des auteur.e.s de ces textes se sont donc situé.e.s résolument dans les lieux où se négocient des relations, s'articulent des dispositifs, se modulent des pratiques professionnelles, et se construisent des rapports de pouvoir. L'accent a porté sur les interdépendances entre les conjonctures transnationales, les contextes politiques locaux, les trajectoires politiques, économiques et institutionnelles des différents acteurs et les reconfigurations familiales.

Nos résultats s'articulent autour de trois axes thématiques, qui organisent les trois parties de cet ouvrage. Aux textes issus des travaux de recherche menés au sein du programme, et appuyés sur des enquêtes empiriques, nous avons adjoints des contributions de discutant.e.s invité.e.s lors du colloque final pour nous aider à réfléchir.

Les contributions composant la première partie, intitulée « **Au cœur des familles : la (re)familialisation des rôles féminins et les enjeux de *care* »**, montrent comment l'espace familial constitue à la fois un enjeu de la mise aux normes et son théâtre, celui où se jouent le *care*, les émotions, le travail et la distribution des rôles de genre, de classe et de professions qui lui sont afférents. La famille est façonnée par ces politiques, dans le sens où ces dernières modèlent les rôles de genre, de génération mais aussi de classe, prescrivent les comportements et les relations, et en particulier celles de *care*. Il ne s'agit pas uniquement d'investissement social, centré sur la construction du « capital humain » des enfants, mais également, dans ces contextes, de prise en charge des besoins des personnes âgées.

Dans son introduction, Robert Cabanes parle de « reconfiguration du pacte social » entre les sexes et entre les classes sociales. Il argue que les politiques d'assistance destinées aux femmes et leur assignant la responsabilité pour la sphère de la reproduction sociale reviennent en même temps à en décharger les hommes, qui eux, ne disposent donc de plus d'aucun rempart, ni concret ni en termes de légitimité, pour résister aux politiques néolibérales qui les heurtent de plein fouet dans la sphère de la production. De cette manière, par un jeu de « clair-obscur », cette nouvelle génération de politiques sociales néolibérales va de pair avec les politiques de précarisation du travail. Yumi Garcia dos Santos explique comment la famille a été constituée en axe central et structurant des politiques brésiliennes d'assistance pour le développement de programmes visant la protection sociale et la lutte contre la pauvreté. Elle met au jour une véritable logique de « partenariat » entre les femmes pauvres et l'État, ainsi que « les dynamiques conjugales et familiales rendant possible ce rôle central joué par les femmes dans la concrétisation des politiques sociales contemporaines ». Carolina Rojas Lasch s'attache à examiner comment, par la « sexuation de la vulnérabilité » et la « valorisation essentialiste de la figure féminine dans l'espace familial », les programmes d'assistance chiliens convergent à faire de la famille « le territoire légitimement pénétrable par l'action de l'État », territoire « utile à la gestion efficace des individus vulnérables », « la porte d'entrée, le mode d'accès aux sujets particuliers ».

Les textes de Rocío Enríquez Rosas, et celui de Edith Carrillo Hernández et Elba Karina Vázquez Garnica se focalisent tous deux sur les formes particulières d'intervention familiale qui se nouent autour des politiques d'assistance aux personnes âgées au Mexique. Le premier souligne que ces programmes « reposent sur une logique assistancialiste et individualisante ; ils ne cherchent pas à promouvoir les processus de participation communautaire ni le renforcement de la société civile afin de faire face aux demandes liées au vieillissement de la population ; ils se limitent plutôt à aider monétairement et individuellement les bénéficiaires ». Pour autant, ils « coexistent avec les réseaux d'entraide communautaires et le soutien de la famille préexistants » et « se fondent sur un discours maternaliste, qui préconise la responsabilité des femmes pour les soins et destitue les hommes de toute responsabilité dans ce domaine de la reproduction sociale ». Le texte de Edith Carrillo Hernández et Elba Karina Vázquez Garnica, quant à lui, éclaire « la façon dont les programmes sociaux destinés aux personnes âgées affectent les relations sociales de dépendance, d'interdépendance et de solidarité qui existent entre les personnes âgées et leur entourage », dans la région de Guadalajara. Les auteures arguent que les allocations versées par les programmes sociaux permettent de réduire la dépendance des personnes âgées et de rééquilibrer les relations dans lesquelles elles s'inscrivent en « se positionn[ant] comme des sujets disposant de ressources propres, les aidant ainsi à garder une certaine autonomie ou indépendance de prise de décision, et leur permettent d'établir du moins partiellement des relations de réciprocité et d'égalité avec les autres ». Ainsi, concluent-elles, « la possibilité de disposer d'une ressource alternative à l'aide familiale – ou permettant d'intensifier les liens avec celle-ci – peut atténuer la construction d'une subjectivité de dépendance ».

Une réflexion théorique de Bérengère Marques-Pereira met cette partie en perspective. En proposant une construction « idéal-typique du maternalisme au sein des politiques sociales de lutte contre la pauvreté », sur la base empirique de politiques « fondées sur la perspective de l'investissement social » que sont les programmes de transferts monétaires conditionnels (PTC) en Amérique latine, elle montre la cohérence entre maternalisme (ou plutôt marianisme), néo-libéralisme, paternalisme, individualisation et dépolitisation des rapports de genre, engendrant une « citoyenneté excluante et verticale qui s'organise autour du familialisme traditionnel ». Cette position est renforcée par le texte de Rubén Lo Vuolo, qui voit dans les programmes d'assistance conditionnels « un nouveau moyen technocratique de gagner de la légitimité politique ainsi que du contrôle social » qui, sous couvert de promotion du maternalisme, tend « à consolider les hiérarchies, inégalités et exclusions ». Ou, pour revenir sur les propos de Robert Cabanes, « Si "empowerment" [des femmes] il y a, il se fait sur fond d'une perte de puissance considérable des classes populaires ». Finalement, « cet approfondissement du dualisme dans nos sociétés s'effectue lentement et puissamment sans qu'aucune régulation d'ordre politique ou éthique ne soit capable d'imposer des normes à la marche en avant du capital ».

La seconde partie porte sur les « **Médiations, intermédiations, professionnalisations : pratiques des acteurs** » impliquées dans ces vastes ensembles institutionnels ramifiés et réseaux d'acteurs que sont les programmes d'assistance. Comme l'explique Isabel Georges dans son introduction, à partir du constat de la diversification des acteurs.trices et de l'hybridation des relations entre l'État, le marché et la « société civile », les auteur.e.s y révèlent les dessous du paradigme de la lutte contre la pauvreté et de celui de « bonne gouvernance », imposés par des organisations internationales comme la Banque mondiale. Mettant en lumière les fonctionnements de la démocratie de marché, et de fait d'une marchandisation de la pauvreté et du *care*, les chapitres de cette partie montrent comment les différents acteurs publics et privés s'y prennent pour mettre en pratique une gamme diversifiée de politiques sociales, allant des politiques de prise en charge des personnes sans abri au Brésil (Máximo e Melo), en passant par celle des personnes âgées au Mexique (Villarreal, Carillo), de production du logement social au Brésil (Rizek), de formation de la demande dans le secteur de l'assistance au Brésil (Georges), jusqu'aux politiques de professionnalisation des aides à domicile en Argentine (Borgeaud-Garciandía) et de prise en charge des personnes âgées au Mexique (Villarreal, Carrillo) et à la (re)production d'inégalités de genre dans un programme de formation et d'emploi destiné à des travailleuses domestiques en Argentine (Tizziani). Si, d'une part, ces politiques visent à répondre aux besoins des différents publics-cible, d'autre part, elles contribuent également à créer de nouvelles demandes et/ou formes de justification de ces politiques (Georges), voire de nouvelles catégories de bénéficiaires potentiels (Máximo e Mello).

Au prisme des différentes configurations sociétales, apparaissent ainsi des dynamiques de coalition d'intérêts les plus divers (politiques et clientélistes, de négociations d'appuis de toutes sortes). Ces dernières sont caractérisées par de multiples médiations qui accompagnent la mise en place de programmes sociaux et de politiques sociales, sans qu'il ne soit possible de discerner avec netteté les rapports de pouvoir fluctuants qui accompagnent les relations entre les différent.e.s intermédiaires au statut incertain, comme le montrent Magdalena Villarreal et Edith Carrillo. Le dernier grand programme brésilien de construction de logements sociaux, étudié par Cibele Saliba Rizek, se caractérise quant à lui par l'injection de fonds publics dans le marché et l'incitation à l'endettement de la population. L'auteure expose combien, à São Paulo, « l'existence d'un processus de production résidentielle qui répond d'abord aux demandes du capital immobilier et financier », conduit à « l'approfondissement des inégalités spatiales par l'intermédiaire de la recrudescence de mécanismes classiques de ségrégation urbaine et de la reproduction [...] des processus d'éloignement des ensembles et des projets de logements sociaux par rapport aux équipements publics ». Ainsi, l'offre de logements présumés sociaux s'effectue « à l'encontre de la ville ».

Mise en évidence par Isabel Georges, la production d'une demande pour des services d'assistance par les organisations (ONG et organisations religieuses notamment chargées de la concrétisation de ces services par le biais de la sous-traitance des services publics dans la ville), est l'un des mécanismes centraux de leur marchandisation et de la configuration d'un « marché de la pauvreté ». La professionnalisation des travailleur.se.s est une autre dimension de la réhabilitation des pauvres recherchée, permettant simultanément de les rendre responsables de leur sort : le Programme national d'aide à domicile en Argentine, analysé par Natacha Borgeaud-Garciandía, par exemple, promeut bien la professionnalisation des services à la personne, mais contribue simultanément à la fixation des travailleuses à domicile dans des emplois payés en dessous de leur valeur de marché, du fait du faible montant des prestations versées aux personnes âgées qui les emploient. Dans la même veine, le programme argentin de professionnalisation du travail à domicile et autres services à la personne, une formation professionnelle destinée aux femmes pauvres désirant travailler dans l'emploi domestique, offerte en contrepartie de la réception de l'assurance chômage, s'avère être une politique d'activation conçue pour aider les femmes à réfléchir sur leur rôle sexué au sein des familles où elles seront amenées à travailler et se valoriser. Comme le montre Ania Tizziani, il ne tient que marginalement compte de leur expérience multiforme qui inclue celle dans leur groupe familial d'origine. Par ailleurs, l'analyse de ces processus de professionnalisation du travail social illustre la création d'une catégorie de bénéficiaires intermédiaires.

Si les auteur.e.s de ces textes cherchent à mettre en lumière les multiples façons dont l'État et ses agents trouvent des allié.e.s dans différentes sphères de la société, ils/elles montrent aussi la création de nouveaux clivages tout au long de ces chaînes de production de services publics et de mise en œuvre de programmes sociaux. Au cœur de ces nouveaux dispositifs de gestion des pauvres et de création de marchés professionnels du social, ne peuvent-ils pas être compris aussi comme le germe duquel peuvent surgir de nouvelles formes du politique ? Comme le suggère Ricardo Peñafiel (dans ce volume), les politiques se configurent *ex post*, et sont décalées par rapport aux pratiques sociales des acteurs: « [d]ans le domaine qui nous concerne, on peut dire que le politique surgit de l'écart entre des politiques sociales, tendant à chosifier "les pauvres", et les pratiques sociales dans lesquelles lesdits pauvres agissent en tant que sujets ». Cette lecture de l'« immense écart entre la lettre des programmes sociaux et leur implantation dans des réalités concrètes » nous propose une interprétation politique de taille, allant bien au-delà d'une étude positiviste des failles dans les modes de mise en pratique des politiques publiques et de l'éventuelle « résistance » des assistés à leur prise en charge. D'après Ricardo Peñafiel, « [c]et écart n'est pas simplement dû à des questions de corruption [...] ou de propagande [...]. Il ne s'agit pas non plus seulement d'un écart entre la complexité de la vie sociale et la nécessaire simplification de celle-ci dans l'énoncé général d'une politique publique. Cet écart entre la formulation d'une politique sociale et son application s'explique également par la capacité de "résistance" des "bénéficiaires" qui introduisent alors une dimension foncièrement politique au phénomène » : le refus de « la violence symbolique des places qui leur sont attribuées ».

Finalement, la troisième et dernière partie s'intitule « **Territoires de l'assistance et formes de légitimité** ». Si l'on définit *le social* comme le lieu de démarchandisation des rapports sociaux, permettant la mutualisation et la protection face aux principaux risques sociaux, à quoi correspondrait ce paradigme émergeant du social dans ces contextes de politiques sociales hybrides des pays latino-américains, à mi-chemin entre une reconnaissance des droits et des formes de mercantilisation de la pauvreté, et face à des catégories de population traditionnellement exclues de ces formes d'intégration sociale ? Ou pour reprendre les termes de l'introduction de Anete Ivo, « comment, dans un contexte néolibéral et structuré par l'individualisation et la fragmentation accrues de la vie sociale, se produisent en même temps une grande légitimité politique de ce régime social et une dépolitisation de la vie sociale ? ». L'auteure souligne l'apparent paradoxe entre, d'une part, « la resocialisation élargie de personnes classées en condition de pauvreté absolue [qui] se réalise en principe par l'expérience de l'insertion dans de nouveaux liens institutionnels, politiques et de marchés » ; et, d'autre part, la violence symbolique infligée aux personnes par leur classement comme « pauvres », et « très pauvres » en termes de légitimité sociale, devant conduire, dans les termes des politiques sociales, à leur (re)socialisation – passible d'autres formes de violence. Pour elle, la monétarisation des rapports sociaux, fondée sur « l'idée de jouer de la liberté d'achat, opère symboliquement une fétichisation des rapports inégaux du marché, en mettant tout le monde sur un plan d'égalité et en cachant la profonde différenciation et concentration de structure du revenu national et de structure sociale ». Mais la médiation opérée par l'argent permettra-t-elle réellement d'assurer les citoyen.ne.s de leur « commune humanité » ? Pour le dire autrement, l'argent permettra-t-il réellement de faire de la consommation une « forme de vie commune » (Feltran, 2014) et de dépasser les frontières sociales, culturelles, symboliques entre groupes sociaux différents ?

Les textes regroupés dans cette dernière partie de l'ouvrage interrogent les frontières extrêmement mouvantes des territoires de l'assistance. Si, comme le remarque Marco Ceballos, « la citoyenneté est devenue aujourd'hui, dans les sociétés latino-américaines, un objet problématique qui est vécu et compris différemment selon les sujets et leurs positions sociales », nous entendons les territoires de l'assistance comme ceux de l'étendue d'un marché moral, pourvu de son propre référentiel, sur lequel sont échangés des formes de légitimité sociale et de légitimation, des biens symboliques, monétaires, culturels ou clientélistes, selon le cas. Ce marché moral, cependant, ne se constitue pas comme référence unique des sujets, et n'agit donc pas comme seule forme de subjectivation. Ces textes questionnent donc le « gouvernement moral des pauvres » à partir de la pluralité des expériences des sujets de l'assistance et de la diversité des formes concurrentes de gouvernance. Ils mettent en lumière les différentes formes de légitimité/légitimation sous-jacentes des politiques de « lutte contre la pauvreté » étudiées, y compris celles d'insertion sur le marché du travail. Leur usage politique réside pour beaucoup dans leurs fonctions de gestion des inégalités, de contrôle et de pacification sociales et d'évitement de conflits.

Dans le contexte Brésilien, le texte de Jacob Carlos Lima illustre les contradictions et apories du « récit hégémonique de la lutte contre la pauvreté », en montrant comment se dessinent de « nouveaux territoires de l'assistance » qui « mettent en œuvre la constitution brésilienne de 1988 et des avancées en termes de droits sociaux » mais ne parviennent pas à échapper à une « confluence perverse » entre néo-libéralisme et politiques sociales. Paradoxalement, le ciblage en vient à représenter le moyen de l'universalisation des politiques sociales et d'une meilleure inclusion sociale, vu la proportion de la population encadrée par les conditionnalités de ces politiques sociales. Oscar Rodríguez Salazar et Désci Arévalo abordent le cas paradigmatique de la sous-traitance de la gouvernance technico-bureaucratique et financière à des groupes clientélistes divers, et la financiarisation et bancarisation des relations et du système d'assistance (*Conditional Cash Transfer Programs*, santé et prise en charge des personnes âgées) en Colombie. Ce serait là la dernière innovation des politiques sociales latino-américaines. Ces auteur.e.s montrent comment les processus de privatisation et de bancarisation des secteurs de santé et d'épargne-retraite soumis à l'assistance, sont désormais « des institutions permanentes faisant partie de la dynamique du régime d'accumulation tout comme du fonctionnement du régime politique » et de sa légitimation. En s'appuyant sur un programme d'assistance en Colombie, Pablo Jaramillo Salazar, quant à lui, montre que la médiation par des artefacts et technologies, sous l'aspect de leur apparente neutralité, est devenue centrale dans les programmes d'assistance en Amérique latine. Loin de ne constituer qu'une dimension pratique et pragmatique de leur mise en œuvre, elle contribue à produire des relations sociales, à reproduire des formes diffuses de pouvoir et de gouvernement, à envahir et incorporer la matérialité de la vie quotidienne. Ainsi, « les frontières de l'assistance dans ces régimes technocratiques de l'assistance acquièrent des qualités très particulières » ; « la frontière entre réalité et fantasme, travail et magie » s'estompe. Et de conclure : « Les programmes peuvent, ainsi, assembler finalement une alchimie de la vie sociale qui fascine et enchante tous ceux qui y participent (bénéficiaires, fonctionnaires et spécialistes, au même titre). »

La réflexion sur la définition des frontières de l'assistance se poursuit avec le texte de Marco Ceballos, qui interroge « le statut de citoyenneté sociale des femmes bénéficiaires des politiques d'assistance sociale au Chili [...] non pas comme un statut abstrait, formel ou juridique mais comme expérience quotidienne d'inscription dans des dispositifs d'aide sociale ». La citoyenneté assistancielle est ainsi « vécue non comme acquis de droits mais comme une probabilité incertaine d'accéder aux *aides* », structurée autour de l'attente et de l'incertitude. Blandine Destremau, à son tour, interroge le « tournant » des politiques sociales cubaines à la lumière des débats sur l'universalisme et la sélectivité des programmes sociaux qui se sont récemment multipliés. Elle montre que ces programmes ne parviennent pas à occuper le territoire laissé vacant par la rétraction des politiques sociales socialistes, et que l'universalisme se fait plus différencialiste. Les sollicitations de la famille comme prodigueuse de soins, de protection et de solidarité, se sont intensifiées, dans un contexte de « déficit de *care* », faisant de la sphère familiale « la caisse de résonnance de contradictions sociétales et politiques » que traverse l'Ile. Dans le texte qui clôt cet ouvrage, Enrique Valencia Lomelli aborde ces politiques d'assistance en termes de « discours hégémonique » ou de « récit » louant leurs « grands succès » à partir des discours des « évaluateurs » internationaux et des comptes rendus des institutions financières internationales. Ce récit hégémonique s'« use » cependant face à ses propres apories, contradictions et limites, requérant de remettre la cohérence entre universalisme et citoyenneté sur le métier.

Références bibliographiques

Aubrée, M., « Brésil : les femmes pentecôtistes entre "combat" et "délivrance" », Communication au Colloque GSRL, 20/11/2012.

Banque mondiale, *Pensée, Société et* Comportement, Rapport sur le Développement dans le Monde, Washington DC, World Bank, 2015.

Bénicourt, E., « La place d'Amartya Sen dans le discours de la Banque Mondiale sur la pauvreté et le développement », Présentation au séminaire central du CRIISEA, 25 novembre 2014.

Berndt, C., « Behavioural economics, experimentalism and the marketisation of development », *Economy and Society*, DOI :10.1080/03085147.2015.1043794, 2015.

Boltanski, L. et Chiapello, E., *Le nouvel esprit du capitalisme,* Paris, Gallimard, 1999.

Borgeaud-Garciandía, N., *Dans les failles de la domination*, Paris, PUF, Collection « Souffrance et théorie », 2009.

Borgeaud-Garciandía, N., « Capacitación y empleo de cuidadoras en el marco del Programa Nacional de Cuidados Domiciliarios de Adultos Mayores », *Trabajo y Sociedad*, n° 24, 2015.

Borgeaud-Garciandía, N. et Georges, I., « Regards croisés sur les modalités de l'action publique et de la mise au travail des femmes dans le secteur du *care* (Argentine – Brésil) », in Kesselman, D. et Gomez, G. (dir.), *Femmes au travail dans les Amériques*, Perpignan, PUP, 2016.

Borgeaud-Garciandía, N., Lautier, B., Peñafiel, R. et Tizziani, A., *Penser le politique : La recréation des espaces et des formes du politique en Amérique latine*, Paris, Karthala, 2009.

Bradshaw, S., « From structural Adjustment to social Adjustment : A gendered analysis of Conditional Cash Transfer Programs in Mexico and Nicaragua », *Global Social Policy*, vol. 8, n° 2, 2008, pp. 188-207.

Bourdieu, P., *Sur l'État. Cours au Collège de France (1989-1992)*. Paris, Gallimard, 2012.

Burawoy, M., *Manufacturing consent/ Changes in the Labour Process under Monopoly Capitalism*. Chicago, University of Chicago Press, 1979.

Cabanes, R. et Georges, I., « Introduction : Gestion de la pauvreté et entrepreneuriat de soi : un nouveau compromis de gouvernement au croisement des politiques sociales et néolibérales ? », in Cabanes, R. et Georges, I. (dir.), Coordination du dossier « Les Années Lula : Politiques sociales ou néo-libéralisme ? », *Brésil(s), Sciences humaines et sociales*, n° 6, novembre 2014, p. 7-15.

Cabanes, R. et Georges, I., *São Paulo, la ville d'en bas*, Paris, l'Harmattan, 2009.

Cabanes, R., *Économie morale des quartiers populaires de São Paulo*, Paris, l'Harmattan, 2014.

Cartier-Bresson, J., Destremau, B. et Lautier, B. (dir.), « Les Mots du développement : Trajectoires et pouvoirs », *Revue Tiers Monde*, n° 200, octobre-décembre 2009, Paris, Armand Colin.

Castel R., *Les métamorphoses de la question sociale. Une chronique du salariat*, Paris, Fayard, 1995.

Ceballos M., « A cidadania assistencial », *Cadernos CRH*, vol. 27, n° 73, 2015.

Ceballos M. et Lautier B., « Les CCTP en Amérique latine : entre modélisation internationale et conjonctures politiques nationales », *Revue Tiers Monde*, n° 214, 2013, pp. 219-244.

Chauvière M., « Enjeux de la néo-familialisation de l'État social », Colloque International *État et régulation sociale. Comment penser la cohérence de l'intervention publique ?*, Paris, 2006.

Chelle, E., *Gouverner les pauvres. Politiques sociales et administration du mérite*, Rennes, PU Rennes, coll. « Res Publica », 2012.

Chevalier, L., *Classes laborieuses et Classes dangereuses à Paris pendant la première moitié du XIXe siècle*, Paris, Plon, 1958.

Colomb, F., *Les politiques de l'emploi, 1996-2000. Sociologie d'une catégorie de politique publique*, Rennes, PUF de Rennes, 2012.

Dagnino, E., Olvera, A. J. et Panfichi, A. (dir.), *A disputa pela construção deomcrática na América latina*, São Paulo, Paz e Terra, 2006.

Dardot, P. et Laval, C., *La nouvelle raison du monde. Essai sur la société néolibérale*, Paris, La Découverte, 2009.

Dardot, P. et Laval, C., « Néolibéralisme et subjectivation capitaliste », *Cités*, n° 4, 2010, pp. 35-50.

Desrosières, A., *Gouverner par les nombres,* Paris, Presses de l'École des Mines, Collection Sciences sociales, 2008.

Destremau, B. et Salama, P., *Mesures et démesure de la pauvreté*, Presses Universitaires de France, Paris, 2002.

Destremau, B., « Que 'boa familia' ? Assistência e solidariedade familiares em Cuba », in Santos, Y. G. dos et Rosas, R. E. (dir.), *Assistência e família na América Latina : intimidade, vínculos sociais e gênero*, Dossier thématique de la revue *Cadernos de Pesquisa,* Fundação Carlos Chagas, São Paulo, Brésil, n° 152, avril-juin 2014a, p. 290-311.

Destremau, B., « L'extension du marché à Cuba : une "nouvelle transformation" ? », in Servet, J.-M. et Hillenkamp, I. (dir.), *Comprendre autrement le marché. Marchés réels et marché fantasmé,* Paris, Classiques Garnier, collection « Écrits sur l'Économie », 2014b, p. 251-274.

Destremau, B., « Crise de la reproduction sociale et contradiction des temps sociaux à Cuba : adieu la "femme nouvelle" ? », in Nicole-Drancourt, Ch., Fusulier, B. et Berton, F. (dir.), Dossier *Négocier l'articulation des temps sociaux, Interventions économiques*, n° 53, 2015 [En ligne]. URL : https :// interventionseconomiques.revues.org/2637.

Destremau B. et Lautier B., « The Sociologist and the "Poor Third World Woman", or How an Approach Focusing on Gender Relations has Helped Sociology of Development », in Guérin I., Guétat H. et Verschuur C. (dir.), *Under Development: Gender*, Palgrave Macmillan, Basingstoke, 2014, p. 84-102.

Donzelot, J., *L'invention du social, Essai sur le déclin des passions politiques*, Paris, Seuil, 1994 (première éd. 1984).

Dorlin, E., « *Dark care*. De la servitude à la sollicitude », in Paperman P. et Laugier S., *Le souci des autres. Ethique et politique du* care », Paris, Raisons pratiques, EHESS, 2005.

Fassin, D., et Eideliman, J.-S., *Économies morales contemporaines*, Paris, La Découverte, 2012.

Fassin, D., « Vers une théorie des économies morales », in Fassin, D. et Eideliman, J.-S. (dir.), *Économies morales contemporaines*, Paris, La Découverte, 2012, pp. 19-47.

Feltran, G. de S., « O valor dos pobres : a aposta no dinheiro como mediação para o conflito social contemporâneo », *Caderno CRH*, Salvador, vol. 27, n° 72, septembre-décembre 2014 pp. 495-512.

Foucault, M., « Le sujet et le pouvoir », *Dits et écrits*, tome IV, Paris, Gallimard, 1994, pp. 222-243 (1er éd. 1982).

Georges, I. et Ceballos, M., « Bolsa Familia y la asistencia social en Brasil : de la lucha politica a la mercantilización local », *Caderno CRH*, Salvador, vol. 27, n° 72, septiembre-décembre 2014, pp. 513-529.

Georges, I. et Santos, Y. G. dos, *As « novas » politiquas sociais brasileiras na saúde e na assistência. Produção local de serviço e relações de gênero*, Belo Horizonte, Fino Traço, 2016.

Georges, I. et Santos, Y. G. dos, « A produção da "demanda" : viés institucional e implicações políticas da terceirização do trabalho social na periferia de São Paulo », in Cunha, N. V. Da et Feltran, G. de S., *Sobre Periferias : Novos conflitos no espaço publico*, Rio de Janeiro, Ed. Faperj/Lamparina, 2013, pp. 159-177.

Georges, I., Santos, Y. Garcia dos et Araújo, I., « Família e Trabalho : configurações, gerações e articulações em contexto de desigualdades », Communication à l'ANPOCS, Hotel Gloria, Caxambu, Minas Gerais, Brésil, 26-30 octobre 2015.

Georges, I. et Vidal, D., « La formalisation de l'emploi à l'épreuve du travail invisible. Deux cas de figure de travailleuses de service au Brésil », *Sociétés contemporaines*, n° 87, 2012, pp. 25-47.

Georges, I., « L'emploi domestique au croisement de l'espace public et privé. Femmes de milieu populaire à São Paulo (Brésil) », *Autrepart*, « Variations et dynamiques urbaines », n° 47, 2008, pp. 57-71.

Georges, I., « Des street-level bureaucrats féminins. Le cas des agents communautaires de santé et des agents de protection sociale de la région métropolitaine de São Paulo », in Georges, I. et Tripier, P. (dir.), *La démocratie participative au Brésil : Promesses tenues et dynamiques ouvertes*, Bruxelles, P.I.E. Peter Lang, 2012, pp. 161-178.

Georges, I., « Les *territoires* du politique ? Une analyse des "jeux d'échelles" des "nouvelles" politiques sociales (São Paulo) », in Tomazini, C., Rocha Lukic, M. de S. (dir.), *L'analyse des politiques publiques au Brésil*, Paris, Collection « Logiques Politiques », l'Harmattan, 2013, pp. 101-121.

Georges, I., « Les revers de la formalisation dans le travail du *care* au Brésil », *Studi di Sociologia*, n° 3, 2015, pp. 299-312.

Gilligan, C., *In a different voice*, Cambridge, Harvard University Press, 1982.

Graziano da Silva, J., « Quem precisa de uma estratégia de desenvolvimento ? » in Graziano da Silva, J. et Bianchini, J.-M. (dir.), *O Brasil rural precisa de uma estratégia de desenvolvimento*, MDA/CNDRS/NEAD, Brasilia, 2001, pp. 5–52.

Harrison, M. et Sanders, T. (dir.), *Social Policies and Social Control : New Perspectives on the "Not-So-Big Society"*, University of Bristol Policy Press, 2014.

Harvey, D., *Le nouvel impérialisme* [« The New Imperialism »], Paris, Les prairies ordinaires, 2010.

Hibou, B. (dir.), *La bureaucratisation néolibérale*, Paris, La Découverte, 2013.

Hochschild, A., « The culture of Politics : Traditional, post-Modern, cold-Modern and Warm-Model Ideals of Care », *Social Politics*, 2 (3), 1995, pp. 333-346.

Ireton, Fr., « Eléments pour une approche constructionniste de la pauvreté », in Destremau, B., Deboulet, A. et Ireton, F. (dir.), *Dynamiques de la pauvreté au Moyen Orient et au Maghreb*, Paris, édition URBAMA – Karthala, 2004, pp. 37-81.

Jenson, J., « Politiques publiques et investissement social : quelles conséquences pour la citoyenneté sociale des femmes ? », *Cahiers du Genre*, « Genre, politiques sociales et citoyenneté », organisé par B. Marques-Pereira et R. Pfefferkorn, Hors Série, 2011, pp. 21-43.

Lascoumes, P. et Le Galès, P., *Gouverner par les instruments*. Paris, Presses de Sciences Po, 2005.

Laugier, S., « L'éthique du care en trois subversions », *Multitudes*, 2010/3, n° 42, 2010, pp. 112-125.

Lautier, B., « Les malheureux sont les puissants de la terre… Représentations et régulations étatiques de la pauvreté en Amérique latine », *Revue Tiers-Monde*, n° 142, 1995, PUF.

Lautier, B., « Gouvernement moral des pauvres et dépolitisation des politiques publiques en Amérique latine », in Borgeaud-Garciandía, N., Peñafiel, R.

et Tizziani, A. (dir.), *Penser le politique en Amérique latine : la recréation des espaces et des formes du politique*, Paris, Karthala, 2009, pp. 19-36.

Lautier, B., « Qui ne dit mot consent, qui consent ne dit mot – L'usage du mot "consensus" dans le vocabulaire du développement », *Économie et Institutions*, n° 14, 1er semestre 2010, pp. 41-67.

Lautier, B., « La diversité des systèmes de protection sociale en Amérique latine : une proposition de méthode d'analyse de configurations des droits sociaux », *Revue de la regulation*, n° 11, premier semestre 2012 [en ligne]. URL : http ://regulation.revues.org/96362012.

Lautier B., « Universalisation de la protection sociale et protection des plus vulnérables », *Revue Tiers Monde*, 2013/2, n° 214, 2013, pp. 187-218.

Lordon F., *Capitalisme, désir et servitude. Marx et Spinoza*, Paris, la Fabrique, 2010.

Machado da Silva, L. A., « Da informalidade à empregabilidade (reorgnaizando a dominicação no mundo do trabalho) », *Caderno CRH*, n° 37, 2002, pp. 81-109.

Martuccelli, D., « Figures de la domination », *Revue française de sociologie*, 3/2004, vol. 45, pp. 469-497.

Merklen, D., *Quartiers populaires, quartiers politiques*, Paris, La Dispute, 2009.

Merrien, F.-X., « L'empreinte des origines », *Revue Française des Affaires sociales*, n° 2, 1990, pp. 43-57.

Merrien, F.-X., Wohnlich, D. L. et Debonneville, J., « De Brasilia à Manille : la mise en œuvre de politiques sociales axées sur la dimension genre au Brésil et aux Philippines. Le cas du Bolsa familia et du Pantawid Pamilyang Pilipino Program », Communication présentée au Colloque international *Rethinking Development in an Age of Scarcity and Uncertainty, New Values, Voices and Alliances for Increased Resilience*, 19-22 september 2011, University of York.

Mioto, R., « Família e políticas sociais », in Boschetti, I., Behring, E., Santos, S. et Mioto, R. (dir.), *Política social no capitalismo. Tendências contemporâneas*, São Paulo, Cortez Editora, 2009, pp. 130-148.

Misse, M., « As ligações perigosas : mercado informal ilegal, narcotr'Æfico e violência no Rio », *Contemporaneidadee Educação*, vol. 1, n° 2, 1997, pp. 93-116.

Molinier, P., Laugier, S. et Paperman, P., *Qu'est-ce que le care ?*, Paris, Payot, 2009.

Molinier, P., *Le travail du care*, Paris, La Dispute, 2013.

Molyneux, M., *Change and Continuity in Social Protection in Latin America. Mothers at the Service of the State ?*, UNRISD, 2007.

Morice, A., « Quelques réflexions sur l'adhésion au système », *Travailler*, 3, 1999, pp. 31-54.

Oliveira, F. de, « A economia brasileira : crítica à razão dualista », *Estudos CEBRAP*, n° 2, 1972.

Orloff, A., « Gender and the social rights of citizenship : The comparative analysis of gender relations and welfare states », *American Sociological Review*, 58 (3), 1993, 303-328.

Orloff, A., « Gender in the welfare state », *Annual Review of Sociology*, 22 (1), 1996, pp. 51-78.

Paperman, P., et Laugier, S., Dossier « Le souci des autres, Éthique et politique du *care* », *Raisons pratiques*, Paris, EHESS, 2006.

Parreñas, R. S., « O trabalho do *care* dos acompanhantes. Imigrantes filipinas em Tóquio », in Hirata, H. et Guimarães, N. A. (dir.), *Cuidado e cuidadoras : as varias faces do trabalho do care*, São Paulo, Ed. Atlas, 2012, pp. 201-215.

Poerksen, U., *Plastic Words. The Tyranny of a modular Language* (traduit de l'allemand par Mason J. et Cayley D., 1re édition allemande 1988), University Park, Pennsylvania, The Pennsylvania State University Press, 1995.

Rancière, J., *La Mésentente. Politique et Philosophie*, Paris, Galilée, 1995.

Rizek, C. S., « A dualização das políticas sociais brasileiras e seus mecanismos de privatização cruzada », *Caderno CRH*, 2014.

Rojas Lasch, C., « Sexuación y subjectivación en las prácticas de asistencia en Chile », in Santos, Y. G. dos et Rosas, R. E., « Assistência e família na América Latina : intimidade, vínculos sociais e gênero », Dossier thématique de la revue *Cadernos de Pesquisa,* Fundação Carlos Chagas, São Paulo, Brésil, n° 152, avril-juin 2014.

Rojas Lasch, C., *Reconfiguration de l'États social dans le Chili néolibéral. Ethnographie des politiques d'assistance*, Thèse de Doctorat en Anthropologie, sous la direction de Didier Fassin, Paris, Iris / EHESS, 2015.

Rojas Lasch, C., « "Applaudissez-vous, vous êtes des privilégiés !". Une analyse politique et morale d'un programme d'assistance au Chili », in Fassin, D. et Eideliman, J.-S. (dir.), *Économies morales contemporaines*, Paris, La Découverte, 2012, pp. 175-192.

Rose, N. et Miller, P., *Governing the Present*, Cambridge, Polity Press, 2008.

Sader, E., *Quando novos personagens entraram em cena, Experiências e lutas dos trabalhadores da grande São Paulo, 1970-1980*, São Paulo, Paz e Terra, 1988 (1e ed.).

Saint-Hilaire, C., « La production d'un sujet-femme adapté au développement. Le cas de la recherche féministe aux Philippines », *Anthropologie et Sociétés*, vol. 20, n° 1, 1996, pp. 81-102.

Santos, W. G. dos, *Cidadania e Justiça*, Rio de Janeiro, Campus, 1979.

Santos, Y. Garcia dos, « As mulheres como pilar da construção dos programmas sociais », *Caderno CRH*, Salvador, vol. 27, n° 72, pp. 479-494, septembre-décembre 2014.

Santos, Y. Garcia dos et Rosas, N., « Les femmes dans les nouvelles politiques sociales et l'assistance néopentecôtiste. Nouvelles possibilités d'émancipation ou reproduction des inégalités ? », in Georges I. et Cabanes, R. (dir.), Dossier « Les Années Lula : politiques sociales ou néo-libéralisme ? », *Brésil(s), Sciences humaines et sociales*, n° 6, 2014, pp. 75-97.

Sen, A. K., *Commodities and Capabilities*, Amsterdam, North Holland, 1985.

Sen, A. K., « Freedom of Choice : concept and content », *European Economic Review*, n° 32, 1988, pp. 269-294.

Servet, J.-M., « À la World Bank tout doit changer pour que… tout reste pareil : une relecture critique du Rapport 2015 de la Banque mondiale sur le développement », *STATECO*, n° 109, 2015, pp. 141-145.

Simonet, M., *Le travail bénévole. Engagement citoyen ou travail gratuit* ?, Paris, La Dispute, 2010.

Singer, A. et Loureiro, I. (dir.), *As constradições do Lulismo. A que ponto chegamos* ?, São Paulo, Boitempo Editorial, 2016.

Tabin, J.-P., Frauenfelder, A., Togni, C. et Keller, V., *Temps d'assistance. Le gouvernement des pauvres en Suisse romande depuis la fin du XIXe* siècle, Lausanne, Antipodes, collection « Existences et société », 2008.

Thévenot, L., « Un gouvernement par les normes ; pratiques et politiques des formats d'information », in Conein, B. et Thévenot, L. (dir.), *Cognition et information en société*, Paris, EHESS, 1997, pp. 205-241.

Thévenot, L., « Governing Life by Standards. A View from Engagements », *Social Studies of Science*, vol. 39, n° 5, octobre 2009, pp. 793-813.

Thomas, H., *Les vulnérables : la démocratie contre les pauvres*, Paris, Éditions du Croquant, 2010.

Thompson, P., *The making of the English Working Class*, London, Penguin Books, 1963 (réed. 1968).

Tizziani, A., « Estrategias sindicales e iniciativas estatales en el sector del servicio doméstico en la ciudad de Buenos Aires : el impulso y sus límites », *Sociedade e Cultura*, vol. 14, n° 1, 2011, pp. 87 – 98.

Tronto, J., *Moral boundaries : a political argument for an ethic of care*, New York, Routledge, 1993.

Wacquant, L., *Punir les pauvres. Le nouveau gouvernement de l'insécurité sociale*, Marseille, Agone, 2004.

Wacquant, L., « La fabrique de l'État néolibéral », *Civilisations*, 59-1, 2010, pp. 151-174.

Première partie

Au cœur des familles : la (re)familialisation des rôles féminins et les enjeux de *care*

Introduction

Femme et famille dans l'assistance sociale en Amérique latine

Une reconfiguration du pacte social ?

Robert Cabanes

Ancien directeur de recherche émérite de l'Institut de recherche pour le développement (IRD)

Les chapitres figurant dans cette première partie paraissent illustrer une tendance assez généralisée de l'évolution des politiques économiques et sociales actuelles dans le monde hyperlibéral contemporain, dont l'Amérique latine fait totalement partie, même si quelques-uns de ses gouvernements sont à gauche. La particularité de ces politiques s'inscrit dans ce paradoxe apparent.

Tout d'abord les auteurs mettent en parallèle de manière plus ou moins explicitée, la mise en œuvre des politiques sociales contemporaines avec le désintérêt, ou l'impuissance, manifeste concernant les politiques publiques du travail et de l'emploi. Ce dernier domaine paraît relever de fait de l'économie et du capital mais pas de l'État. Ce dernier cherche à cacher son impuissance ou bien la déclare et de toute façon se désengage. Par la même démarche il se désintéresse de la majeure partie de la main d'œuvre salariée qui est masculine. À la place, en compensation, l'État développe des politiques sociales ciblées sur certaines catégories de population d'une part ; et, d'autre part, ces politiques s'adressent explicitement et quasi-exclusivement aux femmes. Ces deux traits sont au fondement des changements sociaux actuels, qui semblent indiquer l'émergence d'un nouveau modèle.

Ainsi sont ciblées les familles pauvres les plus aptes à « s'en sortir », ni trop jeunes parce qu'encore capables de rebondir seules, ni les trop âgées proches de la disparition, ni les handicapées, non rentables. Par ailleurs sont examinées au peigne fin et dans le même esprit les familles où il n'y a qu'une personne dans le couple, et sont éliminées celles où l'homme ou bien la femme a déjà pris sa place « comme un homme » sur le marché du travail. S'exerce, dans tous les cas, le principe de l'efficacité économique (la réduction des coûts) relié à celui de l'efficacité politique indépendamment d'autres considérations de l'ordre de l'universalité des besoins, ou d'un autre ordre éthique, social ou moral.

Par ailleurs les femmes sont systématiquement désignées comme réceptrices de l'assistance. En tant que mères et épouses susceptibles, mieux que les hommes qui sont censés montrer plus de détachement en relation à la famille, d'assurer la survie, de remettre en marche ou d'améliorer le niveau de vie de la famille.

Dans la foulée de ce processus, se met en place un « dispositif néo-familialiste » où la femme devient avec l'appui de l'État, la « maîtresse et patronne » de la vie privée, qui doit fonder, par sa relation avec les pouvoirs publics, une sorte de « maternalisme public » selon l'expression de C. Rojas et de B. Marques-Pereira, où la responsabilité féminine est censée compenser le désengagement des pouvoirs publics en matière d'emploi et d'économie. Ce maternalisme public fait de l'assistance sociale, une fonction principale de l'État, à laquelle s'associent « les femmes » (individus, mouvements, ONGs, ou le genre en tant que tel, c'est selon) en laissant au capitalisme seul le soin de gérer le travail et les droits qui lui sont rattachés, et de diriger l'économie. Cet aspect de la mondialisation devient particulièrement inquiétant puisque les instances de décision politique sont seulement déterminées par l'intérêt économique et l'esprit de guerre plus ou moins affiché qui l'accompagne.

S'opère une essentialisation du genre féminin responsable des familles. La famille bisexuelle ou hétérosexuelle n'est plus qu'une forme comme une autre, en décroissance. La vulnérabilité est à la charge des femmes. La responsabilité masculine n'existe que dans l'espace du travail, de la sécurité sociale officielle si elle existe encore ; autant dire qu'en ces périodes prolongées de chômage et de précarisation de l'emploi, elle ne peut que se restreindre comme peau de chagrin. Alors que dans l'assistance sociale destinée aux classes populaires, la gestion du *care* (assurée par la femme et encadrée par l'État) est considérée comme un travail qui dispense d'en chercher un autre : comme l'avance R. Lo Vuolo, plus la femme est responsable (fait preuve de « cuidado », d'attention, ou de « care ») plus elle reçoit assistance et protection. L'argent est pour elle : elle se substitue symboliquement et/ou effectivement à l'homme « provedor » (fournisseur, pourvoyeur principal). L'État, devenu « fémininiste », sauve, tente de sauver, ce qu'il a laissé détruire par l'économie et le capitalisme. Il soutient une reproduction sociale qui s'appuie sur les fondements d'une société civile qu'il ne contrôle pas.

Ce focus des politiques mis sur les mères, éventuellement épouses, date de la fin des années 1990 et du début des années 2000 selon les pays, bien que ses racines remontent beaucoup plus en arrière, dès la période de l'après-guerre (même si ensuite ces pays ont dû se débrouiller seuls et ont repris ces politiques à leur compte, sous d'autres facettes). Elles renvoient aux grands organismes internationaux de l'après-guerre qui ont contribué à mettre en place un nouvel ordre mondial, et de nouvelles médiations « politiques ». Ce focus se définit, se précise et se perfectionne avec le temps : le souci de la bonne relation entre les femmes assistées et celles qui les assistent, qu'elles soient fonctionnaires publiques ou bénévoles d'ONG charitables, s'élabore dans la construction et le partage d'une même idée de bonne gouvernance réciproque. La gouvernabilité optimale suppose que les assisté.e.s doivent se féliciter de la responsabilité de l'État, qu'ils-elles ne peuvent dénier sa respectabilité, et que cette respectabilité est en même temps inséparable du respect de soi.

C'est cet esprit qui règle dorénavant les projets et perspectives des acteurs macro et micro, et c'est à l'aune de leurs défaillances respectives ou communes que sont appréciés les difficultés et les échecs des politiques spécifiques. Ainsi des études de R. Enríquez et E.C. Hernández & E. K. V. Garnica, sur la gestion de la vieillesse au Mexique : le système de protection informel des familles devient insuffisant pour les situations de dépendance moyenne ou avancée (l'espérance de vie a augmenté, surtout chez les femmes, les familles se sont rapetissées numériquement et les solidarités de voisinage estompées). L'État n'a pas su anticiper le phénomène et ne le prend donc en charge qu'occasionnellement ou ponctuellement (l'assistance à la vieillesse ne fait pas partie des actions rentables), alors que l'ampleur du problème exigerait tant une redéfinition des politiques urbaines qu'une refonte du droit social.

Et lorsque l'analyse prend en compte l'action articulée de tous les acteurs des politiques sociales, comme le fait Yumi Garcia dos Santos, on observe une fluidité des représentations et des perspectives partagées par tous ces acteurs : pouvoirs publics, responsables et acteurs de terrain des Eglises pentecôtistes, familles et femmes assistées. La famille et le foyer – objets du *care* – deviennent d'autant plus prioritaires, essentiels, que l'emploi est absent. Et même, puisque l'espoir fourni par les études reste lointain et problématique, il n'y a de possibilité de futur qu'en se reportant à la génération suivante. Au niveau public (État), comme au niveau des mères, l'espoir est décalé sur l'avenir, principalement des filles, grâce aux études. Et lorsque l'homme (mari ou fils) flanche, on essaye de le cacher, mais l'inverse est également vrai, si c'est la femme (mère ou fille) qui flanche.

Une famille nouvelle se dessine, à la rencontre des politiques publiques et du mouvement d'émancipation féminine, très largement matricentrée, qui s'articule sur la coupure entre une politique économique du chômage et une politique sociale de l'assistance : l'homme se débrouille comme il peut en relation à sa famille ; en parallèle, la femme devient l'administratrice du *care* dans une famille qu'elle contrôle totalement mais pour laquelle elle endosse aussi toute la responsabilité, en dernier ressort. Mais au fond et pour l'ensemble des sociétés ou des nations, ce qui se déploie avec force actuellement, c'est l'idée qu'il n'est plus possible de penser les politiques sociales en fonction de l'emploi, qu'il est impossible de modifier en quoi que ce soit les politiques économiques du capital. Nous sommes pris, comme l'a exprimé Foucault, dans un « régime de vérité » particulier : il n'y a ni origine ni cause à la pauvreté, elle est inéluctable, il faut faire avec. La gestion du travail et de l'emploi est considérée comme un facteur sur lequel la société n'a pas de prise, non discutable, hors société donc. En ce sens il n'y a pas de pacte social ni pensable ni possible. À moins que l'on considère que ce nouvel « empowerment » féminin puisse être une reconfiguration du pacte social. Ce qu'on ne peut soutenir à notre sens puisque si « empowerment » il y a, il se fait sur fond d'une perte de puissance considérable des classes populaires. Cet approfondissement du dualisme dans nos sociétés s'effectue lentement et puissamment sans qu'aucune régulation d'ordre politique ou éthique ne soit capable d'imposer des normes à la marche en avant du capital.

Les femmes comme pilier de la construction de la famille de classe populaire au Brésil

Les relations avec le travail, la religion et l'État[1]

Yumi Garcia dos Santos

Université fédérale de Minas Gerais – UFMG (MG), Département de sociologie, Belo Horizonte, Brésil

Introduction

Cet article a pour objectif de comprendre la relation entre les « nouveaux » programmes sociaux brésiliens créés sur la base du principe de « matricialité socio-familiale » et le rôle spécifique des femmes dans les familles bénéficiaires desdits programmes. Ceux-ci, dont l'objet d'intervention est la famille, rencontrent le succès grâce à la collaboration de ces femmes, mères pour la plupart, qui répondent aux exigences permettant de bénéficier des services et des prestations. Notre but est de comprendre la logique de partenariat entre les femmes pauvres et l'État afin de mettre en évidence les dynamiques conjugales et familiales rendant possible ce rôle central joué par les femmes dans la concrétisation des politiques sociales contemporaines.

Au cours des vingt dernières années, la famille a été constituée en axe central et structurant des politiques brésiliennes d'assistance pour le développement de programmes visant la protection sociale et la

---

[1] Cet article se base sur la recherche postdoctorale de Yumi Garcia dos Santos, au Centro de Estudos da Metrópole – CEM, financée par la FAPESP (Fonds de soutien à la recherche de l'État de São Paulo) (2009-2011). Yumi Garcia dos Santos fait également partie du Projet LATINASSIST (2011-2014). La recherche de terrain, qui a impliqué l'observation participante et des entretiens approfondis, a eu lieu entre avril 2010 et juin 2011, en partenariat avec Isabel Georges (Institut de Recherches pour le Développement-IRD et Université Fédérale de São Carlos-UFSCar).

lutte contre la pauvreté (Mesquita, 2011). Ce schéma a d'abord été adopté dans le domaine de la santé avec le *Programa Saúde Família* – PSF (Programme Santé Famille, aujourd'hui rebaptisé *Estratégia Saúde Família* (Stratégie Santé Famille – ESF) mis en œuvre en 1994[2]. Depuis lors, d'autres programmes sociaux basés sur la « matricialité socio-familiale », conformément à la nomenclature officielle, ont été mis en place, tels que la *Bolsa Família*[3] et le *Serviço de Proteção e Atenção Integral à Família* (PAIF)[4]. Associée à la place accordée à la famille par la morale dominante de la société brésilienne en général, cette attention particulière portée à la famille a été vue comme une solution humanisée pour résoudre les problèmes de la population considérée comme socialement vulnérable, qui constitue l'essentiel des bénéficiaires des programmes d'assistance aux pauvres mis en place depuis la promulgation de la Constitution de 1988.

C'est dans ce contexte de centralité de la famille dans la construction des politiques d'assistance que nous souhaitons porter notre regard sur les femmes bénéficiaires des programmes de santé et d'assistance dans les quartiers périphériques de la municipalité de São Paulo. Même s'il existe aujourd'hui une acceptation fortement généralisée et naturalisée au Brésil quant à l'attribution des prestations sociales aux femmes, celles-ci n'ont pas encore fait l'objet d'études approfondies en tant qu'actrices du processus de construction de la politique sociale de l'après-1988. Ainsi, on sait encore peu de choses sur ces interlocutrices de l'État, qui sont en outre majoritairement mères de famille. Nous arrivons ici au cœur de la question, celle de connaître la logique d'action de ces femmes, qui jouent un rôle central dans la concrétisation des

---

2 L'ESF est un service municipal décentralisé visant la prévention et l'identification des maladies, ainsi que l'éducation sanitaire (Oliveira, 2004 : 47). Ce service est disponible dans les *Unidades Básicas de Saúde* (dispensaires de santé) grâce à des équipes médicales constituées par un médecin, un infirmier, deux aides-soignants et cinq agents communautaires de santé, chaque équipe étant responsable d'environ mille familles (Ministère de la Santé).

3 *Bolsa Família* est un programme de transfert de revenu mis en place en 2004 et destiné aux familles dont le revenu mensuel est inférieur ou égal à 70 reales (22 euros avec le taux de change actuel de 3,2 reales par euro) *per capita*. En contrepartie, les bénéficiaires de la prestation doivent respecter certaines exigences en matière de santé, d'éducation et d'assistance sociale (Ministère du Développement Social).

4 Le PAIF (Service de protection et d'attention intégrale à la famille) vise l'intégration des familles en situation de forte vulnérabilité sociale au réseau d'assistance sociale dans des espaces appelés Centres de référence de l'assistance sociale (*Centros de Referência de Assistência Social*-CRAS) (Ministère du Développement social et de Lutte contre la faim).

programmes sociaux en question. Comment se situent-elles au sein de la famille pour remplir la fonction de « collaboratrice » que l'on attend d'elles ? Qu'est-ce qui les mobilise pour satisfaire, bien ou mal, la fonction maternelle ?

Les programmes sociaux étudiés, afin de devenir opérationnels, se basent sur l'organisation même des familles des classes populaires, grâce notamment à une supposée prédisposition féminine, particulièrement dans les classes populaires, à s'occuper de la famille, ce qui permet de n'avoir recours qu'à très peu de professionnels ou à des professionnels peu qualifiés (et acceptant des bas salaires) pour viabiliser la gestion de la protection sociale d'un grand nombre de familles en état de pauvreté et d'extrême pauvreté au Brésil[5]. Cette médiation féminine est renforcée par la réactivité des femmes titulaires des services qui se mobilisent pour l'exécution des orientations reçues. Ainsi, et c'est notre point de départ, les mères pauvres jouent le rôle de médiatrices entre l'État et la famille, ce premier pouvant ainsi jouir d'un maximum d'efficacité avec un coût minimum.

La recherche de terrain, basée sur des entretiens semi-directifs et l'observation participante, a été réalisée dans la périphérie de la ville de São Paulo, à une trentaine de kilomètres du centre-ville. Dans la ville, est concentrée la population qualifiée par les pouvoirs publics comme souffrant d'une « forte vulnérabilité sociale », conformément aux données officielles du taux de vulnérabilité sociale *(Índice Paulista de Vulnerabilidade Social* – IPVS*)*[6]. Aujourd'hui, différents programmes d'assistance aux pauvres (publics, privés et semi-publics) sont en œuvre dans ces territoires dans le but de répondre aux besoins d'une population majoritairement composée de migrants internes et de leurs descendants, ainsi que de Noirs et de Métis issus de la ville. Les questions de l'enquête ont été élaborées afin d'appréhender la façon dont les femmes assistées relatent leur trajectoire et leur vie quotidienne,

5 Selon l'IPEA (2013 : 18), dans un calcul basé sur les données de la PNAD 2012, la population extrêmement pauvre (revenu familial per capita inférieur ou égal R$ 75) était de 6,5 millions et la population pauvre (de R$ 76 à R$ 150) de 15,7 millions, soit un total de 22,2 millions de pauvres au Brésil (la ligne de pauvreté ici définie est celle du plan *Brasil Sem Miséria* du ministère du Développement social et de Lutte contre la faim).

6 L'IPVS est un indicateur multidimensionnel de vulnérabilité crée par la Fundação SEADE, institution liée à l'État de São Paulo, qui considère les aspects comme le revenu, l'éducation, la santé, et qui oriente la nécessité d'intervention sociale par le pouvoir public.

en prenant en compte des paramètres comme le mariage, la famille, le travail et la religion. De cette manière, nous avons cherché à extraire en premier lieu ce qui existe chez chacune d'entre elles de commun et de particulier pour ensuite comprendre l'ethos des femmes assistées qui sert de base aux nouveaux programmes sociaux du Brésil contemporain. La ville de São Paulo est représentative dans cette analyse par son importance démographique, économique[7] et financière, tout en étant un des grands centres de tensions sociales qui se manifestent sous forme, par exemple, de chômage, de travail informel, de trafic de drogues et d'autres crimes et de déficit de logements et de services (Sposati, 1988 ; Kowarick, 2009 ; Telles, 2010 ; Feltran, 2011). L'assistance aux pauvres, notamment, a historiquement été considérée une question mineure par rapport à la santé et à l'éducation, allant à l'encontre de la tendance nationale, depuis la redémocratisation, à consolider l'assistance en tant que droit universel et subventionner son opérationnalisation (Sposati, *id.*). S'y ajoute le fait que l'aide sociale est déléguée aux organisations philanthropiques qui ont traditionnellement un rôle central dans l'offre des services d'assistance aux pauvres dans la ville, ce qui va à contre-courant de la directive nationale qui prescrit une intervention directe de l'État. L'externalisation de la gestion et de l'exécution des services et des programmes objets de notre recherche est faite au bénéfice d'un ordre catholique dans le cas de la santé, et à une église pentecôtiste dans le cas de l'assistance aux familles. Dans ce dernier cas, en particulier, la municipalité a institué le *Programa Ação Família* (programme Action Famille) comme un schéma d'exécution de l'assistance pour complémenter le déficit d'équipements publics d'assistance et, surtout, pour permettre le maintien des actions sociales par des organisations philanthropiques.

C'est dans ce contexte particulier que se trouvent les femmes présentées dans cette analyse, figures emblématiques envers qui les voies formelles et continues de l'éducation et du travail sont hermétiquement fermées et qui deviennent par conséquent objet idéal pour remplir le rôle de médiatrices entre l'État et les familles.

---

7 São Paulo a participé de 11,4 % du PIB national en 2012, suivie de Rio de Janeiro (5,0 %) et Brasília (3,9 %) (IBGE).

2. Les programmes sociaux « familialistes » et la famille des couches populaires

La cible principale des « nouveaux programmes sociaux » est le bien-être de la nouvelle génération, à savoir les enfants et les adolescents (Jenson, 2011 ; Molineux, 2006 ; Santos, 2012). D'après Jenson, il s'agit d'une caractéristique générale des « nouveaux programmes sociaux », surtout des programmes dits « d'investissement social », et « familialistes » latino-américains, qui visent la lutte contre la reproduction de la pauvreté en s'appuyant fondamentalement sur la division sexuelle du travail et la prédisposition féminine à s'occuper de la famille. Ce rôle maternel, considéré comme inhérent à toutes les femmes, fait de celles-ci les bénéficiaires privilégiées des programmes et des services d'assistance. En ce qu'elles sont vues comme reproductrices et attentionnées, on espère d'elles qu'elles soient d'efficaces « collaboratrices » capables d'opérer la médiation entre les exécutants des programmes (gestionnaires, travailleurs sociaux) et les membres des familles ciblées (Sarti, 2010 ; Scott, 2005). La Stratégie Santé Famille et les autres programmes basés sur la famille ont besoin de leur complicité pour pouvoir appliquer les instructions de l'équipe professionnelle relatives aux membres non autonomes de la famille (bébés, enfants, personnes souffrant d'un handicap physique ou mental, personnes âgées dépendantes) et orienter ceux qui sont rarement à la maison, comme le mari, les enfants adolescents et les jeunes adultes (Scott, *id.*).

Un examen de l'histoire des interventions sociales en France nous permet de constater que l'approche basée sur la famille est une stratégie d'intervention de l'État auprès des populations pauvres qui remonte au processus de modernisation occidentale des XVIIIe et XIXe siècles. Michel Foucault (2004 : 194-195) affirme que la promotion de la vie par la pratique collective de la médecine (sans que cela ne représente, nous explique-t-il, une intervention unique et uniforme de l'État, mais plutôt une émergence en de multiples points du corps social) trouve son origine au XVIIIe siècle, à une époque où l'on a commencé à privilégier la santé de l'enfant par l'intermédiaire des familles. À la différence de l'Ancien Régime, on commençait à s'intéresser à la population – principalement la population pauvre – pour investir dans son utilité (*id.* : 198). C'est dans ce contexte que se formera la famille des classes populaires, où l'homme doit être un travailleur responsable du revenu familial et la femme une maîtresse du foyer qui supervise de près les fonctions de chaque membre de la famille.

D'après Jacques Donzelot, une « stratégie de familialisation » des couches populaires basée sur la figure maternelle a été mise en œuvre dans le contexte européen de la deuxième moitié du XIXe siècle (Donzelot, *op. cit.* : 42). Les jeunes femmes étaient encouragées par les moralistes de l'époque à sortir des couvents et de la prostitution – les alternatives possibles pour les femmes pauvres – afin d'exercer des activités professionnelles qui puissent développer leurs compétences domestiques et les préparer au mariage (*id.*). S'est ainsi formée une division sexuelle du travail dans le cadre familial des couches populaires, rejoignant ainsi d'une certaine manière la bourgeoisie. Sans la concurrence des femmes, les hommes pouvaient suivre leur carrière ; ils pouvaient en outre compter sur les activités reproductives assumées par leurs compagnes pour garantir leur position fragile sur le marché du travail. Le travail féminin était vu comme une nécessité occasionnelle visant à garantir la survie familiale. Ainsi, les rôles sociaux des hommes et des femmes des classes populaires ont été redistribués et disciplinés. Les premiers sont devenus pourvoyeurs et chefs du foyer (ce qui a permis de sauvegarder un pouvoir patriarcal en perte de vitesse), tandis que les secondes sont devenues responsables des activités domestiques et éducatives, ainsi que de la surveillance des époux pour garantir la stabilité de leur emploi (*id.* : 43). En ce qui concerne les enfants, il s'agissait d'éviter l'occurrence courante de l'abandon et de la négligence, dont le résultat était le plus souvent le vagabondage et la prostitution (*id.* : 26-27). Bénéficiant du logement social, ainsi que de l'école et de l'éducation hygiéniste, les femmes ont constitué un maillon central du maintien des hommes et des enfants dans le cadre accueillant du foyer (*id.*). Il est ainsi possible d'affirmer que la famille des classes populaires est une construction sociale dont le principal pilier a été les femmes pauvres dans leur rôle de ménagères compétentes, de bonnes épouses et de mères responsables. De la même manière, la figure maternelle est devenue la meilleure alliée des médecins et des hygiénistes du XIXe siècle, qui lui ont attribué le pouvoir d'imposer son autorité à la maison en tant qu'éducatrice et relais de leurs actions (*id.* : 24-25).

D'après Margareth Rago (1985 : 75), le discours adressé aux femmes pour en faire des ménagères compétentes, de bonnes épouses et des mères responsables a opéré de façon fortement similaire au Brésil entre la fin de l'Empire et le début de la République (fin du XIXe siècle).

De même qu'en France, il visait le contrôle du comportement sexuel des femmes en fonction de l'hypothèse constante et latente de ce que la femme pauvre avait une tendance naturelle à se prostituer. Les interventions des hygiénistes dans les familles pauvres étaient légitimées par la nécessité de contenir les maladies vénériennes (Rago, *op. cit.* : 87), ainsi que les épidémies comme la fièvre jaune et la peste bubonique (Sposati, 1988 : 101). Avec l'avancée de l'industrialisation au milieu du XXe siècle, la famille de la classe travailleuse brésilienne s'est organisée de façon similaire à celle des classes populaires européennes. Selon Sarti (1996), cela suppose que les rôles de mari et d'épouse soient remplis de façon hiérarchisée et complémentaire de façon à « mettre en œuvre les différentes fonctions de l'autorité dans la famille » : à l'homme la fonction de père et de chef de famille, et à la femme, celle de mère et de maîtresse du foyer. Le chef de famille, hiérarchiquement supérieur, serait une « autorité morale responsable de la respectabilité familiale », tandis que la ménagère, soumise à celui-ci, est responsable du maintien de l'« unité du groupe ». La propriété biologique féminine de reproduction a naturalisé son inclination à s'occuper des membres de la famille. Comme l'affirme Sarti (*id.* : 43), « l'autorité féminine est liée à la mise en valeur de la mère, dans un univers symbolique où c'est la maternité qui fait que la femme est reconnue comme telle, sans quoi elle ne serait qu'une potentialité, quelque chose d'incomplet ». Ainsi, le mariage des femmes des classes les plus pauvres implique dans une large mesure l'obtention d'un statut respectable grâce à la combinaison de leurs rôles d'épouses, de maîtresses du foyer et, principalement, de mères.

Les interventions de l'État brésilien par l'intermédiaire des nouveaux programmes de protection sociale ont un double sens pour la population, avec d'un côté l'attention portée par les pouvoirs publics à travers la figure du travailleur social, et de l'autre, le contrôle. D'un côté, il s'agit de la manifestation d'un État plus présent et à la portée des pauvres, qui ont été historiquement exclus des prestations et des services publics (Sposati, 1988) ; de l'autre, il s'agit d'atteindre la population assistée dans sa capillarité et de détecter celles et ceux qui répondent aux critères permettant de bénéficier de prestations toujours plus amples[8], mettant ainsi en œuvre le « contrôle des assistées » (Dubois, 2009 : 29 ; Georges,

8 Le plus récent élargissement des bénéficiaires de la *Bolsa Família* a consisté en l'inclusion des femmes enceintes et allaitant des nourrissons jusqu'à l'âge de six mois, qui reçoivent désormais 32 reais. L'objectif du plan « *Brasil Sem Miséria* » de la présidente Dilma Rousseff est d'élargir la prise en charge de la pauvreté (MDS, 2011).

Santos, 2013 : 173). Les familles bénéficiaires de ces programmes sociaux reçoivent toute une série de conseils de la part des travailleurs sociaux – des femmes, dans la grande majorité des cas – pour faire un usage correct des services et des prestations. Elles font partie alors de la catégorie des « assistés » (Paugam, 1991). Dans le cas de la municipalité de São Paulo, la sous-traitance des services d'assistance fait en sorte que les valeurs conservatrices de genre et de famille inhérentes aux confessions religieuses de chaque organisation agréée placent des femmes assistées au centre de la tension qui distingue parmi les femmes assistées les « bonnes usagères » et les « mauvaises usagères » des services (Georges, Santos, *op. cit.*).

Aspects de la construction de la maîtresse du foyer compétente, de la bonne épouse et de la mère responsable dans les couches populaires brésiliennes

Les sept femmes sur lesquelles nous avons basé notre analyse sont toutes mères de famille, avec au moins un enfant sous leur responsabilité. Elles sont socialement issues de la classe travailleuse, rurale ou urbaine, et souvent migrantes ou filles de migrants de la région Nordeste. Comme on le voit dans le tableau ci-dessous, six sont des épouses dépendant de leur mari, et seule l'une d'entre elles est cheffe de famille monoparentale (Clara). Trois ont été contactées en tant que titulaires[9] du service de santé *Estratégia Saúde Família* (Iara, Rosalina et Sandra) et quatre du programme d'assistance aux familles *Programa Ação Família* (Clara, Jessica, Valéria et Vanessa), deux de ces dernières étant également titulaires de la *Bolsa Família*. Elles appartiennent à trois différentes classes d'âge : Jessica, Iara, Valéria et Vanessa ont une vingtaine d'années, Clara, la trentaine, et les autres, la quarantaine. Deux d'entre elles ont terminé le lycée (Jessica, Sandra), deux ont interrompu leurs études au collège, puis les ont reprises en cours du soir (Iara et Rosalina), tandis que les trois autres ont quitté l'école avant de terminer le collège (Clara, Vanessa et Valéria).

---

9 Le terme d'« usagères » designe les personnes utilisatrices des services, et celui de « bénéficiaires », catégorie vernaculaire mobilisée par les gestionnaires et travailleurs sociaux des programmes, celles qui reçoivent des prestations en espèces. Pour me distancier des catégories vernaculaires, j'use ici du terme « titulaires » et aurai recours plus bas également à celui d'« usagères », plus neutre que celui de « bénéficiaires ».

Tableau : Informations relatives aux personnes interrogées (classées en fonction de l'âge)

Nom[27]	Âge	Enfants	Race/ couleur	Situation conjugale	Éducation	Religion
Jessica	22	2	Métisse	Cohabitation	Secondaire	Spirite
Iara	28	1	Métisse	Mariée	Secondaire après l'âge adulte (cours du soir)	Néopentecôtiste
Valéria	28	5	Métisse	Cohabitation	Primaire incomplet	Sans religion (ex-évangélique)
Vanessa	28	4	Métisse	Cohabitation	Primaire incomplet	Sans religion
Clara	32	4	Blanche	Séparée	Primaire incomplet	Néopentecôtiste
Sandra	43	1	Blanche	Mariée	Secondaire	Catholique
Rosalina	45	4	Blanche	Mariée	Secondaire après l'âge adulte (cours du soir)	Néopentecôtiste

Dans la construction d'une famille respectable où les hommes doivent exercer la fonction de chef de famille et les femmes celle de maîtresse du foyer, deux facteurs semblent indispensables, sans pour autant être exclusifs : l'éloignement et l'interdiction du travail (de façon directe par leurs compagnons) et l'adhésion des femmes à la religion. Nous montrerons ci-après quelques importants dispositifs qui ont fait en sorte que les femmes pauvres restent dans cette position sociale de femme au foyer et de mère qui leur a été attribuée par le processus de modernisation occidentale il y a plus de deux siècles. Une telle situation contraste fortement avec celle des femmes des classes moyennes et supérieures qui, en comparaison avec leurs pairs défavorisés, ont conquis des avancées considérables en termes de droits dans la sphère publique.

L'éloignement du travail

Outre le fait que ces sept femmes ont en commun l'expérience de la maternité, et sont des usagères de programmes sociaux et habitantes de quartiers périphériques considérées socialement vulnérables, aucune d'entre elles n'est employée. Après avoir participé au marché du travail, formel ou non, elles sont passées avec le mariage et la maternité par le

10 Les prénoms ont été modifiés.

processus de réorganisation de leur vie qui consiste à les replacer dans la logique de la morale des pauvres, généralement par conformité aux injonctions des acteurs externes (le plus souvent, leur compagnon ou mari) qui leur rappelle constamment quelle doit être leur place. Ainsi, Valéria raconte qu'elle a commencé à étudier pendant la journée avec une femme qui offrait des cours dans le quartier, et ce sans que son mari le sache. Mais comme elle n'a trouvé personne pour s'occuper de ses enfants, elle a dû abandonner les cours. Elle a également participé à un entretien d'embauche dont le résultat a été positif, mais elle a fini par refuser cet emploi, car son compagnon Augusto n'admet pas que sa compagne travaille en dehors du foyer. Comme l'explique Valéria, « c'est un jaloux compulsif, il ne me laisse pas étudier, il ne me laisse pas travailler, il croit que si je travaille, je partirai avec un autre, et que si je vais étudier, c'est pour flirter avec le professeur. Je voudrais vraiment reprendre mes études, mais… ». À l'inverse, les visites à domicile d'un agent de l'assistance sociale ne posent pas de problème, car, selon ce qu'affirme Valeria, c'est grâce à lui qu'elle peut bénéficier du programme *Bolsa Família* (allocation d'un montant de 65 reais mensuels – environ 20 euros – en 2011). Outre les prestations de ce programme de transfert de revenus, Valéria participe aux activités d'une association spirite dans le voisinage et notamment aux ateliers d'artisanat, condition pour recevoir tous les quinze jours un panier de denrées de base comme du riz, des haricots, du sucre et de l'huile.

Le cas de sa sœur jumelle, Vanessa, est à peu près similaire, et lorsque que celle-ci a émis le souhait de fréquenter un cours (privé) de coiffure, son compagnon Maurício, qui était présent lors du premier entretien que nous avons réalisé avec elle, a répondu qu'elle devait accorder la priorité au travail domestique :

> C'est ce que je lui dis tout le temps. Elle doit voir qu'elle a une maison, qu'elle a des enfants, et que moi, je dois travailler. Aujourd'hui c'est mon jour de congé, mais sinon je commence à bosser à 14h et je dois sortir d'ici au maximum à 13h30. Donc ce que je dis, c'est qu'elle doit chercher à faire quelque chose qui n'interfère pas avec le travail domestique, car je crois qu'en tant que ma femme, elle a des obligations à la maison, et moi, je dois subvenir aux besoins familiaux (Maurício, 2011).

Il admet néanmoins qu'elle assiste aux réunions socio-éducatives et aux ateliers[11] offerts par le *Programa Ação Família,* car ces activités sont

---

[11] Les programmes d'assistance et de transfert de revenu ne sont pas offerts sans contrepartie. Dans le *Programa Ação Família*, les titulaires doivent participer aux réunions socio-éducatives organisées par les institutions philanthropiques qui

liées au bénéfice du programme de transfert de revenus, qu'il appelle ici *Renda Mínima* (Revenu minimum)[12].

> Mais, quand elle a une réunion et qu'elle veut y aller, je ne dis rien, car cette histoire de *Renda Mínima* auquel on a droit nous a beaucoup aidés. Donc, elle a parfois des réunions et je lui dis d'y aller. Elle dit qu'il faut qu'elle y aille pour savoir ce qui se passe, donc pour moi, c'est bon (*id.*).

Ainsi, les activités hors du foyer des deux sœurs ne sont le plus souvent légitimées par leurs compagnons respectifs que si elles permettent de bénéficier de prestations sociales.

Les prescriptions suivant le strict ordonnancement de sexe dans le milieu populaire, surtout pour les mères qui font face au problème immédiat de la garde des enfants, amènent à renoncer à une vie libre des injonctions de la division sexuelle du travail. Avant de se marier, Iara travaillait dans la même branche que son mari, dans l'organisation d'événements, mais elle a quitté son emploi lorsqu'elle est tombée enceinte de sa fille. C'était « naturel » pour eux deux qu'elle arrête de travailler et que lui continue. Au début, son mari l'aidait dans les tâches domestiques, mais avec le temps, il ne le fait plus que de manière sporadique. En même temps, cette division du travail est acceptée par Iara, qui considère qu'elle est responsable de la tenue du foyer.

> Avant, quand il habitait tout seul, il nettoyait tout, sa maison était impeccable et je me disais que c'était le ciel qui me l'envoyait, il était très propre. Après le mariage, il m'aidait encore, mais une fois que notre fille est née, c'était fini. [...] Avant, quand il était en vacances, il faisait la vaisselle. Par contre, repasser ou faire la lessive, non. Il passait le balai dans la maison, mais le grand ménage, ce n'est pas son truc, je crois que c'est mon obligation (Iara, 2011).

En intériorisant la division sexuelle du travail comme idéal de famille respectable, Iara renonce au travail hors du foyer, mais imagine une condition différente pour sa fille.

> Je veux qu'en grandissant, elle soit indépendante, qu'elle ne dépende de personne, je vais toujours lui enseigner ça. Moi, je dépends de son père maintenant, mais je veux aussi être indépendante sur tous les plans, ça me manque beaucoup, de travailler, d'avoir mon argent, d'acheter ce que je

---

exécutent le programme, et de préférence participer à des ateliers d'apprentissage en techniques de manucure, coiffure, entre autres.

12 Chez certains, comme le compagnon de Vanessa, existe une confusion entre le programme *Bolsa Família* et le programme *Renda Mínima* (Revenu minimum) de la mairie de São Paulo, mais d'après cette dernière, elle reçoit la *Bolsa Família*.

veux. Il achète tout ce que je lui demande, mais au bout d'un moment, c'est fatigant d'avoir à demander. Il y a des fois où je me dis : ça suffit, je ne veux plus dépendre d'un homme, c'est pénible, j'ai toujours été indépendante.

Mais elle affirme être reconnaissante à l'égard de son mari pour pouvoir exercer la maternité de manière exclusive :

> (…) Mais Mateus est un bon mari. Malgré tout, c'est un bon mari.
>
> *Qu'est-ce qu'un bon mari pour vous ?*
>
> C'est un bon père. C'est un homme qui discute, qui est compréhensif avec moi, parfois il y a ces jours où je suis de mauvaise humeur et il comprend. Un homme qui a compris que j'ai décidé de passer trois ans pour me consacrer à ma fille, parce qu'il y a des hommes qui ne sont pas comme ça et qui disent qu'on doit travailler pour aider à la maison (*Id.*).

Contrairement aux trois femmes ci-dessus, fortement résignées à leur rôle exclusif de femme au foyer, Jessica ne cache pas son irritation d'avoir vu sa vie transformée de façon drastique après la naissance de ses jumelles (qui ont aujourd'hui un an). Elle a dû quitter son emploi suite à une dépression *post-partum* et à des problèmes d'obésité, en contraste avec son compagnon, dont la trajectoire n'a subi aucune modification et qui continue à occuper le même emploi. Elle s'est rendue compte que son travail reproductif n'était pas reconnu :

> Ce que je lui dis, c'est que je reconnais son travail, je sais que c'est fatigant, que c'est dur de prendre le bus tous les jours pour aller au travail et revenir, de se lever à 5h du matin, c'est difficile, mais il doit aussi reconnaître que ce que je fais n'a rien d'une plaisanterie. Quand je vais donner un bain à l'une, je dois surveiller l'autre, car quand je donne un bain à l'une des deux, l'autre casse je ne sais quoi. Moi, un jour, je vais arriver à l'hôpital et on va m'arrêter pour maltraitance car elles tombent sans arrêt, je n'arrive pas à m'occuper des deux en même temps, l'une va d'un côté, l'autre va de l'autre (Jessica, 2010).

Contrairement aux mères de classe moyenne, elle n'a pas la possibilité financière de déléguer la maternité, et en raison de son faible niveau d'éducation scolaire et du fait d'habiter dans un quartier stigmatisé et distant du centre-ville, les possibilités de trouver un emploi qui lui permette de revenir dans le quartier pour récupérer ses filles à la crèche en temps voulu sont limitées. En attendant le moment propice pour retourner sur le marché du travail, elle participe aux activités du *Programa Ação Família*, comme l'atelier de manucure offert pendant la journée.

Même si le statut d'épouse et de mère est important pour la dignité des femmes des classes populaires, et cela est également démontré par les paroles des femmes assistées interviewées, un tel statut social les place en profonde inégalité par rapport à leurs compagnons en termes économiques et sociaux. Bien que ces dernières soient conscientes de cette situation, défier et transgresser l'ordre social et moral établi requiert une insertion relativement conséquente dans un réseau social qui permette de bénéficier de l'aide et de la complicité d'individus et d'institutions pour franchir le pas. Au contraire, les programmes en question, aussi bien que les institutions religieuses qui les servent, ne font que légitimer une division sexuelle du travail naturalisée. En ce sens, il est possible d'affirmer que ces femmes assistées se trouvent dans une situation de fort isolement social. L'on peut observer que le soin qu'elles apportent à leur famille devient leur raison d'être. Leur vie s'organise autour de cette fonction, dans une construction progressive de la maternité au sein de la compréhension qu'elles ont de l'importance de ce rôle dans la formation de la famille ; non parce qu'elles auraient une vocation pour la maternité, mais parce qu'il s'agit d'un dispositif qui assigne les femmes peu instruites comme elles, avec peu de possibilités d'emploi, à la sphère privée, justifiant leur dépendance financière par rapport aux hommes. Dans ces conditions, les femmes interviewées n'ont pas d'autre choix que de garder elles-mêmes leurs enfants et d'assumer seules le « travail inestimable » du *care* (Molinier, *op. cit.* : 36).

Les églises charismatiques et le renforcement de l'ethos familial

Certains des récits qui nous ont été faits montrent clairement l'importance de la religion dans la vie de ces femmes. Elle apparaît spontanément dans les déclarations des femmes interrogées, qui parlent des églises comme d'un lieu de réconfort et d'une source de force. Clara, de religion évangélique, revendique son lien religieux avec l'Église Universelle du Royame de Dieu (*Igreja Universal do Reino de Deus – IURD*) : « Là-bas, je me sens bien, je me sens tranquille. Il y a des gens que je connais. Il y a des gens avec qui je peux m'asseoir, discuter, parler de mes problèmes. Je me sens bien »[13]. Un *obreiro*[14], un homme d'un certain

---

13 L'IURD (*Igreja Universal do Reino de Deus*) a comme caractéristique d'accueillir les individus déviant des normes familiales et de la conduite morale de la société, comme les femmes cheffes de famille monoparentale, les individus de familles décomposées ou les toxicomanes, ce qui n'est pas forcément le cas des églises chrétiennes plus traditionnelles (Altivo, 2014). Ce sont également ces individus que l'assistance sociale qualifie de socialement vulnérables et qui constituent la cible des différents programmes.

14 Les *obreiros* (hommes ou femmes) aident le pasteur lors des cultes et représentent une autorité spirituelle et ecclésiastique.

âge, donne des conseils à sa fille « pour qu'elle ne suive pas le mauvais chemin ». Certains *obreiros* passent chez Clara pour savoir si elle a besoin de quelque chose, « ils viennent jusqu'à chez moi, il y en a une qui vient juste pour bavarder, savoir comment je vais, comment vont les enfants ». Sandra, en dépression à cause d'un handicap physique dû à une hernie discale, a montré beaucoup d'enthousiasme pour le best-seller écrit par le prêtre Marcelo Rossi, du Renouveau Charismatique Catholique. Selon elle, ce livre l'a beaucoup aidée pour diminuer son anxiété. Rosalina, qui fréquente l'Église Universelle du Royaume de Dieu (IURD), dit avoir souffert pendant dix ans de l'alcoolisme et de la violence de son mari. Il lui semblait devoir revivre la même expérience de violence domestique dont sa mère avait souffert avec son père. La présence d'Agnaldo à la maison lui faisait peur, ainsi qu'à ses enfants : « tout devait être réglé comme du papier à musique ». Pour Rosalina, sa conversion à l'IURD a provoqué un tel effet que son mari s'est transformé au point de ne plus terroriser sa famille.

> Du coup, il se passait presque la même chose que ce qui était arrivé à ma mère. Et quand je suis venu ici, j'étais déjà en contact avec Dieu, j'étais déjà allée chercher Dieu, et aujourd'hui, grâce à Dieu, Agnaldo est une autre personne. Il ne va pas à l'église, mais même si beaucoup de gens n'y croient pas, c'est grâce à mes nombreuses prières que Dieu a œuvré dans sa vie et va continuer à l'aider, car il buvait beaucoup, vraiment beaucoup. Et, par la miséricorde de Dieu, il a commencé à boire un peu moins, et aujourd'hui il boit, mais socialement, il n'est plus agressif (Rosalina, 2011).

La dernière fois qu'elle a subi une agression de sa part, il y a huit ans, Rosalina avait porté plainte au commissariat des femmes (*Delegacia da Mulher*). « Depuis lors, il n'a plus jamais levé la main sur moi, car il était sorti de là avec les menottes. C'est un travailleur, un homme honnête, mais il avait besoin qu'on lui fasse un peu peur. »

Selon Linda Woodhead (2002), dans certaines sociétés (qu'elle qualifie de semi-différenciées, non occidentales et postcoloniales), les femmes se consacrent à la religion pour y trouver la capacité de rénover l'espace privé et même d'y réaliser « une délicate révolution »[15]. Il s'agit ici plus précisément du christianisme charismatique, catholique et protestant, dont la croissance est exponentielle au Brésil, principalement en raison de l'augmentation du nombre de fidèles des églises néo-pentecôtistes comme l'IURD. Leur but, bien loin des objectifs féministes, n'est pas de

---

[15] Nous pouvons considérer que la société brésilienne fait *grosso modo* partie de cette catégorie.

renverser la relation hiérarchique de genre. Il s'agit plutôt de soumettre les relations conjugales et familiales au pouvoir transformateur de l'Esprit, qui finit par rendre possible les changements (*id.*). En ce sens, les comportements machistes peuvent être remis en question. Ainsi, le christianisme charismatique, catholique ou protestant, offre « un espace aux femmes, pas seulement pour leur offrir le pouvoir divin de l'Esprit, mais également pour convertir les hommes à des postures moins machistes » (*id.* : 9). Les femmes des classes populaires semblent adhérer à ce courant religieux en ce que cela ne les met pas dans une situation de remise en question de la supériorité masculine, évitant ainsi les tensions conjugales tout en leur permettant de « discipliner » leur mari pour construire un foyer respectable, où les fonctions de genre sont exercées conformément à la « morale des pauvres » (Sarti, 1996) qui idéalise une famille où l'homme est le chef de famille et la femme, subordonnée à celui-ci, est la maîtresse du foyer. En ce sens, les religions jouent un rôle de standardisation des femmes et des hommes des classes pauvres en quête de respectabilité sociale. Les rôles conservateurs de genre sont principalement renforcés dans les religions néo-pentecôtistes, où la fonction féminine consiste en la protection spirituelle du foyer (Birman, 1996). Le néo-pentecôtisme est devenu une nouvelle institution de référence pour de nombreux habitants des quartiers dits sensibles, car il est considéré comme capable de réorganiser leur vie (après un processus migratoire ou une crise familiale, par exemple) et d'assurer la survie familiale. Plus spécifiquement, ce courant religieux traite directement des questions privées liées aux dépendances à l'alcool et à la drogue, aux relations conjugales et à la sexualité (Mariano, 2011 ; Machado, 2005 ; Couto, 2002)[16]. Nous pouvons ainsi lier le courage qu'a trouvé Rosalina

[16] L'ascension des évangéliques (qui dépassent 22 % de la population, selon le recensement de 2010) coïncide avec l'institutionnalisation des mouvements sociaux lors de la période post-Constitution de 1988 et avec le déclin de la Théologie de la Libération et des Communautés ecclésiales de base (CEB). Ces transformations semblent s'enchevêtrer dans le parcours des femmes des cités urbaines, principalement entre le milieu des années 1970 et le début des années 1990. Comme militantes des Clubs de mères de l'Église catholique et du Mouvement pour la santé, les femmes ont découvert la politique et sont devenues des sujets actifs de la revendication des droits (Sader, 1995). Toutefois, dans la seconde moitié des années 1990, l'activité des CEB, ainsi que des femmes impliquées, s'est dispersée et fragilisée dans le cadre d'une apparente confluence entre l'institutionnalisation des mouvements sociaux, la crise issue de la restructuration productive des années 1990 et la façon dont le pentecôtisme a suscité l'adhésion des classes les plus pauvres de la population pour les raisons mentionnées dans le texte. Ainsi, la religion qui a connu la plus forte croissance dans les classes populaires n'a pas été celle qui s'est directement attaqué aux questions

pour dénoncer son mari à sa participation à l'IURD. La religion lui a permis d'agencer sa conduite d'une manière auparavant inexistante.

Nous pouvons en déduire que la religion organise la vie conjugale et familiale des femmes assistées afin qu'elles puissent exercer le rôle de bonne épouse et de bonne mère d'une façon plus active, en tant que sujet de la construction familiale. Même si cela ne remet pas en cause la domination masculine au sein du foyer, elles en sortent renforcées et trouvent un soutien spirituel pour transformer les relations, en évident contraste avec les trajectoires familiales d'origine, marquées par la séparation des parents (comme cela a été le cas de Clara, Iara, Jessica, Rosalina et Valéria), l'abandon ou la perte des parents et/ou du compagnon (Clara et Rosalina) et la violence conjugale et domestique (Clara et Rosalina). Ainsi, la cohésion familiale promue par les églises charismatiques, principalement en ce qui concerne la prédisposition féminine à la maternité et à s'occuper de la famille, a pour effet de faciliter l'intervention de l'État dans les foyers pauvres par l'intermédiaire de programmes sociaux basés sur la famille.

Conclusion

La présente analyse a cherché à lever le voile sur l'organisation conjugale et familiale dans le quotidien des femmes titulaires des services d'assistance sociale *Estratégia Saúde Família* et *Programa Ação Família* (et quelques-unes également du *Programa Bolsa Família*) de la périphérie de São Paulo. Il s'agissait donc d'analyser, grâce à des entretiens réalisés avec sept usagères de ces services, un aspect encore peu connu des trajectoires et des subjectivités des titulaires des programmes d'assistance sociale, ainsi que de leur ethos familial. Notamment, le dispositif de la maternité s'est avéré fondamental pour le fonctionnement des services et des programmes objets de cette analyse. Du côté des femmes interviewées, atteindre un statut social en tant qu'épouse/compagne et mère, comme le dicte ladite « morale des pauvres », est important pour obtenir la respectabilité. Mais il ne suffit pas de s'unir à un homme et de constituer une famille ; en tant qu'assistées, elles doivent être capables d'être de bonnes épouses, des femmes au foyer compétentes et des mères responsables. Une telle tâche s'accompagne de tensions, comme l'impossibilité d'étudier et de

liées à la sphère publique/politique, comme le catholicisme de la Théologie de la libération, mais bien celle qui a proposé le dépassement des problèmes individuels et/ou familiaux.

travailler, parfois explicitement sur ordre de leur mari/compagnon, ainsi que par des contraintes comme leur très basse qualification et leur manque d'alternatives pour la garde des enfants. Les programmes et les services objets de notre recherche sont conçus sur la prémisse du fonctionnement de la division sexuelle du travail dans les foyers ciblés, sachant qu'il est parfaitement possible de compter sur les femmes titulaires qui se disposent à se mobiliser pour prendre en charge le bien-être familial.

Cette étude a également montré que les religions chrétiennes charismatiques représentent, pour certaines femmes interviewées comme Clara, Rosalina et Sandra, un lieu non seulement de réconfort spirituel, mais qui offre également des instruments de subjectivation, où elles sont écoutées (parfois d'une manière plus empathique que ne le font les travailleurs sociaux des programmes d'assistance, grâce à leur lien en tant que « frères et sœurs de foi ») et peuvent trouver une source de subjectivation, même s'il est fortement relatif du point du vue féministe et contrebalancé par le renforcement de leur position hiérarchiquement inférieure dans les relations conjugales. Car, pour les femmes comme Clara, Rosalina et Sandra, très peu instruites et marquées par plusieurs types d'inégalités sociales – de genre, de classe, de l'âge et de handicap -, pas employables, l'espace religieux est l'endroit où elles sont reconnues en tant qu'individus qui peuvent avoir une certaine capacité d'agir. Ironiquement, les programmes en question visent la pro-activité de leurs usagères, mais n'arrivent pas à obtenir le même niveau d'adhésion et de confiance que la religion.

Les femmes pauvres, assistées surtout, ne sont pas en mesure de jouir des avancées des droits au travail de la même manière que les femmes des classes moyennes et supérieures. Objet constant de l'intervention de l'État, il est souhaitable qu'elles restent au foyer en tant que bénéficiaires des programmes d'assistance. Les programmes familiaux se basent sur la dynamique conjugale et familiale des pauvres, qui constitue un *locus* idéal pour leur mise en œuvre, assurée par la présence des femmes, dont la disposition à s'occuper du foyer en s'auto-disciplinant apporte la preuve d'une féminité réussie. Nous pouvons ainsi conclure qu'à l'instar de la construction de la famille occidentale des classes populaires des XVIIIe et XIXe siècles, les femmes constituent le pilier de la construction de la famille idéale pensée par des (nouveaux) moralistes.

Références bibliographiques

Altivo, B., *Tramas do amor na rede Universal : indivíduos, histórias e espíritos produzindo alianças afetivas*, Projet de Master, Universidade Federal de Minas Gerais – UFMG/FAFICH/DAA, 2014.

Birman, P., « Mediação feminina e identidades pentecostais », *Cadernos Pagu*, n° 6-7, 1996, pp. 201-226.

Couto, M.T., « Na trilha do gênero : pentecostalismo e CEBs », *Revista de Estudos Feministas*, Florianópolis, n° 10, 2002, pp. 357-369.

Donzelot, J., *La police des familles*, Paris, Les Éditions de Minuit, 1977/2005.

Dubois, V., « Le paradoxe du contrôleur. Incertitude et contrainte institutionnelle dans le contrôle des assistés sociaux », *Actes de la recherche en sciences sociales*, Paris, n° 178, 2009, pp. 28-49.

Feltran, G. S., *Fronteiras de tensão. Política e violência nas periferias de São Paulo*, São Paulo, Editora Unesp, Centro de Estudos da Metrópole, 2011.

Foucault, M., *Microfísica do poder*, Rio de Janeiro, Paz e Terra, 2004.

Georges, I. et Santos, Y.G., « *Care* e políticas públicas : o caso das agentes comunitárias de saúde e das agentes de proteção social », in Hirata, H. et Guimarães, N. (dir.), *Cuidado e cuidadoras. As várias faces do trabalho do care*, São Paulo, Atlas, 2012, pp. 166-182.

Georges, I. et Santos, Y.G., « A produção da demanda : viés institucional e implicações políticas da terceirização do trabalho social na periferia de São Paulo » in Cunha, N. et Feltran, G. (dir.), *Sobre Periferias. Novos conflitos no Brasil contemporâneo*, Rio de Janeiro, Lamparina, 2013, pp. 159-177.

IBGE, « Produto Interno Bruto dos Municípios 2012 » [En ligne], 2013, URL : www.ibge.gov.br/home/estatistica/economia/pibmunicipios/2012/default.shtm.

IPEA, « Duas décadas de desigualdade e pobreza no Brasil medidas pela PNAD/IBGE », Comunicados do IPEA, n° 159, 2013.

Jenson, J., « Politiques publiques et investissement social : quelles conséquences pour la citoyenneté sociale des femmes ? », in Marques-Pereira, B. et Pfefferkorn, R. (dir.), *Cahiers du Genre*, hors-série, 2011, pp. 21-43.

Kowarick, L., *Viver em risco. Sobre a vulnerabilidade socioeconômica e civil*, São Paulo, Editora 34, 2009.

Machado, M.D.C., « Representações e relações de gênero nos grupos pentecostais », Revista *de Estudos Feministas,* vol. 13, n° 2, 2005, pp. 387-396.

Mariano, R., « Sociologia do crescimento pentecostal no Brasil : um balanço », *Perspectiva Teológica,* vol. 43, n° 119, 2012, pp. 11-36.

Mesquita, A. P., « A família como centralidade nas políticas públicas : a constituição da agenda política da assistência social no Brasil e as rotas de reprodução das desigualdades de gênero » in IPEA, Anais do I Circuito de Debates Acadêmicos, 2011.

MINISTÉRIO DO DESENVOLVIMENTO SOCIAL E COMBATE À FOME a. Bolsa Família [En ligne], URL : http ://www.ipea.gov.br/code2011/chamada2011/pdf/area2/area2-artigo29.pdf, consulté le 7 août 2017.

MINISTÉRIO DO DESENVOLVIMENTO SOCIAL E COMBATE À FOME b. [En ligne], URL : http ://www.brasil.gov.br/@@search ?Subject %3Alist=Minist %C3 %A9rio %20do %20Desenvolvimento %20 Social %20e %20Combate %20 %C3 %A0 %20Fome, consulté le 7 août 2017.

Molyneux, M., « Mothers at the service of the New Poverty Agenda : Progresa/Oportunidades, Mexico's Conditional Transfer Programme », *Social Policy and Administration,* vol. 40, n° 4, 2006, pp. 425-449.

Molinier, P., « Ética e trabalho do care", in Hirata, H. et Guimarães,N. (dir.), *Cuidado e cuidadoras. As várias faces do trabalho do care,* São Paulo, Atlas, 2012, pp. 29-43.

Paugam, S., *La disqualification sociale,* Paris, PUF, 1991.

PREFEITURA DE SÃO PAULO, 2013 [En ligne], URL : http ://www.prefeitura.sp.gov.br/cidade/secretarias/assistencia_social/creas/index.php ?p=2003, consulté le 7 août 2017.

Rago, M., *Do cabaré ao lar. A utopia da cidade disciplinar. Brasil 1890-1930,* Rio de Janeiro, Paz e Terra, 1985.

Sader, E., *Quando novos personagens entraram em cena. Experiências, falas e luta dos trabalhadores da Grande São Paulo (1970-1980),* Rio de Janeiro, Paz e Terra, 1995.

Santos, Y.Garcia dos, *A gestão sexuada do social : os novos programas sociais na saúde e na assistência e reprodução das relações tradicionais de gênero.* Rapport de recherche (Post-doctorat), Centro de Estudos da Metrópole/FAPESP, São Paulo, 2012.

Sarti, C., *A Família como Espelho : um estudo sobre a moral dos pobres na periferia de São Paulo*, São Paulo, Autores Associados, 1996.

Scott, P., « Gênero, família e comunidades. observações e aportes teóricos sobre o Programa Saúde Família », in Villela, W. et Monteiro, S. (dir.), *Gênero e saúde. Programa Saúde da Família em questão*, São Paulo, Arbeit Factory Editora e Comunicação, 2005, pp. 73-93.

Sposati, A., *Vida urbana e gestão da pobreza*, São Paulo, Cortez Editora, 1988.

Telles, V.S., *A cidade nas fronteiras do legal e do ilegal*, Belo Horizonte, Argumentum, 2010.

Woodhead, L., « Mulheres e gênero. Uma estrutura teórica », *Revista de Estudos da Religião*, n° 1, 2002, pp. 1-11.

Focaliser, transférer et rendre visite

Le genre au prisme de la politique de « vulnérabilité » et les pratiques d'assistance familialistes au Chili[1]

Carolina ROJAS LASCH

Université Alberto Hurtado, Département de travail social, Faculté de sciences sociales, Santiago de Chile, Chili

Le présent texte, issu d'une réflexion menée dans le cadre du projet LATINASSIST, repose sur une étude ethnographique réalisée entre 2008 et 2012, portant sur les pratiques de visites domiciliaires de travailleurs sociaux (assistants sociaux, psychologues, éducateurs, etc.) auprès de familles chiliennes qui ont été identifiées par l'État comme vulnérables. Ce chapitre aborde, dans une perspective de genre, la dimension politique du travail d'accompagnement, particulièrement au niveau de la production et reproduction des subjectivités des assisté.e.s.

Le surgissement de la vulnérabilité comme problème public peut être compris, plus que comme la conséquence objective des transformations sociales et économiques du Chili actuel, comme l'expression d'un changement au niveau de l'économie morale (Fassin, 2009) des inégalités, c'est à dire comme le résultat d'un nouveau sens, d'une nouvelle sensibilité morale et d'une attention renforcée dans les techniques de gestion du social envers l'inégalité. Contrairement aux politiques des années 1980 et 1990, selon lesquelles l'action sur les populations se fondait sur la lutte contre la pauvreté, se traduisant en politiques compensatoires « d'ultra-focalisation » (ou ciblage), depuis l'an 2000, la nouvelle vague de politiques sociales se construit sur la base d'un discours de protection

[1] Ce travail a été réalisé avec l'appui du Projet Anillos en Ciencias Sociales y Humanidades, « Normalidad, Diferencia y Educación » (SOC-1103) financé par le Programa de Investigación Asociativa-Comisión Nacional para la Investigación Científica y Tecnológica (PIA-CONICYT, Chile). Les idées ici exprimées représentent les opinions de l'auteure et en aucun cas celles de CONICYT.

sociale, à partir duquel la définition des limites d'action s'étend et s'élargit, autant en termes des domaines de la vie à prendre en charge que des sujets à traiter. Se déclarant comme des politiques de nature universaliste, elles revendiquent une sémantique du bien-être qui met à jour la rhétorique des inégalités en termes plus structurels.

Ce n'est pas la pauvreté en elle-même, ni ce qu'elle représente pour la société, qui devient politiquement un problème, mais la possible souffrance subie par chaque individu. La force et l'impact de ce nouveau langage sur le social dans la région, et particulièrement au Chili, établissent ce qui, suivant encore Fassin, peut être considéré comme une « configuration sémantique » de la politique sociale contemporaine, c'est-à-dire « un ensemble de notions qui sont construites ensemble, se répondent et se complètent pour rendre compte d'une réalité sociale » (Fassin, 2006 : 73). Ainsi, il est possible de soutenir qu'à partir du XXIe siècle, les problèmes sociaux ne s'expliquent plus par les crises des systèmes économiques et politiques, mais qu'ils sont associés à l'existence de « risques ». Les conséquences de ceux-ci ne sont plus comprises en termes de pauvreté et d'exclusion, mais s'interprètent en termes de « vulnérabilité ». Enfin les solutions ne sont plus envisagées en termes de compensation et réparation, mais s'organisent autour de l'idée de « protection sociale »... En particulier, la politique de la vulnérabilité se situe dans les nouvelles approches promues par la Banque Mondiale à l'égard de la Protection sociale et de la gestion du risque social (Holzman *et al.*, 2003). L'instrument privilégié et commun à ce type d'approche sont les "conditional cash transfert programs" (programmes de transferts monétaires conditionnels). Ce type d'instruments cherche à articuler des interventions de type assistantiel et des actions de promotion de la responsabilité et de l'autonomie des bénéficiaires à travers la remise conditionnelle d'allocations sociales (conditionnalités – contrepartie).

En Amérique latine, ces approches se sont consolidées pendant la deuxième moitié des années 1990, par le biais de la mise en marche de quatre programmes sociaux emblématiques destinés au traitement des pauvres : le programme *Oportunidades* au Mexique, *Jefes y jefas de familia sin empleo* en Argentine, le programme *Bolsa Familia* au Brésil et le programme *Chile solidario* au Chili. Sur la base des expériences de ces programmes, est officialisée une manière technicisée de classer les sujets bénéficiaires de l'action sociale de l'État et d'accorder assistance et protection (Ceballos, Rojas, 2011).

Les études à propos de ces programmes révèlent entre autres que ces derniers se proposent de rompre le cercle de la reproduction intergénérationnelle de la pauvreté, adoptant pour ceci une approche familialiste orientée vers la protection de la vie des « membres à risque » (enfants d'âges correspondant à la petite enfance, personnes handicapées, personnes âgées, etc.). Par conséquent, ces programmes priorisent une intervention dans les familles qui deviennent un territoire légitimement pénétrable par l'action de l'État. Cependant, la famille n'est pas en elle-même la cible de l'intervention, elle est plutôt un espace-territoire qui s'avère être utile à la gestion efficace des « individus vulnérables ». Autrement dit, la famille devient la porte d'entrée, le mode d'accès aux sujets particuliers. Cette forme de gestion de l'action publique à propos du social a été appelée par Chauvière « néo-familialisme » (Chauvière, 2006).

Dans le contexte des politiques du nouveau siècle, le virage vers le social, ainsi que vers la famille, a été accompagné d'une disparition et d'un « étouffement » (Ríos, Godoy, Guerrero, 2003) des dimensions plus culturelles et des rapports de pouvoir étant à l'origine des inégalités, notions qui d'une manière ou d'une autre étaient présentes pendant les années 1990. Au moyen de politiques de discrimination positive et compensatoire, l'action publique à cette époque intégrait un travail ciblé vers des groupes évalués comme étant prioritaires au vu de l'existence d'une situation de subordination (femmes, enfants, aborigènes, handicapés, personnes âgées, etc.). Pour cela, les catégories de genre, d'ethnie, d'âge, etc. ont été introduites de manière explicite dans le débat et dans l'analyse politique et intellectuelle (Raczynski, Serrano, 2005). À présent, sous une apparente neutralité et banalisation de la catégorie de la « famille vulnérable », l'institution étatique fuit la question de savoir comment ces politiques participent à la production et reproduction de ces formes de subordination, en particulier celles relatives au genre.

En effet, ni les documents relatifs aux programmes, ni les méthodes employées, ne font spécifiquement allusion à cette catégorie. Cependant, cette absence contraste avec les études d'évaluation qui montrent que lors des relations d'assistance, l'interaction se produit presque exclusivement entre des femmes-mères et des femmes-professionnelles. Par exemple, dans le cas du programme *Chile Solidario*, environ 70 % des représentants des familles qui participent au programme sont des femmes. D'autre part, 75 % des professionnels et techniciens du secteur social qui effectuent l'intervention directe avec les familles sont aussi des femmes (MIDEPLAN, 2006). En général au Chili, ce phénomène de féminisation de l'action sociale a été peu questionné dans les analyses de ces nouvelles politiques. Le raisonnement est qu'étant donné que de nos jours la vulnérabilité s'est féminisée, l'assistance se configure aussi de manière féminisée. Néanmoins, des travaux récents comme ceux d'Andrea Cornwall et Silke Staab, entre autres, soulignent que la sexuation fait partie de la structure et des suppositions même de ce modèle particulier de politiques sociales néolibérales (Cornwall, 2008), à partir duquel serait en train de se consolider une sorte de « nouveau maternalisme public » (Staab, 2012).

Ethnographier le social néolibéral à partir de l'approche de genre

Les dernières transformations des politiques sociales latino-américaines ont été associées à une réorientation à « gauche » des gouvernements, qui les ont narrées comme un retour du social. L'idée implicite est que ces processus sont le résultat ou la conséquence du progressisme des nouveaux socialismes latino-américains qui jugeraient la vague néolibérale des années 1980 et 1990 comme dépassée, ainsi qu'il transparaît dans leurs discours, affichant un refus délibéré du modèle néolibéral, rendu responsable du renforcement des inégalités dans la région. Cependant, d'après mon hypothèse, même s'ils se situent en opposition apparente, socialisme, néolibéralisme et conservatisme sont solidement imbriqués. Il s'ensuit que la nouvelle politique sociale fonctionne en parallèle avec les définitions du modèle économique. Plus que cela, elle y contribue et la renforce.

Allons voir ce paradoxe de plus près. Bien que les programmes se présentent comme des mécanismes innovateurs suscitant un impact grâce à une présumée capacité réformatrice, en ce qui concerne l'approche des inégalités, ils ne sont pas du tout orientés vers la modification des structures des régimes de protection sociale des pays. Tout au contraire, la logique de la « gestion du risque » suppose que la vulnérabilité se résout par deux éléments : i) des politiques macro-économiques qui puissent stabiliser le cycle et ii) un système de protection sociale de diversification des risques, organisé comme un système modulaire de programmes dont les différentes composantes s'ajustent en fonction du profil de risque présumé de chaque groupe social (Lo Vuolo, 2008). Sur ce point, ces politiques, bien que contenant des promesses de redistribution, ne remettent pas en question le fondement du modèle économique. Ce supposé retour au social passe de fait par une légitimation du *status quo* économique. Ces « nouvelles » politiques sociales ne prétendent ni transformer, ni entrer en concurrence avec le marché. Au contraire, elles le complémentent afin de le consolider[2].

En revanche, une autre ligne d'analyse de l'imbrication entre néolibéralisme, socialisme et conservatisme nous conduit à mettre l'accent sur des dimensions bien moins évidentes et plus diffuses, étant donné qu'elles opèrent comme mécanismes gouvernementaux des processus de subjectivation et de construction d'une morale à propos du social. L'ordre néolibéral contemporain, d'après Andrea Muehlebach dans son travail sur les formes de volontariat en Italie, ne produit pas seulement des sujets rationnels, utilitaires et instrumentalistes, comme dans les versions classiques du libéralisme. Au contraire, les nouvelles formes de néolibéralisme produisent simultanément un être affectif en termes de compassion et d'empathie (valeurs et émotions associées aux notions essentialistes de la féminité), composant alors ce qu'elle nomme l'univers social et moral du néolibéralisme. Cette façon d'aborder la morale néolibérale, soutient l'auteure, nous amène à observer de quelle manière les forces et les actions opposées au néolibéralisme se plient et participent de façon ambivalente à son processus. Par conséquent, de nouveaux types de vie collective peuvent émerger à partir et malgré les nouvelles formes d'inégalités. Ainsi, la morale néolibérale « dépend de la création d'un nouveau sens de soi-même et du bon citoyen, d'intériorité et d'action, de sensibilité et d'*agency* » (Muehlebach, 2012 : 9). La pratique de l'assistance contemporaine est alors, comme le soutient l'auteure, un travail relationnel qui cherche à « aider à récupérer et à réactiver la solidarité sous conditions néolibérales et créer une forme de vie qui n'ait pas l'air si atomisée ou isolée, dans la tentative de construire des relations sociales à travers des actes de grande communion et de grand soin » (Muehlebach, 2012 : 7). Dans le contexte des politiques de traitement de sujets vulnérables, l'idée de proximité, de relation et de travail personnalisé s'installe comme un élément clé, comme un indicateur de réussite et comme une ressource qui les différencient des politiques précédentes.

La création d'un ensemble de politiques de gestion des vulnérabilités (Lautier, 2010) qui ont été rapidement célébrées et exportées vers d'autres

---

2 Sur cette question, voir : Maillet, Antoine, 2013. *La construcción política de los mercados. Variedades de neoliberalismo en el Chile post-dictadura.* Tesis doctoral, PUC Santiago – SciencesPo Paris.

pays compte parmi les principales manifestations institutionnelles de ce « virage au social » à la chilienne, traduit par ce travail moral de proximité. En voici quelques exemples : le programme *Chile Solidario* (CHS) destiné à s'occuper des diverses situations de vulnérabilité qui frappent la population ; le système *Chile Crece Contigo*, orienté vers la protection intégrale de l'enfance surtout dans le domaine de la santé ; la politique du Revenu éthique familial, *Ingreso Ético Familiar*, destiné au dépassement du seuil de la pauvreté extrême ; la politique de bonifications, *Bonos*, qui a surgi comme réponse aux situations de crises, mais qui s'est établie aujourd'hui comme un dispositif permanent et courant de la politique d'assistance ; l'Aide scolaire préférentielle, *Subvención Escolar Preferencial* (SEP), qui vise la compensation des inégalités de base et leur incidence sur les résultats scolaires à travers la subvention des établissements accueillant des enfants en situation de vulnérabilité. Ce qui caractérise ces politiques sociales est le fait d'offrir à leurs bénéficiaires l'accès à un réseau d'institutions sociales de l'État, à un accompagnement psychosocial des familles, fondé sur un travail sur la « disposition » des sujets à affronter leur futur, ainsi qu'à des ressources monétaires et matérielles d'attribution directe (Lautier, 2010).

À partir du contexte exposé ci-dessus, mon travail ethnographique a permis d'observer et de rendre visibles les pratiques d'accompagnement réalisées par les intervenants auprès des familles. Suivant Lipsky (1980), ces acteurs ont été compris comme des « fonctionnaires de première ligne » et dans ce rôle j'ai voulu connaître leur contribution au façonnement des politiques publiques. L'interaction entre ces agents – fonctionnaires de l'État – et les citoyens – utilisateurs/trices –, notamment au niveau des règles, des valeurs, des devoirs et des sentiments moraux associés, s'est donc située au centre de l'analyse. Ce lien construit des expériences et subjectivités particulières qui sont partie intégrante d'une réalité peu explorée lors des débats à propos de la lutte contre la pauvreté, malgré le fait qu'une grande partie des résultats et des effets de cette politique aient été attribués justement à cette relation de proximité.

Mon travail propose donc une avancée dans l'analyse de cette dimension pratique de la politique sociale, notamment en la croisant avec la question du genre. Cette perspective est importante à signaler car l'articulation du familialisme et de la vulnérabilité a déplacé, ôté et/ou nié précisément toute référence aux rapports de genre dans la vie familiale. L'accent de ce chapitre sera alors mis, d'une part, sur les formes de gouvernement moral et social des familles vulnérables et assistées à partir de la production et reproduction des rôles de genre, ainsi que sur les incidences de l'apparente revalorisation de la famille comme unité d'intervention. D'autre part, ce chapitre porte sur la dimension politique qui sous-tend la pratique de cette action publique participant ainsi à la production de dynamiques familiales complexes et contradictoires en matière de genre. Dans cette perspective, je montrerai comment l'assistance, par une approche sexuée, se glisse sous la porte des foyers et place chaque membre dans un rôle et un personnage. Ceci sera accompli à partir de trois actes-dispositifs caractéristiques des politiques d'assistance encadrées par les approches de la protection sociale et les transferts conditionnels : focaliser, transférer, rendre visite.

Focaliser : « Je cache mon mari. On dirait un fantôme... C'est une espèce en voie de disparition. »

À partir de ce nouveau langage centré sur la vulnérabilité, les familles vulnérables deviennent le centre de l'action sociale en fonction de leurs besoins, problèmes, difficultés, déficits. Cette manière d'approcher le social met en avant l'importance du travail d'accueil, de présence, d'écoute, d'appui, c'est-à-dire d'une attitude marquée par l'empathie. Tout cet ensemble de dispositions montre comment le travail du *care*, dans ses formes particulières et ses contours concrets (Nicole-Drancourt, Jany-Catrice, 2008) devient un des objets de souci de l'action publique. Il convient cependant de mentionner qu'à part quelques composantes spécifiques de la politique d'assistance – comme l'accès garanti à la crèche dans le cas du programme *Chile Crece Contigo* –, les interventions ne sont pas orientées vers la résolution des problèmes associés au soin même, ce que Claude Martin (2008) nomme le *social care* (par exemple, dans la mise en place de mécanismes alternatifs de garde et de soins aux malades ou dans la mise en valeur économique du travail domestique, etc.). Ici, le *care* acquiert une valeur dans la mesure où il devient un critère de focalisation.

Autrement dit, le souci de l'existence d'un besoin de prendre en charge la vie des autres (malades, enfants, personnes âgées ou handicapées) dans une famille – qui dans l'ordre actuel de la division sexuée du travail est associée essentiellement à l'activité féminine – est un indicateur de vulnérabilité à partir duquel on dispense légitimement la femme de l'obligation d'emploi. Ainsi, dans le contexte de ces politiques, le soin familial surgit comme un espace d'intérêt de l'action publique opérant avant tout comme critère de focalisation pour obtenir le droit à l'assistance et à la protection de la part de l'État. En d'autres termes, le travail du *care* devient le premier critère de l'assistance car il permet de trier entre ceux qui ont le droit de ne pas travailler et les autres. En ce sens, la reconnaissance de la réalisation d'un travail de *care* dans une famille sert d'indicateur de vulnérabilité, alors que l'assistance de l'État est ensuite centrée sur des actions destinées à résoudre d'autres types de problèmes, comme l'accès au logement, l'augmentation du budget familial, l'accroissement des ressources d'investissement pour l'éducation, etc.

L'étude ethnographique a cependant montré qu'au-delà de ces définitions, il existe des manières de faire qui mettent en question les ordres apparemment établis pour et par la politique. Eva est une femme que j'ai connue en 2008 quand elle était encore bénéficiaire du *Chile Solidario*. Au moment d'un des premiers entretiens, et à condition de préserver l'anonymat, elle m'a raconté comment elle avait obtenu l'aide sociale :

> J'ai pu obtenir les allocations familiales, du moment que j'ai dit que j'étais toute seule [sans mari] et que je vivais avec l'argent de la retraite de mon père. Je n'ai pas déclaré mon compagnon dans la FPS. Beh oui, alors face aux systèmes d'assistance, j'apparais comme une mère-cheffe de famille avec quatre enfants, du coup je suis considérée en « risque social ». Mais ils ne savent pas que je suis en couple. Car si je l'avais déclaré, on ne m'aurait pas aidée. Tout le monde fait comme ça ! […] C'est à cause de ça que je suis devenue bénéficiaire du programme *Chile Solidario* … Grâce à ce petit… [mensonge]. J'ai caché un… petit détail [mon copain] [rires]. […] Ce qui me gêne, c'est de mentir à Clara [l'intervenante qui réalise son accompagnement psychosocial]. Mais… peut-être elle le sait et elle fait semblant que non [rires]. Je pense que oui, car elle voit qu'ici il y a toujours des outils de travail et d'autres choses. (Entretien avec une bénéficiaire du programme CHS, 2009)

La manœuvre de « cacher les maris » face au système de focalisation de la politique sociale, correspond à une stratégie répandue qu'utilisent les familles pauvres pour accéder aux prestations de l'assistance. Ce phénomène a retenu l'attention de l'État car il s'agit effectivement d'une transgression des règles de focalisation (MIDEPLAN, 2010). Toutefois, au-delà du fait qu'il s'agisse d'une faille administrative, il peut être souligné en tant qu'« événement » (Goffman, 1991) : l'action d'exclure l'homme a un sens qui encadre l'expérience, elle répond directement aux critères (paramètres) de la politique elle-même.

Le travail du *care* à l'intérieur de la famille, activité naturalisée comme féminine, est un indicateur de vulnérabilité qui épargne légitimement la contrainte de travailler et opère comme critère de mérite au droit à l'assistance et à la protection. Mais si la reconnaissance du travail de *care* a une fonction de hiérarchisation de la vulnérabilité, la politique ne prend pas en compte la distribution inégale de celle-ci entre hommes et femmes. Ainsi, d'un point de vue pratique, bien que la politique fasse référence à l'idée de « famille », c'est particulièrement aux familles monoparentales féminines, ayant soit de jeunes enfants, soit des personnes âgées, handicapées ou malades à charge, qu'on reconnaît le mérite de l'obtention de l'assistance sociale. De cette façon, « cacher les maris » ou « exclure l'homme », face aux mécanismes de focalisation, fait sens pour les femmes et devient une stratégie des familles pour gagner le droit à l'assistance.

Transférer : « Ce que je reçois, je dois le faire durer le mois entier. »

Selon les définitions de la politique, l'argent provenant des transferts monétaires devrait être utilisé par les familles pour financer des actions associées à la gestion ou à l'accomplissement des engagements et des demandes de la politique d'assistance même (par exemple : l'apport que constitue le *Chile Solidario* doit être destiné à la réalisation des démarches pour l'inscription dans les institutions sociales, au paiement du transport pour se déplacer aux guichets, ou bien à l'épargne pour le logement). Cependant, ce que font les pauvres avec les transferts monétaires accordés par l'État ne fait pas partie du débat des pratiques d'intervention réalisée auprès des familles. Il semble aller de soi, absolument évident, que les groupes familiaux sont de bons consommateurs et disposent de critères établis pour bien dépenser leurs ressources. Cet aveuglement de l'État repose sur le principe que ce sont les femmes qui ont le droit de recevoir ces ressources. Autrement dit, ce mode d'assistance repose sur la confiance et sur le renforcement implicite d'une compétence morale féminine qui serait due à sa disposition pour le travail de soin, mais aussi à sa capacité de gestion efficace de l'économie domestique…

Laura a été bénéficiaire du *Chile Solidario* et par ailleurs de différentes allocations sociales depuis de nombreuses années. À la différence d'Eva, Laura vit officiellement avec son mari, donc, si du point de vue du bon sens de l'assistance, son état de vulnérabilité ne peut être associé à l'absence masculine au foyer, il peut être expliqué d'une part par le fait qu'elle a un handicap visuel, qu'elle a six enfants, le plus grand avec un retard mental et que d'autre part, Benjamin, son mari, est un ancien détenu, pénalisé par son casier judiciaire. Dans leur cas, les allocations sociales s'avèrent indispensables, surtout en termes économiques, car la survie quotidienne dépend largement de cet argent.

À ce propos, Laura me raconte :

> Moi, en tant que famille qui n'a pas de revenus, je reçois les allocations sociales. Mon mari dit que je suis radine mais… mais je lui dis que ce que je reçois d'allocations, je dois le faire durer le mois entier et essayer d'arriver à la fin du mois, quand l'argent arrive à nouveau. Par exemple, le pain quotidien, la nourriture, que rien ne me manque. Le gaz, mais si je n'ai plus de gaz je ne me complique pas la vie, j'utilise du bois pour cuisiner et voilà… […] Benjamin [mon mari] se plaint : « mais tu ne t'achètes jamais de culottes, de soutien-gorge, même pas une crème, tu ne te maquilles pas… » Mais ce ne sont pas des choses nécessaires en ce moment. Pareil, les enfants qui nous écoutent toujours parler de ça, disent : "ma maman est très radine, elle ne pense qu'aux repas". Et je leur dis que c'est comme ça, rien à faire. Ils me disent : 'Maman, qu'est-ce qu'on va faire avec ça ? Et je leur réponds : le repas… maintenant il n'y a pas d'argent pour autre chose ! Juan [son fils] est sans chaussures alors je pense lui acheter une paire de tennis car je ne peux pas le laisser pieds nus. Colombina [sa fille] elle était pieds nus [des chaussures en mauvais état], mais je lui ai acheté ces chaussures d'occasion […] ce n'était pas l'idéal, mais… comme ça je m'arrange. Ça faisait plus de dix ans que je n'avais pas acheté de chaussures. Tous les ans je disais : "l'année prochaine… l'année prochaine". Je dis à mes filles : au moment où on devient mère, on ne pense plus à soi, on ne pense qu'à vous. Quand on est mère, les choses changent. (Entretien bénéficiaire CHS, 2009)

Traditionnellement, dans les familles pauvres, l'argent fourni par les hommes a une valeur primordiale, car il procure les moyens matériaux de subsistance. De l'autre côté, l'argent sous le contrôle des femmes a toujours été vu comme secondaire et associé au *pin money* (Zelizer, 2005), ou argent de poche, qui sert à payer ce qui est considéré comme superflu ou peu important pour la subsistance générale. Il faut rappeler que plutôt que le constat d'une réelle absence des hommes dans les familles, la véritable question posée par la re-maternalisation, qui mériterait de nouvelles recherches, est celle de l'invisibilisation des hommes « dans » et « de la part de » la politique d'assistance. Ceci dit, dans le contexte de ces politiques, on pourrait penser que la distribution sexuée des transferts monétaires d'assistance favorise, en principe, de manière importante, l'autonomie et la prise de pouvoir des femmes, et pourrait ainsi provoquer une transformation de l'ordre traditionnel des rôles de genre.

Cependant, à travers cette dimension économique de l'assistance, plus qu'un repositionnement de la femme comme sujet indépendant dans l'espace domestique du foyer, il se produit une réorganisation contradictoire et paradoxale des rôles. Le soutien de la famille ne repose plus sur l'homme, ce rôle est assumé par l'assistance sociale, c'est-à-dire l'État, et ce sont les femmes qui dominent l'espace de la survie. Elles contrôlent l'argent de l'assistance « en le faisant durer » ou « en faisant en sorte que ce soit suffisant jusqu'à ce que l'argent arrive de nouveau ». En même temps, face à l'État, elles deviennent les responsables exclusives de ce moyen de subsistance. Bien que limité et insuffisant, ce « revenu d'assistance » est le seul argent stable, permanent de l'économie familiale, et à travers lui, c'est elle et non pas Benjamin, qui assure ce qui est traditionnellement entendu comme primordial : la survie quotidienne. Nonobstant, cet argent qui assure la subsistance perd tout de même sa valeur à l'intérieur de l'espace familial car il adopte la place du genre qui le régit – celui de la femme. Ainsi, au lieu de connaître une prise de pouvoir, la femme devient un « instrument » du système de transactions assistantielles, dans la mesure où l'État lui attribue ce rôle d'une part, et d'autre part qu'elle est supposée être moralement prédisposée comme sujet « d'attention et de sollicitude envers les autres » (Tabbusch, 2011). Dans le cas de Laura, comme le montre l'extrait d'entretien, cela provoque même une forte négation d'elle-même, qu'elle décrit comme « arrêter de penser à soi-même ».

Rendre visite : « Amie-mère-femme... ne baisse pas les bras »

Une des nouveautés du modèle de ces politiques sociales est le rétablissement de l'instrument traditionnel de la visite à domicile comme une démarche privilégiée. Bien qu'au début du XXe siècle, cette technique d'intervention était chargée d'un fort contenu et d'un sens moralisateur et disciplinaire (Illanes, 2007), sa mise en pratique est réalisée aujourd'hui de manière plus subtile. En effet, il s'agit pour les professionnelles d'associer des pratiques de protection avec celles de contrôle lors de leurs visites à domicile afin de produire, en termes de gouvernementalité (Rojas,

2010), des subjectivités à partir de la régulation des conduites[3]. Pratiques professionnelles et sociales produisent des formes de territorialité.

Ci-dessous, un extrait de mes notes d'observation issues de l'accompagnement du travail de visite que réalise Sonia, une des intervenantes du CHS.

> Jeudi 10 Juin 2010. Blanca [bénéficiaire], s'excusant du désordre qu'il y a chez elle, nous invite à entrer. Sonia [intervenante] et Blanca parlent un long moment de leur vie : par exemple, elles échangent sur leur sentiment de fatigue à cause des petits enfants qui sont très actifs. La conversation se passe dans une ambiance conviviale comme s'il s'agissait d'une soirée entre copines. Montrant de l'empathie pour les problèmes de Blanca, Sonia utilise beaucoup ses expériences personnelles et ses histoires de famille comme ressources pour illustrer comment bien faire les choses. Sonia demande à Blanca si elle a fait le frottis gynécologique et ensuite Sonia lui raconte qu'elle le fait tous les ans et qu'elle l'a fait aussi quand elle avait quelques mois de grossesse. Après un certain temps de conversation, j'observe que Sonia change d'attitude. Elle se montre plus sérieuse, directe et réoriente le dialogue vers les indications de la méthodologie psychosociale établie par le programme *CHS-Puente*. Blanca se montre un peu contrariée mais elle ne dit rien. L'intervenante lui demande le cahier/agenda d'enregistrement de l'expérience d'assistance offert par le programme. Elle l'examine pendant que Blanca s'excuse car son fils a dessiné sur le cahier. Sonia, en riant dit à Blanca sur le ton de la blague : « tu n'as pas fait tes devoirs ! ». Après ça, regardant ce qui est écrit dans le cahier/agenda, l'intervenante explique que la séance a comme but de revoir ce que Blanca a fait depuis la dernière visite. Ainsi commence une check-list des actions qui selon le cahier/agenda du programme doivent être déjà accomplies à ce jour : frottis, demande d'allocation pour le logement, vaccins de l'enfant, etc.

Les notes exposées ci-dessus montrent d'une part la manière dont l'assistance et l'État rentrent dans l'espace intime des familles. D'autre part, elles font ressortir deux dimensions rapportées à une identité féminine : émotions-affection et gestion-efficacité. Il s'agit d'une action de l'État – de la visiteuse – qui contrôle et protège les assistées par le biais de la promotion de changements dans les dynamiques économiques, domestiques, émotionnelles, etc. des familles. De cette manière, l'assistance agit sur la famille – et *stricto sensu* la femme – en influant sur sa subjectivité de façon à ce qu'elle s'engage à contrôler et à protéger les membres de sa famille. Bien que cette visite psychosociale ne revête pas une fonction de

---

3 À partir de cette approche, les problèmes sociaux sont abordés en termes de souffrance ou du risque (social ou physique) provoqué chez les individus et c'est pour cela que c'est à ce niveau subjectif qu'il faut intervenir.

soin psychologique ou physique en elle-même, elle alimente et encourage les familles à développer des valeurs ou principes propres à une éthique féminine du *care* qui se veut accueillante, rassurante, résolue. Le mode de travail proche, affectueux et inconditionnel – associé de façon naturelle au féminin – sort du bureau de la mairie pour s'installer dans l'espace domestique et configure une pratique et une relation d'assistance qui oscille entre l'écoute profane et l'obligation. Néanmoins, cette compréhension de la place de l'affection dans la relation avec la visiteuse domiciliaire, et plus largement dans la relation de proximité de ce mode de protection sociale, nous conduit à comprendre la forte utilisation politique de cette dimension émotionnelle (Ahmed, 2004). Cette production d'une relation de proximité n'est pas une fin en soi, mais un moyen, doté d'une valeur instrumentale dans la gestion du social. C'est donc un recours qui permet l'accès à l'intimité pour intervenir dans l'espace subjectif où, selon ces politiques, réside l'expérience de la vulnérabilité. Ainsi, l'aspect rationnel de la visite à domicile contemporaine engage l'émotion et l'efficacité, comme deux référents qui structurent la manière dont les familles assistées doivent entretenir leur relation à l'État, autant que la façon dont celles-ci – et surtout les femmes – doivent agir, elles et leur entourage familial, directement.

Réflexions finales

Dans le cadre de ces politiques de protection sociale, on observe une articulation des contenus progressistes – quant aux façons de « faire famille » –, néolibéraux – à propos du lieu de l'action publique par rapport aux dynamiques du marché – et conservateurs – en ce qui concerne les formes essentialistes de concevoir les responsabilités et les rôles de genre. Dans ce contexte, à partir du moment où la vulnérabilité est reconnue institutionnellement, la famille et sa vie deviennent perméables, notamment quand cette situation est associée au fait qu'il s'agit d'une vulnérabilité féminisée. À travers ces interventions ancrées dans ce qui peut être nommé politique de la vulnérabilité, se renforce de manière implicite la valeur sociale d'une éthique du soin. Celle-ci est définie de telle manière que la femme, qui est celle qui prend soin, apparaît alors comme sujet prioritaire de la politique d'assistance. On a ainsi une sexuation de la vulnérabilité et, de surcroît, de l'assistance, dans la mesure où s'attribue une valeur différentielle au sexe. C'est ainsi que le droit légitime à l'assistance est assigné aux femmes tandis que la vulnérabilité masculine est sous-entendue comme un manquement aux responsabilités des hommes liées au monde du travail, qui doit donc être réglé dans l'espace du marché ou de la sécurité sociale.

Nous pouvons donc dire que l'usage du *care* comme critère d'attribution et d'action de l'assistance permet à son tour de naturaliser la réalisation du travail du *care* par les mères et les femmes, plus généralement, travail considéré comme relevant de leur privilège alors qu'elles contribuent à l'accomplissement des responsabilités sociales de l'État. Cette valorisation essentialiste de la figure féminine correspond à une nouvelle culture des sentiments, du soin et de la proximité, ouvrant la voie à une réinterprétation des conséquences du néolibéralisme. Désormais, les inégalités, les difficultés d'accès à l'emploi, la précarité et la souffrance deviennent des expériences émotionnelles qu'il faut apprendre à surmonter ou à supporter, avec l'aide de l'État. De cette manière, le genre n'est plus la cause des inégalités mais la conséquence d'une politique qui réintroduit le social dans l'État à travers la fixation des types de rapports entre les sujets (des hommes et des femmes pauvres) en préservant dans leur intégralité les caractéristiques structurelles du système néolibéral.

Références bibliographiques

Ahmed, S., *The Cultural Politics of Emotion,* New York, Routledge, 2004.

Cardi, C., « La construction sexuée des risques familiaux ». *Politiques sociales et familiales,* septembre 2010, pp. 35-45.

Carneiro, P., Galasso, E. et Ginja, R., *The Impact of Providing Psycho-Social Support to Indigent Families and Increasing their Access to Social Services : Evaluating Chile Solidario.* Research Paper, Report, 2009 [En ligne], URL : http ://www.ucl.ac.uk/~uctprcp/chile.pdf, consulté le 7 août 2017.

Ceballos, M. et Rojas-Lasch, C., « Une assistance sociale du XXe siècle : les tensions entre le moderne et le traditionnel autour du système "Chile Solidario" », IVe Congrès de l'Association Française de Sociologie, AFS/ Grenoble, 2011.

Chauvière, M., « Enjeux de la néo-familialisation de l'État social ». Communication dans le Colloque International *État et régulation sociale. Comment penser la cohérence de l'intervention publique ?* 11, 12 et 13 septembre 2006.

Mideplan, « Estudio efectos de la intervención psicosocial en mujeres que participan directamente en el sistema Chile Solidario », *Cuaderno* n° 1, Santiago, *Serie de Estudios Chile Solidario*, 2006.

Mideplan, *Informe Final. Comité de Expertos Ficha de Protección Social*, Santiago, 2010.

Cornwall, A., Gideon, J. et Wilson, K. (dir.), « Reclaiming feminism : gender and neoliberalism », *IDS Bulletin*, Sussex, n° 39(6), décembre 2008, pp. 1-9.

Fassin, D., « Souffrir par le social, gouverner par l'écoute. Une configuration sémantique de l'action publique », *Politix*, n° 73, /1, Boeck Université, 2006.

Fassin, D., « Les économies morales revisitées. Étude critique suivie de quelques propositions », *Annales. Histoire, sciences sociales*, Paris, n° 64, 2009, pp. 1237-1266.

Holzmann, R., Sherburne-Benz, L. et Tesliuc, E., « Gestion du risque social : la Banque mondiale et la protection sociale dans un monde en voie de mondialisation », *Revue Tiers monde*, Paris, juillet-septembre 2003, vol. 44, n° 175, pp. 501-526.

Illanes, M.A., *Cuerpo y sangre de la política. La construcción histórica de las Visitadoras Sociales (1887 – 1940)*, Santiago, Ediciones LOM, 2007.

Lipsky, M., *Street-Level Bureaucracy : Dilemnas of the Individual in Public Services*, New York, Russel, Sage Fundation, 1980.

Lo Vuolo, R., « El ingreso ciudadano frente a la (aparente) renovación de la política social en América Latina », Seminario Iberoamericano : *Renta Básica Universal : ¿Derechos de ciudadanía ? Perspectivas europeas y latinoamericanas.* Montevideo, 3-4 novembre 2008.

Martin, C., « Qu'est-ce que le *social care* ? Une revue de questions », *Revue Française de Socio-Économie*, Paris, n° 2, 2008, pp. 27-42.

Muehlebach, A., *The Moral Neoliberal. Welfare and Citizenship in Italy*, Chicago, Studies in Practices of Meaning, 2012.

Nicole-Drancourt, C. et Jany-Catrice, F., « Le statut du care dans les sociétés capitalistes », *Revue Française de Socio-Économie*, Paris, n° 2, 2008, pp. 7-11.

Rojas-Lasch, C., « Gobernar la extrema pobreza : un análisis del dispositivo de intervención Chile solidario-Puente », in Lemm, V. (dir.), *Michel Foucault : Biopolítica y Neoliberalismo,* Santiago de Chile, Editorial de la Universidad Diego Portales, 2010.

Staab, S., « Maternalism, Male-Breadwinner Bias and Market Reform : Historical Legacies and Recent Reforms in Chilean Social Policy », *Social Politics*, vol. 19 (3), Oxford University Press, 2012.

Tabbusch, C., « Género y Protección Social : las transferencias condicionadas de ingresos en Chile », *Textos & Contextos*, Porto Alegre, vol. 10, n° 2, août-décembre 2011, pp. 258-273.

Zelizer, V., *La Signification sociale de l'argent*, Paris, Seuil, 2005.

De la féminisation à la collectivisation des prestations de soin

Les programmes sociaux pour personnes âgées à Guadalajara (Mexique)

Rocío Enríquez Rosas

Instituto Tecnológico y de Estudios Superiores de Occidente (ITESO), Guadalajara, Mexique

Les prestations de soins correspondant aux diverses fonctions du *care*, ainsi que leur féminisation et précarisation, constituent la nouvelle question sociale des sociétés en voie de vieillissement. Il est devenu crucial pour les différents acteurs intervenant dans la construction de sociétés qui ont au centre de leurs priorités le bien-être de leurs concitoyens, de chercher des alternatives afin d'établir des systèmes de protection sociale, basés sur le respect des droits sociaux et en particulier l'accès aux soins – au sens large de *care*, c'est-à-dire comprenant aussi bien les soins aux personnes que les soins médicaux – en tant que droit.

Le but de cet article est d'analyser la problématique de la prestation de soins du point de vue des femmes qui bénéficient de cette relation d'échange symbolique et/ou affectif dans l'Aire métropolitaine de Guadalajara[1], aussi bien les femmes âgées que les prestataires de service mises en contact dans le cadre du programme social fédéral mexicain Soixante-dix ans et plus et le programme social de l'état de Jalisco Vivre vieux. D'un point de vue méthodologique, cette étude adopte une approche constructiviste de la réalité ; c'est-à-dire que nous assumons l'idée que la réalité sociale n'est

---

1 Cette étude a été réalisée en 2011-2012 et les deux programmes en question ont comme objectif central l'attribution mensuelle d'une aide non conditionnée d'une valeur de 500.00 pesos mexicains (environ 40 dollars américains). Selon le recensement national sur l'occupation et l'emploi de 2012 (ENOE), il y a à Jalisco 751 684 personnes âgées de plus de 60 ans et le pourcentage de population bénéficiant d'un de ces deux programmes est aux alentours de 34 %.

pas une donnée d'ordre naturel, mais une construction socio-historique. L'enquête ethnographique mobilise différents instruments de type qualitatif, tels qu'entrevues en profondeur, observations et conversations informelles. Les choix méthodologiques ont cherché à encourager le dialogue et l'horizontalité dans la construction collective de connaissances pertinentes et objectives (Corona, Kaltmeier, 2012).

Les résultats de cette étude démontrent, à partir de l'analyse des pratiques de prise en charge des personnes âgées, l'existence d'une intersection complexe entre les processus de précarisation/paupérisation en milieu urbain et les processus démographiques de vieillissement de la population ; ainsi que la fragmentation et l'insuffisance des politiques et des programmes sociaux destinés au soutien de la population âgée. Ceci nous a permis de mettre en évidence la nécessité de s'interroger sur la façon dont différents acteurs de la société civile, les familles et les instances du gouvernement interviennent dans la prestation de soins aux personnes âgées. Cette réflexion implique aussi la remise en question du contrat social entre les hommes et les femmes, qui pourrait conduire à la redistribution des tâches de prise en charge des personnes âgées, basée sur le principe d'équité.

ENCADRÉ : **Situation de la population âgée et principaux programmes publics au Mexique (État de Jalisco – Aire métropolitaine de Guadalajara)**

Selon les chiffres de l'Institut National des Statistiques, Géographie et Informatique (INEGI), la tranche d'âge des personnes de 60 ans ou plus représente 9 % de la population de l'État de Jalisco, ce qui équivaut à un total de 671 323 personnes. Dans cet État, la baisse de la fécondité et de la mortalité a des répercussions directes sur la transformation de la structure d'âge de la population totale. D'une part, la distribution actuelle montre un processus de vieillissement progressif, en même temps qu'un allongement de l'espérance de vie. D'autre part, le nombre d'enfants et le poids relatif des enfants et des jeunes diminuent (COEPO, 2008). Dans la région de Jalisco, le pourcentage de la population de plus de soixante ans s'élève à 9,3 %, au sein de la population masculine, ce groupe d'âge représentant 8,8 % du total de la population au niveau national. Au sein de la population féminine, les plus de 60 ans représentent 9,8 % (ENADID, 2009) ; au niveau national, ils sont 9.7 % de la population (INEGI, 2014).

La majeure partie de la population âgée de l'État, majoritairement féminine (100 femmes pour 87 hommes), réside dans la Région métropolitaine de Guadalajara. Si l'on compare les différentes classes d'âge, on constate que le pourcentage le plus élevé est celui des personnes âgées de 65 ans et plus (6,9 %). Il est prévu que d'ici 2030, ce pourcentage doublera (COEPO, 2008). D'après une estimation de l'INEGI, huit personnes âgées sur dix vivent dans une situation de vulnérabilité due au manque ou à l'accès insuffisant aux soins de santé, au logement, à l'alimentation et à la sécurité sociale. À ceci s'ajoute la précarité ou l'insuffisance de revenus pour accéder à des biens et services de première nécessité. Cette situation concerne notamment les personnes âgées qui ne bénéficient pas d'une retraite, en raison d'un nombre d'années de cotisation trop faible, et qui n'ont pas accès à la sécurité sociale (Gonzalez, 2013). Pour pallier cette situation, les différentes instances gouvernementales ont mis en place un certain nombre de programmes publics visant à apporter un soutien aux personnes âgées en situation de vulnérabilité, dont certains cherchent à avoir un impact positif sur la santé physique et émotionnelle de la personne âgée, en mettant à disposition des espaces pour réaliser des ateliers et des activités récréatives et sociales. L'accent a été principalement mis sur l'approvisionnement en produits alimentaires de base et des aides financières pour répondre aux besoins essentiels.

Programmes publics d'aide sociale pour les personnes âgées : « 70 [ans] et plus et Vivre vieux (Aire métropolitaine de Guadalajara)

En 2011 et 2012, divers programmes de soutien aux personnes âgées ont été mis en place à l'initiative du Ministère de Développement Social et Humain du gouvernement fédéral, et leurs homologues au niveau étatique et municipal, dans la Région métropolitaine de Guadalajara. Ainsi, le programme 70 [ans] et plus a été mis en place par le gouvernement fédéral (financé par la SEDESOL – Secretaría de Desarrollo Social) et le programme Vivre vieux par le gouvernement de l'État[2]. 70 et plus et Vivre vieux[3] ont été créés pour verser une aide financière aux personnes âgées, sous forme d'un revenu « stable » (respectivement, correspondant à une valeur équivalente à 58.56 Euros versés tous les deux mois et 87.84 Euros versés tous les trois mois, sur un compte bancaire). Ils comportent également une aide en cas de décès, mais ne sont pas cumulables. Ils ont comme seule « contrepartie », pour le versement de l'aide monétaire tous les deux mois, une visite médicale de contrôle tous les six mois.

Pour avoir accès aux programmes publics, il faut avoir au moins 70 ans, vivre en situation de vulnérabilité, ne pas recevoir de pension ni être bénéficiaire d'un autre programme d'aide aux personnes âgées, ni du programme Opportunités[4]. Pour accéder au programme Vivre vieux, le bénéficiaire potentiel

---

2 Le gouvernement fédéral a créé en 2007 le programme 70 et plus, destiné dans ses débuts aux zones rurales. Le gouvernement de l'État créa alors la même année le programme Vivre vieux, destiné aux personnes âgées qui vivent dans les zones urbaines. Au milieu de l'année 2012, le programme 70 et plus a cependant été étendu aux zones urbaines.

3 La remise de l'aide financière attribuée dans le cadre du programme 70 et plus se fait directement lors de réunions tenues dans des lieux publics. Actuellement, le programme est en cours de réorganisation afin de passer par un transfert bancaire.

4 Le programme social Opportunités (maintenant Prospère), destiné aux familles dans une situation d'extrême pauvreté, a également eu une composante de soutien

doit répondre à une enquête socio-économique pour définir son niveau de pauvreté. La documentation demandée comprend une copie des documents d'identité en cours de validité, certifiant l'âge, et un certificat de domicile. La fourniture de ces documents posait parfois des problèmes à la population des personnes âgées étudiées car elles n'en disposaient pas toujours. La demande d'émission des documents d'identité (ou leur correction) peut rendre nécessaire un voyage sur les lieux de naissance, ce qui peut poser un problème financier et/ou de mobilité physique pour certains. Par ailleurs, il faut disposer d'un compte bancaire et d'une carte de crédit au nom du bénéficiaire ; jusqu'à récemment, la fourniture du « certificat de vie » n'était pas nécessaire[5]. Les bénéficiaires doivent se présenter aux réunions de contrôle tous les deux ou trois mois, et tous les 4 mois dans le cadre du programme 70 et plus. Dans les deux programmes, en cas de mobilité réduite de la part des personnes âgées bénéficiaires, elles peuvent cependant désigner une personne pour percevoir la prestation à leur place, et dans le cadre du programme 70 et plus, le bénéficiaire peut solliciter la réception de celle-ci au domicile dans un délai de 30 jours.

Le non-respect d'un des critères mentionnés ci-dessus entraîne la suppression de la prestation, tout en gardant la possibilité de faire une nouvelle demande. Le programme peut également être suspendu en cas de fourniture de fausses informations ou d'usage de faux documents ou en cas d'absence aux rendez-vous et bien entendu, en cas du décès du bénéficiaire. Dans le cas du programme Vivre vieux, la suspension de la prestation peut également avoir lieu en cas de réception de l'aide du programme 70 et plus.

Dans la pratique, il existe également toute une série de programmes municipaux et des sous-programmes mis en place par des instances gouvernementales qui visent le même public-cible. De façon complémentaire aux deux autres niveaux administratifs (fédéral et étatique), les gouvernements municipaux de la Région métropolitaine de Guadalajara ont également mis en place des programmes d'aide destinés à la population du troisième âge. Attribuée de façon plus ponctuelle, il s'agit d'une aide financière bimensuelle, en espèces d'un montant de 500 pesos (environ 30 euros), ou bien de l'approvisionnement en denrées alimentaires de base[6]. En plus de cette aide monétaire, les personnes âgées peuvent solliciter une aide d'ordre paramédical, comme des fauteuils

financier destiné aux personnes âgées. Les personnes âgées ne peuvent bénéficier des deux programmes gouvernementaux.

5 Raison pour laquelle un certain nombre de bénéficiaires continuaient à recevoir l'argent alors qu'ils étaient décédés.

6 Par ailleurs, certaines personnes âgées reçoivent de l'aide alimentaire de la part de leur paroisse, d'organisations sociales et de partis politiques, en période électorale. Cette distribution est cependant moins systématique.

roulants, des cannes, des prothèses auditives et des lunettes. Les critères d'accès aux aides municipales sont similaires à celles des autres instances de l'État : le caractère non cumulatif des aides (ne pas recevoir de l'aide en provenance d'un autre niveau étatique), ne pas recevoir de pension et faire la preuve de son niveau de pauvreté (enquête socio-économique). Il faut également avoir un représentant, pouvant recevoir cette aide en cas de maladie du bénéficiaire.

En plus de ces programmes gouvernementaux, il existe diverses initiatives de la part des paroisses et organisations de la société civile destinées aux personnes âgées. Ils proposent non seulement des transferts monétaires, mais également l'octroi d'aides en nature, ainsi que des ateliers de formation et des activités de loisir.

Mapa Zona Metropolitana de Guadalajara

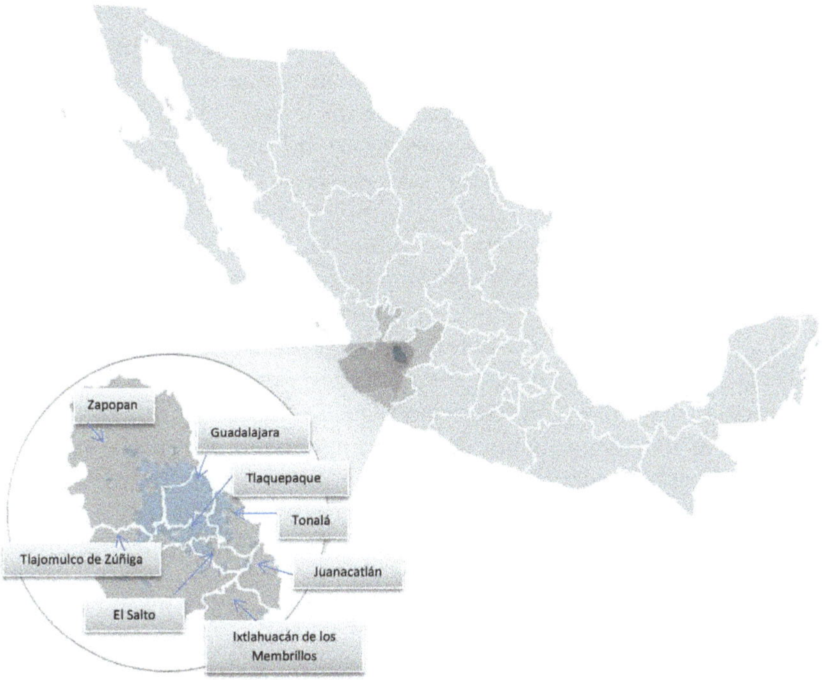

Referencia: MapaZGMMexico.svg

Les antécédents des prestations de soins dans le contexte du vieillissement de la population au Mexique

Dans l'agenda social actuel, « les prestations de soins n'arrivent pas encore à se positionner comme une affaire d'État. Cela est dû, en partie, à la persistance d'un modèle de société andro-centrique et patriarcal où les prestations de soins sont toujours considérées comme une affaire de femmes et leur principale tâche [...] ; l'État en fait généralement omission dans une législation largement orientée vers des mesures de conciliation en matière de responsabilité sociale et de soins au sein de la famille » (Montaño, 2010 : 60).

Les processus sociaux comme le vieillissement de la population (Ham-Chande, 2003) sont des phénomènes mondiaux inhérents à notre siècle, qui mettent en évidence l'urgente nécessité de remettre en cause de manière collective les façons conventionnelles de comprendre et de dispenser aussi bien les soins aux personnes que les soins médicaux. Selon les projections démographiques, dans le cas de l'Amérique Latine (CEPAL, 2009 et 2009a), les prestations de soins que nécessiteront les générations futures rendent nécessaires des politiques publiques inclusives, favorisant des relations complémentaires et équitables, en matière de genre et de générations, entre les institutions publiques, la société civile et les familles dans toute leur diversité, pour faire face au vieillissement de la population. Le phénomène de perte de la possibilité, de la part des familles, d'assumer la charge de ladite population peut s'observer actuellement dans l'ensemble des pays de l'Amérique latine (Arriagada, 2007), et en particulier au Mexique (Enríquez, 2012), notamment dans les couches de la population les plus défavorisées et totalement dépourvues tant d'assurance et de protection sociale que des moyens financiers pour se procurer des services marchands. Ceci est en partie dû à la croissance du niveau d'études des femmes et à leur insertion plus importante dans le marché du travail et au fait que la majorité de la population pauvre travaille dans l'informalité et n'a donc pas accès au système formel de protection et d'assurance sociales. Elle dépend davantage d'un système d'assistance sociale désarticulé et précaire.

Au Mexique, le vieillissement rend les personnes plus vulnérables aux différences de genre (féminisation de la vieillesse), et au déclassement socio-économique et professionnel. À ceci s'ajoute le fait qu'une proportion importante de la population âgée de 60 ans et plus exerce une activité économique le plus souvent de type informel (Viveros, 2001). Le niveau de vieillissement de la population au Mexique et dans la plupart des pays d'Amérique latine, n'a mis qu'un demi-siècle à se développer, contre deux siècles dans le cas européen. Cette accélération du processus de vieillissement est associée à une faible mortalité et à la baisse de la fécondité (Ham Chande, 1999 et Viveros, 2001).

Les prestations de santé dispensées dans le cadre des programmes destinés aux personnes âgées sont largement insuffisantes dans le cas du Mexique en ce qui concerne les soins de santé primaires. L'accès aux services pharmaceutiques commence à peine à se mettre en place et les soins médicaux spécialisés nécessaires à cette étape de la vie, où se présentent généralement différentes maladies, sont largement déficitaires (CEPAL, 2009).

En ce qui concerne la formation de personnel qualifié, il existe quelques filières de spécialisation en gériatrie ou gérontologie dans certaines universités. Cependant, dans le domaine des soins de longue durée, des programmes de soins communautaires, facilitant la participation coordonnée des acteurs de la santé publique, et jouant en faveur des relations de proximité dans les quartiers et au sein des familles, constituent l'exception. Par ailleurs, la réglementation pour des établissements de long séjour, comme plus généralement des stratégies de promotion et de prévention de la santé, sont embryonnaires (CEPAL, 2009).

Si, d'une manière générale, le Mexique a fait des progrès en matière de logement, ceci n'est pas le cas en ce qui concerne le transport public ; situation qui se complique encore plus dans les régions de forte concentration urbaine, d'après des études comparatives de la CEPAL couvrant toute l'Amérique Latine (CEPAL, 2009). Sur le plan social, les programmes d'aide sociale gouvernementale destinés à la population âgée coexistent avec les réseaux d'entraide communautaires et le soutien de la famille préexistants. Ces programmes reposent sur une logique assistancialiste et individualisante ; ils ne cherchent pas à promouvoir les processus de participation communautaire ni le renforcement de la société civile afin de faire face aux demandes liées au vieillissement de la population ; ils se limitent plutôt à aider monétairement et individuellement les bénéficiaires (CEPALC, 2009).

Dans ce contexte de vieillissement de la population au Mexique, il existe très peu d'institutions qui se dédient aux soins aux personnes âgées, et celles qui le font adoptent pour la plupart une approche très restreinte (Ham Chande, 1999). De plus, les gens ont moins d'enfants, et ceux-ci sont moins susceptibles de s'occuper d'eux quand ils seront âgés, vus le manque d'espace dans les nouveaux logements et une plus grande participation des femmes au marché du travail (Guzmán, 2002 ; Robles, 2007). L'État a délégué les soins et le soutien des personnes âgées aux familles et aux réseaux sociaux informels (Viveros, 2001). Ce phénomène a des conséquences particulièrement graves pour les personnes âgées qui vivent dans des situations de pauvreté, parce que les familles démunies ne disposent pas des moyens matériels et financiers pour fournir à celles-ci l'ensemble des soins qu'elles requièrent (Salgado, Wong, 2003).

En ce qui concerne les femmes, du fait qu'elles vivent généralement plus longtemps que les hommes, elles doivent subvenir à leurs propres besoins et parfois à ceux des membres de leur famille également. En Amérique latine, les conditions de vie des personnes âgées issues des milieux populaires sont souvent précaires, en raison des inégalités dans la distribution des revenus et de la couverture limitée des droits à la retraite, due au faible poids du travail formel. Comme nous l'avons dit plus avant, une partie importante de la population pauvre du Mexique travaille de manière informelle et précaire, et ne dispose pas d'accès aux protections exclusivement associées au travail formel (Chakiel, 2000).

En ce qui concerne les hommes, et en particulier ceux qui vivent dans une situation de pauvreté et ont perdu leurs liens sociaux et familiaux pour des raisons diverses, leur niveau de vulnérabilité peut être encore plus important. Cette situation touche particulièrement les hommes qui, une fois en dehors du marché du travail, peuvent en arriver à être exclus des réseaux familiaux d'entraide. Cette situation spécifique des hommes relève des relations de genre, puisque la construction sociale du genre masculin les prédisposerait au Mexique à une incapacité plus importante à prendre soin de soi et à maintenir des relations affectives profondes avec les pairs et les proches (Seider, 2005 ; Martínez, 2013), les exposant davantage à des situations de grande vulnérabilité (Enriquez *et al.*, 2008).

Les soins que les femmes dispensent au quotidien et tout au long de leur vie aux membres de leur famille appartenant aux générations précédentes ou suivantes, représentent sans aucun doute une contribution économique au PIB, et en termes de plus-value, un travail reproductif et non rémunéré. Cette constatation constitue le point de départ de l'analyse en termes d'économie du *care* (Pautassi, 2010 ; Marco, Rodríguez, 2010 ; Rico, 2011). La reconnaissance de la contribution des femmes à l'économie à toutes les échelles va de pair avec le besoin d'élaborer des alternatives de développement national où les activités de soins aient une place centrale, dans un souci d'équité entre les hommes et les femmes, que ces dernières aient un travail rémunéré ou non (Pautassi, 2010).

Précisions méthodologiques

Afin de faire une analyse sur la perception des soins à partir des récits de femmes bénéficiaires du programme social fédéral 70 [ans] et plus et du programme social de l'État de Jalisco Vivre vieux, présentés *supra*, nous avons sélectionné un quartier pauvre dans chacune des municipalités qui composent l'Aire métropolitaine de Guadalajara (voir la carte ci-dessus).

L'étude ethnographique a été réalisée entre 2011 et 2012 ; des entretiens en profondeur ont été réalisés avec des femmes dispensant ou recevant des soins, et bénéficiaires d'un programme social qui prévoit le versement d'une aide monétaire tous les deux mois et une visite médicale de contrôle tous les six mois. Au total, quarante entrevues ont été réalisées avec des femmes appartenant à des familles issues de contextes familiaux hétérogènes et vivant dans une situation de pauvreté. L'analyse est centrée sur quelques histoires de vie liées à la prestation de services de soins ou à la prise en charge de personnes âgées, afin de montrer la construction sociale de la féminisation de cette activité. Il faut souligner par ailleurs que ces soins sont réalisés dans des situations de précarité, souvent dépourvues des conditions minimales de respect de la dignité humaine.

De la féminisation et précarisation des soins à la nécessité de leur collectivisation

Chez les *caregivers*, en majorité des femmes, surgissent le désespoir, la fatigue, la peur, la colère, la paresse, l'impuissance face à la demande incessante « de prendre soin de l'autre ». Dans un contexte de précarité économique, il est impossible pour les familles de faire face seules, avec leurs maigres ressources humaines et matérielles, aux dépenses et aux autres exigences nécessaires aux soins pour les personnes âgées. S'impose donc la nécessité d'un système public complémentaire offrant une plus ample protection sociale, capable de préserver la dignité et le respect des droits de l'homme au moment de la prise en charge et de réalisation des soins aux personnes âgées.

Les récits de ceux ou celles qui reçoivent des soins, décrivent très précisément les émotions qui peuvent surgir : sentiments d'impuissance, gêne, peur, emprisonnement, dépendance, etc. Il s'agit de cas sociaux qui en termes métaphoriques mettent en discussion le sujet de l'absence ou de l'incapacité à exercer un certain contrôle sur leur bien-être et leur accès minimum aux plaisirs de l'existence. Il existe également de nombreuses formes de violence qui, à ce stade de la vie, peuvent être exercées au travers de l'omission, la négligence, l'isolement ou l'abandon.

L'histoire de Sandra, une femme de 74 ans, démontre que le lien familial peut s'avérer être la seule possibilité de maintenir un certain niveau de bien-être face à la maladie de son compagnon. La réalisation des prestations de soins par l'épouse est naturalisée, incontestée et légitimée par un ordre social qui la familiarise et la féminise.

Un changement dans cette situation pourrait passer par la création de foyers ou d'institutions totales qui libèrent les femmes des lourdes tâches de soins aux personnes âgées dépendantes. Ce fragment du récit d'une femme âgée ayant à sa charge un époux gravement malade met en relief la nécessité de pareilles structures d'appui.

> … – E : Mais comment vous sentez-vous quand il est dans un état si grave [son partenaire] et que vous devez vous en occuper ? – S : Eh bien, je me sens mal, désespérée et fatiguée […]. J'ai peur qu'un jour son état s'empire davantage ; alors, que vais-je faire ? … (Sandra, 74 ans, 18 juin 2012).

Adriana, une septuagénaire avec des capacités de mobilité réduites et habitant seule sa maison, exprime les conséquences que pourrait entraîner le fait qu'elle assure seule les soins quotidiens que son corps vieillissant et malade exige. Ce cas montre clairement le besoin urgent de disposer d'espaces dignes tout particulièrement pour la population pauvre, qui soient adéquats aux besoins de soins quotidiens et adaptés aux différents niveaux de dépendance. Le vieillissement dans un contexte de pauvreté et de précarité, rend les personnes âgées exclusivement dépendantes du soutien de leur famille et en particulier des femmes. Cette situation n'est plus viable à l'époque actuelle et constitue une atteinte directe à la dignité des conditions de vie des personnes âgées au Mexique.

Cette condition déjà alarmante ira en s'aggravant avec le vieillissement de la population, et selon nous, seule une éthique du *care* qui passerait par l'établissement de nouveaux contrats sociaux plus égalitaires entre les hommes et les femmes et entre les générations pourrait constituer une issue de cette impasse. Pour des raisons culturelles, les filles assument d'ordinaire le rôle de principales *caregivers,* mais leur présence grandissante sur le marché du travail ébranle de plus en plus cette tradition (Robles, 2007). Dans ce contexte, une prise en charge institutionnelle de cette responsabilité et la répartition des tâches de soins aux personnes âgées entre les familles, les institutions étatiques et les organisations de la société civile permettraient de faire face à cette demande sociale grandissante. Les mots d'Adriana, la septuagénaire vivant seule, soulignent ce besoin :

> … j'ai peur de ne pas pouvoir me déplacer sans aide ; parfois j'ai de la diarrhée et je n'arrive pas atteindre les toilettes à temps… (Adriana, 70 ans, 12 juin 2012).

La naturalisation de la production des soins par les femmes comme relevant de leurs « qualités » dans la culture familialiste a condamné de nombreuses *caregivers* à l'isolement quotidien, et à assumer les soins comme une marque d'identité, démontrant la reproduction une fois de plus d'un ordre social qui légitime les surcharges et individualise une responsabilité éminemment sociale. Lorsque cette culture traditionnelle et sexiste des soins se produit dans un contexte d'extrême pauvreté, les aides économiques proposés par les programmes comme 70 et plus et Vivre vieux n'arrivent pas à résoudre le problème. Dans certains cas, comme ont montré de récents travaux (voir Enríquez, Villarreal, 2014), ces aides reçues permettent à peine d'amoindrir la faim et d'assouvir certains besoins qui sont des conséquences des maladies.

Le récit d'un de mes interviewés, un homme de 83 ans, montre à quel point il a internalisé le discours, en partie d'origine religieuse, selon lequel il est bon d'avoir une femme pour prendre soin de l'homme dans sa vieillesse. Il est suivi de l'extrait d'entretien d'un autre homme âgé qui montre l'extrême vulnérabilité sociale dans laquelle peut se retrouver un être humain (un homme) qui, à la suite de la mort de sa compagne, est incapable de se procurer lui-même des soins personnels, ne l'ayant jamais appris.

> … Le Pasteur prescrit que les personnes veuves ou célibataires se fassent accompagner de quelqu'un pour ne pas être seules. Je n'aurais pas cherché quelqu'un, mais Dieu m'a envoyé Marie, qui me fait me sentir mieux et prend toujours soin de moi quand j'ai besoin … et j'aime ça. (Luis, 83 ans, 8 juin 2012).

> … Il est très difficile pour moi d'être seul, j'étais très proche de ma femme, mais Dieu me l'a prise … (Ricardo, 78 ans, 13 janvier 2012).

L'histoire de vie de Pamela, ci-dessous, montre l'expérience de vie quotidienne d'une femme de plus de quatre-vingts ans, qui dépend d'un fauteuil roulant pour se déplacer, et qui est prise en charge par sa fille. Cette dernière est cheffe de famille monoparentale et travaille tout en s'occupant de ses enfants. Le récit de Pamela fait apparaître des lacunes, des absences, l'attente et l'inconfort qui naissent de cette prise en charge exclusive par la famille, dans ce cas de sa fille, contrainte d'accomplir différents rôles sociaux simultanément.

Oui, qu'elle me fasse faire un tour [la fille]. C'est mieux que d'être ici dans cette prison de chaise. – E : Eh Oui ! – Q : ça m'énerve de monter dans l'autobus et d'en descendre ; et je dois aller dans cet engin. J'ai peur de me faire renverser, et je dis que « c'est mieux que je ne bouge pas de la maison ». C'est ma fille qui m'apporte de quoi manger à la maison, parce que moi je ne peux pas, ça me désespère, mais que puis-je y faire ? C'est pour cela que je dis « que je ne peux pas », je suis ici comme si j'étais clouée [rires]. Mais moi, j'aime faire à manger. Parfois elle me dit [ma fille] : « tu dois m'aider à laver le linge ; je n'aime pas déranger. Je lave, comme je peux. Je supplie Dieu de me donner de la force et je me mets à laver. Parfois, quand elle [ma fille] ne vient pas me voir, je m'inquiète et lui dis : « viens donc me voir, ne serait-ce que pour me dire bonjour ou bonsoir mère ». Comme ça, on arrête de se tracasser, n'est-ce pas ? et on reste tranquille ». Je ne fais que dormir et ne me lève qu'à l'heure des repas. « Viens manger » [me dit ma fille], parfois j'ai honte car je suis comme les jeunes, vautrés à ne rien faire dans ma chaise toute la journée. Moi, j'avais l'habitude de me lever, balayer, cuisiner et faire une bouillie. [Maintenant] je dois attendre jusqu'à ce qu'elle vienne [ma fille]. Parce que moi non plus, je ne peux pas continuer. Quand j'apportais de l'argent, je me levais très tôt pour préparer le déjeuner, comme mes parents me l'ont appris. La nuit, bien sûr, quand j'ai peur et que je me fais des idées, ce que j'aimerais c'est d'avoir une sonnette que je puisse activer quand j'en ai besoin ; et ainsi elle saurait que j'ai besoin de quelque chose ou que quelque chose m'est arrivé, c'est ce que j'aimerais lui demander, et ainsi je me sentirais plus tranquille, j'aimerais cela même si je dois le payer de ma poche. Je trouve que c'est bien triste de se retrouver toute seule, lorsqu'on s'endort, on ignore si on va se réveiller, mais non, malheureusement je continue d'être seule dans cette chambre et c'est pourquoi je dis que c'est triste d'être seule, personne ne s'imagine à quel point. Je m'inquiète car de cette pièce on n'entend rien, je leur parle, mais ils ne m'entendent pas et je prie Dieu de mourir vite… pour ne pas souffrir (Pamela, 88 ans, 11 juillet 2012).

La connotation sociale des soins nous montre la nécessité impérative de rompre les limites du domaine de la parenté et nous fait comprendre que dans les sociétés contemporaines, seule la solidarité entre les différents acteurs sociaux, nous permettrait de garantir le bien-être social. Les études sur les préférences des personnes âgées relatives au *care* montrent qu'aujourd'hui, dans un contexte comme celui du Mexique, les reconfigurations des subjectivités, surtout chez les femmes, rendent nécessaire le partage de la charge de la famille et, à l'intérieur de celle-ci, de la fille ou de la belle-fille. L'insertion croissante des femmes dans le marché du travail, même informel, la diminution de la taille des logements et l'augmentation du nombre de familles dont la cheffe est une femme sont autant d'éléments qui font diminuer les possibilités de prendre soin des personnes âgées, à temps complet et de manière prolongée exclusivement à domicile, par les membres de la famille. La prise en charge sociale des personnes âgées, en particulier celles qui vivent dans la pauvreté, demande des scénarios où l'infrastructure doit être adéquate aux niveaux de dépendance variables des personnes âgées. Dans une perspective de l'éthique féministe du *care*, ce scénario n'empêche pas la capacité d'échange affectif et d'accompagnement dans le processus de vieillissement et de la mort, mais se heurte néanmoins aux formes de compréhension de la prise en charge et de la répartition du *care* et plus particulièrement des soins aux personnes âgées au sein de nos sociétés.

Le prochain et dernier récit cherche à montrer la connotation morale des soins et la manière dont elle pénètre la culture et conditionne la réciprocité à long terme de la relation filiale. Un régime de protection sociale principalement familialiste se fonde et se reproduit en fonction des liens de parenté et se particularise dans les actions et omissions des femmes. Les liens affectifs établis au long des années ont des facettes multiples, comme des sentiments de culpabilité, de remords, de satisfaction, de honte, de ressentiment mais aussi d'amour. Si les membres de la famille participent à la réalisation des tâches de soins, les hommes et les femmes le font sur la base de l'inégalité des contrats entre les sexes, provoquant ainsi l'épuisement et la dégradation des relations. Les familles, dans leur diversité, sont des institutions sociales conditionnées par des structures plus amples, telles que la classe sociale d'appartenance, l'école, les institutions publiques et l'église, qui à leur tour reproduisent les inégalités de genre. Cette situation est insoutenable dans un pays qui possède un taux important de vieillissement de la population, et qui exige donc de nouvelles modalités pour rechercher le bien-être social.

> … Il y a des enfants qui sont bons et d'autres qui ne sont pas reconnaissants, j'ai vu beaucoup d'enfants qui n'aident pas leurs parents ; ils le montrent au journal télévisé qu'il y a des personnes âgées qui demandent de l'aide et à qui on demande – « Combien d'enfants avez-vous ? » « j'en ai tant…, mais ils sont tous partis, ils ne me donnent rien et ne viennent pas me voir ». On voit beaucoup d'abandons dans ces cas. Et cela ne devrait pas être ainsi, parce que si vous valorisez tout ce que vos parents ont fait pour vous, on devrait prendre soin d'eux. (Leticia, 71 ans, 11 novembre 2012)

Observations finales

Les résultats de l'étude ont montré que les programmes sociaux d'aide destinés aux personnes âgées en situation de pauvreté se fondent sur un discours maternaliste, qui préconise la responsabilité des femmes pour les soins et destitue les hommes de toute responsabilité dans ce domaine de la reproduction sociale ; ce qui met les femmes en situation de désavantage sur le marché du travail. De nos jours, en Amérique latine, prédomine une situation d'assistancialisme maternaliste qui repose sur des politiques ciblées. Pour faire face à la demande croissante de soins s'impose une reconfiguration des programmes et politiques sociales dans le sens de leur universalisation afin de généraliser les droits et responsabilités pour la reproduction sociale, et plus largement de la vie, à partir d'une redistribution des charges de soins favorisant l'équité de genre et entre les générations (Montaño, 2010).

En ce sens, en accord avec Huenchuan (2003) et la CEPAL (2009), ce n'est que dans le cadre des droits sociaux que des horizons possibles peuvent être imaginés dans lesquels on assurera des systèmes de soins mixtes dans des modalités formelles et informelles, et où seront garantis la défense, la prestation et l'accomplissement des exigences, qui sont légitimes pour préserver une vie décente et protégée dans son processus de vieillissement.

La réalisation des soins est alors à la fois une question d'éthique et de politique, le droit légitime de chaque individu, qui requiert des actions collectives et publiques (Pinheiro, Araújo de Mattos, 2008, 2008a, 2009; Lopes Pinheiro, Coelho, 2010). C'est ainsi que l'accès aux soins se configure comme une nouvelle question sociale, et doit être hissé au rang des droits universels, avec toutes les obligations qui en découlent. Et pour ce faire, comme pour tout changement, il est essentiel de compter avec la volonté politique, afin d'engager un processus de transformation (Pautassi, 2010 : 81).

Bibliographie

Arriagada, I., « Transformaciones familiares y políticas de bienestar en América Latina », in Arriagada, I. (dir.), *Familias y políticas públicas en América Latina* : *Una historia de desencuentros*, Santiago de Chile, CEPAL/UNFPA, 2007, pp. 25-152.

CEPAL, *Envejecimiento, derechos humanos y políticas públicas*, Santiago de Chile, CEPAL, 2009.

CEPAL, « Políticas públicas y crisis de cuidado en América Latina : alternativas e iniciativas », in CEPAL (Comp.), *Panorama Social 2009*, Santiago de Chile, CEPAL, 2009, pp. 227-240.

COEPO, *Panorama Jalisco*, México, COEPO y Secretaría General de Gobierno de Jalisco, 2008.

Corona Berkin, S. et Kaltmeier, O., *En diálogo : metodologías horizontales en ciencias sociales y culturales*, Barcelona, Gedisa, 2012.

Chakiel, J., *El envejecimiento de la población latinoamericana : ¿hacia una relación de dependencia favorable ?*, Santiago de Chile, Centro Latinoamericano y Caribeño de Demografía (CELADE), 2000.

ENADID, *Encuesta nacional de la dinámica demográfica. Metodología y tabulados básicos*, México, Instituto Nacional de Estadística y Geografía, 2009.

Enríquez, R., Maldonado, M., Aldrete, P., Ibarra, M., Palomar, J. et Pantoja, J., « Género, envejecimiento, redes de apoyo social y vulnerabilidad en México : un estudio comparativo », in Enríquez, R. (dir.), *Los rostros de la pobreza. El debate. Tomo V*, Sistema Universitario Jesuita, México, 2008.

Enríquez, R., « Configuraciones / Reconfiguraciones familiares y violencia doméstica / social en la Zona Metropolitana de Guadalajara », in *La realidad social y las violencias, Zona Metropolitana de Guadalajara*, (105-141), México, ITESO-CIESAS-INCIDE SOCIAL, 2012.

Enríquez, R. et Villarreal, M. (dir.), *Los retos de la política pública ante el envejecimiento en México*, CIESAS, INDESOL, ITESO, México, 2014.

Guzmán, J., *Envejecimiento y desarrollo en América Latina y el Caribe*, Santiago de Chile, Centro Latinoamericano y Caribeño de Demografía (CELADE), 2002.

Ham, R., « Conceptos y significados del envejecimiento en las políticas de población », in CONAPO (Comp.), *Envejecimiento Demográfico en México : Retos y perspectivas*, México D.F, CONAPO, 1999, pp. 41-54.

—, *El envejecimiento en México : El siguiente reto de la transición demográfica*, México, Porrúa, 2003.

Huenchuan, S., « Políticas de vejez en América Latina : Una propuesta para su análisis », Simposio *Viejos y viejas. participación, ciudadanía e inclusión social*, 51 Congreso Internacional de Americanistas, Santiago de Chile, 2003.

INEGI, *Boletín sobre población adulta mayor en México*, Aguascalientes, México, 25 septembre 2014.

Marco, F., « Pasos hacia un marco conceptual sobre cuidado », in Montaño, S. et Calderón, C. (dir.), *El cuidado en acción. Entre el derecho y el trabajo*, Chile, CEPAL, 2010, pp. 93-114.

Martínez, C. E., « Masculinidad hegemónica y expresividad emocional de hombres jóvenes », in Ramírez, J.C et Cervantes, J.C. (dir.), *Los hombres en México. Veredas recorridas y por andar. Una mirada a los estudios de género de los hombres, las masculinidades* (177 – 199), México, AMEGM.UdeG.

Montaño, S., « El cuidado en acción », in Montaño, S. et Calderón, C. (dir.), *El cuidado en acción. Entre el derecho y el trabajo*, Chile, CEPAL, 2010, pp. 13-68.

Pautassi, L., « Cuidado y derechos : la nueva cuestión social », in Montaño, S. et Calderón, C. (dir.), *El cuidado en acción. Entre el derecho y el trabajo*, Chile, CEPAL, 2010, pp. 69-92.

Pinheiro, R. et Araujo, R., *Cuidar do cuidado : responsabilidade com a integralidade das ações de saúde*, Brasil, CEPESC-IMS/UERJ-ABRASCO, Integralidade em Saúde, collection « Cidadania do Cuidado », 2008.

Pinheiro, R. et Araujo, R., *Cuidado as fronteiras da integralidade*, Brasil, IMS/UERJ-CEPESC-ABRASCO, 2008a.

Pinheiro, R. et Araujo, R., *Razoes públicas para a integralidade em saúde : o cuidado como valor*, Brasil, CEPESC-IMS/UERJ-ABRASCO, Integralidade em Saúde, collection « Cidadania do Cuidado », 2009.

Pinheiro, R. et Coelho, T., Ética, técnica e formação : *as razoes do cuidado como direito a saúde*, Brasil, CEPESC-IMS/UERJ-ABRASCO, LAPPIS, Integralidade em Saúde, collection « Cidadania do Cuidado », 2010.

Rico, M., *El desafío de um sistema nacional de cuidados para el Uruguay*, Santiago de Chile, CEPAL.

Riessman, C., *Narrative analysis*, Newbury Park, Sage, 1993.

Robles, L., *La invisibilidad del cuidado a los enfermos crónicos. Un estudio cualitativo en el barrio de Oblatos*, Guadalajara, Universidad de Guadalajara, 2007.

Salgado de Snyder, N. et Wong, R., *Envejeciendo en la pobreza. Género, salud y calidad de vida*, México, Instituto Nacional de Salud Pública/INDESOL, 2003.

Seidler, V., « Los hombres heterosexuales y su vida emocional », *Debate Feminista*, 6 (11) , 2005, pp. 78-111.

Viveros, A., *Envejecimiento y vejez en América Latina y el Caribe : políticas públicas y las acciones de la sociedad*, Santiago de Chile, Proyecto Regional de Población CELADE-FNUAP, 2001.

La construction sociale de la dépendance des personnes âgées pauvres dans l'Aire métropolitaine de Guadalajara (Mexique)

Edith Carrillo Hernández
Centre de recherche et d'études supérieures en anthropologie sociale (CIESAS), Guadalajara, Mexique

Elba Karina Vázquez Garnica
Institut technologique d'études supérieures de l'Ouest (ITESO), Guadalajara, Mexique

Cet article analyse la manière dont les programmes sociaux destinés aux personnes âgées affectent les relations sociales de dépendance, d'interdépendance et de solidarité qui existent entre les personnes âgées et leur entourage. Cette approche de la dépendance, plutôt que de la comprendre comme une caractéristique inhérente à la vieillesse, l'appréhende comme le résultat d'un ensemble de relations sociales qui lient les personnes âgées et leurs proches. L'étude a été réalisée à partir d'une méthode qualitative, basée sur une enquête ethnographique. Les stratégies de collecte d'information se sont faites à partir d'observations non participantes dans les foyers des personnes âgées, ainsi que des entretiens qualitatifs ouverts. Pour l'analyse des données, nous avons procédé à l'analyse du contenu thématique du discours.

La prise en charge de la population âgée dans l'État de Jalisco et la Zone métropolitaine de Guadalajara (ZMG)

Face au processus de vieillissement de la population de l'État et de sa prise en charge partielle (présentés supra[1]), la mauvaise qualité de vie et la rapide détérioration physique et mentale des personnes âgées font

[1] Voir dans le chapitre précédent (« De la féminisation à la collectivisation des prestations de soin : les programmes sociaux pour personnes âgées à Guadalajara », Rocío Enríquez Rosas) l'encadré qui récapitule la situation du vieillissement démographique dans l'État de Jalisco et les princiales politiques publiques déployées.

augmenter leur chance de se retrouver dans une situation de dépendance, d'exclusion sociale ou de marginalité. Autrement dit, outre leur manque d'autonomie économique, leur vieillissement peut être marqué par une faible capacité de décision et de participation à des activités productives ou de loisir (Ham-Chande, 2009).

Les prestations reçues par les personnes âgées par le biais des programmes sociaux, même si elles sont insuffisantes, ont néanmoins un impact positif important sur leur qualité de vie. Elles leur procurent un revenu « stable », leur permettant de participer aux frais du foyer, de prendre des décisions et de retrouver ainsi une certaine indépendance. D'après notre hypothèse de travail, c'est ici que réside la valeur sociale et symbolique des prestations reçues par le biais de ces programmes.

Néanmoins, recevoir ces prestations et arriver à se maintenir dans ces programmes sociaux constituent un défi pour les personnes âgées, autant au regard du temps et de l'argent qu'elles doivent investir pour leurs déplacements, qu'au regard des démarches et procédures imposées par le fonctionnement même des programmes. Les personnes âgées ont un besoin accru d'aide de la part de leur famille, d'amis ou de voisins pour prendre connaissance des programmes, s'y inscrire, en percevoir les bénéfices et respecter les critères de coresponsabilité demandés, en comparaison avec d'autres bénéficiaires plus indépendants[2] (voir Villarreal et Carillo, dans ce volume). L'existence et la qualité des réseaux sociaux des personnes âgées deviennent alors des éléments essentiels pour comprendre leur adhésion au programme.

La dépendance est entendue par Casado (2007) comme une forme d'invalidité qui rend difficile l'accomplissement des activités quotidiennes par des personnes qui ont besoin d'aide pour les réaliser. D'une façon générale, la population âgée est dans ce sens plus susceptible de se retrouver dans une situation de dépendance en raison de sa détérioration physique et mentale à ce stade de la vie. En outre, il est supposé que les personnes âgées dépendent des plus jeunes. Avec Aranibar (2001) nous employons le concept de dépendance comme un qualificatif propre, inhérent à la situation des personnes âgées, au-delà d'autres facteurs sociaux, culturels et économiques qui participent à sa configuration.

---

2 Plusieurs de ces personnes âgées sont analphabètes et ont des problèmes de mobilité ; c'est pourquoi, elles requièrent l'appui des autres pour leurs déplacements (apporter leur dossier, s'inscrire au programme, retirer l'argent aux caisses, se présenter aux rendez-vous). L'unique conditionnalité/contrepartie du programme est un « certificat de vie », à fournir périodiquement.

En ce sens, il est important de noter que, tout comme les conditions physiques et/ou mentales des personnes âgées ne déterminent pas directement leur condition de dépendance aux autres, elles ne les privent pas non plus complètement de leur capacité à établir, ou à maintenir des relations de réciprocité et d'interdépendance. Ainsi, selon Aranibar (2001), « les personnes âgées jouent fréquemment un rôle actif dans la fourniture de services et de ressources financières à la génération des plus jeunes. Surtout dans un contexte de pauvreté et de marginalisation, où priment des facteurs tels que le chômage des jeunes, l'émancipation tardive des enfants, leur permanence dans la maison paternelle/maternelle et leur besoin d'aide dans l'éducation des enfants, sont des éléments qui peuvent les amener à investir une relation de dépendance intergénérationnelle » (2001 : 34).

Cet article a pour objectif d'analyser de quelle manière les programmes sociaux qui s'adressent aux personnes du troisième âge dans une situation de pauvreté affectent les relations sociales de dépendance, d'interdépendance et d'appui que celles-ci maintiennent à l'intérieur de leur cercle de relations le plus proche, en général à l'intérieur du foyer, dans l'espace de cohabitation et dans le voisinage.

Conditions de réalisation de la recherche et population d'enquête

Cette étude a été effectuée dans six quartiers parmi les plus pauvres de l'Aire métropolitaine de Guadalajara (COEPO, 2010), de 2011 à 2012. L'enquête a été menée par observation non participante au foyer des femmes et d'hommes bénéficiaires de ces programmes destinés au troisième âge, et par la réalisation d'entretiens ethnographiques avec les personnes âgées, leurs familles et/ou le personnel soignant (Hamme, Atkinson, 1994). L'accès aux quartiers et le contact avec les personnes âgées ont été établis par l'intermédiaire d'organisations sociales qui interviennent dans ces zones et de représentants des quartiers[3].

[3] Les « représentants de la colonie », c'est-à-dire du quartier, sont des personnes élues par ses habitants (les « colons ») pour réaliser des démarches nécessaires à l'obtention de l'attention des pouvoirs publics pour la réalisation de travaux d'infrastructure, par exemple, ou la résolution d'autres types de problèmes. Le travail de ces représentants comporte la mise en contact avec les bureaux du gouvernement, des partis politiques et des organisations sociales. La plupart d'entre eux sont liés à des groupes et structures politiques.

La population d'enquête comprend 39 femmes et 16 hommes (55 personnes au total), qui ont entre 65 et 95 ans (avec une moyenne d'âge de 74 ans). La plupart sont des analphabètes fonctionnels (ou illettrés), qui ne savent ni lire ni écrire. La majorité, originaire de milieux très pauvres, est entrée très tôt dans la vie active. Les hommes, lorsqu'ils n'étaient pas sans emploi, ont travaillé dans le commerce ou dans des métiers comme la maçonnerie, la peinture, le jardinage, la forge et la plomberie, comme ouvriers ou employés (non déclarés, sans cotisation sociale). Les femmes étaient femmes au foyer, employées de commerce ou vendeuses ambulantes (d'aliments ou de friandises), ouvrières, ou encore exerçaient des activités du *care*, comme sage-femme ou masseuse.

De nos jours, ces personnes ne peuvent plus travailler en raison de leur âge avancé et de leur état de santé ; elles ne perçoivent pas de rémunération, ni de retraite, liées à une activité salariée actuelle ou antérieure. Les hommes comme les femmes accomplissent cependant encore quelques activités de façon informelle ; les premiers comme jardinier, vendeur ambulant ou forgeron, ou dans la collecte de déchets recyclables. Les femmes font de la couture, s'occupent de leurs petits-enfants et travaillent à la maison, ou continuent d'accomplir des tâches de soins (massages, aide à l'accouchement). Leur survie repose en grande partie sur l'aide obtenue par le biais de programmes familiaux et sociaux. Si les femmes ont tendance à recevoir plus de soutien de la part de leur famille que les hommes, grâce au fait qu'elles se sont plus occupé de leur famille ou bien qu'elles aient été plus impliquées dans l'éducation des enfants, les hommes sont fréquemment engagés dans d'autres relations d'interdépendance, avec des voisins et/ou des amis avec lesquels ils ont établi des liens étroits au cours de leur vie[4].

Nous employons le terme d'« intermédiaires » pour désigner les personnes de différents statuts qui accomplissent des fonctions de traduction et de facilitateur de l'accès aux programmes. Ainsi, il peut s'agir aussi bien de personnes de l'entourage proche (représentants de quartier, parents, voisins), qui informent les personnes âgées de l'existence des programmes, et de leurs conditionnalités ; que de personnes qui les accompagnent dans leurs démarches ou les accomplissent à leur place, mais aussi d'agents de l'État qui leur fournissent de l'argent pour le transport, afin de se procurer les documents dont ils ont besoin, voire leur attribuent l'allocation sans exiger la documentation complète. Voir le texte de Villarreal et Carillo dans ce volume.

4 Ainsi, pendant plusieurs années, quelques femmes âgées se sont rendues indispensables à leurs filles, cheffes de famille monoparentales, tandis que d'autres ont participé à des activités sociales religieuses (visites domiciliaires de malades, activités extrascolaires pour les enfants) ; parallèlement, les hommes ont rendu des services de réparation ou de construction (travaux d'électricité ou de charpenterie) dans le voisinage. Au

Les femmes interviewées sont pour la plupart seules (veuves ou séparées). Certaines personnes âgées vivent dans leur propre maison ou avec leurs enfants. Dans les deux cas, le logement – en général inachevé[5] – est bâti sur des terrains irréguliers, accidentés et dépourvus d'infrastructure de base (électricité, eau courante, égouts, transport, etc.). Dans tous les cas de figure, les personnes âgées se trouvent dans des ménages multigénérationnels, constamment reconfigurés en fonction de la situation économique de la famille. En général, les personnes âgées dépendent financièrement d'autres, que ce soit du gouvernement ou de la famille. Toutefois, ces ressources leur permettent de générer à leur tour des relations d'interdépendance à l'intérieur de leur cercle de cohabitation ou réseau d'entraide[6].

Vulnérabilité et relations sociales d'interdépendance.

Les personnes âgées interviewées se montrent, en règle générale, préoccupées par la situation financière de leur famille et l'instabilité d'emploi de ses membres. La plupart d'entre elles avouent se sentir mal à l'aise pour demander une aide monétaire à leurs enfants, sachant que leurs revenus sont également très limités. Dans cette relation d'économie morale complexe, les parents âgés préfèrent ne rien demander à leurs enfants que de courir le risque de se voir refuser l'aide désirée, tout en espérant qu'ils la recevront de façon spontanée.

Une grande partie des personnes âgées interviewées pensent être devenues un « fardeau économique » pour leur famille et une « nuisance » à cause des soins dont elles ont généralement besoin. Cette situation entraîne une diminution de l'auto-estime et une perte d'autonomie

---

moment de la réalisation de l'enquête, ces femmes et hommes comptaient sur l'aide de ces proches, apportée dans le cadre d'une relation de réciprocité.

5 La majorité des maisons ont été construites par les habitants eux-mêmes (auto-construction). Le niveau d'équipement des habitations est variable en fonction des ressources économiques disponibles (nombre de pièces, équipement sanitaire, type de matériaux de construction utilisé) et la construction s'étale souvent sur plusieurs années.

6 Nombre de personnes âgées ont étendu leurs relations de soutien et d'interdépendance matérielle (argent, nourriture, médicaments), instrumentale (soins, ménage) et sociale (compagnie, attention affective) au-delà de la famille avec laquelle elles habitent, dans le voisinage. Si ces réseaux d'entraide se sont développés dans un premier temps pour faire face à la précarité (économique et matérielle), dans le cas des personnes âgées, l'intensification des relations sociales avec leur entourage est une dimension centrale. Cf. Guzmán *et al.*, 2003.

quant à la prise de décision, même en ce qui concerne des questions qui les touchent directement. Ainsi, les personnes âgées se positionnent malgré elles en situation de dépendance vis-à-vis des décisions prises par les membres de leur famille, situation décrite comme contraignante.

Il est cependant important de souligner que dans de nombreux cas, les personnes âgées sont devenues un soutien important pour assurer la subsistance des générations plus jeunes : elles prêtent leurs économies, font le ménage et gardent les jeunes enfants, partagent leur logement, leurs aliments de base, et assument le paiement des services de base avec l'argent qu'elles reçoivent du gouvernement et d'autres membres de la famille. Ceci les fait se sentir utiles, indépendantes et leur donne plus d'autorité pour se positionner face aux autres et définir la manière dont elles veulent être traitées. Plus que des relations d'entière dépendance des personnes âgées vis-à-vis des plus jeunes, nous constatons qu'il s'agit de relations d'échange et d'interdépendance intergénérationnelle[7].

Les personnes âgées en situation de difficulté économique et de maladie vivent cette situation comme un moment critique de leur vie ; elles expriment fréquemment un sentiment d'impuissance liée au fait de ne pas disposer de ressources nécessaires pour y faire face seules. Dans ce genre de situations, le soutien de la famille et des programmes sociaux devient crucial au niveau économique et moral. Les aides sont de natures multiples, allant de prêts monétaires, d'achats à crédit à l'épicerie, de dons de denrées alimentaires, d'aide aux démarches administratives, au ménage et à la simple compagnie jusqu'à la construction d'une chambre complémentaire dans l'habitation familiale.

Des conflits surgissent notamment quand l'économie familiale est très précaire, et que toutes les générations vivent dans un espace très réduit, disposant de peu de revenus propres, ce qui est producteur d'un degré de dépendance plus élevé. Dans ce genre de situation, la présence de personnes âgées démunies au foyer familial peut apparaître plus facilement comme une charge supplémentaire. Selon les mots de l'une d'entre elles : « Nous passons parfois par des moments d'amertume quand nous sentons que nous gênons les enfants ou sommes de trop… ». Dans les cas où la solidarité familiale rencontre ainsi des limites matérielles, le réseau de relations sociales devient d'autant plus important. Ainsi, ce sont les personnes âgées qui vivent seules, dans des logements individuels

7 Le plus grand poids ou la responsabilité économique et/ou la charge de dispenser des soins aux autres retombent généralement sur les femmes appartenant aux différentes générations dans le foyer et la communauté.

et/ou avec des réseaux précaires, qui se retrouvent dans la plus grande vulnérabilité, tel que le décrivent Robles, Vázquez, Reyes et Orozco (2006). Or, cette période de la vie peut être marquée par un déclin des contacts et de la vie communautaire. Selon les dires d'une personne âgée interrogée, elle demande à Dieu de la laisser mourir plutôt que de vivre seule et sans soutien : « La vie est très difficile, c'est pour cela que je demande à [Dieu] de m'emmener avec lui ». Pour pallier la faiblesse de leurs réseaux sociaux et des liens familiaux, la « sortie religieuse » (Cabanes, 2009) peut en effet constituer un horizon que ces personnes perçoivent comme étant à leur portée.

La perception de l'aide sociale et du fonctionnement des programmes par les personnes âgées

Les personnes âgées qui reçoivent une aide financière considèrent que celle-ci contribue à réduire leurs frais ; la plupart du temps, l'argent est destiné à l'achat des aliments et pour payer les services de base (eau, électricité, gaz). Elles gèrent leur argent afin qu'il dure le plus longtemps possible ; car seule une minorité de familles assume la totalité des frais engendrés par les personnes âgées qu'elles hébergent sous leur toit, qui dans ce cas gardent leur argent pour acheter des médicaments ou pour une urgence médicale. Pour bon nombre d'entre elles, cette aide constitue l'unique ressource monétaire dont elles disposent.

L'importance des aides reçues par le biais de ces programmes réside pour les bénéficiaires dans ce qu'elles leur procurent en termes d'autonomie relative, et d'économie de demande d'aide auprès de leurs proches (familles et/ou amis). Dans ce sens, l'aide publique leur apporte un soutien au quotidien, comme en cas de dépenses exceptionnelles, pour faire face aux moments de crise[8].

---

8 Quand les bénéficiaires reçoivent un soutien de leur famille pour couvrir les frais quotidiens, ils économisent alors l'argent reçu du programme social. Dans ces cas, ils constituent un fond d'« économie » en cas de maladie (d'eux-mêmes ou de leurs parents), ou en cas de problème économique pour leurs proches qui ne pourraient alors plus les aider. Mais même dans ces cas de figure, les personnes âgées peuvent contribuer dans une certaine mesure à la vie de la famille. L'entourage rapporte alors être satisfait de cette « aide du gouvernement », car elle signifie un soulagement ou un « répit » pour l'économie familiale. Ils mentionnent de plus que les adultes âgés se sentent « bien » en se sachant assurés pour la vie (dans le cas de 70 et plus) d'une somme d'argent propre, qu'ils peuvent eux-mêmes administrer et utiliser pour payer leurs dépenses.

Bien que ces ressources soient largement insuffisantes pour répondre aux besoins des personnes âgées et/ou de leur famille, elles leur permettent de participer aux dépenses du foyer, de faire un modeste prêt ou d'offrir de l'argent comme remerciement pour le soutien reçu de la part d'un parent ou voisin. Les denrées alimentaires de base peuvent servir de cadeau en guise de remerciement pour leur préparation, en plus d'être destinées à la consommation domestique. En ce sens, la prestation offerte par ces programmes peut alimenter et intensifier les relations que les personnes âgées entretiennent avec leur entourage, tant dans le domaine des échanges matériaux qu'affectifs et symboliques.

En plus de leur faible valeur monétaire, le versement de l'aide sociale est cependant souvent en retard (d'un mois, ou plus), et parfois n'est pas effectué du tout, en raison de restrictions budgétaires, ce qui crée une situation de flou permanent. Loin de générer la perception de l'acquisition d'un droit, l'incertitude quant à la réception de l'aide sociale prédomine dès lors[9]. Cette perception du maintien dans une zone de non-droit prévaut également dans les contacts périodiques avec l'administration (pour présenter le « certificat de vie », par exemple), conditionnalité en apparence peu contraignante qui peut prendre des contours plus imposants pour les personnes âgées puisque cela implique souvent le recours aux intermédiaires qui les accompagnent[10].

Bien que les règles de fonctionnement de ces programmes puissent sembler simples, et leurs exigences et obligations – ainsi que leur montant – minimales, il est cependant vrai que les personnes âgées des milieux sociaux étudiés font appel à des intermédiaires afin d'accéder à leurs droits et à leurs prestations. C'est principalement grâce à l'aide de la famille et d'autres réseaux sociaux (amis, voisins, responsables de quartier, etc.), que les personnes âgées prennent connaissance de l'existence des programmes

---

9 Dans ces cas, les personnes âgées ont exprimé le fait de se sentir « complètement impuissantes », car elles considèrent ne pas disposer des ressources et/ou moyens pour exiger leurs aides. Une partie importante parmi elles perçoit l'existence des programmes comme la manifestation d'une « bonne volonté » de la part du gouvernement. Au moment de la réalisation de l'inscription des personnes âgées au programme, les agents soulignent cependant que l'aide sociale constitue une contrepartie pour récompenser le travail réalisé durant leur vie productive.

10 Nombre de personnes âgées ne se déplacent pas seules en raison de leur crainte des chutes (dans des terrains souvent irréguliers) ; par ailleurs, les déplacements en transport public prennent souvent beaucoup de temps, ce qui peut provoquer le licenciement de la personne qui les accompagne, si celle-ci dépose un jour de congé pour se rendre disponible. L'appel à des services privés (taxi, etc.) représente souvent un coût trop élevé pour leur budget.

et de leurs conditionnalités, aussi minimes soient-elles. Beaucoup ont besoin d'aide pour mettre en ordre leurs documents et se rendre aux bureaux du développement social du gouvernement pour s'inscrire au programme, pour fournir le « certificat de vie » et retirer leur prestation. Par ailleurs, l'accès à une prestation, au détriment d'une autre, est souvent tributaire des formes de médiation sollicitées.

La relation avec les intermédiaires, dans ce cas le représentant[11], peut également générer des conflits, comme dans les cas de non remise de l'argent et/ou d'auto attribution d'un « prêt », ou quand le représentant considère que le bénéficiaire n'est pas en mesure de gérer son argent et le fait à sa place, sans le consulter ou le prévenir de sa décision[12]. Dans certains cas, les personnes âgées qui ne recevaient pas leur aide sociale n'osaient pas demander à leurs proches les motifs de la non réception afin d'éviter toute possibilité de conflit, tout en considérant que cette « contrepartie » indirecte pour accéder à l'aide sociale était abusive. Dans ces cas, *de facto*, les personnes âgées perdaient la possibilité de prétendre à la perception de l'entièreté de l'aide sociale[13].

Considérations finales

Dans nombre de cas, les personnes âgées pauvres ne disposent pas des moyens économiques d'accéder à des services marchands pour satisfaire leurs besoins élémentaires. Par ailleurs, si d'une façon générale, le réseau social des personnes âgées a tendance à se réduire, les pauvres se trouvent dans une situation de dépendance accrue vis-à-vis des services sociaux étudiés comme vis-à-vis d'autres personnes proches (membres de leur famille, amis, voisins).

Dans ce contexte, les transferts économiques réalisés par les programmes sociaux publics destinés aux personnes âgées, même s'ils sont

---

11 Le représentant est ici la personne « de confiance » qui a été désignée par le bénéficiaire sur demande des services sociaux pour recevoir l'aide sociale sur son compte bancaire ou l'argent en espèces, à sa place.

12 Dans ce cas de figure, du point de vue du bénéficiaire, l'ambiguïté quant au versement de l'aide sociale par l'État se confond avec l'incertitude quant à sa remise par l'intermédiaire.

13 Nous avons connu une personne dans ce cas. Son représentant, un membre de sa famille, ne lui remet l'argent de l'aide sociale qu'avec du retard ou seulement partiellement. Etant dans l'incapacité de se déplacer seule, et étant confinée à domicile, cette personne a préféré ne pas demander de comptes pour ne pas perdre le dernier recours qui lui restait.

minimes, acquièrent tout leur sens. Ils peuvent permettre aux personnes âgées de se positionner comme des sujets disposant de ressources propres, les aidant ainsi à garder une certaine autonomie ou indépendance de prise de décision, et leur permettent d'établir du moins partiellement des relations de réciprocité et d'égalité avec les autres. Ainsi, la possibilité de disposer d'une ressource alternative à l'aide familiale – ou permettant d'intensifier les liens avec celle-ci – peut atténuer la construction d'une subjectivité de dépendance.

De toute évidence, pour aussi souples et simples que soient les règles de fonctionnement de ces programmes, si les personnes âgées ont besoin du soutien de leur famille et/ou d'autres connaissances pour y avoir accès, l'obtention des aides peut intensifier les relations qu'elles entretiennent avec ces derniers et représenter une augmentation des revenus économiques du groupe familial et de voisinage.

Nous avons ainsi pu souligner que les relations de dépendance ne sont pas statiques ni à sens unique, mais sont modulables en fonction des ressources et de la situation spécifique des personnes âgées, des membres de la famille, des voisins et amis. Dans l'ensemble, bien que la pauvreté et les limitations physiques causées par l'âge puissent placer les personnes âgées *a priori* dans une situation de dépendance plus importante, il est nécessaire de ne pas les réduire à leur condition de sujets totalement dépendants dépourvus d'une capacité d'action. Ainsi, dans l'établissement des liens de dépendance et d'interdépendance que les personnes âgées tissent avec les autres, jouent non seulement les facteurs liés à leur situation spécifique et celle des membres de leur maisonnée, mais entrent aussi en ligne de compte les ressources provenant des programmes publics qui leur sont destinés. D'après Aranibar (2001), il est en effet important de réfléchir à la construction sociale de la dépendance des personnes âgées comme une nouvelle question sociale.

Bibliographie

Aranibar, P., *Acercamiento conceptual a la situación del adulto mayor en América Latina*, Santiago de Chile, CEPAL, 2001.

Casado, D., *Efectos y abordajes de la dependencia : Un análisis económico.* Masson, S.A. Colección Economía de la Salud y Gestión Sanitaria, 2007.

COEPO, *Desarrollo Humano y demografía de grupos vulnerables en Jalisco*, México, COEPO, 2010.

González, S., « En México, 72 % de adultos mayores padecen vulnerabilidad social : INEGI », *La Jornada, Economía*, 30 septembre 2013.

Guzmán, J., Huenchuan, S. et Montes de Oca, V., « Redes de apoyo social de personas mayores : Un marco teórico conceptual », Ponencia presentada en el Simposio *Viejos y Viejas, Participación, Ciudadanía e Inclusión Social*, 51 Congreso Internacional de Americanistas, Santiago de Chile, 2003.

Ham-Chande, R., « Vejez y dependencia. Paradigmas y nuevos contratos sociales », *Demos*, 14, 2009, pp. 27-28.

Hamme, M. et Atkinson, P., *Etnografía : métodos de investigación*, Barcelona, Paidós, 1994.

Márquez, M., « Desprotección social en adultos mayores viviendo en la pobreza urbana », *Salud Pública de México*, 49, 2007.

Robles, L., Vázquez, F., Reyes, L. et Orozco, I., « Miradas sobre la vejez : un enfoque antropológico », *Región y sociedad*, 19(40), 2006, pp. 195-204.

Treviño-Siller, S., Pelcastre-Villafuerte, B. et Márquez-Serrano, M., « Experiencias de envejecimiento en el México rural », *Salud Pública de México*, 48(1), 2006, pp. 30-38.

Resignification du maternalisme dans le cadre des programmes de transferts monétaires conditionnels

Bérengère MARQUES-PEREIRA

Université libre de Bruxelles, Belgique

Mon propos est d'entamer une démarche idéal-typique du maternalisme au sein des politiques sociales de lutte contre la pauvreté. Plus particulièrement j'aborderai les politiques fondées sur la perspective de l'investissement social dont les programmes de transferts monétaires conditionnels (PTC) sont l'instrument de mise en œuvre en Amérique latine. Ces politiques réactivent un maternalisme qui peut être compris à la fois comme une représentation et une pratique sociale qui réduisent l'identité féminine à celle de mère (Pieper Mooney, 2009). L'assimilation des femmes aux mères a pris en Amérique latine des accents marianistes. Le marianisme est une valorisation de l'image de la Vierge Marie donnant au maternalisme des accents de sacrifice, de compassion, de douleur. Dans une telle optique, être mère renvoie à la vocation et à la mission d'une femme qui accomplit ses devoirs envers la famille et ne se conçoit pas comme un sujet porteur de droits.

La démarche idéal-typique repose sur une stylisation du réel, sur une accentuation des traits les plus saillants d'un phénomène. Un idéal-type n'est dès lors pas vrai ou faux, mais utile ou inutile à l'analyse. Une telle approche suppose une certaine décontextualisation nationale. L'enjeu n'est donc pas de rendre compte des colorations différentes prises par le maternalisme selon les contextes nationaux. Par contre, il s'agit de considérer les tendances les plus marquées du maternalisme, liées au contexte régional latino-américain. Cette démarche idéal-typique repose sur un substrat comparatif de socio-histoire considérant l'imbrication des rapports sociaux et des rapports politiques dans la longue durée. Dans ce cadre, je m'attacherai aux caractères les plus remarquables du maternalisme liés, d'une part, à la transversalisation des PTC et, d'autre part, aux mouvements sociaux urbains de femmes populaires[1]. Pour ce faire, je m'appuierai donc sur des études de terrain concernant ces mouvements et les travaux ayant trait aux PTC menés sous l'angle de l'intersectionnalité des rapports sociaux de genre, de classe et ethniques mis en relation avec, notamment, les rapports clientélistes et corporatistes.

L'ouverture d'un espace politique en Amérique latine mettant en cause les effets sociaux des politiques d'ajustement structurel à partir de 1987, débouche, à la fin des années 1990, sur un nouvel agenda de lutte contre la pauvreté. Tout en rejetant le « consensus de Washington », ce nouvel agenda dépolitise la lutte contre la pauvreté, en s'appuyant sur un renouvellement du maternalisme au profit d'une recomposition du rôle social de l'État qui fait appel à la co-responsabilité individualisée des bénéficiaires de politiques sociales, le plus souvent des femmes cheffes de famille.

Ce renouvellement du maternalisme s'appuie sur une dépolitisation des rapports de genre. Ce processus s'inscrit dans un sens commun qui a émergé dès la sortie des dictatures et qui s'est développé lors des passages à la démocratie et de l'aboutissement de ceux-ci. Ce sens commun fait appel à l'idée de participation citoyenne. Expression d'une « confluence perverse » entre le projet démocratique et le projet néolibéral, selon les termes d'Evelina Dagnino (2006 : 16), l'idée de participation citoyenne agit comme une revalorisation symbolique de la société civile. Cette idée de participation citoyenne est pervertie par son caractère utilitaire : faire entendre la voix des pauvres pour que les autorités publiques connaissent leurs besoins, prendre en charge la mise en œuvre des projets de lutte contre la pauvreté, par les pauvres eux-mêmes, accéder aux ressources nécessaires pour que les pauvres puissent se prendre en charge eux-mêmes (Mestrum, 2002 : 153-154). La participation citoyenne deviendrait ainsi l'une des figures majeures de l'intérêt général mobilisées par les différents acteurs responsables du bien-être social : l'État, le marché, le tiers-secteur, les familles. Cette hypothèse renvoie à la question suivante : jusqu'à quel point les femmes pauvres sont-elles sacrifiées au nom de l'inclusion sociale, inclusion sociale déclinée sous le registre de la participation citoyenne comme élément crucial pour la légitimation de l'État en Amérique latine, au regard de la pauvreté engendrée par trente ans de politiques néolibérales, quarante ans si l'on a à l'esprit le cas chilien ?

---

1 Voir le tableau de synthèse à la fin de cet article.

Les PTC et la perspective de l'investissement social

Les PTC fonctionnent comme des programmes de subsides à la consommation des ménages ciblés comme pauvres ou extrêmement pauvres, à travers le versement aux mères de ressources monétaires conditionnelles. Celles-ci sont considérées comme responsables de la réalisation des objectifs de ces programmes, à savoir l'investissement effectif dans le « capital humain ». En effet, ces programmes ont un caractère conditionnel centré sur l'éducation, la santé et l'alimentation ; l'éducation est appuyée par la distribution de bourses en argent liquide destinées aux enfants qui ont une présence effective et régulière à l'école primaire, parfois étendue à l'école secondaire ; les objectifs de santé et d'alimentation contraignent les mères à présenter leurs enfants de manière régulière dans les centres de santé et à assister aux formations en matière sanitaire et nutritionnelle.

Parmi les PTC les plus connus et les plus importants, on peut citer *Bolsa Familia* au Brésil, créé en 2003, ainsi que *Progresa-Oportunidades* au Mexique, créé en 1997. D'autres programmes similaires se sont développés dans d'autres pays de la région à partir des années 2000 (Cecchini, Madariaga, 2011 ; Serrano, 2005 : 72-73). Notons cependant que *Bolsa Familia* s'impose comme modèle standard à la faveur de trois mécanismes : la certification apportée par la Banque mondiale et les liens que tissent *l'International Policy Centre for Inclusive Growth* avec le PNUD-Brésil, la décontextualisation de l'approche néolibérale de départ, le cadrage en tant qu'instrument de réduction de la pauvreté, sous-tendu par un État interventionniste (Ancelovici, Jenson, 2012).

Les PTC sont mis en œuvre dans 18 pays de la région, couvrent 25 millions de familles (environ 113 millions de personnes, soit 19 % de la population latino-américaine et caribéenne), et représentent 0,4 % du PIB régional (Cecchini, Madariaga, 2011 : 7)[2]. On peut distinguer trois types de PTC en ce qui concerne les conditionnalités (*id.* : 89-91). D'une part, nous sommes en présence de programmes associés à une conditionnalité forte, celle-ci étant considérée comme pouvant promouvoir un changement de comportement chez les pauvres en faveur de l'investissement dans ledit capital humain. Le programme le plus emblématique à cet égard est le programme mexicain *Oportunidades*. En

2 Par ailleurs, les programmes d'aide conditionnelle – dont la réalité est extrêmement diversifiée – existent dans plus d'une trentaine de pays dans le monde, et aussi à des échelles municipales.

2010, il couvrait 5,6 millions de familles, 27 millions de personnes, ce qui représente 62,8 % de la population pauvre et 100 % de la population extrêmement pauvre ; ce PTC équivaut à 0,51 % du PIB mexicain (*id.* : 107).

D'autre part, il existe des PTC dont les conditionnalités sont modérées (tablant avant tout sur l'accès aux services scolaires et de santé). L'exemple type de ce PTC est *Bolsa Familia* au Brésil. En 2010, il couvrait 12,6 millions de familles, 52 millions de personnes, ce qui représente 84,6 % de la population pauvre et 100 % de la population extrêmement pauvre ; *Bolsa Familia* équivaut à 0,47 % du PIB brésilien (*id.* : 107). Enfin, il y a également des PTC fondés sur l'accompagnement psycho-social des familles pauvres. *Chile Solidario* en est l'exemple le plus typique. Ce programme couvrait, en 2010, 51,7 % de la population pauvre et 100 % de la population extrêmement pauvre (*id.* : 107).

Les PTC s'inscrivent dans une perspective d'« investissement social » (Jenson, 2010) et oblitèrent la question de l'égalité (Jenson, 2009). En effet, la perspective d'investissement social permet de faire de la pauvreté une question individuelle liée à certains attributs dont les pauvres sont porteurs, qui fragilisent leur insertion sur le marché comme consommateurs et comme producteurs (les déficits de « capital social » et de « capital humain »). Dans ce cadre, une naturalisation de l'inégalité sociale et de la concentration du revenu fait peser la responsabilité de la pauvreté sur les pauvres eux-mêmes. En outre, on assiste à une occultation des changements structurels produits à la faveur de la recomposition de l'État social de la période développementiste au profit de la régulation néo-libérale faisant de l'État social un État subsidiaire ou, pour le dire autrement, un État résiduel.

L'ensemble de ces idées ont déjà été mises en pratique durant les années 1980-1990 en Amérique latine (Sojo, 2007). Mais à l'inverse des décennies précédentes, il n'y a plus lieu de mettre en exergue le rôle des mouvements sociaux, des mouvements de femmes des secteurs populaires en particulier, dans la politisation de la lutte contre la pauvreté. Au contraire, cette dernière semble plutôt passer par sa dépolitisation. En effet, l'enjeu n'est plus aujourd'hui la construction d'un sujet social dont l'*empowerment* et la participation à la communauté locale passe par l'auto-organisation collective ; ce qui, dans le cas des femmes, renvoyait à un usage du maternalisme comme ressource stratégique pour se positionner dans l'espace public local et revendiquer un développement social fondé sur la problématique des droits et du « droit à avoir des droits » (Jelin, 1996).

Un maternalisme prescrit et individualisé dans un cadre paternaliste modernisé

Au regard de l'imbrication des rapports sociaux de classe et de genre, les PTC sont tous marqués par un maternalisme individualisé en tant qu'identité prescrite reposant sur des rôles assignés dans la division sexuée du travail. Ainsi, l'idée centrale des PTC est que les mères sont plus fiables que les pères comme pourvoyeuses de soins et en matière d'affectation des revenus du ménage aux besoins des enfants.

Ce maternalisme traditionnel s'accompagne d'une vision paternaliste à l'égard des pauvres, puisque c'est à l'État qu'il revient d'orienter le comportement des familles pauvres, en particulier de s'assurer que malgré leur éducation insuffisante, les parents, mais plutôt les mères, assurent (contre subsides) notamment l'obligation d'assistance scolaire. Cette version contemporaine du paternalisme s'inscrit dans une optique contractuelle qui vide les PTC de toute idée de droits de citoyenneté sociale. En effet, l'idée de conditionnalité est présentée comme une co-responsabilité du pauvre avec l'État et fait du premier le principal responsable de sa condition de pauvre, tout en dégageant le second de sa responsabilité de l'offre des services d'enseignement et de santé tout comme de sa responsabilité de garant des droits à l'enseignement et à la santé.

D'une part, la pauvreté n'est plus considérée comme un problème socio-économique et politique d'ordre structurel, mais comme une question individuelle ; c'est dire qu'un problème public relevant de l'ordre des classes (concentration du revenu) est transformé en problème familial relevant du domestique-privé, venant conforter l'ordre des sexes. D'autre part, l'État se dégage de sa responsabilité d'assurer l'éducation et la santé comme droits universels et tend à réactualiser la vieille idéologie du XIXème siècle distinguant les bons pauvres des mauvais pauvres. Les pauvres méritants sont ceux qui manifestent un intérêt effectif à sortir de leur condition de pauvre en acceptant d'investir dans le « capital humain » de leurs enfants. La vision de l'individualisme libéral se double ainsi d'un économicisme considérant les individus comme des ressources humaines qui doivent faire fructifier leur capital, à savoir leurs *capabilities* créées par les vertus de l'éducation et de la santé. Cette approche ne pose à aucun moment la question de l'offre de services d'enseignement et de santé ni celle d'un accès de qualité à ces services, pas plus que la question des politiques fiscales susceptibles de financer les politiques sociales.

C'est dans ce cadre que l'on peut se demander jusqu'à quel point les femmes pauvres sont sacrifiées au nom de l'inclusion sociale (Tabbush, 2009). En tout cas, les PTC s'axent plus sur une optique de devoirs des mères que sur celle des droits de citoyenneté sociale des femmes. Certes, pour la première fois, une politique sociale octroie des revenus monétaires aux mères, et si ce revenu peut conférer un certain pouvoir de décision sur la destination des dépenses du ménage, il n'en demeure pas moins qu'il s'agit d'une sorte de salaire maternel qui vient moderniser le maternalisme latino-américain, sans pour autant favoriser l'accès des femmes au marché du travail, même si ces programmes impliquent une sortie des mères dans l'espace public[3]. L'accès à l'échange monétaire s'effectue ainsi non pas à l'aune de l'autonomie financière des femmes, mais à l'aune d'une individualisation du *care*.

Une telle logique sociale se situe aux antipodes de la politisation de la lutte contre la pauvreté et de l'implication importante des femmes des secteurs populaires dans l'auto-organisation collective à des fins de survie socio-économique, qui mettait en relief leur rôle pivot dans le bien-être des familles pauvres durant les années 1970-1980 (Craske, 2003 ; Valdès, 2004). Les femmes des classes populaires s'étaient fortement investies dans une participation active à l'espace public local et aux organisations de quartier, qui réclamaient à l'État les services collectifs leur permettant d'assumer les tâches reproductives. Une telle pratique impliquait de socialiser le travail domestique, notamment à travers les cuisines populaires auto-gérées par les femmes. La socialisation du travail de *care* allait de pair avec un maternalisme fonctionnant comme une identité souscrite et comme une ressource stratégique au profit du bien-être familial.

Comment expliquer ce passage d'un maternalisme communautaire à travers un *care* social à un maternalisme individualisé à travers un *care* domestique ? S'il est avéré que les pratiques d'auto-organisation collective constituent un héritage capté par les politiques sociales mises en place dans les années 1990 (Molyneux, 2007), après avoir été récupérées par l'institutionnalisation de l'économie sociale et solidaire, ce sont, à mon sens, les ambiguïtés que recelait cette politisation du maternalisme qui ont

---

3 Notons que l'octroi d'un salaire maternel est une idée qui date en Europe des années de l'entre deux guerres et qui promouvait une idéologie des devoirs maternels comme véritable vocation des femmes, excluant toute idée de mère travailleuse (*working mother*).

permis cette captation et le glissement vers une dépolitisation de la lutte contre la pauvreté, paradoxalement à travers le thème de la participation.

Les ambiguïtés du maternalisme, de la participation et de l'*empowerment* des femmes

La sortie de la sphère privée vers le public n'a pas nécessairement été émancipatrice. Par exemple, les expériences communautaires dans les cuisines populaires pouvaient reproduire un état de subordination et augmenter la charge de travail des femmes : une « troisième journée », non payée, alors que la seule journée payée était et demeure tellement précaire que, le plus souvent, elle ne donnait et ne donne toujours pas accès à des prestations sociales et à des droits sociaux. La focalisation des PTC sur les mères sans prise en compte des pères va de pair, elle aussi, avec une augmentation du travail domestique (Rodríguez Enríquez, 2011 : 21), en particulier cette part qu'est le temps d'articulation avec les services sociaux (Provoste, 2013).

Par ailleurs, la capacité des femmes à se mobiliser sur le plan communautaire pour satisfaire les nécessités de base des familles était incontestable ; mais leur difficulté à se concevoir comme personne indépendante du noyau familial était patente, tant que les besoins primaires de ce dernier n'étaient pas satisfaits. Cette capacité de mobilisation pouvait amener certaines femmes à assumer des positions de leaders dans certaines organisations de base et à se transformer en interlocutrices des pouvoirs locaux. Elles devenaient ainsi des intermédiaires dans une logique *bottom/up* à travers laquelle a pu se développer un sens civique local centré sur l'intérêt pour la gestion collective de biens publics. Mais la valorisation sociale que représente cette participation pouvait demeurer une projection du rôle domestique dès lors qu'elle restait associée à une instrumentalisation des femmes au profit du bien-être familial. En outre, le fait d'assumer ainsi des positions de leadership au sein des communautés locales pouvait devenir un tremplin pour l'accès à des postes politiques notamment municipaux.

Mais, selon les terrains locaux, ce leadership peut aller de pair avec des phénomènes de cooptation clientéliste (Nagels, 2011 ; Rousseau, 2009). Dans un tel contexte, les *madres líderes*, elles-mêmes bénéficiaires des PTC, se voient confier la responsabilité de désigner, au sein de leur communauté, quelles sont les familles étant ou non susceptibles d'obtenir un PTC. Une telle participation des pauvres à ce ciblage risque d'accroître la fragmentation des catégories de population pauvres et les effets conflictuels au sein des communautés locales. De manière plus générale, la participation centrée, non plus sur l'auto-organisation collective, mais sur les *capabilities*, recèle également un apprentissage de l'action publique locale : moins pour les mères bénéficiaires des PTC que pour les intermédiaires que sont les *madres líderes* ou les femmes professionnelles de l'assistance. Dans ce cadre, la participation s'inscrit dans une logique *top/down*.

Dans le nouvel agenda de lutte contre la pauvreté au sein duquel s'inscrivent les PTC, l'enjeu de la participation et de l'*empowerment* n'est plus la construction d'un acteur collectif capable de se mobiliser pour infléchir les rapports sociaux et les rapports de force. L'acteur bénéficiaire de programmes sociaux est avant tout individuel, non pas axé sur la représentation d'intérêts et d'identités collectives mais sur des activités qui produisent des résultats concrets et tangibles censés permettre d'acquérir des moyens de subsistance. C'est dans cette optique que l'idée d'*empowerment* des individus renvoie au processus d'obtention de capacités et de responsabilités qui les rendraient autonomes et maîtres de leur vie[4]. Dans une telle perspective, l'*empowerment* relève d'un état, d'un résultat prédéfini selon une série d'indicateurs construits à partir d'une cartographie de la pauvreté dans une logique *top/down*. En ce qui concerne les mères pauvres, cette idée d'*empowerment* s'appuie souvent sur une essentialisation des femmes du Sud, vues comme traditionnelles, incultes et dépendantes (Calvès, 2009). Cette essentialisation élude la nature intersectionnelle des rapports de pouvoir dans lesquels les femmes se meuvent, à la croisée des rapports de genre et de classe, souvent dans le cadre d'une ethnicisation, voire d'une racialisation des rapports sociaux, notamment dans le cas des sociétés à forte densité indienne ou afro-descendante (Verschuur, Destremau, 2012).

Il est loin l'*empowerment* propre aux organisations de femmes populaires, renvoyant non à un état mais à un processus *bottom/up* dans lequel la construction d'un sujet collectif s'appuyait sur des réseaux de solidarité où pouvait s'affirmer la positivité du féminin dans un maternalisme communautaire.

Désormais, la figure du groupe materno-infantile se déploie dans un cadre individualisé et contractuel centré sur l'idée de vulnérabilité. En

---

4 Voir, sur l'idée de *capabilities*, Martha Nussbaum, Jonathan Glover, 2007 ; et Amartya Sen, 2009.

effet, les PTC procèdent à une véritable sexuation de la vulnérabilité, héritiers en cela des programmes sociaux ciblés compensatoires et sectoriels des années 1990. L'appui aux mères qu'offrent les PTC fait de l'enfant la cible première, puisque l'objectif de la perspective de l'investissement social est d'éviter la transmission intergénérationnelle de la pauvreté. Cette figure centrale va de pair avec le vocable de vulnérabilité (Muniz, Rubalcava, 2000) : les femmes et les enfants en butte à la pauvreté sont appréhendés comme des groupes-cibles vulnérables (Arriagada, 2005 : 110). Cette optique de la vulnérabilité est diamétralement opposée à l'idée d'égalité de genre portée par les féminismes nationaux, internationaux ou transnationaux que ce soit par les ONG, les États ou les organismes internationaux (Marques-Pereira, 2010). Ainsi, l'idée de vulnérabilité est en contradiction avec le référentiel qui tend à reconnaître le rôle d'articulation des femmes comme pourvoyeuses de *care* entre les différents acteurs du bien-être social (Provoste, 2013).

***

De manière générale, le nouvel agenda de lutte contre la pauvreté renvoie à une logique sociale fondée sur le devoir moral de solidarité individuelle (plutôt que sur la responsabilité publique de solidarité collective), sur le marché et sur la valorisation du « capital humain » et du « capital social » des individus (plutôt que sur le langage des droits sociaux), sur les besoins humains de première nécessité (plutôt que sur les droits de citoyenneté) et finalement sur la participation entendue comme implication dans la mise en œuvre des politiques sociales (plutôt qu'envisagée comme intégration politique allant au-delà du seul acte de voter). Dans cette perspective, la citoyenneté ne se fonde plus sur le langage des droits sociaux et ne prend plus le sens de ce que les anglophones nomment l'*agency*. Elle renvoie à l'idée de bénéficiaires « consommateurs » de programmes sociaux (Oxhorn, 2005), non pas au sens clientéliste que recouvrait ce phénomène sous l'État social qui était lié au développement par substitution des importations, mais au sens d'*empowerment* des capacités individuelles à s'insérer dans le marché du travail, quand bien même celui-ci est de moins en moins formel et de plus en plus informalisé.

Dans ce cadre, la participation repose sur une dépolitisation de la lutte contre la pauvreté en ce qu'elle évite toute jonction entre la question sociale et la question des droits de citoyenneté (Lautier, 2009), en particulier là où les programmes de transferts conditionnels s'appuient sur une technologie sociale, liée à la constitution d'indicateurs de ciblage, aboutissant à une police des pauvres.

En ce qui concerne les femmes, la sexuation de la vulnérabilité s'adosse aux devoirs maternels. Nous sommes aujourd'hui en présence d'une figure de la citoyenneté excluante et verticale qui s'organise autour du familialisme traditionnel. Désormais, la perspective d'une citoyenneté incluante et horizontale qui s'organise autour de pratiques de résistance centrées sur la survie socio-économique a fait son temps. Le langage du « droit à avoir des droits » ne se situe plus dans le registre de la citoyenneté sociale mais dans celui des droits humains. Présenter la lutte contre la pauvreté comme une lutte en faveur des droits humains risque d'alimenter l'illusion d'une universalisation des droits sociaux (Destremau, 2009), alors que l'on est en présence d'un droit à l'assistance qui commence à être déconnecté des faveurs clientélistes (Ceballos, Lautier, 2007). L'écueil réside dans le fait de ne pas désigner qui sont les acteurs responsables du bien-être social, et dans le fait d'éluder ce que les droits sociaux doivent aux pratiques de lutte et de compromis propres à la construction d'une solidarité collective. C'est aussi dans ce cadre que la dualité du système de protection sociale entre hommes et femmes demeure, dans la mesure où ces dernières, et plus particulièrement les mères, accèdent, à travers les différents programmes sociaux, à l'assistance plutôt qu'à l'assurance sociale.

Ideal-type de la resignification du maternalisme

Politisation de la lutte contre la pauvreté à travers les mouvements sociaux urbains Consensus de Washington.	**Dépolitisation de la lutte contre la pauvreté à travers les programmes de transferts conditionnels. Nouvel agenda de lutte contre la pauvreté.**
Maternalisme comme identité souscrite permettant l'entrée dans l'espace public local	Maternalisme comme identité prescrite, individualisant et naturalisant les rapports mère-enfant et excluant par rapport au marché du travail
Maternalisme comme ressource stratégique pour l'amélioration du bien-être familial.	Modèle du *male breadwinner*, éludant la possibilité du modèle du *dual breadwinner*.
Socialisation du travail de *care* (cuisines populaires auto-gérées par les femmes).	Individualisation du *care* à travers les conditionnalités des PTC.
Maternalisme communautaire à travers un *care* social.	Maternalisme individualisé à travers un *care* domestique.

Politisation de la lutte contre la pauvreté à travers les mouvements sociaux urbains Consensus de Washington.	**Dépolitisation de la lutte contre la pauvreté à travers les programmes de transferts conditionnels. Nouvel agenda de lutte contre la pauvreté.**
Participation centrée sur l'auto organisation collective – apprentissage de l'action publique locale (femmes leaders / intermédiaires dans une logique *bottom/up*)	Participation centrée sur les *capabilities* – apprentissage de l'action publique locale (importance des *madres líderes* ou de femmes professionnelles/ intermédiaires dans une logique *top-down*)
Empowerment – agency (représentation des intérêts immédiats et concrets du bien-être familial + identités collectives) – construction d'un sujet collectif (réseaux de solidarité et accès à l'échange délibératif) *Empowerment* : processus *bottom/up*	*Empowerment* –acteur individuel axé sur activités / résultats concrets / moyens de subsistance – des individus et familles (de l'*empowerment* libérateur à l'*empowerment* libéral) *Empowerment* : état, résultat prédéfini selon indicateurs (*top/down*)
Langage du droit à avoir des droits	Langage des besoins humains et des droits humains
Figure du groupe materno-infantile dans le cadre communautaire de l'*agency*	Figure du groupe materno-infantile dans le cadre individualisé et contractuel centré sur l'idée de vulnérabilité
Positivité du féminin à travers le maternalisme communautaire : langage des droits des femmes comme mères	Sexuation de la vulnérabilité à travers sa reconnaissance institutionnelle
Figure d'une citoyenneté incluante horizontale autour de pratiques de résistance centrées sur la survie socio-économique	Figure d'une citoyenneté excluante verticale autour de re-traditionnalisation de la famille

Bibliographie

Ancelovici, M. et Jenson, J., « La standardisation et les mécanismes de transfert transnational », *Gouvernement et action publique*, vol. 1, n° 1, 2012, pp. 37-58.

Arriagada, I., « Dimensions of poverty and gender policies », *Cepal Review*, n° 85, avril 2005, pp. 99-110.

Calvès, A.-E., « Empowerment : Généalogie d'un concept clé du discours contemporain sur le développement », *Revue Tiers-Monde*, vol. 4, n° 200, octobre-décembre 2009, pp. 735-749.

Ceballos, M. et Lautier, L., « Les politiques sociales en Amérique latine : "ciblage large" ou émergence d'un droit à l'assistance » in Couffignal, G. (dir.), *Amérique latine. Les surprises de la démocratie*, Paris, La Documentation française, 2007, pp. 61-73.

Cecchini, S. et Madariaga, A., *Programas de transferencias condicionadas. Balance de la experiencia reciente en América Latina y el Caribe,* Santiago, CEPAL, juin 2011.

Craske, N., « Gender, Poverty and Social Movements », in Chant, S. et Craske, N. (dir.), *Gender in Latin America*, Latin America Bureau, Londres, 2003, pp. 46-70.

Dagnino, E. *et al.*, « Introducción », in Dagnino, E. *et al.*, *La disputa por la construcción democrática en América Latina*, México, Fondo de Cultura Económica, 2006, pp. 15-99.

Destremau, B., « Les droits sociaux à l'épreuve des droits humains : les limites de la solidarité internationale », in Borgeaud-Garciandía, N., Lautier, B., Penafiel, R. et Tizziani, A. (dir.), *Penser le politique en Amérique latine. La recréation des espaces et des formes du politique,* Paris, Karthala, 2009, pp. 149-163.

Jelin, E., « Citizenship Revisited : Solidarity, Responsibility and Rights », in Jelin, E. et Hershberg, E. (dir.), *Constructing Democracy. Human Rights, Citizenship and Society in Latin America,* Boulder, Westview Press, 1996, pp. 101-120.

Jenson, J., « Diffusing Ideas for After Neoliberalism », *Gender Social Policy*, vol. 10, n° 1, 2010, pp. 59-84.

Jenson, J., « Lost in Translation : The Social Investment Perspective and Gender Equality », *Social Politics : International Studies in Gender, State and Society*, vol. 16, n° 4, hiver 2009, pp. 446-483.

Lautier, B., « Gouvernement moral des pauvres et dépolitisation des politiques publiques », in Borgeaud-Garciandía, N., Lautier, B., Penafiel, R. et Tizziani, A. (dir.), *Penser le politique en Amérique latine. La recréation des espaces et des formes du politique,* Paris, Karthala, 2009, pp. 19-49.

Marques-Pereira, B., « Le féminisme latino-américain au niveau transnational », in Marques-Pereira, B. et Paternotte, D. (dir.), *Le genre entre dynamiques transnationales et multi-niveaux*, Louvain-la-Neuve, Academia-Bruylant, 2010, pp. 79-92.

Mestrum, F., *Mondialisation et pauvreté. De l'utilité de la pauvreté dans le nouvel ordre mondial*, Paris, L'Harmattan, 2002.

Molyneux, M., « Change and Continuity in Social Protection in Latin America », *Gender and Development*, 2007, pp. 1-51.

Muñiz, P. et Rubalcava, R.M., « Vulnerabilidad y pobreza », in López M. de la P. et Salles V. (dir.), *Familia, Género y Pobreza*, Mexico, Grupo Editorial Miguel Angel Porrua, 2000, pp. 293-299.

Nagels, N., « Les représentations des rapports sociaux de sexe au sein des politiques de lutte contre la pauvreté au Pérou », *Recherches féministes*, vol. 24, n° 2, 2011, pp. 115-134.

Nussbaum, M. et Glover, J., *Women, Culture and Developpement. A Study of Human Capabilities*, Oxford, Clarendon Press, 2007.

Oxhorn, Ph., « Citizenship as Consumption or Citizenship as Agency : The Challenge for Civil Society in Latin America », communication écrite présentée au colloque international *Civil Society, Religion and Global Governance* : *Paradigms of Power and Persuasion*, Canberra, Australie, 1-2 septembre 2005.

Pieper Mooney, J., *The Politics of Motherhood*, Pittsburgh, University of Pittsburgh Press, 2009.

Provoste, P., « Protección social y redistribución del cuidado en América Latina y el Caribe : el ancho de las políticas », in Calderón Magaña, C., *Redistribuir el cuidado. El desafío de las políticas*, Santiago, CEPAL, 2013, pp. 123-170.

Rodríguez Enríquez, C., « Programas de transferencias condicionadas de ingreso e igualdad de género. ¿ Por dónde anda América Latina ? », *Mujer y Desarrollo*, n°109, décembre 2011, Santiago, CEPAL.

Rousseau, S., *Women's Citizenship in Peru*, New York, Palgrave Macmillan, 2009.

Sen, A., *The Idea of Justice*, Londres, Penguin Books, 2009.

Serrano, C., *La política social y la globalización. Programas de protección en América latina*, Santiago, CEPAL, août 2005, pp. 72-73.

Sojo, A., « La trayectoria del vínculo entre políticas selectivas contra la pobreza y políticas sectoriales », *Revista de la CEPAL*, n° 91, 2007, pp. 11-131.

Tabbush, C., « Is Latin America Sacrificing Poor Women in the Name of Social Integration ? », *Global Social Policy*, vol. 29, n° 9, 2009, pp. 29-33.

Valdès, T., « Women and Social Development : Lessons from Latin America and the Caribbean », in Mokate, K., *Women's Participation in Social Development Experiences from Asia, Latin America and the Caribbean*, Washington, BID, 2004.

Verschuur, Ch. et Destremau, B., « Féminismes décoloniaux, genre et développement. Histoire et récits des mouvements de femmes et des féminismes aux Suds », *Revue Tiers-Monde*, n° 209, 2012, pp. 7-18.

Remise en question d'un paradigme

De l'investissement social à l'instrumentalisation des mères pauvres[1]

Rubén M. Lo Vuolo

Centro Interdisciplinario para el Estudio de Políticas Públicas (CIEPP), Buenos Aires, Argentine

Les programmes d'assistance en Amérique Latine ont attiré l'attention des chercheurs et des politiques, particulièrement du fait de l'ample diffusion des programmes appelés de transfert conditionnels en espèces (*Conditional Cash Transfer Programs, CCTP*). Les CCTP se présentent comme une innovation dans les politiques de lutte contre la pauvreté bien que leurs règles de fonctionnement soient assez similaires aux programmes d'assistance appliqués au cours de la décennie de l'hégémonie du Consensus de Washington (Cechini, Madariaga, 2011 ; Lo Vuolo, 2012).

Ces programmes sont définis par les traits communs suivants : i) transfert de ressources monétaires ; ii) focalisation sur les populations pauvres ou dans une extrême pauvreté ; iii) focalisation prioritaire sur les ménages avec enfants et adolescents ; iv) conditionnalités liées à la scolarisation des enfants et adolescents ainsi qu'au suivi de la santé et de la nutrition des mineurs et des femmes enceintes ; v) préférence à octroyer les allocations aux mères.

En faveur de ces règles opérationnelles, signalons que celles-ci visent un double objectif : répondre aux urgences liées à l'insuffisance de revenus des groupes définis comme prioritaires et, dans le même temps, défaire les nœuds de transmission intergénérationnelle de la pauvreté (World Bank, 2009). Cette finalité se concrétise grâce au fait d'allouer les transferts monétaires à des familles avec enfants à charge, à condition qu'elles

---

[1] Traduction du castillan : Aimée Zeitz.

se portent responsables de la fréquentation, par ceux-ci, des services éducatifs et de santé. En raison de ces conditions, ces programmes sont considérés comme augmentant positivement le « capital humain » des groupes pauvres et, à partir de là, certains auteurs postulent qu'ils peuvent être considérés comme relevant d'une tendance internationale de stratégie d'« investissement social » en matière de politique sociale (Jenson, 2010, 2012).

En pratique, les programmes CCT peuvent se comprendre comme des instruments qui cherchent à pallier les déficiences de couverture des programmes traditionnels d'allocations familiales qui ont historiquement bénéficié aux employés formels et très peu aux travailleurs de l'informel en Amérique Latine. Mais les CCTP suivent une logique assistancielle avec des règles qui cherchent à ne pas distordre les « incitations » individuelles à trouver un emploi formel. En cela, ils sont centrés sur le revenu, servent des prestations moins favorables que les programmes de la sécurité sociale et mettent en œuvre des conditions punitives plus strictes.

Parmi les diverses questions qui sont en débat concernant ces programmes, un aspect qui mérite une attention particulière est celui du rôle spécifique attribué aux mères dans leur fonctionnement. Les mères sont celles qui – en général – perçoivent les allocations et sont les responsables du respect des conditionnalités punitives. À partir de là apparaît un débat sur la façon dont ces programmes affectent l'organisation familiale, l'autonomie ou la dépendance des femmes et leur participation au marché de l'emploi (Rodríguez Enríquez, 2011, 2012 ; Georges, Santos, 2016).

Les CCTP et l'intermédiation des mères

La question du rôle des mères dans le fonctionnement de ces programmes est complexe et controversée, en commençant par la condition requise qu'elles doivent être mères pour en être bénéficiaires. Ainsi, le fait de savoir si le droit aux allocations est celui des mères ou de leurs fils et filles est discuté. Les conditions punitives fondent cette controverse : les allocations sont perdues si les conditionnalités ne sont pas respectées. Comme la responsabilité de ce respect n'est pas celle des enfants, il est difficile d'affirmer que ces programmes accordent réellement des droits aux enfants. Un droit qui peut se perdre du fait d'autres personnes adultes ne peut pas être un droit de l'enfance.

La controverse porte également sur l'effet que l'intermédiation maternelle a sur les vies des mères elles-mêmes. D'un côté, les mères perçoivent l'allocation comme un moyen d'augmenter leur pouvoir relatif au sein du ménage et de contrecarrer le rôle traditionnel de subordination qui est le produit entre autres choses du fait que l'homme est la principale source de revenu parce que c'est lui qui participe au marché du travail. D'un autre côté, étant donné que l'allocation est octroyée en échange d'un accomplissement « responsable » de leur fonction maternelle au sein du foyer, ce qui est recherché est de revaloriser ce rôle des femmes et d'entraver leur insertion sur le marché du travail dans des conditions égales à celles des hommes.

Cette seconde posture se base sur deux constats. Le premier est que la charge de responsabilité des mères pour le respect des conditions exigées pour recevoir et maintenir les allocations se traduit par un surcroît d'heures de travail domestique. L'autre est que, si un niveau de revenu très bas est une condition pour accéder aux allocations, alors les programmes engendrent une sorte de « trappe de pauvreté » qui agit contre la participation des femmes au marché du travail rémunéré : des revenus additionnels impliquent la perte des allocations. De plus, comme en Amérique Latine ces revenus additionnels sont d'ordinaire très précaires, les allocations des CCTP s'avèrent en cela plus sûres et stables que le revenu d'emploi auquel peuvent aspirer les mères. Ceci d'autant plus face à l'absence de systèmes institutionnels qui permettent de concilier et de distribuer plus équitablement le temps consacré à l'emploi rémunéré et à l'emploi non rémunéré des femmes et hommes des foyers pauvres.

Pour ces raisons ainsi que d'autres, il est difficile d'affirmer que ces programmes promeuvent l'autonomie des femmes (Lo Vuolo, 2014). Plus encore, ce qu'ils font est d'interférer de façon discutable avec la vie du ménage et des mères en particulier, établissant une relation de dépendance avec l'État et ses bureaucraties. Ainsi, et malgré le fait que les femmes sont les destinataires des allocations, il est difficile de soutenir que ces programmes se basent sur la distribution de droits aux femmes des groupes sociaux les plus pauvres. Il ne s'agit pas de droits que les personnes peuvent réclamer à l'État : bien au contraire, c'est l'État qui s'arroge le pouvoir d'évaluer, de classifier et de juger le comportement des personnes.

Un nouveau moyen technocratique de gagner de la légitimité politique ainsi que du contrôle social

Les règles opérationnelles des CCTP transforment l'exercice de la « responsabilité » des mères en une version technocratique rénovée du vieux schéma des bons et mauvais pauvres, des méritants et non méritants de l'assistance publique. Avec ces règles s'établit une sorte de vigilance morale non seulement de l'État envers les bénéficiaires de ces programmes, mais également au sein de la population potentiellement bénéficiaire elle-même. Cela est dû au fait que lorsque des règles de sélection entre les personnes sont établies, elles légitiment aussi les critères de base selon lesquels est jugée la conformité ou la non-conformité de leurs actes avec ces règles. Les personnes soumises à certaines règles en viennent en effet à se penser et se classer elles-mêmes en relation avec ces règles.[2]

Le fichage et l'octroi de points d'éligibilité en fonction des caractéristiques de la population potentiellement bénéficiaire sont un dérivé logique de ces règles. La norme peut se synthétiser ainsi : lorsqu'une personne ou un ménage est capable d'apporter la preuve de davantage de besoins non satisfaits, il bénéficie de davantage de points et de « mérites » à recevoir l'assistance.

Face à ces constats, il est habituellement affirmé que ceci n'est pas un problème parce que dans la pratique tous les droits de citoyenneté sont d'une façon ou d'une autre conditionnés et ainsi la population est toujours classifiée d'une certaine manière. Cet argument se défend mais ce qui est discuté ici est le critère utilisé pour la classification. Par exemple, le droit à la sécurité sociale (assurantielle) est conditionné au fait que les personnes aient un emploi formel, ce qui est une condition positive pour ceux qui en détiennent un. En revanche, quand l'accès est dû au fait que les personnes doivent être cataloguées comme « pauvres » et « mères responsables », ce qui est exigé est de rendre visible une condition défavorable et une conduite du domaine intime de personnes qui ne participent pas aux décisions et ne figurent que comme objets ou cibles du programme. De fait, de nombreux contrôles de ressources pondèrent jusqu'aux arbitrages de dépenses des foyers pour évaluer si ceux-ci sont rationnels ou non au regard des critères de la bureaucratie technique.

---

2 Voir texte de Pablo Jaramillo dans ce volume (note des éditrices).

Ce qui précède se rapproche d'un effet amplement signalé de ce type de règles, à savoir l'ouverture d'espaces pour la construction de réseaux clientélistes (Aguirre, 2012), qui expliquerait en partie leur adoption par des gouvernements qui semblent représenter des tendances idéologiques différentes. Deux dimensions sont soulignées. D'une part, la relation personnalisée entre le pouvoir politique et les bénéficiaires de ces programmes ouvre la porte au développement de réseaux de clientélisme politique indépendamment de l'orientation de l'ensemble de la politique publique. D'autre part, le bas coût de ces programmes et leur efficacité comme mécanisme de contrôle social leur valent l'appui d'autres groupes sociaux qui sont bénéficiaires du noyau dur (et plus coûteux) des systèmes de protection sociale dans la région.

En d'autres termes, les deux avantages politiques qu'ont démontré les CCTP et qui expliquent donc leur large adoption dans la région, tout comme l'appui dont ils ont bénéficié de la part d'organismes internationaux, sont leur bas coût budgétaire et leur potentiel pour construire une légitimité inter-classes (et par conséquent des votes). Ainsi, le gros des dépenses publiques des systèmes de protection sociale continue d'être destiné aux organismes de sécurité sociale (publics et privés), ce à quoi s'ajoutent les crédits fiscaux qui favorisent ceux qui ont les meilleurs emplois et revenus pour leurs dépenses privées dans la santé, la prévoyance, etc. De cette manière, une double légitimité est obtenue : les pauvres continuent d'être pris en charge par des programmes qui coûtent peu et qui les contrôlent, tandis que ceux qui sont les mieux positionnés continuent de jouir d'une protection sociale de haut niveau.

Une interrogation particulière liée à la légitimité politique de ces programmes est soulevée au regard du fait qu'ils progressent parallèlement à la participation professionnelle des femmes à la politique latino-américaine. Les femmes occupent toujours plus de charges dans les différentes institutions de l'État et elles dirigent les ministères qui administrent ces programmes. De la même manière, la majeure partie des bureaucraties qui mettent en œuvre les programmes d'assistance dans la région est constituée de femmes. Par conséquent, nous pouvons affirmer que l'avancée féminine dans la pratique politique latino-américaine est concomitante de la progression de ces programmes qui ont les mères comme principales intermédiaires et qui produisent une sorte de fragmentation de classes dans le système de protection sociale.

Transmission intergénérationnelle de la pauvreté et investissement social

Il n'apparaît pas que les CCTP aient un impact important sur la pauvreté mais plutôt sur les niveaux d'indigence. Il ne peut pas en être autrement puisque, étant ciblés sur les revenus (généralement très bas), ils souffrent des conséquences typiques de la « trappe de pauvreté » bien connue et évoquée plus haut : des revenus supplémentaires impliquent la perte des allocations. Ce ne sont pas les CCTP qui expliquent la baisse de la pauvreté que la région enregistre dans les années 2000, mais la création d'emplois et l'extension des allocations des programmes de sécurité sociale plus larges, tels que les pensions à portée plus universelle.

Leur impact sur la transmission intergénérationnelle de la pauvreté est lui aussi très douteux. De fait, il n'y a pas d'indicateurs qui permettent ces évaluations (par exemple, à propos des différences de résultats scolaires des bénéficiaires). Il est également difficile de savoir ce qui va se passer au fur et à mesure que la région marquera le pas dans la vague de croissance et de création d'emplois qui a jusqu'à maintenant accompagné les programmes CCT.

Ce que nous venons de souligner se renforce lorsque nous observons la contradiction logique entre l'objectif de lutte contre la pauvreté et les règles opérationnelles de ces programmes. Les études sur les problèmes d'infantilisation de la pauvreté et de sa transmission intergénérationnelle indiquent deux éléments comme clefs pour l'organisation de politiques qui soient efficaces comme « investissement social » (Esping-Andersen, 2009 ; Morel, Palier *et al.*, 2012) : celles qui promeuvent l'insertion des femmes dans le marché de l'emploi et celles qui intègrent les enfants en bas-âge dans des systèmes éducatifs et de soins qui soient universels et homogènes.

Ces deux recommandations suivent une logique « productiviste » dont la majorité des politiques sociales cherche à se rapprocher, avec des impacts positifs sur la productivité de la force de travail, tant par l'intégration d'une plus grande force de travail féminine, que par l'égalisation des chances de formation en bas-âge à des moments de la vie où les inégalités héritées sont déjà manifestes. La première cherche à doubler les revenus du foyer provenant de l'emploi et à promouvoir la productivité des membres adultes ; la seconde prétend égaliser le contexte éducationnel des enfants selon la conviction que de fortes inégalités au début de la vie ne peuvent pas se renverser plus tard dans le système éducatif formel.

Dans la pratique, les CCTP expriment une logique contradictoire. Ils chargent les mères aux ressources les moins élevées de plus de tâches domestiques et en exigent simplement que leurs enfants s'inscrivent dans le système éducatif et se conforment à des suivis de santé. Si nous laissons de côté le fait qu'en Amérique Latine de nombreux pays ont déjà une large couverture éducative pour les âges ciblés par les CCTP, le problème est que les institutions des systèmes éducatifs publiques reflètent l'inégalité sociale. De façon générale, il se vérifie que les services de moindre qualité sont offerts là où se concentrent les ménages les plus défavorisés. Ainsi, une augmentation des inscriptions scolaires est constatée dans la région, mais dans des institutions et avec des résultats qui reflètent une claire segmentation sociale (Itzcovich, 2013). La preuve en est l'accroissement de l'inscription des enfants dont les familles en ont les moyens dans des établissements privés souvent meilleurs que les établissements publics.

L'absence d'un système public de prise en charge et la présence croissante de garderies et jardins d'enfants payants pour les groupes percevant des revenus relativement élevés augmentent les inégalités sociales et les différences dans la formation des capacités et des résultats scolaires. De cette façon, une situation très inégale se consolide. D'une part, les femmes des groupes les plus défavorisés doivent supporter que l'État évalue leur pauvreté et leurs performances en tant que mères au foyer, à un moment où les possibilités d'accès au marché du travail sont entravées. D'autre part, les femmes des classes plus élevées s'insèrent dans le marché du travail avec de meilleures opportunités grâce au fait qu'elles peuvent payer des services domestiques et des institutions privées pour prendre soin de leurs jeunes enfants. Dans plusieurs pays, les crédits fiscaux sur les impôts sur le revenu octroyés par le fait d'avoir des enfants à charge couvrent une partie des frais d'une employée domestique.

De ce qui précède, il est facile de déduire que lorsqu'il s'agit de couples habitant ensemble, dans les circonstances actuelles de fonctionnement du marché du travail et des programmes assistanciels pour les groupes à bas revenus, les différences de revenu entre les foyers s'accentuent. Dans les foyers les mieux positionnés, un double revenu élevé peut être perçu, tandis que dans les foyers plus pauvres les revenus sont précaires et il n'y a qu'un revenu (souvent provenant d'allocations sociales). Etant donné la segmentation et la précarité du marché du travail féminin en Amérique

Latine, l'insertion inégale des femmes dans l'emploi rémunéré produit de fait une différence importante de revenus entre les foyers.

En bref, il n'apparaît pas que les CCTP puissent être considérés comme concourant à la tendance productiviste que préconise le paradigme de « l'investissement social ». Et encore moins que les femmes pourront promouvoir leur autonomie avec ces programmes. En réalité, on peut se demander dans quelle mesure le paradigme productiviste de l'investissement social est le plus raisonnable pour l'Amérique Latine où l'emploi des femmes se réalise dans un contexte de marché du travail flexible et précaire, et où n'existent pas de systèmes de prise en charge des jeunes enfants, d'éducation et de santé homogènes et universels qui soient capables de promouvoir la mobilité sociale.

De fait, il existe des éléments permettant de penser que l'insertion des femmes dans le marché du travail a concouru à sa précarisation, sa flexibilisation et une accentuation de la segmentation des conditions de travail et des revenus, ce qui est dû au fait que cette insertion s'est effectuée de façon segmentée par niveau de revenu et de capacités (Fraser, 2012). La vision maternaliste propre aux CCTP n'offre pas de réponse à ces questions, mais promeut le retrait des femmes de milieux défavorisés du marché du travail et la revalorisation de leur rôle de protectrice du foyer. Une fois de plus il paraît clair qu'autant dans le domaine privé que public, la protection sert souvent à consolider les hiérarchies, inégalités et exclusions.

Bibliographie

Aguirre, J., « Redes Clientelares. Una perspectiva teórica desde el Análisis de Redes Sociales », *Documentos de Trabajo Ciepp*, 83, Buenos Aires, 2012.

Arza, C., « Basic Pensions in Latin America : Toward a Rights-Based Policy ? », in Lo Vuolo R. M. (dir.), *Citizen's Income and Welfare Regimes in Latin America. From cash transfers to rights*, New York, Palgrave/McMillan, 2012.

Cechini, S. et Madariaga, A., *Programas de transferencias condicionadas. Balance de la experiencia reciente en América Latina y el Caribe*, Santiago de Chile, CEPAL, 2011.

Esping-Andersen, G., *The Incomplete Revolution. Adapting to Women New Roles*, Cambridge, Polity Press, 2009.

Fraser, N., *Can society be commodities all the way down ? Polanyian reflections on capitalist crisis*, Paris, Fondation Maison des sciences de l'homme, 2012.

Itzcovich, G., *La expansión educativa en el nivel primario : tensiones entre educación inclusiva y segmentación social*, Buenos Aires, IIPE – UNESCO Sede Regional, 2013.

Jenson, J., « Redisigning citizenship regimes after neoliberalism : moving towards social investment. », in Morel, N., Palier, B. et Palme, J. (dir.), *Towards a Social Investment Welfare State ? Ideas, Policies and Challenges*, Bristol, Chicago, The Policy Press, 2012.

Jenson, J., « Diffusing Ideas for After Neoliberalism : The Social Investment Perspective in Europe and Latin America », *Global Social Policy*, vol. 10, n° 1, 2010, pp. 59-84.

Lo Vuolo, R., « The limits of autonomy in Latin American social policies : promoting human capital or social control ? », Special Issue of the *European Journal of Social Theory on Europe in Crisis*, vol. 17, n° 3, 2014.

Lo Vuolo, R., « Introduction », in Lo Vuolo, R. (dir.), *Citizen's Income and Welfare Regimes in Latin America. From cash transfers to rights*, New York, Palgrave-McMillan, 2012.

Morel, N. et Palier, B., « Beyond the Welfare State as we knew it ? », in Morel, N., Palier, B. et Palme, J. (dir.), *Towards a Social Investment Welfare State ? Ideas, Policies and Challenges*, Bristol, Chicago, The Policy Press, 2012.

Rodríguez Enríquez, C., « Should Citizen's Income Become a Goal for Feminism in Latin America ? », in Lo Vuolo, R. (dir.), *Citizen's Income and Welfare Regimes in Latin America. From cash transfers to rights*, New York, Palgrave/McMillan, 2012.

Rodríguez Enríquez, C., *Programas de transferencia condicionada de ingresos e igualdad de género.* ¿Por dónde anda América Latina ?, Santiago, Cepal, 2011.

World Bank, *Conditional Cash Transfers. Reducing Present and Future Poverty*, Washington, DC, World Bank, 2009.

Deuxième partie

Médiations, intermédiations, professionnalisations

Introduction

La relation d'assistance requalifiée

Entre déplacement du regard et transformation de l'objet

Isabel Georges

Institut de recherche pour le développement (IRD), UMR 201 « Sociétés et développement », Nogent-s-Marne et Université de São Paulo (USP)/ Université fédérale de São Carlos (UFSCar), Brésil

Le déplacement du regard, résultat de la diversification des échelles d'analyse et des points de vue des acteurs – démarche heuristique adoptée – provoque une redéfinition de l'objet et de ses contours, à savoir les politiques d'assistance contemporaines en Amérique latine, vues par le bas. Ce glissement inter-scalaire du regard – le déplacement d'une focale à l'autre – posé ici sur les maillons intermédiaires de la production des services d'assistance et des politiques sociales étudiés, permet le passage de l'étude de l'intimité des familles « bénéficiaires » des politiques d'assistance (objet de la première partie) vers les pratiques de mise en œuvre de ces politiques (objet de la deuxième partie) vues de l'intérieur, c'est-à-dire à partir du point de vue des acteurs, comme notamment les travailleurs et intermédiaires de divers niveaux hiérarchiques. Ce glissement en fait ressortir d'autres facettes, moins lisses. De la négociation autour de la réalisation des tâches du *care* et de la distribution des rôles familiaux, l'enjeu se déplace. Si, pour l'accomplissement du travail du *care* dans les familles, une relation entre participants de l'interaction (les travailleurs sociaux et les bénéficiaires) sur un pied d'égalité et de coopération, du moins en apparence, s'impose, qu'en est-il de cette relation d'assistance tout au long de sa chaîne de production, c'est-à-dire en amont de l'interaction directe entre les travailleurs d'exécution et les usager(e)s des services ?

En privilégiant, d'une part, une approche relationnelle de l'assistance, s'inspirant sur ce point de travaux français socio-économiques de la relation de service devenus classiques (Gadrey, 1994 ; Bandt, Gadrey, 1994 ; Delaunay, Gadrey, 1987 ; Weller, 1999, entre autres), intéressés par sa transformation dans le contexte des privatisations des années 1990 et, d'autre part, en postulant un rapport de pouvoir entre inégaux (Jeantet, 2003) qui lie les différents membres de la relation triangulaire de coproduction du service (l'administration, les travailleurs et les usagers/clients/bénéficiaires) (Gadrey, 1994, *op. cit.*), comment ce changement de perspective requalifie-t-il la relation d'assistance ?

Au-delà de la grande variété des contributions comprises dans cette partie et de l'hétérogénéité de leurs thématiques, elles témoignent de la relation étroite entre le choix du point de vue et les caractéristiques de l'objet étudié. Ceci est d'autant plus vrai que l'ensemble de ces textes montrent que les différents acteurs qui interviennent sur (ou dans) la relation d'assistance, situés dans la nébuleuse entre l'État et ses citoyens/bénéficiaires/usagers, tout au long de la chaîne de production de ces services[1], contribuent, chacun à sa façon, à produire quelque chose – un marché, un service, une marchandise politique, un indicateur, etc. – mais pas nécessairement un service d'assistance, à visée universaliste, dans le meilleur des cas.

Dans ce sens, l'ensemble de ces différents acteurs « privatisent » une partie des moyens mis à leur disposition par l'État, sous le couvert de la production d'un service d'assistance. Autrement dit, les intermédiaires ont en commun de transformer ces moyens « publics » en « marchandise politique » (Misse, 1997), au bénéfice de leurs intérêts propres, de nature diverse, aussi bien pécuniaire que symbolique, de trafic d'influence, relationnel, clientéliste et/ou moral.

Une autre caractéristique commune des différents intermédiaires est la grande hétérogénéité des acteurs reconnus, ou non, qui contribuent à la concrétisation de ces politiques, des administrations situées aux divers niveaux de l'État, aux intermédiaires de tous types, des associations, ONG, fondations, entités de la « société civile organisée » et autres types de figures juridiques, aux membres de la « communauté » et aides

---

[1] À l'instar des « global *care* chains » (Hochschild, 2000), il s'agit dans notre cas des chaînes nationales de production du travail du *care*, marquées toutefois par des relations d'exploitation hiérarchisées entre les différents membres ou maillons de la chaîne, raison pour laquelle cette « relation d'assistance » est requalifiée de « rapport d'assistance ».

informelles jusqu'aux entreprises privées, comme les grandes entreprises de la construction civile, les « bénéficiaires » principaux de la politique d'aide de l'accès au logement social « de marché » (Shimbo, 2012) au Brésil (Rizek, dans ce volume). Or, quelle est l'origine de cette diversité d'acteurs et dans quelle mesure caractérise-t-elle les tendances actuelles de concrétisation des services d'assistance aux pauvres en Amérique latine ?

Dans le contexte latino-américain, le recours à la distinction duale[2] du « privé » et du « public », entendu comme relevant respectivement d'activités mercantiles, marchandes, ou produisant du moins une « valeur ajoutée » minimale, et relevant de l'intérêt public, nécessite cependant une re-conceptualisation et un retour en arrière. Au fond, pour essayer de comprendre quelque chose à cette fausse opposition, dans ce contexte spécifique, il faut revenir vers une autre notion encore plus générale, celle de « protection sociale », car si les termes du privé et du public renvoient à la sphère du travail, celle de la protection sociale permet de prendre le recul nécessaire pour considérer la manière dont les États-Nations assurent le bien-être de leurs citoyens. Or, cette catégorie est tellement générale qu'elle relève presque du sens commun et recouvre des contenus très différents selon les contextes et les périodes.

Ainsi, en Amérique latine, l'origine de la protection sociale est couplée au travail salarié, qui est jusqu'à nos jours loin de constituer la règle (au Brésil, par exemple, la proportion du travail sous contrat n'a dépassé le seuil des 50 % que très récemment). Dans ce pays, le système de protection sociale date des années 1940 (l'ère Vargas) et était intrinsèquement articulé au travail salarié, privilège d'une petite fraction de la population, la majorité étant composée par des « laissés pour compte ». L'émergence d'un courant intellectuel en Amérique latine dès la fin des années 1960, autour de la « marginalité sociale » (Quijano, 1966) ou de la « citoyenneté tronquée ou partielle » (Santos, 1979) a alimenté une réflexion originale

2 Le concept relationnel de la privatisation fait davantage référence à la transformation du statut d'une organisation, généralement une administration auparavant publique, que celui d'une activité ; elle en transforme le cadre de réalisation. Si dans le contexte européen, à commencer par les années Thatcher en Grande-Bretagne (1979-1990), ce terme fait référence aux grandes vagues de privatisation des administrations et entreprises publiques, en Allemagne, en France et dans la plupart des pays européens, il y a aussi des processus plus subtils compris dans cette catégorie, comme la « privatisation interne », terme employé d'abord par Catherine Bertho (1989) pour décrire les mesures de réorganisation interne de gestion du personnel à la Poste, en France, qui ont précédé sa privatisation, et des techniques sociales de gouvernement, précurseures du « New public management », qui s'observent actuellement dans la plupart des pays européens.

sur les relations entre l'État, le travail et les dynamiques d'urbanisation et d'industrialisation en cours.

Renforcées par les études cépalines (CEPAL – Commission économique de Nations unies pour l'Amérique latine et les Caraïbes), ces approches dualistes en termes d'analyse du marché du travail ont été actualisées par des recherches sur les modes de production capitaliste et en particulier la surexploitation de la main d'œuvre qui a mené au « miracle brésilien » (Oliveira, 1972). Or, l'inscription sociétale de la protection sociale qui apparaît à travers l'histoire de ce mode de production capitaliste démontre que les conditions minimales de reproduction sociale (logement, transport, droit à la ville) n'étaient pas assurées par les pouvoirs publics et reposaient sur le « travail volontaire/militant » des travailleurs (le défrichement des villes, la construction de logements et la création d'une infrastructure de base), qualifié par Oliveira comme une forme de « fonctionnalisation de la pauvreté » (Oliveira, 1972).

Jusqu'à l'époque actuelle, l'idée même d'un service public ou d'un État républicain, de l'État-Nation, responsable du bien-être national, n'a jamais vraiment été concrétisée. De la même façon, non seulement le travail salarié n'a jamais été généralisé, mais il ne constitue même plus l'horizon envisagé par les « classes laborieuses », ou plus simplement les « pauvres ». En effet, la polarisation entre les notions du « public » et du « privé », qui oriente ce champ du travail social sous tension, a étendu son influence au-delà des frontières des États-Unis – qui constituent sur le continent américain (et au-delà) la référence en termes de modèle néo-libéral – et joue en tant que « modèle », à des degrés variés, sur les réalités des différents pays latino-américains. En dépit de sa grande diversité à l'intérieur de la région, notamment du point de vue des politiques sociales (Lautier, 2012), mises en place dans les années 1990, sous l'égide des grands organismes internationaux, comme la Banque mondiale, le FMI, etc., la période « d'ouverture démocratique » qui a suivi la fin des différents régimes dictatoriaux a été accompagnée par une vague de privatisations. En effet, la marchandisation d'un ensemble de services publics et d'entreprises nationales est tributaire des recommandations reçues par ces organismes quant au traitement de leur dette et aux restrictions budgétaires jugées nécessaires. Dans des pays comme le Chili, la tradition de fourniture de « services privés » (comme par exemple pour l'accès au logement, y compris social, hautement financiarisé) est déjà plus ancienne ; sans mentionner l'étendue de la « privatisation » à des domaines qui auparavant ne faisaient pas partie du spectre capitaliste

(Harvey, 2010), à savoir la privatisation (ou « *commodification* ») de l'eau, de la terre, des minéraux, des produits agricoles/aliments, etc.

Pendant les années 2010, période pendant laquelle ont été menées la plupart des enquêtes qui sont à l'origine des contributions à cet ouvrage, des formes de « privatisation » diverses de ces services publics coexistent dans la région : même s'ils continuent à être publics en apparence, leurs formes de concrétisation passent par des intermédiations de différentes natures, soit par le biais de leur sous-traitance systématique, comme au Brésil, à São Paulo (Georges, dans ce volume), soit/et par leur soumission à des intérêts particuliers d'ordre politique (Villarreal, Carillo, dans ce volume). Mais aussi, un autre sous-produit de ces politiques est l'émergence de nouveaux « publics-cible », comme par exemple la population des sans-abris, composée des personnes aux parcours multiples de désaffiliation sociale (Maximo e Melo, dans ce volume) ou encore la création de travailleuses pauvres, par le biais de la formalisation et de la reconnaissance publique d'emplois de service à la personne – encore des services de pauvres pour des pauvres (Borgeaud-Garciandía, dans ce volume). Sur un autre plan, ces politiques sociales peuvent également contribuer au « remboursement symbolique » d'une dette sociale de l'État vers ses citoyens les plus démunis et souvent aussi d'origine ethnique (Brésil, Mexique, Argentine) ou alors mener à l'émergence d'un rapport à soi plus autonome, ne serait-ce que de façon marginale dans le cas de femmes pauvres (Tizziani, dans ce volume).

Une autre dimension qui caractérise les modes d'opérationnalisation actuels de ces politiques a trait à la professionnalisation des métiers du social. Si dans certains cas elle est synonyme de bureaucratisation, elle-même liée à la sous-traitance et la prolifération des modes de contrôle et de mesure du travail social au détriment du travail relationnel (Georges, 2014 ; et dans ce volume), dans d'autres cas, elle peut être pensée comme une forme de promotion sociale et/ou de reconnaissance symbolique de certaines fractions délaissées de la population, du moins en apparence (Borgeaud-Garciandía, dans ce volume). En effet, une des principales formes de médiation de ces politiques – loin d'être contestataires ou de se vouloir revendicatrices de droits sociaux – est leur légitimation.

Alors que le rallongement de la chaîne de production de ces services et la diversification des acteurs intermédiaires mènent à l'intensification de mini-différenciations et de rapports de pouvoir, en même temps, leurs formes de justification se multiplient. Si dans les années 1980/1990 la réduction des inégalités était un argument politique recevable, à l'heure actuelle, les politiques sociales, comme par exemple la « Bourse famille » brésilienne, apparaissent comme une marchandise politique (Georges, Ceballos, 2014). La « lutte contre la pauvreté » a laissé la place à un vocabulaire du « contrôle des risques sociaux » et de « réduction de la vulnérabilité » des populations qui internalisent ces discours, se prêtant ainsi au jeu de la « création de la demande ».

En fin de compte, si les modes de mise en pratique de ces politiques mènent certainement à l'amplification du champ du travail social et à l'émergence de la pauvreté comme une niche de marché, elles donnent également lieu à une uniformisation des discours laissant moins de place à l'expression du conflit social – du moins pour une certaine période et/ou dans des formats institutionnels tels que connus par le passé.

Références bibliographiques

Bandt, J. et Gadrey, J. (dir.), *Relations de service, marchés de services*, Paris, CNRS Édition, 1994.

Bertho, C., « Histoire de l'administration des télécommunications : une succession de crises et de réformes », *Revue française d'administration publique*, n° 52, octobre-décembre 1989, pp. 589-600.

Delaunay, J.-C. et Gadrey, J., *Les enjeux de la société de service*, Paris, Presses de la Fondation Nationale des Sciences Politiques, 1987.

Gadrey, J., « Les relations de service et l'analyse du travail des agents », *Sociologie du* travail, n° 3/94, 1994, pp. 381-389.

Georges, I., « Reconfiguration des politiques sociales au Brésil. Le genre de l'assistance à São Paulo. », *Travail, Genre et Sociétés*, n° 32, 2014/2, pp. 45-61.

Georges, I. et Ceballos, M., « Bolsa Familia y la asistencia social en Brasil : de la lucha politica a la mercantilización local », *Caderno CRH*, Salvador, vol. 27, n° 72, décembre 2014, pp. 513-529.

Harvey, D., *Le nouvel impérialisme* [« The New Imperialism »], Paris, Les prairies ordinaires, 2010.

Hochschild, A. R., « Global *care* chains and emotional surplus value », in Hutton, W. et Giddens, A. (dir.), *On the edge* : *Living within global capitalism*, London, Jonathan Carpe, 2000, pp. 130-146.

Jeantet, A., « "À votre service !" La relation de service comme rapport social », *Sociologie du travail*, n° 45, 2003, pp. 191-209.

Lautier, B., « La diversité des systèmes de protection sociale en Amérique latine : une proposition de méthode d'analyse de configurations des droits sociaux », *Revue de la regulation* [En ligne], n° 11, premier semestre 2012, URL : https ://regulation.revues.org/9636, consulté le 7 août 2017.

Misse, M., « As ligações perigosas : mercado informal ilegal, narcotráfico e violência no Rio », *Contemporâniedade e Educação*, vol. 1, n° 2, 1997, pp. 93-116.

Oliveira, F. De, « A economia brasileira : crítica à razão dualista », *Estudos CEBRAP*, n° 2, octobre 1972.

Quijano, A., *Notas sobre el concepto de « marginalidad social »*, Santiago, División de Assuntos Sociales, Cepal, mimeo, 1966.

Shimbo, L. Z., *Habitação social de mercado. A confluência entre Estado, empresas construtoras e capital financeiro*, Belo Horizonte, Editora com Arte, 2012.

Wanderley, G. dos S., *Cidadania e justiça*. Rio de Janeiro, Campus, 1979.

Weller, J.-M., *L'État au guichet*, Paris, Desclée de Brouwer, 1999.

Le processus de catégorisation de la population des sans-abris

Une étude de leur prise en charge (São Carlos, Brésil)[1]

Natália MAXIMO E MELO

Programa de Pós Graduação em Sociologia,
Université fédérale de São Carlos (UFSCar), Brésil

Introduction

Au Brésil, les professionnels de l'Assistance sociale utilisent l'expression « Population en situation de rue » (*População em situação de rua*) pour désigner les personnes sans abri. La définition de cette catégorie comme « public-cible » des politiques d'assistance y date de 2009, au moment de la promulgation du décret qui instaure la Politique nationale concernant la population en situation de rue. Cette population y est définie comme hétérogène et extrêmement pauvre, avec des liens familiaux rompus ou fragilisés, sans domicile fixe et faisant usage comme lieu de vie d'espaces publics, mais également de structures d'accueil pour l'hébergement provisoire. En 2009, une enquête nationale a estimé qu'il existait dans les villes de plus de 300 000 habitants environ 50 000 personnes vivant dans la rue. Parmi celles-ci, 82 % seraient des hommes et 53 % appartiendraient à la classe d'âge de 25 à 44 ans[2].

Ce chapitre vise à analyser les processus de catégorisation de ce public-cible, à travers l'accueil qui lui est fait dans les institutions publiques,

---

[1] Traduction du portugais : David Yann Chaigne.

[2] Si, d'une part nous avons pu constater que la question du genre n'a pas été réellement prise en compte par la Politique nationale de la population en situation de rue, d'autre part, cette question n'a pu être étudiée dans le cadre de la présente analyse. Par ailleurs, nous savons relativement peu de choses sur les conditions de vie des femmes concernées, ainsi que sur les diverses configurations familiales présentes dans les rues.

selon la Politique nationale d'assistance sociale, abordée à partir d'une étude de cas d'une institution publique située dans la commune de São Carlos[3], que j'ai réalisée dans le cadre de ma thèse de Sociologie et comme ancienne employée de ce centre d'accueil de la population des sans-abris. L'étude de l'accueil de la « *population en situation de rue* » nous parait intéressante, car c'est une catégorie qui s'est construite tout au long du travail des différentes structures, entre elles et en leur sein. En effet, en incluant ou non un individu dans la prise en charge, la définition même de l'institution est en jeu, qui découle de son mode de gestion de la « *population en situation de rue* ».

La municipalité de São Carlos, ville moyenne dont la population avoisine les 236 000 habitants, est située à l'intérieur de l'État régional de São Paulo, à environ 240 km de la capitale de l'État – région métropolitaine la plus importante du pays avec environ 20 millions d'habitants. La ville dispose d'un centre d'accueil des sans-abris, le Centro-Pop[4]. En activité depuis 2008, celui-ci est le deuxième du pays à avoir vu le jour. En 2013, 130 institutions de ce type existaient sur le territoire national. À sa création, le Centro-Pop a recensé 95 sans-abris, dont 88 % d'hommes et 40 % de 25-39 ans. Le nombre de femmes était très faible et n'a donc pas eu d'impact particulier sur la mise en œuvre de cette politique d'assistance dans la commune. Comme nous le verrons, ces proportions reflètent la façon même dont a été construit le public-cible avec lequel l'institution devait travailler.

Le Centro-Pop est la seule institution publique permanente à São Carlos destinée à prendre en charge la population des sans-abris ; il existe

3 Il existe également d'autres recherches déjà réalisées à São Carlos (Pereira, 2013 ; Oliveira, 2012 ; Martinez, 2010), qui permettent d'approfondir la réflexion sur la gestion des sans-abri dans l'espace urbain, leur circulation et la fixation de groupes à certains endroits, appelés « bancas » (Oliveira, 2012), leurs trajectoires de vie dans plusieurs villes ou à l'intérieur de la même commune, les rapports de pouvoir au sein du Centro-Pop favorisant l'institutionnalisation de ceux qui y sont pris en charge, mais également des résistances, voire des violences (Pereira, 2013). Ces travaux permettent de mieux comprendre les dynamiques qui sous-tendent les rapports de l'État avec une population considérée comme le public-cible des politiques sociales.

4 Le Centro-Pop dépend de la mairie, par l'intermédiaire de son secrétariat à l'Assistance sociale, lui-même financé par des fonds municipaux et fédéraux. En outre, le contrôle de ses activités est réalisé aussi bien par la mairie que par l'État régional, qui procède à des inspections régulières. Il revient au secrétariat à l'Assistance sociale d'envoyer au gouvernement fédéral, sur une base annuelle, des informations sur toutes les structures en place, afin de garantir la continuité des dotations fédérales versées à la commune. Quant à eux, les employés du Centro-Pop dépendent de ce secrétariat municipal.

par ailleurs dans la ville un centre d'hébergement municipal, organisme de droit privé, agréé par la mairie, qui offre un service d'hébergement nocturne.

La Politique nationale de la population en situation de rue comprend différents niveaux de gestion, les Centro-Pop constituant l'échelon local :

Il s'agit ici de mener une réflexion sur les processus de catégorisation, qui sont considérés comme étant à l'origine de la construction de cette population, à partir de l'activité des agents de l'institution au niveau local. Comment les professionnels du Centro-Pop identifient-ils le public-cible du travail de prise en charge de l'institution ? Quels critères de classification utilisent-ils et comment les définissent-ils ? Pour répondre à ces questions, nous avons cherché à observer la façon dont est réalisé l'accueil au sein de l'institution et à identifier les mécanismes de gestion de cette population dans la commune de São Carlos. Le chapitre est organisé en cinq parties : à partir d'une mise en perspective d'approches foucaldiennes de la rationalité d'État et de la Sociologie des institutions, il s'agira d'analyser l'accueil des sans-abri, l'activité de production de documents par l'institution, la construction des catégories de « public-cible » et la pratique de l'évaluation de la « situation de rue » par les professionnels.

L'émergence de la population des sans-abris au croisement d'une sociologie de la rationalité étatique et des institutions

Nous avons entamé notre réflexion à partir des travaux de Foucault (2004), pour qui la notion de *gestion* implique l'existence d'une rationalité propre à l'État et ses acteurs, composée d'éléments dispersés et parfois diffuses, sous-entendant une légitimité propre, et obéissant cependant à une logique d'ensemble. L'idée de *population* suppose quant à elle un travail d'évaluation de l'ensemble des éléments qui caractérisent un milieu social donné. Aussi les données statistiques sur lesquelles le mode de gestion d'une population est fondé s'avèrent-elles fondamentales pour le raisonnement visant à gérer une population, de la même manière que l'ensemble de la production de quelques documents que ce soit par l'institution exprime une « rationalité » gouvernementale. Les documents produits peuvent être considérés comme des mécanismes de visibilisation (Scott, 1998) faisant en sorte qu'une population donnée devienne visible pour l'État, une condition primordiale à une quelconque intervention de la part de celui-ci.

Ces documents sont le résultat du travail de professionnels au sein du système. Pour reprendre l'expression de Lipsky (1980), ces *street-level bureaucrats* se trouvent en interaction constante avec le public accueilli. Ce sont eux qui mettent en œuvre la politique publique sur la base d'un certain pouvoir discrétionnaire (Lipsky, 1980). Au cours des interactions avec le public, ils prennent des décisions en fonction de la teneur des demandes qui leur sont faites, de leur idéal professionnel et des ressources réelles disponibles pour agir dans le cadre de l'institution.

Selon l'approche de la sociologie des institutions, il convient de souligner certains des travaux qui ont contribué à l'élaboration du cadre de référence théorique des observations menées au Centro-Pop.

Les travaux de Briand et Chapoulie (1993) sur la scolarisation en France proposent un cadre d'analyse pertinent. D'après ces auteurs, pour comprendre le phénomène de la scolarisation, il ne suffit pas d'identifier les caractéristiques de la population qui demande le service. L'analyse d'ensemble du processus nécessite avant tout la compréhension des institutions scolaires, car ce sont elles qui offrent les places et sélectionnent le public qui aura accès à la scolarisation. Ainsi, elles gèrent les flux de population de façon à répartir les élèves dans différents types d'établissements scolaires, par niveau et par classe. On peut donc en déduire que les écoles administrent et répartissent des flux d'individus aussi bien entre elles-mêmes qu'au sein d'un même établissement public.

Dans cette même lignée de travaux, les études de Chambliss (1996) et Hughes (1988) à propos des institutions hospitalières et du travail des infirmières – une catégorie de *street-level bureaucrats* en charge de l'accueil du public – apportent un éclairage complémentaire sur le processus de « catégorisation des patients » (Hughes, 1988, *op. cit.*). Leur approche a inspiré notre analyse du travail des professionnels du Centro-Pop de São Carlos, y compris en ce qui concerne la création des règles institutionnelles et la marge de manœuvre des travailleurs au moment de leur mise en pratique.

Cet auteur montre qu'une telle catégorisation a lieu tout au long du processus de prise en charge par l'hôpital, depuis l'équipe ambulancière et la réceptionniste, en passant même par le vigile de l'entrée, qui ont tous un rôle dans l'identification et la classification des individus qui seront pris en charge. Les personnes ivres ou souffrant de troubles mentaux n'entreront même pas, tandis qu'à l'intérieur de l'hôpital, les infirmières et les médecins continuent à catégoriser les patients de telle sorte qu'ils soient dirigés vers un secteur ou vers un autre.

C'est à partir de ces notions de catégorisation et de gestion des flux de population qu'il sera possible de comprendre pourquoi, malgré l'absence de distinctions entre différents types de population-cible au sein de la politique nationale de la population en situation de rue, cette classification se situe au centre du processus de leur prise en charge par le Centro-Pop. En effet, la gestion des flux d'individus qui traversent l'institution repose sur l'établissement de critères de classement (d'acceptation et/ou de refus des personnes) qui finissent par produire la catégorie même de la ou des populations-cible.

L'accueil des sans-abris : arrivée dans l'institution et prise en charge

Le Centro-Pop est l'établissement public qui a pour mission la mise en pratique de la politique d'assistance destinée à la population des sans-abris dans la commune. Il offre principalement des services d'accueil de jour, tels que des repas, des services d'hygiène personnelle et une consigne. Nous y trouvons également des activités pédagogiques et/ou de loisirs, comme par exemple l'artisanat ou les jeux de société.

À l'époque de notre recherche de terrain, de 2010 à 2013, l'équipe de professionnels était constituée d'une assistante sociale, d'un psychologue, d'une ergothérapeute, de deux éducatrices et d'un coordinateur. De plus, une assistante administrative, un chauffeur, une cuisinière, un agent d'entretien et deux policiers municipaux travaillaient également au Centro-Pop.

Parmi les services proposés par les professionnels, il faut principalement souligner l'aide aux démarches administratives, l'inclusion dans des programmes de prestations sociales de type *Bolsa Família*[5] et l'orientation

5 *Bolsa Família* (en français : Bourse Famille) est un programme social brésilien destiné à lutter contre la pauvreté et mis en place sous la présidence de Luiz Inácio Lula

vers d'autres services publics, comme les centres de santé et les hébergements d'urgence.

Mais comment l'inclusion d'un nouvel individu dans l'établissement s'organise-t-elle ?

Il existe au moins trois manières d'arriver à l'accueil du Centro-Pop : tout d'abord, suite aux démarches d'une autre structure publique, comme le centre d'hébergement d'urgence ou un autre centre d'assistance sociale, voire de santé, de la commune. La présentation spontanée des demandeurs à l'accueil du centre constitue un deuxième cas de figure. Enfin, la recherche active des professionnels du Centro-Pop, qui se rendent sur les lieux où se réunissent les personnes vivant dans la rue, afin d'essayer de les identifier et de les amener à être pris en charge, caractérise un troisième cas de figure.

Hormis cette recherche active dans les rues, pendant laquelle les professionnels engagent une discussion informelle avec les sans-abris dans le but d'identifier les personnes qui pourront être prises en charge, les autres formes d'identification et de tri du public-cible se font au sein de l'institution selon des procédures formelles et documentées, présentées ci-dessous.

Les procédures de prise en charge commencent par l'accueil par l'assistante administrative, qui consigne sur un registre le nom de la personne, la date et les demandes éventuellement formulées. Elle avertit ensuite un professionnel disponible à ce moment-là (assistante sociale ou psychologue) pour que celui-ci procède au premier examen de la situation de la personne en question. L'assistante administrative inscrit alors dans le registre lequel des professionnels s'est chargé de la recevoir. Ce registre permet de calculer le nombre de prises en charge mensuelles de chaque professionnel, informations qui composent le rapport d'activité mensuel du Centro-Pop devant être remis aux gestionnaires du secrétariat municipal d'Assistance sociale. Suite à ce premier entretien avec la personne, le professionnel remet à l'assistante administrative un formulaire où figure la décision prise concernant la personne, résultat du tri initial. Sur ce document sont indiquées les informations sur le suivi à mettre en place : fréquentation quotidienne ou non du centre, aide alimentaire, services d'hygiène personnelle, aide au transport, besoins médicaux. Ces renseignements guident le travail de l'assistante

da Silva. C'est un programme où le versement d'aides est conditionné à certaines obligations (Lautier, 2012 ; Georges, 2014 ; Georges *et al.*, 2014, entre autres).

administrative, qui organisera alors l'accès de la personne aux services offerts par l'institution.

En outre, un compte-rendu final de ce premier accueil est également consigné sur un registre avec les données relatives à chaque individu et la classification de celui-ci dans l'une des trois catégories suivantes : « profil », « éventuel » ou « migrant ». La première catégorie se réfère aux personnes qui seront amenées à fréquenter quotidiennement le centre, la deuxième aux personnes qui seront ponctuellement prises en charges par les professionnels à certaines occasions préalablement définies, et enfin, la troisième aux personnes qui ne seront pas prises en charge sur place et qui se verront attribuer un titre de transport vers une autre commune. À partir de ce registre, il est donc également possible de comptabiliser combien de personnes ont été présentées à l'institution et, parmi elles, combien pourront y être prises en charge. Il est ainsi possible par ce biais d'obtenir quelques données statistiques relatives aux sans-abris dans la commune.

Cependant, les « trecheiros »[6] qui reçoivent un titre de transport pour quitter la ville ne sont pas comptabilisés. L'offre de ces titres de transport est une pratique qui existe au Brésil depuis les années 1940, afin d'aider à la migration des travailleurs vers les grands centres urbains, ou des zones rurales vers les villes de toutes tailles lors du processus d'industrialisation et d'urbanisation. Cette offre subsiste néanmoins de nos jours comme forme de contrôle de la population sans-abri. Celles et ceux qui n'ont pas de famille dans la commune sont ainsi renvoyés dans leur ville d'origine. Et s'il n'existe aucun parent à contacter, les itinérants reçoivent tout de même un titre de transport à destination d'une ville voisine, où ils en recevront un autre, et ainsi de suite, pour aller de ville en ville jusqu'à ce qu'ils trouvent un endroit où ils peuvent s'établir. Ces individus, qui ne sont pas considérés comme un public-cible du Centro-Pop, ne font donc pas partie de ses registres ni du calcul du nombre de sans-abri dans la commune.

Au sein du Centro-Pop, comme nous l'avons noté, il existe une division des tâches, avec d'un côté l'accueil du professionnel, qui procède à un examen de la situation et décide des modalités de prise en charge de la personne, et de l'autre le travail de gestion des flux de passage, qui permet de savoir combien de personnes fréquentent le centre et ce

[6] Le « trecheiro » est un sans-abri itinérant qui circule régulièrement entre plusieurs villes.

qu'elles y font au jour le jour. Cette dernière fonction est à la charge de l'assistante administrative, qui est également responsable d'une partie de la production des données quantitatives sur le travail d'assistance de l'institution.

La distinction entre ces deux missions engendre deux résultats. Le premier est la production de différentes catégories au sein de la population des sans-abris de la part des professionnels. Le second résultat est une forme de gestion d'une part des pratiques internes à l'institution, grâce au registre sur lequel elles figurent, et d'autre part des usages que font les bénéficiaires des services proposés lorsqu'ils sont pris en charge au quotidien. La section suivante s'attachera à étudier de plus près l'activité de classement interne à l'institution, comme une des dimensions centrales de la production de la population des sans-abris.

L'activité de production de documents : un processus de visibilisation et de contrôle de la « population en situation de rue »

Les instruments de travail orientant les pratiques d'accueil des différents professionnels sont constitués d'une série de documents : fiches de triage, dossiers individuels d'assistance sociale, psychologiques et d'ergothérapie, fiches de sollicitations émanant de la population, registre de rue des éducateurs pour consigner les recherches actives, procès-verbaux des réunions de professionnels et analyses des questionnaires distribués[7]. De cette manière, l'institution exerce un contrôle sur les informations relatives aux individus accueillis et également sur celles relatives au travail de ses agents.

Les informations considérées pertinentes, inscrites dans les dossiers individuels et autres documents, font l'objet d'une sélection. De nombreuses conversations ont lieu dans la relation entre le professionnel et celui qui est pris en charge par l'institution, mais la teneur de ce qui est consigné dans les documents est à la discrétion des professionnels et se limite à ce que ces derniers considèrent comme « utile » pour aider à la prise de décision, à la redirection d'un individu vers une autre structure

---

7 L'institution produit également des documents pour communiquer avec les autres structures et instances du pouvoir municipal, tels que lettres administratives, rapports, sollicitations de matériel, reddition de comptes. Toutefois, ces documents ne font pas partie de la prise en charge réalisée par les professionnels et ne seront pas abordés dans ce travail.

ou à la justification des démarches ouvrant l'accès à des prestations sociales ou à une retraite pour invalidité, par exemple.

Cette dimension de leur fonction, à savoir décider de la prise en charge ou pas d'un individu et dans le cas d'une réponse positive des modalités de celle-ci, reflète ce que Lipsky (1980) a appelé le « pouvoir discrétionnaire » des *street-level bureaucrats*. De plus, ceci permet de mettre en lumière une rationalité de l'État qui tendrait vers la simplification, voire une volonté politique étatique de simplification (Scott, 1998) de la complexité de cette population, de façon à ne mettre en relief que certains des éléments qui la composent. Ces procédures bureaucratiques contribuent en fin de compte, à travers cette documentation, à stabiliser et à matérialiser cette population, et ainsi à la rendre visible aux yeux de l'État.

Le Centro-Pop produit donc une catégorisation définissant la population des sans-abris, qui sans cette interférence, ne seraient peut-être pas, pour une bonne partie, identifiés comme tels. En ce sens, la classification et la désignation des sans-abri dans divers registres créent la catégorie même de cette population, ses diverses sous-catégories et le groupe de celles et ceux qui n'en font pas partie[8]. Dans son ensemble, le travail de l'institution et de ses agents produit la « population en situation de rue » de la ville en la rendant visible pour l'État (Scott, 1998). Ceci légitime le Centro-Pop dans son rôle de recueil des informations, de définition des catégories et de classification de cette population, ainsi que dans les rôles de consignation et planification des actions menées par les professionnels.

La construction des catégories de sans abri : distinguer le « *trecheiro* » du « profil maison »

L'accueil d'un nouvel arrivant au Centro-Pop se fait de différentes manières, mais son inclusion dans la prise en charge quotidienne répond à certains critères définis par les professionnels de l'équipe qui sont en charge de leur application. Dans le règlement intérieur mis en place en 2009, ces critères sont définis comme tels : i) être originaire de la ville ou y avoir des liens avérés, ii) être sans-abri depuis plus de 6 mois, et iii) avoir entre 18 et 60 ans.

8 En parallèle, les agents du Centro-Pop accomplissent une fonction de gestion des flux de populations entre différentes institutions publiques, ainsi qu'entre municipalités.

Ces critères font référence quotidiennement, notamment au moment de l'entretien de triage, réalisé par n'importe quel membre de l'équipe des professionnels du Centro-Pop, qui décide alors de la prise en charge d'un individu ou pas par le biais d'un entretien[9]. Dans le cas d'une décision positive, il est cadastré dans la catégorie « profil maison ».

Le classement d'un individu dans la catégorie « profil maison » se fait par élimination d'autres catégories de classement possible, comme celle des migrants ou itinérants, appelés « *trecheiros* ». Ces personnes sont identifiées comme tels en fonction de la fréquence avec laquelle elles circulent entre les villes, de la durée de leur séjour à São Carlos et d'éventuels projets de départ.

Parmi les groupes de sans-abris de la ville, il existe de fait des distinctions identitaires entre ceux qui sont itinérants et ceux que l'on appelle « *pardal* »[10] parce qu'ils se sont fixés depuis un certain temps dans la ville dont ils sont originaires (Martinez, 2010 ; Oliveira, 2012). « *Trecheiro* » et « *pardal* » se retrouvent dans les mêmes lieux de la ville et font usage de la même façon de l'hébergement d'urgence, ils ont donc des rapports fréquents entre eux comme avec les agents des institutions.

Toutefois, il est impossible de dire que le Centro-Pop ait simplement élaboré ces distinctions entre ces différents types de sans-abris à partir de catégories déjà existantes. Pour comprendre le pourquoi de l'existence de ces dernières au sein des pratiques municipales actuelles, un bref retour sur l'histoire de l'assistance sociale dans la commune s'impose. Luciano Oliveira (2012) affirme :

> L'intérieur de l'État régional de São Paulo a développé dans les années 1980 et 1990 une forme de gestion qui avait comme caractéristique la circulation des personnes entre les différentes villes. Les structures d'accueil (foyers, hébergements d'urgence, CETREM[11]) sont devenues responsables de la régulation de cette circulation en mettant en place un mécanisme de triage des personnes. Comme on peut le voir, la question de la migration et du

---

9 Au cours de celui-ci, une fiche de renseignements personnels est remplie, précisant les documents d'identification dont la personne dispose (une des premières étapes avant de pouvoir prétendre à une quelconque prise en charge, voire reconnaissance d'un droit d'un « citoyen », de la part des services publics brésiliens dans l'ensemble des domaines de la vie sociale), depuis combien de temps elle est à la rue, ses liens familiaux et ses demandes ou besoins éventuels.

10 Pardal signifie moineau, un oiseau qui fait son nid en milieu urbain et s'y fixe, d'où l'analogie avec les sans-abris sédentaires.

11 Chacune de ces trois types d'institution offrait des titres de transport pour faire en sorte que les sans-abris quittent la commune.

> chômage a modifié le discours sur les sans-abri ; on a commencé à les considérer comme des personnes errantes, des vagabonds, des étrangers qui ne pouvaient avoir accès à la ville ni en faire partie. (p. 35)

À São Carlos, l'offre de titres de transport a commencé dans les années 1970 à partir d'un partenariat entre une organisation religieuse locale et le gouvernement de l'État de São Paulo. Initialement, cette organisation caritative œuvrait auprès des familles déshéritées pour offrir des aliments et des vêtements, mais également des titres de transport aux migrants. Cette même organisation a commencé à fonctionner en 1989 comme centre d'hébergement d'urgence, destiné uniquement aux personnes en transit. Le transport des personnes se faisait par le train : la compagnie de chemins de fer, en partenariat avec le secrétariat d'État au Bien-être, réservait un wagon de queue pour le transport de ceux que l'on appelait alors les « *indigents* ».

La mairie de São Carlos s'est occupé pour la première fois à la fin des années 1990 de la population de « ses » sans-abris, avec la création d'une classification du public-cible propre aux services publics d'assistance sociale.

> *Morador de rua* (Habitant de rue) : n'a pas de famille, de domicile fixe ni de papiers. Il est généralement alcoolique et/ou toxicomane, et connu des services de police. *Morador na rua* (Habitant à la rue) : a de la famille en ville, mais se trouve hors du foyer en raison de conflits familiaux. Migrant : vient d'une autre ville en quête d'un emploi, souvent accompagné par sa famille. Itinérant : n'a pas de famille. A généralement des problèmes de santé liés à la toxicomanie et/ou à l'alcoolisme. (Journal Primeira Página, São Carlos, 19/03/1999 *apud*, Oliveira, 2012 : 86).

La rupture des liens familiaux demeure encore aujourd'hui un critère d'identification des individus au « profil » Centro-Pop sur le plan local et cela est en outre légitimé au niveau fédéral par la définition officielle de la Politique nationale de la population en situation de rue.

Par ailleurs, le temps passé dans la rue en tant que critère d'identification de ce public-cible est à mettre en relation avec le fait qu'une hiérarchisation est perçue entre les situations de ceux qui se trouvent à la rue de façon occasionnelle et ceux qui y vivent de façon permanente. Ainsi, le livre de Vieira *et al.* (1992) est le premier qui fait mention de la « population de rue » au Brésil, créant ainsi l'expression même, et explicitant les distinctions entre « *zoner*, à l'occasion », « être à la rue, depuis peu » et « être de la rue, de façon permanente ».

Historiquement, la place attribuée à l'itinérant par la politique municipale est celle de quelqu'un qui n'appartiendrait pas à la population de la commune ; ce qui, au niveau des pratiques municipales d'assistance qui se sont imposées au cours du temps, équivaut au droit à l'octroi d'un titre de transport. Ainsi, des années 1970 jusqu'à l'époque actuelle, le temps de séjour au centre d'hébergement d'urgence est limité à trois jours à l'issue de laquelle le « sans-abri » a droit à un titre de transport délivré gratuitement. Il est ensuite accompagné par un employé du centre d'hébergement jusqu'à la gare routière, où il embarque à destination d'une ville des environs.

Le rôle de ce type de structure a toujours été celui-ci, un hébergement temporaire court et l'octroi d'un titre de transport. Cependant, depuis la création du Centro-Pop, la structure a également un rôle d'accueil des personnes correspondant à la catégorie « profil », les « sans-abri de la ville ». La règle qui limitait le nombre de nuits au centre a donc dû être assouplie pour ces personnes, dont la durée d'hébergement est indéterminée.

Par ailleurs, on peut citer l'exemple d'un jeune homme qui, pour éviter de se retrouver impliqué dans un conflit de rue, a préféré se rendre dans une ville voisine pour y vivre un certain temps, avant de revenir à São Carlos. Il est né à São Carlos et vit dans les rues de la ville, où il a pourtant de la famille, c'est donc un « *pardal* ». Néanmoins, le Centro-Pop ne l'a pas pris en charge comme « *profil* », mais bien comme « *trecheiro* », à qui l'on a remis un titre de transport en raison de ses antécédents dans des conflits impliquant d'autres sans-abri.

D'autres exemples se réfèrent à des personnes sans abri qui se sont installées dans la ville après avoir traversé des périodes d'itinérance. Il y a également ceux qui, même en étant originaires de la commune et y ayant de la famille, sont devenus « *trecheiro* », mais reviennent de temps à autre dans leur ville d'origine. Et il y a tous ceux qui sont « *trecheiro* » car ils n'arrivent à se fixer dans aucune ville, vu que les services municipaux d'assistance ont tendance à les rediriger vers d'autres villes.

Il apparaît ainsi que la définition de la politique de prise en charge des sans-abris n'est pas figée à l'instar de celle du contenu des catégories de leur classement – « *trecheiro* » et « *pardal* » –, ce qui signifie par ailleurs que ceux qui ont été classés comme des « *pardal* » ne sont pas automatiquement pris en charge par le Centro-Pop. En effet, si d'un côté, la frontière entre ces catégories est floue pour les sans-abris eux-mêmes, de l'autre, les critères de catégorisation des individus établis par les agents de l'institution lors de leur accueil au Centro-Pop le sont tout autant.

Si les communes produisent donc des « *trecheiros* » en leur refusant l'accès à la prise en charge institutionnelle, ce que Luciano Oliveira (2012) a identifié comme un dispositif de gestion par la circulation, à l'inverse, le Centro-Pop utilise la fixation comme logique de gestion de cette population en produisant des individus répondant au « *profil* » de prise en charge. Il semblerait ainsi que la politique municipale, fondée sur l'idée d'une circulation de la population des sans-abris, s'oppose à la politique de prise en charge locale et de fixation mise en place par le Centro Pop.

Les quatre situations susmentionnées – « *pardal* » (sans-abri originaire de la ville), « *trecheiro* » (sans-abri itinérant), « *pardal* » pris en charge comme « *trecheiro* » (remise en circulation) et vice-versa (accueil au Centro Pop) – constituent des exemples de cas qui ébranlent les classifications formelles de l'institution et qui sont résolus au cas par cas, à la discrétion des professionnels chargés du premier accueil. Les critères formels de l'institution ne sont donc pas en mesure de répondre à la diversité de situations et d'individus qui cherchent à bénéficier des services du Centro-Pop.

Les professionnels adaptent donc leurs pratiques selon la situation rencontrée, et vont jusqu'à créer de nouvelles règles institutionnelles pour les aider à établir des priorités parmi l'ensemble des « ayant-droits potentiels », comme le montreront ci-après les quelques considérations que nous ferons sur le critère de « *vulnérabilité* » de l'individu.

La pratique de l'évaluation des professionnels de la « situation de rue »

Au long du processus de sélection et de prise en charge de ceux qui répondent aux critères de la « population en situation de rue », les professionnels cherchent à identifier la « *vulnérabilité* » de l'individu dans la rue, faisant ainsi émerger de nouvelles pratiques. Par exemple, la priorité est donnée à la prise en charge de ceux qui sont sans-abri depuis le plus de temps, ou encore de ceux qui présentent le plus de difficultés à pouvoir sortir de cette « situation de rue », cela étant l'objectif déclaré de la politique d'assistance en direction des sans-abris. Les jeunes, ceux qui ont un travail informel quelconque ou des liens familiaux quels qu'ils soient, même fragiles, sont considérés comme ayant plus de chances de s'en sortir. Ainsi, nous pouvons observer que les pratiques professionnelles et institutionnelles varient selon la perception de ce qui constitue « la vulnérabilité » d'un individu. Elles ne se basent pas sur des critères formels de l'institution (tenant compte exclusivement de la question de la mobilité), mais bien sur des critères plus amples impliquant des valeurs morales qui relèvent de la subjectivité des professionnels. C'est là l'un des aspects du caractère discrétionnaire du travail fondé sur l'interaction entre le travailleur social et la personne accueillie, contournant dans certains cas les critères institutionnels formels.

Le critère formel a, par exemple, pour conséquence que les personnes se situant en deçà ou au-dessus la tranche d'âge 18-60 ans n'ont pas de service public auquel recourir ; ce critère est donc parfois assoupli afin de pouvoir prendre en charge des individus plus âgés.

Le critère du temps passé dans les rues de São Carlos a lui aussi été assoupli, car on s'est aperçu que ce n'est pas seulement le temps qui définit la situation de rue, mais bien un ensemble de facteurs sociaux qui se combinent au fil du temps, comme la perte des liens familiaux et de l'emploi, sans compter l'état de santé, qui dans la rue tend à se dégrader rapidement. C'est ainsi que des personnes ayant passé moins de six mois dans la rue ont commencé à être prises en charge par le Centro-Pop. L'équipe de professionnels se justifie par le fait que ne pas les accepter n'était qu'une façon de remettre à plus tard cette prise en charge, qui finirait par avoir lieu par la suite, vu qu'il est assez rare de sortir de cette situation de rue.

La prise en considération du temps passé dans la rue n'apparaît pas seulement au moment d'inclure une personne dans la prise en charge du Centro-Pop, mais continue également d'être prise en compte au moment de planifier une action d'assistance. Selon le raisonnement de l'assistante sociale, la rapidité de prise en charge dépend de ce temps passé dans la rue. Par exemple, si la personne n'est à la rue que depuis une journée, la famille est contactée immédiatement ; si l'individu n'y est que depuis six mois, on planifie également son retour au foyer familial et des stratégies rapides de sortie de cette situation ; par contre, si le sans-abri est dans cette situation depuis un an ou plus, il faut alors essayer de mieux comprendre ce qui se passe avant de mettre une quelconque stratégie en œuvre.

Les individus ayant une histoire parsemée d'allers-retours entre le foyer familial et la rue (les « *récidivistes* ») ont également tendance à être pris en charge à chaque « *rechute* ». Dans ces cas, les professionnels expliquent qu'il existe chez les personnes qui vivent dans la rue un comportement courant marqué par le retour au foyer familial pendant un certain temps, mais le plus souvent avec une série de conflits et de ruptures récurrents dans les relations avec leurs proches, de telle sorte qu'il est souvent malaisé de savoir si une personne est sortie de sa « *situation de rue* » ou si le retour au foyer familial fait encore partie de cette même dynamique.

Il existe également d'autres cas de trajectoires de vie caractérisées par des périodes de travail temporaire permettant de trouver une solution tout aussi temporaire de logement, mais où la fin dudit travail entraîne un retour à la rue.

Par ailleurs, les limites entre la « *situation de rue* » et la « *sortie de la rue* » sont également fluctuantes et il n'existe pas de critère formel qui puisse les définir exactement.

Ces différents cas de figure démontrent que le processus de catégorisation des personnes accueillies au Centro-Pop est complexe : ainsi, loin d'être une routine de travail, il oblige les professionnels à porter un jugement de manière discrétionnaire pour chaque personne, en évaluant et en classifiant à partir de critères formels et de valeurs morales les histoires individuelles de ceux qui vivent en « *situation de rue* » dans la ville.

Pour conclure...

La politique menée en direction de la population des sans-abris de la commune de São Carlos définit, sur la base du travail des professionnels du Centro-Pop, les individus répondant au « *profil* » de prise en charge : en cela, elle définit la catégorie elle-même des sans-abri. La rationalité de la gestion de cette population qui se révèle au moment de sa justification est basée sur une logique de distinction et de non prise en charge des itinérants et des migrants, qui s'est matérialisée par la séparation entre le centre d'hébergement d'urgence et le Centro-Pop, alors que les pratiques d'accueil de la population des sans-abri par les deux institutions ne semblent plus s'accorder avec cette logique de départ, donnant une place à chaque fois plus importante aux pratiques discrétionnaires des agents des deux institutions, qui à leur tour dépendent d'une conjoncture plus générale.

Il résulte de cette gestion de la « *population en situation de rue* » que, sur un total de 552 personnes accueillies depuis 2008 et jusqu'en décembre 2012, 175 le sont toujours. En d'autres termes, nous constatons qu'environ 67,5 % des personnes arrivant au Centro-Pop n'ont pas été considérées comme ayant le « *profil* », ou ne sont plus prises en charge.

Parmi les personnes non prises en charge, beaucoup sont considérées comme « *trecheiros* » et ne reçoivent donc que des titres de transport. Le Centro-Pop ne dispose toutefois pas de statistiques précises les concernant. De manière imprécise, l'hébergement d'urgence dit recevoir en moyenne 1 400 personnes par mois. La plupart sont des itinérants qui le plus souvent ne cherchent pas à être accueillis au Centro-Pop.

En outre, pour les personnes sans abri, la définition et la catégorisation de celles qui correspondent parmi elles au « *profil* » de prise en charge signifie non seulement l'inclusion dans une politique sociale, mais également une possibilité de survie, d'avoir accès à l'alimentation et à un lieu pour dormir, bien que d'une manière régulée par l'institution.

Le processus par lequel les politiques publiques d'assistance sociale donnent lieu à des pratiques professionnelles de catégorisation d'individus qui à leur tour définissent les contours concrets de ces mêmes politiques a ainsi été analysé. Or, il s'agit bien de pratiques d'inclusion ou d'exclusion dans un programme de prise en charge d'individus pour lesquels les enjeux sont concrets et de l'ordre de la survie.

Mais si les politiques publiques ont un tel impact sur le destin des personnes sans-abri, par l'intermédiaire de structures telles que le Centro-Pop, il pourrait alors y avoir lieu de se demander de quelle façon la réalité quotidienne de ces personnes impacte elle-même la création des politiques publiques d'assistance sociale au Brésil.

Références bibliographiques

Brasil, Ministério Do Desenvolvimento Social, *Política Nacional para a População em Situação de Rua* (Décret Présidentiel n° 7053 du 23 décembre 2009), 2009 [En ligne], URL : www.planalto.gov.br/ccivil_03/_Ato2007-2010/2009/Decreto/D7053.htm, consulté le 09 août 2017.

Briand, J.P. et Chapoulie, J.M., « L'institution scolaire et la scolarisation : une perspective d'ensemble », *Revue Française de sociologie,* 34, 1993, pp. 3-42.

Chambliss, D.F., *Beyond caring : hospitals, nurses and the social organization of ethics*. Chicago, The University of Chicago Press, 1996.

Foucault, M., *Sécurité, territoire, population* : *Cours au Collège de France (1977-1978)*. Paris, Senellart Michel / Gallimard / Seuil, 2004.

Georges, I., « Reconfiguration des politiques sociales au Brésil. Le genre de l'assistance à São Paulo », *Travail, Genre et Sociétés*, n° 32, 2014/2, pp. 45-61.

Georges, I., Rizek, C. et Ceballos, M. (dir.), « Olhares cruzados sobre as “novas” políticas sociais brasileiras », *Caderno CRH*, vol. 27, n° 72, 2014.

Hughes, D., « When nurse know best : some aspects of nurse/doctor interation in a causalty department », *Sociology of Health and Illness*, 10 (1), 1988, pp. 1-22.

Lautier, B., « La diversité des systèmes de protection sociale en Amérique latine. Une proposition de méthode d'analyse des configurations des droits sociaux », *Revue de la régulation*, n° 11, 2012 [En ligne], URL : https://regulation.revues.org/9636, consulté le 7 août 2017.

Lipsky, M., *Street-Level Bureaucracy : the dilemmas of the individual in public service*, New York, Russell Sage Foundation, 1980.

Martinez, M.M., *Andando e parando pelos trechos : uma etnografia das trajetórias de rua em São Carlos*, São Carlos-SP, UFSCar, 2011.

Oliveira, L.M.F., *Circulação e fixação : o dispositivo de gerenciamento dos moradores de rua de São Carlos e a emergência de uma população*, São Carlos, UFSCar, 2012.

Pereira, L.F.P., *No labirinto da gestão : notas sobre moradores de rua e trabalhadores da Assistência Social*, São Carlos, UFSCar, 2013.

Riles, A., *Documents, artefacts os modern knowledge*, University of Michigan, 2006.

Scott, J.C., *Seeing like a State*, New Haven and London, Yale University Press, 1998.

Vieria, M.A.C., Bezerra, E.M.R. et Rosa, C.M.M., *População de rua. Quem é, como vive, como é vista*, São Paulo, Hucitec, 2004.

L'accès aux programmes d'aide pour les personnes âgées

Agents, intermédiaires, interprètes, liaison et administration (Guadalajara, Mexique)[1]

Magdalena VILLARREAL
Centre de recherche et d'études supérieures en anthropologie sociale (CIESAS Occidente), Mexique

Edith CARRILLO HERNÁNDEZ
Centre de recherche et d'études supérieures en anthropologie sociale (CIESAS Occidente), Mexique

Il est commun de supposer – à tort – qu'une fois accordée une subvention à certaines populations, elle arrivera sans embûches aux mains des bénéficiaires désignés. Car il n'y a que deux sortes d'acteurs des politiques publiques redistributives dans l'imaginaire collectif : les fonctionnaires et les bénéficiaires. Cette hypothèse peu réaliste conduit à des ambiguïtés, confusions et perversions dans le processus d'accès aux ressources. Ceci est particulièrement vrai dans le cas des programmes d'aide sociale destinés aux personnes âgées, objet de notre analyse dans le présent chapitre. De fait, le fonctionnement de ces programmes repose sur toute une série d'intermédiaires qui sont devenus indispensables à leur bon fonctionnement.

1 L'analyse ici présentée est le résultat d'une recherche réalisée en 2012. Le projet intitulé « Pauvreté et Vieillissement. Programmes sociaux destinés aux personnes du troisième âge dans l'Aire métropolitaine de Guadalajara : la perspective des assistants et des assistés » a été financé par L'INDESOL (Instituto Nacional de Desarrollo Social). Cette recherche fait partie d'un projet plus ample – ANR Les Suds II – LATINASSIST « Offre institutionnelle et logiques d'acteurs : femmes assistées dans six métropoles d'Amérique Latine » – qui vise à comparer la relation entre assistants et assistés dans des programmes de politique publique dans six villes latino-américaines : La Havanne, São Paulo, Santiago du Chili, Buenos Aires, Bogota et Guadalajara.

Il est important de souligner que certains interprètes, intermédiaires, informateurs et facilitateurs jouent un rôle clé (généralement non reconnu) dans le fonctionnement de ces programmes, en partie à cause de l'analphabétisme, l'isolement, la maladie et les handicaps des personnes âgées, qui leur rendent difficile l'accès à l'information et réduisent leur capacité à effectuer les démarches pour obtenir les aides auxquelles elles ont droit. En outre, les contraintes budgétaires, le manque de maîtrise de l'information relative aux programmes d'aide à la population aux différents niveaux administratifs, une gouvernance qui passe par une prise de décisions verticale et les relations clientélistes sont autant d'éléments qui ouvrent la voie à toutes sortes d'intermédiaires.

Les intermédiaires entre les programmes et leurs bénéficiaires sont des personnes telles que des députés et candidats qui cherchent à accroître leur légitimité, ou à rendre des « faveurs » en échange de votes en guise de remerciement, en passant par la parentèle et les personnes qui prennent soin des personnes âgées, jusqu'à différents types de travailleurs/salariés de l'État et aux chefs de quartier[2].

Toutes ces personnes sont indispensables au fonctionnement des programmes puisqu'elles détiennent les informations tant sur l'existence et le fonctionnement des programmes gouvernementaux et non-gouvernementaux que sur la situation des personnes âgées. Elles identifient les bénéficiaires potentiels, leur localisation et leurs demandes. En plus des intermédiaires, les voisins, les amis et les familiers proches de la personne âgée lui transmettent de l'information et souvent administrent les ressources monétaires reçues par les programmes sociaux.

Dans ce chapitre, nous cherchons à comprendre qui sont les intermédiaires, quel genre d'intermédiation ils réalisent, quels sont les impacts de leurs actions sur le fonctionnement des programmes et sur la situation même des personnes âgées ; et quels sont les intérêts ou motivations qui les amènent à jouer ce rôle.

Notre analyse porte tout particulièrement sur la mise en œuvre des programmes gouvernementaux destinés aux personnes âgées au Mexique. L'enquête a été réalisée dans les quartiers pauvres de chacune des six

---

2 Les chefs de quartier sont des personnes élues pour représenter les habitants auprès des instances gouvernementales ou sociales, qui ont la mission de faire les démarches nécessaires en vue de l'amélioration des conditions de vie des habitants (services publics, transport en commun, sécurité publique, programmes sociaux, etc.). Ils exercent un leadership social qui les lie souvent aux partis politiques ou aux entités religieuses.

municipalités qui composent l'Aire métropolitaine de Guadalajara, Jalisco. Le choix de ces quartiers est dû au fait qu'ils présentent des taux élevés de marginalité et de personnes en âge avancé. En raison de ces données démographiques, ces quartiers sont la cible de divers programmes sociaux gouvernementaux visant à combattre la pauvreté et à venir en aide aux populations les plus vulnérables. Or, nous avons observé que les identités des personnes âgées se forgent au long du processus d'attribution des bénéfices, qui contribuent de cette manière à en accroître l'hétérogénéité.

Mobiliser le modèle d'interface social

Dans le sillage théorique et méthodologique du modèle d'interface sociale[3], nous avons cherché à identifier et à analyser les nombreuses tensions, ainsi que les formes de redéfinition du programme et de négociation des aspects de sa mise en pratique, qui découlent des interactions entre les différents acteurs impliqués dans les programmes d'aide aux personnes âgées. Cela illustre la construction négociée d'un État qui cherche de la légitimité face à des demandes spécifiques de la société.

Dans le cas analysé, toute une gamme d'interfaces sociales entre en jeu. Parmi celles-ci, les interactions entre les agents de l'État de Jalisco et les bénéficiaires se situent au premier plan. Si nous examinons de plus près la situation d'interface, nous nous rendons compte qu'il existe une multitude d'intermédiaires, qui vont des auxiliaires de vie ou des aides familiales s'occupant de la personne âgée, à la fois détenteurs d'informations et gestionnaires de ressources monétaires, jusqu'aux politiciens de carrière, en passant par les représentants religieux et de quartiers qui sont plus

[3] Villarreal (2000) définit l'interface sociale comme "les points critiques d'intersection des différents systèmes, champs, domaines ou niveaux d'ordre social où il est plus probable de localiser les discontinuités qui surgissent des désaccords sur les valeurs, les intérêts, le savoir et le pouvoir. Selon Long (1989), ces discontinuités caractérisent les situations sociales où les interactions entre acteurs sont marquées par un problème relatif aux manières d'établir des ponts, de s'ajuster ou de lutter contre les mondes sociaux et cognitifs de l'un et l'autre" (2000 : 29). Une situation d'interface est celle où interagissent, par exemple, les divers acteurs concernés par la mise en marche d'un programme social. À propos des questions théoriques d'interface entre assistants et assistés dans le cadre des programmes d'intervention planifiée, voir aussi : Long, Villarreal, 1993 ; Villarreal, 1994, 2000 ; Long, 1989, 2007.

« connaisseurs » des politiques de l'État et assument fréquemment le rôle de gestionnaires sociaux face aux agents gouvernementaux.

Parmi les politiciens, les députés ou candidats à des fonctions politiques abordent les chefs de quartier pour garantir leur légitimité auprès de la population et s'assurer du soutien électoral « de la base ». Il conviendra ici de faire état des nombreuses lacunes d'information et des zones d'ombre qui facilitent la tâche de l'homme politique. Il arrive, par exemple, que même si le programme ne fonctionne plus ou a été interrompu, les discours politiques le mobilisent pour se légitimer.

Les interfaces entre les agents de l'État et leurs « bases », auprès desquelles ils cherchent à obtenir de la légitimité, constituent un autre niveau d'analyse important du processus d'attribution de bénéfices aux personnes âgées. Dans ce cas, l'État cherche à s'assumer comme « bienfaiteur », y compris comme porte-parole des « bénéficiaires », qui sont dans ce cas les personnes âgées. S'exprimer au nom de ces dernières leur permet de se présenter aux yeux de la population comme leurs propres représentants ou comme des gens dignes de confiance.

À un troisième niveau, le processus d'attribution est le fruit des négociations entre les différents niveaux de l'administration publique, entre États nationaux ou entre régions, porteurs d'identités, de normes socialement acceptées et de processus de légitimation. L'imbrication des réalités à ces différents niveaux d'analyse révèle toute une gamme de tactiques, d'acteurs et de leurs interfaces. L'horizon des possibles, en termes d'obtention des allocations par les personnes âgées, prend forme dans ce processus complexe de négociation des normes sociales et de leur mise en pratique.

Ainsi, c'est un mythe de croire que les modèles de planification des programmes sociaux suivent une évolution linéaire, allant de la formulation des politiques jusqu'à leur mise en place et l'obtention de résultats. À chacune des étapes que suit le processus de planification, entrent en jeu diverses controverses implicites, comme la définition de la notion de vulnérabilité et de besoin, les relations politiques et les luttes de pouvoir autour de l'appropriation des programmes, les procédures et allocations des ressources, etc. Les résultats sont générés tout au long du processus, et il n'y a que peu d'opérateurs (gestionnaires, promoteurs et exécutants) des programmes qui se plient entièrement aux lignes directrices tracées par la politique publique, tant le comportement des opérateurs politiques que ceux des bénéficiaires provoquent des changements fréquents d'interprétation de la législation et la renégociation des lignes directrices des politiques. Les projets et programmes sont repensés et restructurés en fonction de cette nébuleuse d'acteurs et d'une variété de niveaux de négociation qui interviennent dans le processus de définition et d'attribution des allocations aux personnes âgées.

Les agents de l'État sur le front de bataille

Parmi la nébuleuse d'agents de l'État qui sont en contact direct avec les bénéficiaires figurent des travailleurs précaires. Embauchés pour une courte période, ils sont généralement en charge d'une tâche spécifique, telle une campagne de promotion et d'information sur une politique spécifique. Ils disposent généralement eux-mêmes de peu d'informations sur le programme, ses objectifs et vicissitudes, de sorte qu'ils fournissent des renseignements vagues et ne peuvent résoudre des cas particuliers[4]. Dans d'autres cas de figure, le personnel d'exécution forme une petite équipe, qui malgré sa bonne volonté pour aider les personnes âgées du mieux possible, ne dispose que de peu de temps à leur consacrer, car l'équipe est en charge de plusieurs programmes en même temps. De plus, le budget, comme les informations dont ils disposent, sont généralement limités.

Les travailleurs d'exécution sont fréquemment confrontés à des problèmes d'appartenance politique. Ainsi, construire une carrière professionnelle en misant sur la participation à un parti peut mettre en danger la sécurité de l'emploi, comme par exemple dans le cas d'un employé qui avait gravi les échelons grâce à sa participation au PRI (Parti Révolutionnaire Institutionnel, de centre-droit). Une fois muté au service d'exécution des programmes de l'État où ses supérieurs étaient affiliés au PAN (Parti d'Action Nationale, d'orientation dit « de gauche »), ceux-ci l'empêchaient de travailler[5].

Le travail des travailleurs/agents de l'État résulte souvent d'intérêts mitigés par des motivations d'ordre politique et personnel. Les politiciens

---

4 Il s'agit surtout de jeunes étudiants qui ont reçu des informations générales sur le fonctionnement du programme. Ils ne sont pas en mesure de répondre aux demandes spécifiques, comme par exemple sur la façon de venir en aide aux personnes qui ne réunissent pas tous les documents exigés ou aux personnes âgées qui ne peuvent se déplacer sur les lieux d'inscription. Ils ne savent pas vers quelles instances les diriger lorsqu'elles se présentent avec des problèmes particuliers de logement, de santé ou de violence domestique. Ils ne sont pas préparés pour assister la population, pour leur expliquer le fonctionnement du programme d'une façon qu'ils peuvent comprendre.

5 Par exemple, en retenant des informations et en bureaucratisant les processus.

qui affichent ouvertement des intérêts politiques – députés ou candidats à un poste au sein du gouvernement – cherchent à établir un contact direct avec la population pour s'assurer de leur fidélité et de leur vote en échange de faveurs. Le clientélisme est pratique courante dans ce domaine tout particulièrement, car les aides financières ne sont pas conçues comme un droit des bénéficiaires ou comme le résultat du paiement de leurs impôts, mais comme une faveur accordée par un politicien.

Dans cette perspective, les candidats, députés et assistants se chargent de bien s'informer sur toute la gamme de programmes et prestations dont la population cible peut être bénéficiaire, sachant que, compte tenu des contraintes budgétaires, ces programmes ne seront pas généralisés ou divulgués de façon claire et complète au public, du moins pas en ce qui concerne les détails de la procédure d'accès. Il est toujours préférable pour le bénéficiaire « de connaître quelqu'un » pour avoir plus de chances d'obtenir son inclusion au programme. Par ailleurs, la structure verticale caractéristique du système politique mexicain convertit l'information en un atout précieux. Il est fréquent que les responsables de l'exécution des programmes manquent eux-mêmes d'informations sur l'ouverture des droits ou l'arrêt de certains programmes, leurs conditions de fonctionnement, les régions dans lesquelles ils seront effectivement mis en place, etc.[6]. L'accès privilégié à l'information qu'offrent certains députés et fonctionnaires grâce à des alliances et des contacts clés s'avère être une ressource précieuse et une source de pouvoir.

Comme la plupart des personnes âgées rencontrent des difficultés pour s'informer et accéder aux programmes sociaux, il est d'autant plus fréquent qu'elles offrent leur soutien aux politiciens envers lesquels elles se considèrent redevables en raison de l'aide reçue. Elles participent donc aux rassemblements et autres manifestations en faveur de leur parti, soit en répondant à des invitations expresses, soit de leur propre initiative. De leur point de vue, leur vote représente la contrepartie pour l'engagement du candidat en question, en guise de remerciement et pour exprimer leur gratitude. Cette situation provoque une utilisation politique des programmes. La population âgée est d'une façon générale plus exposée à cette situation, et a appris à obtenir des bénéfices ou à accepter le soutien de plusieurs politiciens à la fois, tout en rendant la « contrepartie »

---

[6] Ces décisions sont très centralisées. Prises au niveau fédéral, elles sont ensuite transmises aux états et, en dernier lieu, aux municipalités. Les responsables de l'exécution des programmes n'interviennent pas dans la prise de décision et doivent se plier au calendrier et à l'élaboration établis par leur hiérarchie.

que cela implique ; autrement dit, en reproduisant le clientélisme et la « politisation » des programmes sociaux.

L'importance des chefs de quartier

Les chefs de quartier sont d'une grande importance pour l'accès des personnes âgées aux programmes sociaux. Leur intermédiation est fondamentale car ils reçoivent non seulement l'information sur les divers types d'aides offertes par les différentes instances gouvernementales, mais aussi celle sur les initiatives privées de leurs quartiers. Ces dirigeants représentent des canaux de communication cruciaux pour les personnes âgées qui, en raison de leur état de santé ou de leur difficulté de mobilité, se voient confinées aux limites de leur quartier ou même de leur propre maison.

Lorsque les chefs de quartier s'informent sur des initiatives ou des programmes destinés aux personnes âgées, ils savent où se rendre et à qui transmettre l'information[7]. En plus d'être un canal clé de communication entre le gouvernement et le quartier, ces dirigeants investissent leur temps et leur énergie pour apporter des bénéfices et des appuis pour l'amélioration de leur quartier, et pour tenter de résoudre les problèmes qui surgissent dans leur entourage[8]. Pour la réalisation de tout ce travail, les chefs de quartier soulignent qu'ils ne perçoivent aucune rémunération, et ne s'y consacrent que pour obtenir « une satisfaction personnelle à faire quelque chose pour leur quartier et les personnes qui se trouvent dans le besoin ». Certains sont cependant accusés de tirer un bénéfice de ces prestations, soit par la vente des provisions distribuées, soit en réservant des emplois pour leurs enfants grâce aux relations entretenues avec des responsables, soit encore parce qu'ils demandent une rémunération pour leurs services.

---

7 D'ordinaire, les chefs de quartier connaissent presque tous les habitants. Ceux-ci leurs transmettent les demandes d'aide individuelles et collectives, auxquelles lesdits chefs se chargeront de trouver des solutions auprès du gouvernement ou de la société civile.

8 Une partie importante des leaders interviewés font l'intermédiation avec les services publics pour les raccordements aux réseaux d'eau potable, de l'égout, et d'électricité dans leur quartier. Ils se chargent également des réclamations pour obtenir le goudronnage des rues, l'amélioration du transport en commun et des services de sécurité, des logements ou encore pour obtenir des aides alimentaires pour la population.

Le soutien que certains dirigeants (en particulier les dirigeantes)[9] offrent aux personnes âgées va bien au-delà de l'information sur l'existence d'un programme. Nombreux sont ceux qui les aident également à faire les démarches nécessaires pour devenir bénéficiaires. Concrètement, quelques chefs aident les personnes âgées à organiser leurs papiers, ou les amènent en voiture au bureau d'aide sociale pour faire leur inscription. Les personnes âgées apprécient leur accompagnement parce qu'elles se sentent rassurées et ont l'impression que cette aide fera aboutir leurs démarches plus facilement. Ces intermédiaires peuvent également les appuyer pour qu'elles bénéficient d'un traitement administratif privilégié en cas de problème, comme, par exemple l'attribution d'une allocation ou d'un droit d'accès malgré la fourniture d'un dossier incomplet.

Les chefs de quartier accomplissent souvent une fonction de tri ; ils s'avèrent être centraux pour permettre l'accès aux programmes, car les instances gouvernementales aux niveaux régional et municipal s'adressent d'abord à eux pour identifier la population cible, c'est-à-dire les personnes considérées comme vulnérables au sein de leur quartier. Ces dirigeants arrivent à exercer une certaine influence sur le choix du destinataire de l'aide sociale. Il s'agit d'un sujet délicat car bien qu'il paraisse évident que les dirigeants sont supposés connaître les personnes de leur quartier, ainsi que leurs besoins, il est également vrai que les critères d'éligibilité à ces programmes reposent du moins en partie sur leur arbitrage personnel. Ils ne manquent pas de recevoir des critiques en raison de ce favoritisme envers des parents et des amis, ou du refus de l'attribution du bénéfice à d'autres personnes en raison d'un conflit personnel. Cette pratique se prête également à la manipulation politique des programmes[10].

Il est fréquent que les bureaux d'information sur les programmes sociaux ou les initiatives sociales destinés aux quartiers s'établissent dans les logements des chefs de quartier, qui se transforment alors un point

---

9 Dans les quartiers que nous avons visités, nous avons rencontré sept femmes et trois hommes qui étaient ou avaient été chefs de quartier.

10 Les voisins opposant de ces leaders nous ont rapporté qu'ils voyaient arriver des livraisons de jouets, couvertures ou ciment aux domiciles desdits leaders ; mais que ceux-ci ne les distribuaient pas ou le faisaient inéquitablement. Dans le même sens, des personnes âgées nous ont confié que c'était le leader de quartier qui décidait, selon ses propres critères, qui était pauvre et, en conséquence pouvait recevoir l'appui du programme social et qui ne l'était pas et n'avait pas besoin de cette aide. Ainsi, les chefs de quartiers élaborent eux-mêmes la liste de bénéficiaires de ces programmes.

de référence pour les habitants[11]. On s'y rend pour recevoir les aides, pour assister à des réunions, ainsi que pour réaliser des démarches ou des demandes personnelles de soutien. Les dirigeants disent recevoir des visites à toute heure et tous les jours de la part de personnes à la recherche d'informations pour résoudre un problème juridique, économique, familial ou de santé, entre autres. Les personnes âgées ne font pas exception. Elles s'y rendent fréquemment pour raconter leurs problèmes, et pour solliciter une attention prioritaire de la part des dirigeants.

Les principaux détracteurs des chefs de quartier semblent être souvent leurs propres homologues, c'est-à-dire des dirigeants appartenant à des partis politiques concurrents, également implantés dans le quartier. Leur principal reproche est le manque d'impartialité de leur soutien, car en raison de leur affiliation politique, ils ont tendance à accorder un traitement prioritaire aux habitants qui appartiennent au même parti. Une autre critique fréquente concerne la rétention d'une partie des aides qu'ils ont reçues, soit pour en faire un usage personnel, soit destinées à des activités de prosélytisme qui leur importeraient davantage que le bien-être de leur quartier.

Il faut souligner que la grande majorité des chefs de quartier sont des femmes. Comme l'a indiqué Massolo (1999, 2003), les femmes ont tendance à être beaucoup plus impliquées que les hommes dans le développement et l'amélioration de leur milieu social. La grande majorité des répondants ont indiqué que le désir de faire quelque chose pour leur quartier et sa population a été le point de départ pour s'impliquer dans la gestion communautaire.

S'initier au travail communautaire a eu un fort impact sur la vie de ces femmes. La plupart soulignent qu'avant cela, elles étaient entièrement dévouées à leur foyer, à être mères et épouses. Bien que généralement elles n'aient pas fait beaucoup d'études, elles ont eu envie d'aider les autres ou de travailler, mais elles se disaient timides et soumises à leur partenaire.

Lorsque ces femmes ont commencé à travailler comme cheffes de quartier, elles ont découvert de nouveaux horizons. Elles ont commencé à mieux connaître les institutions, les lois et les règlements. Elles ont appris à parler en public, à se mettre en relation avec des personnes d'un autre niveau socio-économique, à donner des *interviews*, à tenir un discours logique et à développer une argumentation, à produire des

[11] Ceci dans le souci de rapprocher les programmes sociaux des personnes âgées et d'éviter à celles-ci le (pénible) déplacement jusqu'aux bureaux du gouvernement.

documents écrits, à organiser et à diriger d'autres individus. Maintenant elles se considèrent comme des femmes plus sûres d'elles et déterminées, sachant plus clairement ce qu'elles désirent et cherchant les moyens pour y parvenir. Elles ont également appris à se défendre pour faire valoir leurs droits et agir dans différentes situations.

> Peu à peu j'ai commencé à m'orienter et à me rendre compte de quoi il en était, n'est-ce pas ? J'ai commencé à me rendre dans les bureaux ; tous les mercredis j'allais à la réunion d'accueil des citoyens à la mairie... maintenant j'en sais davantage, j'ai plus d'expériences et de contacts, j'ai beaucoup d'amis ; parce que moi j'ai toujours obtenu les choses comme des faveurs et j'en suis reconnaissante. J'écris toujours une lettre de remerciement [aux contacts qui la reçoivent et l'aident] (Sara, 40 ans, entretien réalisé le 3 décembre 2012).

Deux autres éléments influencent l'intérêt ou la motivation de ces dirigeantes à accomplir cette fonction.

Pour certaines d'entre elles, cet élément a été de nature religieuse, car beaucoup sont passées par des processus de conversion religieuse ou se sont rapprochées de leur communauté[12], entrant ainsi en contact avec le travail communautaire. Beaucoup de femmes leaders aident également dans leur paroisse et de ce fait elles ont pu apporter d'autres aides à la population de leur quartier, en particulier aux personnes âgées, tels que des biens de consommation ou des aides médicales. Leur motivation repose en grande partie sur le sens religieux qu'elles donnent à leur activité communautaire et contribue à leur exercice continu de cette fonction.

Dans d'autres cas, le déclencheur qui a fait naître leur intérêt pour le travail communautaire a été la politique. Certaines femmes ont commencé comme militantes d'un parti politique, ce qui les a conduites à rechercher une base sociale dans leurs quartiers au travers de la gestion communautaire. D'autres ont commencé d'abord par cette fonction, mais beaucoup d'entre elles signalent que c'est grâce à leur périple dans les différentes institutions d'aide sociale, qu'elles se sont fait remarquer par des hommes politiques qui les ont invitées dans leur parti, et à militer en faveur de leurs projets politiques[13].

---

[12] Généralement en passant du Catholicisme à une autre religion, surtout, celles de type protestant.

[13] Concrètement, il s'agit de soutenir activement les campagnes électorales dans l'attente de bénéficier d'un poste dans le gouvernement à l'issu des élections.

Ces femmes considèrent intéressant de se joindre à un projet politique, soit parce que cela leur donne la possibilité de se procurer un emploi pour elles-mêmes ou pour un membre de leur famille, ou d'obtenir des aides sociales ; soit pour pouvoir bénéficier de certains « privilèges » lors des démarches institutionnelles. Elles arrivent également à recevoir des compensations financières pour acquérir des provisions ou d'autres biens, lorsqu'elles réalisent des activités de prosélytisme au sein de leur quartier. Les femmes ont alors fait l'expérience que les contacts politiques enrichissent leur capital social. La plupart de ces dirigeantes aiment pouvoir compter sur le prestige et le pouvoir que leur procure le rapprochement avec certains hommes politiques importants, membres des classes supérieures.

Le rôle de la famille

Les parents des personnes âgées jouent un rôle important, surtout les femmes, filles et belles-filles – qui constituent la majorité, mises à part quelques exceptions – pour leur apporter les soins quotidiens ou les représenter face aux institutions. D'emblée, elles remplissent un rôle clef dans le processus d'inscription des personnes âgées aux programmes sociaux. Les membres de leur famille informent ces dernières de l'existence des programmes, les aident à faire les démarches, les amènent dans leur voiture au bureau d'aide sociale pour faire leur inscription et vérifient leur dossier. Nombreux sont les cas où le membre de la famille qui se charge des relations avec les institutions non seulement reçoit l'aide octroyée à la personne âgée et finit par garder le contrôle sur l'usage de cet argent (ses finalités comme le rythme de dépense). (Voir dans ce volume le chapitre de Carrillo, Garnica).

La nécessité de cette intermédiation est prévue par les programmes sociaux destinés aux personnes âgées et reconnue dans leurs règles de fonctionnement. Ces représentants familiaux sont considérés comme légitimes, et doivent avoir la confiance des bénéficiaires. Formellement, leurs fonctions principales sont d'encaisser les indemnités financières pour les personnes âgées, quand celles-ci ne peuvent pas aller à la banque ou ne savent pas comment utiliser les guichets automatiques, sont malades ou ont des difficultés de mobilité. Dans certains cas les intermédiaires sont autorisés à se rendre à la place de la personne âgée aux rendez-vous périodiques de contrôle, pour éviter que celle-ci ne soit rayée du registre. En cas du décès du bénéficiaire, le représentant familial reçoit l'indemnisation des frais d'enterrement.

Presque systématiquement, le parent qui exerce la fonction de représentant familial de la personne âgée est son parent le plus proche, avec lequel il entretient le plus de contacts. En général, il s'agit d'un parent avec qui elle cohabite ou qui habite à proximité et lui rend visite régulièrement, qui entretient des relations affectives avec la personne âgée et lui apporte son soutien. Il s'agit généralement d'une femme, en particulier d'une fille ou une belle-fille, mais dans certains cas cela peut être un fils, une petite-fille ou un petit-fils. Le facteur de confiance est important, car fréquemment cette personne finit par recevoir les informations concernant l'attribution de l'allocation de façon exclusive, sans que le bénéficiaire soit tenu au courant[14].

Pour le représentant familial qui prend la personne âgée à sa charge, cet argent représente un allègement du budget familial, permettant à la personne prise en charge d'acheter elle-même des médicaments, du petit matériel, de la nourriture ou de disposer d'un peu d'argent de poche. Les représentants familiaux interviewés se sont montrés conscients de l'impact de cette aide sur leur budget ainsi que sur celui de la personne âgée sous leur garde. Le maintien de l'allocation a donc également une importance pour eux et ils s'efforcent de bien être au courant des délais de réception de l'aide, ainsi que de ne pas manquer les rendez-vous périodiques obligatoires de la personne âgée[15] (sur ce thème, voir aussi le chapitre de Carrillo et Vázquez dans ce volume).

En général, les personnes âgées cherchent à montrer leur gratitude au représentant familial. Certaines donnent à leurs représentants, quand elles reçoivent leur argent, une compensation monétaire ou bien leur font cadeau d'un article de leurs provisions. Selon les dires des personnes âgées, il ne s'agirait pas d'un paiement, mais plutôt d'une petite gratification pour le temps et l'argent investis par le représentant pour se rendre à la banque pour retirer leur aide monétaire, ou pour aller chercher leurs provisions. Cette « contrepartie » leur permettrait de se sentir moins

14 Les personnes âgées ont commenté qu'elles préféraient le faire ainsi pour que les enfants ou autres parents n'arrêtent pas de les soutenir économiquement, ou pour qu'ils ne leur demandent pas de leur prêter de l'argent.

15 Faire attention aux dates et au fonctionnement du programme constitue une responsabilité importante, surtout pour des personnes qui souffrent de perte de mémoire ou ne comprennent pas le processus d'attribution. Nous avons rencontré des femmes vivant seules qui ont été sur le point de perdre l'aide précisément parce qu'elles avaient oublié les dates pour aller aux rendez-vous.

redevables envers leur famille et de pouvoir continuer à compter sur son aide. Nous avons trouvé des cas où les représentants n'acceptent aucun type de rétribution. D'autres prétendent accepter cet argent pour éviter que la personne âgée se sente mal.

> Je venais et je le lui donnais [son allocation], mais ma belle-mère me rendait une pièce de dix pesos, parce qu'il y avait une pièce de dix pesos, et elle me la donnait pour payer le bus. « Non », je lui dis, « de toute façon je m'en vais »… Et « non, prends-le pour que tu t'achètes un kilo de tortillas », elle disait. Mais je refusais de l'accepter, et je la lui laissais là. Alors elle me disait : « mais, je suis un peu gênée ! » (Un proche de Alfredo de 79 ans, entretien réalisé le 28 juin 2012).

Une vieille femme raconte l'importance qu'elle accorde au fait de compenser la faveur reçue :

> Non, mais quand elle me l'apporte [l'argent qu'elle reçoit de son programme], certainement je lui donne 50 pesos pour ses courses… c'est pas beaucoup mais je les lui donne pour la faveur qu'elle m'a rendue, je lui dis « c'est pas un paiement, c'est seulement un signe de remerciement pour la faveur que tu m'as rendue ». C'est peu, vraiment, c'est pas un paiement. Si je devais la payer ce serait peut-être plus, si elle se faisait payer ; c'est seulement pour lui montrer que je suis reconnaissante envers elle … j'aime ça de cette façon (Rebeca, 83 ans, entretien réalisé le 8 mars 2012).

En règle générale, nous avons pu constater que les représentants familiaux remplissent bien leur fonction de soutien de la personne âgée. Dans les quelques cas d'abus qui nous ont été rapportés, le problème le plus fréquent est la non remise de l'argent sous prétexte (vrai ou faux) que l'argent n'a pas été viré, a été perdu, volé, ou que la personne âgée a été exclue du programme. Il arrive également que le représentant ne lui remette qu'une partie de la somme perçue, soit pour « emprunter » pour son usage personnel, ou pour contrôler son usage par la personne âgée. Dans ces cas, l'argent n'est donné que petit à petit, retirant ainsi à la personne âgée le droit de décider comment l'administrer ou le dépenser.

L'intermédiation de voisins ou amis

Les voisins et amis jouent également un rôle important dans l'accès des personnes âgées aux programmes sociaux. Si les membres de la famille n'ont pas informé les personnes âgées de l'existence du programme, ce sont généralement les voisins ou amis qui le font. Quand la personne âgée n'a pas de famille pour l'assister, ils l'accompagnent dans ses démarches pour s'enregistrer ou bien se chargent d'apporter les documents aux institutions quand celle-ci ne peut se déplacer.

Dans certains cas, l'intermédiation des voisins et amis se prolonge, et ces derniers peuvent également servir de représentant face aux institutions. Dans ce cas, ils sont également chargés de toucher l'argent et de le remettre aux bénéficiaires, ainsi que de les représenter en cas de maladie lors des rendez-vous de contrôle obligatoires.

Les personnes âgées qui ont des représentants qui ne sont pas des membres de leur famille, soulignent parfois que l'aide vient souvent de ceux auxquels on s'attend le moins, de celui qui n'a aucune obligation ou devoir moral à s'acquitter de cette tâche. Cette situation génère beaucoup d'émotions chez les personnes âgées, qui à la fois sont tristes de ne pas pouvoir compter avec le soutien de leur famille, mais se sentent émues que des personnes étrangères et sans obligation vis-à-vis d'elles leur consacrent du temps et leur prêtent attention.

> Une femme, elle s'appelle Carmen, m'a aidé à obtenir un appui de quelque pesos… elle vit à quelques mètres d'ici, elle m'a tout arrangé. Comme elle est sincère, cette femme ! Je suis très reconnaissante envers elle, parce que c'est grâce à elle que je reçois cet argent, elle a fait toutes les démarches pour que je reçoive ça (Cruz, 83 ans, entretien réalisé le 7 mai 2012).

Habituellement, les femmes qui font ce genre d'intermédiation déclarent avoir des liens affectifs avec les personnes âgées, et les considérer comme un membre de leur famille. Elles ressentent pour elles du respect en souvenir des années d'amitié ou de voisinage, et décident donc de les aider à faire face à leur situation de vulnérabilité. En plus du domaine de l'affectif, leur intérêt peut relever d'une motivation religieuse : elles déclarent vouloir faire une bonne action en aidant un voisin proche.

> Figure-toi que partout où nous l'accompagnons à son rendez-vous, on nous demande toujours s'il est notre père, et lui de répondre : « elles ne sont pas mes filles. » Alors, on nous souhaite toujours le meilleur des sorts, on nous dit que nous allons aller au ciel parce qu'il n'y a aucun lien de parenté entre lui et nous…en dépit de ça nous sommes toujours prêtes à l'aider… bon, par humilité !… on se sent bien parce qu'il peut nous arriver un jour d'avoir besoin de l'aide de quelqu'un (China, 30 ans, entretien réalisé le 27 avril 2012).

Néanmoins, ces voisins ou amis se heurtent également parfois aux familles des personnes âgées et critiquent leur manque de soutien et leur indifférence face à la situation de ces dernières. En contrepartie, ils sont également l'objet de récriminations de la part de la famille qui leur reprochent de se mêler de ce qui ne les regarde pas.

> On se rend compte qui lui est proche et comment ses frères ne le visitent même pas, sauf l'un d'eux… mais comme il se plaint, ce dernier ! Il dit : “Il n'est que mon demi-frère, je n'ai aucune obligation envers lui, il n'est que mon demi-frère”. Donc, ne venez plus, je lui dis, et, irritée, je raccroche le téléphone, qu'ils ne m'emmerdent pas. De plus, il venait pour donner des ordres : « China, tu vas faire ça de telle façon ou de telle autre », et moi de lui rétorquer : « écoutez, allez donner des ordres à votre femme, quant à moi, ne me dites pas ce que je dois faire… » il est fou, d'autant moins qu'il ne nous payait pas… nous allons lui demander de l'argent pour lui donner le droit de nous donner des ordres… depuis le jour où je lui ai fait des reproches, il évite de s'en mêler (China, 30 ans, entretien réalisé le 27 avril 2012).

Les réseaux sociaux des personnes âgées ont une grande importance pour le bien-être de cette partie de la population, car ceux-ci fonctionnent comme canal de communication. Ces réseaux assurent l'intermédiation pour l'accès à différents types d'aides sociales et le maintien des allocations. Nous percevons clairement cette situation chez les personnes âgées qui se sentent en quelque sorte protégées et mises à l'abri par des amis et voisins dans les quartiers où elles ont souvent vécu la majeure partie de leur vie. Ce rôle des relations de proximité au sein du quartier ressort clairement par contraste avec le sentiment de solitude et d'abandon exprimé par des personnes âgées qui ont dû changer de quartier au cours des dernières années de leur vie. La permanence dans le même quartier peut donc avoir une importance accrue pour des personnes âgées, en raison des relations sociales de proximité desquelles elles dépendent.

Réflexions finales

La mise en œuvre des programmes destinés aux personnes âgées n'est en aucune façon une simple affaire de remise d'argent. Comme nous l'avons vu, une des caractéristiques communes de nombreux programmes gouvernementaux au Mexique est le besoin d'intermédiation entre fonctionnaires publics et bénéficiaires desdits programmes. Ce phénomène s'accentue dans le cas de ceux ayant pour cible les personnes âgées, qui sont souvent la partie de la population la plus isolée et démunie.

Les actions d'intermédiation entre les opérateurs des programmes et les bénéficiaires épousent diverses modalités : certains fournissent des informations ou bien aident les personnes âgées à réaliser leurs démarches, parfois en échange de certaines faveurs ou loyautés ; des interprètes traduisent le jargon institutionnel et expliquent les procédures et contreparties ; d'autres font la passerelle entre les bureaux du gouvernement et les habitants du quartier, d'autres enfin gardent jalousement les informations afin d'en tirer profit.

Certains de ces intermédiaires sont devenus indispensables. Les relations qui s'établissent entre ceux-ci et les bénéficiaires des programmes sont marquées tant par des intérêts économiques et clientélistes que d'ordre affectif et de réciprocité. Cet état des choses peut corrompre les programmes sociaux, comme c'est d'ailleurs le cas lorsqu'ils sont utilisés à des fins électorales et partidaires. Ces pratiques remettent en question les définitions sous-jacentes de « justice sociale » et peuvent contribuer à une réflexion sur la fonction sociale effective de ces programmes.

Cependant, comme nous avons essayé de le démontrer dans ce texte, ces situations d'entremise comblent un abîme existant entre le programme (les agents de l'État) et les personnes âgées. D'ordinaire, ce sont les intermédiaires qui les informent de l'existence du programme, les emmènent pour solliciter cet appui du gouvernement, les aident à réunir les documents requis pour leur inscription et, en plus, s'occupent du retrait de l'argent (l'aide du gouvernement) ou leur font leurs courses. Sans ces médiations, beaucoup moins de personnes bénéficieraient de l'appui du programme.

Ces situations de médiation/intermédiation révèlent la façon dont les programmes sociaux s'intègrent à la société en produisant ou reproduisant des relations de pouvoir et des clientélismes politiques, mais aussi en intensifiant les relations de réciprocité et les liens sociaux.

Bibliographie

Long, N., *Encounters at the Interface : A Perspective on Social Discontinuities in Rural Development*, Wageningen, Wageningen Agricultural University, 1989.

—, *Sociología del Desarrollo : Una perspectiva centrada en el actor*, México, Colegio de San Luis-CIESAS, 2007.

Long, N. et Villarreal, M., « Exploring Development Interfaces : From the Transfer of Knowledge to the Transformation of Meaning », in Schuurman, F. (dir.), *Beyond the Impasse : New Directions in Development Theory*, Zed Books, London, 1993.

Massolo, A., *Las mujeres y el hábitat popular : ¿Cooperación para la sobrevivencia o para el desarrollo ?*, *Hojas de Warmi*, n° 10, Universidad de Barcelona, 1999.

—, *El espacio local : oportunidades y desafíos para el empoderamiento de las mujeres. Una visión latinoamericana*, Observatorio Mujeres y Participación Política, premier semestre 2003, pp. 4-8.

Villarreal, M., *Wielding and Yielding : Power, Subordination and Gender Identity in the Context of a Mexican Development Project*, thèse de doctorat, Wageningen, Wageningen Agricultural University, 1994.

Le programme
Minha Casa Minha Vida – Entidades

Une offre de logement à l'encontre de la ville ?[1]

Cibele Saliba RIZEK

Université de São Paulo (USP), Institut d'Architecture et d'Urbanisme (IAU)/Centre d'études des droits de la citoyenneté (CENEDIC) et Université fédérale de São Carlos (UFSCar), São Carlos, Brésil

Le travail présenté dans ce chapitre s'inscrit dans une trajectoire de recherches relatives à la production de l'espace et de la vie sociale dans les banlieues de la ville de São Paulo. Dès les années 2000, ces espaces ont présenté des indices de transformations et de remodelages résultant d'un ensemble de processus, parmi lesquels la mise en place de politiques et de programmes sociaux et culturels assez divers, mais néanmoins pas toujours articulés et entrecroisés de manière très claire et explicite.

Parmi ces politiques, ce texte souligne quelques éléments d'analyse des formes récentes de production du logement, liées à un processus de configuration et de mise en application du programme *Minha Casa Minha Vida – Entidades*[2] et à ses conséquences sur la production de l'espace et de ses frontières dans les banlieues de la région métropolitaine de São Paulo.

---

1 Ce texte est le résultat des recherches réalisées dans le cadre du Projet ANR Les Suds II LATINASSIST. Traduction du portugais : David Yann Chaigne.

2 Ma maison, ma vie – Entités. Dans le cadre de ce programme, le terme « entités » renvoie à des organisations populaires issues de mouvements sociaux pour le droit au logement actifs entre 1980 et 2010. C'est toujours en ce sens que ce terme sera employé ici.

Cette contribution a donc comme objectifs :

1- de présenter et mettre en perspective le programme d'accès au logement *Minha Casa Minha Vida* dans sa modalité *Entidades*, mis en place par les gouvernements de Luiz Inácio Lula da Silva et Dilma Rousseff dans le cadre des politiques sociales du Brésil contemporain. Nous chercherons ici à comprendre les différents aspects et dimensions de ce programme suite à sa mise en application en 2009. Il s'agit donc de l'analyser non seulement du point de vue de son impact sur la ville, mais également en tant que partie intégrante d'un ensemble de politiques sociales et d'assistance qui donne une configuration nouvelle à la question sociale brésilienne, ainsi qu'aux relations entre cette question sociale (marquée par les inégalités et la pauvreté comme condition historiquement liée aux classes subalternes et laborieuses au Brésil) et les gouvernements récents menés par le Parti des travailleurs (*Partido dos Trabalhadores*) ;

2- de proposer une première discussion quant à l'aspect résidentiel et urbain de ces politiques sociales incarnées par le progamme *Minha Casa Minha Vida – Entidades*, car c'est précisément là que l'on peut appréhender ses médiateurs et ses opérateurs, mais aussi les vestiges, les persistances et les redéfinitions des organisations populaires issues des mouvements pour le droit au logement et de ce que certains auteurs (comme Oliveira et quelques autres) ont appelé l'Ère des inventions (*Era das Invenções*). Il s'agit du moment où, dans le cadre de la lutte pour la redémocratisation, sont apparus des mouvements sociaux et urbains revendiquant des services, des biens et l'accès à la ville sous la bannière du « droit à la ville », selon une appropriation libre de l'expression de H. Lefèbvre.

Le programme *Minha Casa Minha Vida*, un objet heuristique

Le programme *Minha Casa Minha Vida – Entidades* est une composante marginale du programme *Minha Casa Minha Vida* – l'unique programme de logement social au Brésil depuis 2009. Cette modalité a été créée sous la pression des grands mouvements brésiliens pour le droit au logement. Ceux-ci ont fini par approuver le programme *Minha Casa Minha Vida*, qui est d'abord le fruit d'un accord entre les grandes entreprises du secteur de bâtiment et le gouvernement brésilien. Dans la modalité *Entidades*, les contrats sont établis directement avec les associations (*entidades*), qui ont la responsabilité de répertorier les individus et les familles qui occuperont les logements, et donc de choisir les futurs habitants devant être inscrits sur le registre national de bénéficiaires de l'aide sociale baptisé *Cadastro único*. Cette inscription est obligatoire pour pouvoir devenir bénéficiaire du programme en question, mais également des politiques de santé ou de logement, ou encore du programme *Bolsa Família*. Les associations doivent également proposer les terrains (*compra antecipada* – achat anticipé) qui seront achetés par la banque publique *Caixa Econômica Federal*. Les associations sont en outre responsables de la gestion et de l'administration du bâtiment. Cette gestion doit être faite par une commission élue parmi les dirigeants et les bénéficiaires. Cela doit permettre de produire des grands ensembles avec un projet et des matériaux de meilleure qualité, et donc plus confortables que les autres ensembles produits par les entreprises (*modalidade construtoras* – modalité BTP).

Le programme *Minha Casa Minha Vida – Entidades* se situe donc au croisement de dimensions et d'aspects pertinents pour comprendre les liens entre les périphéries urbaines et leurs reconfigurations les plus récentes, les nouveaux programmes de production publique du logement pour les populations aux revenus les plus modestes, et un ensemble de transformations, modulations et reconfigurations des mouvements pour le droit au logement. Ces reconfigurations opèrent aussi bien au niveau des rapports entre la base et la direction de ces mouvements que des relations entre ceux-ci et les acteurs publics (ministère des Villes, fonds publics) et privés (propriétaires terriens, secteur du bâtiment), au sein d'une constellation d'opérateurs. Dans cette constellation, on peut trouver des pistes et des indices permettant de mieux analyser les glissements et reconfigurations des représentations et pratiques de ces mouvements.

Ces reconfigurations peuvent être identifiées à partir du fait qu'en moins de quinze ans, certains des mouvements les plus significatifs du droit au logement, aux niveaux régional et national, sont passés de l'occupation d'immeubles du centre-ville de São Paulo, exigeant le droit à la ville et au logement dans les zones urbaines centrales, à la coordination et gestion de certains chantiers du programme à la lisière de la ville, dans les banlieues reculées de São Paulo et de son agglomération. Ainsi, en cherchant à identifier certaines des lignes de force qui instituent et destituent des dispositifs et des sujets sociopolitiques dans ce cadre de croisements, déterminations et indéterminations, modulations et transformations, peut-être est-il possible d'identifier les relations entre, d'un côté, la dynamique résidentielle et urbaine mise en œuvre par le programme lui-même, et de l'autre, les processus issus des conformations récentes de ce que l'on pourrait appeler le Lulisme (selon l'expression – *Lulismo* – utilisée par André Singer pour définir les gouvernements de Luiz Inácio Lula da Silva (Lula) et de Dilma Rousseff). Ce phénomène, le Lulisme, peut être identifié et circonscrit dans le temps et dans l'espace du mouvement de reconfiguration de la place du Brésil dans le contexte mondial des processus d'accumulation financiarisée.

Dualité des politiques sociales brésiliennes et contexte du programme

Pour avoir une vision plus précise du cadre de ces politiques sociales, parmi lesquelles on retrouve les politiques du logement les plus récentes, nous tracerons les grandes lignes générales du contexte brésilien.

Le Brésil est aujourd'hui la sixième économie du monde capitaliste et combine en son sein la croissance économique, ses oscillations et la reproduction des inégalités, qui semblent relativement moins diminuer que la pauvreté et la misère. Lors de la dernière période de croissance, on a pu constater une certaine stabilité du marché du travail, et ce malgré le ralentissement des années 2011-2013. En effet, de nombreux emplois formels ont été créés, mais ils sont caractérisés par de bas salaires et une précarisation des postes de travail. Cette simultanéité entre croissance et précarisation des relations de travail semble être en lien avec une transformation de la composition de l'emploi à partir des redéfinitions de l'insertion brésilienne dans les processus mondialisés de financiarisation et d'hégémonie de l'accumulation du capital depuis les années 1990. Ainsi, durant les mandats de Lula et de Dilma Rousseff, le Brésil a connu – conjointement à l'élargissement de sa base salariée et à la mise en œuvre de politiques sociales de redistribution, comme la *Bolsa Família* – une augmentation significative du salaire minimum. Toutefois, on note également un important durcissement des conditions de travail, avec une augmentation du nombre d'accidents et de décès au travail, ainsi que de l'instabilité de la force de travail (+ 10 % de licenciements et réembauches lors des dix dernières années) et du recours à la sous-traitance. On constate également la dualité des politiques sociales brésiliennes, que l'on retrouve dans la politique du logement et de la ville, au sein d'un programme d'accès au logement divisé entre la stimulation d'un logement social de marché (Shimbo, 2012) et une production de logement social comptant apparemment sur la participation de mouvements populaires.

Cette dualité des politiques sociales s'inscrit dans de fortes relations intersectorielles entre les programmes sociaux et leurs opérateurs, ainsi que dans un ensemble de privatisations croisées (comme les programmes qui mêlent banques et entreprises dans la privatisation de la culture et de la santé), sans oublier l'hégémonie du capital financier (titrisation, financiarisation, monétarisation) alliée à la force de l'agroalimentaire en tant qu'axe essentiel de la politique d'exportations. Ainsi la configuration des politiques dites de développement se conjugue aux politiques sociales, selon un schéma que l'on peut décrire dans les termes suivants :

1. Prévalence de l'agroalimentaire (production à grande échelle de grains pour l'exportation internationale) conjuguée à un investissement moindre dans des programmes d'agriculture familiale destinés à la résolution et à la gestion des conflits autour de la réforme agraire et de mouvements comme le Mouvement des travailleurs ruraux sans terre (MST) ;
2. Dans le domaine du travail : réformes de la législation du travail avec un recul des droits parallèlement à la création d'un petit secrétariat à l'Économie solidaire au sein du Ministère du Travail ;
3. Politiques de santé, d'assistance sociale et de redistribution des revenus mises en œuvre dans le cadre de partenariats public-privé, qui s'appliquent également au financement de la culture ;
4. Dans le domaine du logement : le programme *Minha Casa Minha Vida* – un programme de soutien économique important à la chaîne de production du bâtiment et à la promotion immobilière, renforçant ainsi les liens entre capital financier et capital immobilier, auquel s'ajoute une quantité relativement faible de ressources pour le financement de la modalité PMCMV-*Entidades*, à hauteur d'environ 1/20 du montant total des investissements.

Ces éléments doivent être mis en relation avec le fait que la croissance de l'économie brésilienne s'appuie sur un développement économique marqué par un déficit important de droits sociaux. Puisant ses origines dans les classes laborieuses, le gouvernement a ainsi été conduit à prendre en compte ce déficit de droits, quoique de manière focalisée et ponctuelle, grâce à des mesures d'urgence sur les thèmes les plus visibles, comme le logement. Le déficit résidentiel tourne autour de 6 millions de logements, et un peu plus de 80 % de ce déficit affecte des familles aux revenus mensuels compris entre 0 et 3 salaires minimums (environ 680 euros)[3]. La notion même de déficit peut néanmoins être discutée si l'on prend en considération le fait que le nombre d'immeubles inoccupés de la ville de São Paulo coïncide pratiquement avec le nombre de logements nécessaire pour répondre à la demande non satisfaite.

De fait, le déficit de logements procède de l'incapacité des ménages demandeurs à payer un loyer ou à accéder à la propriété, en raison de l'insuffisance de leurs revenus. Ce déficit de logements accessibles aux couches modestes, comme d'autres carences sociales graves, est le produit de l'évolution de l'histoire du Brésil, et n'a jamais été résolu par les périodes de croissance et de développement économique. Ils ont été au contraire reproduits tout au long de l'histoire du pays selon un processus de socialisation des pertes (cf. l'expression de C. Furtado), même lorsque l'on a pu assister, grâce aux luttes et aux conquêtes, à une certaine amélioration du pouvoir d'achat des classes populaires.

La question du déficit de logements – entre autres déficits et pénuries – est donc fort complexe. À partir de cette complexité, on perçoit que le PMCMV et sa modalité *Entidades* finissent par constituer une demande solvable grâce à l'incorporation de subventions publiques destinées aux promoteurs immobiliers et aux entreprises du bâtiment. Conjointement à l'ouverture de leur capital en bourse, ces derniers ont commencé à connaître des taux de croissance élevés de leur productivité et de leur rentabilité, en raison de la mise en place du programme et du développement corrélé d'un marché immobilier à prix modéré. Nous assistons ici à une croissance inédite des investissements et du nombre d'immeubles produits par les entreprises du bâtiment – qui se trouvent d'ailleurs dans un processus de concentration, fusions et acquisitions – sous l'égide de la pauvreté, habituellement comprise comme un retard à combler, même s'il est nécessaire de définir à chaque moment de l'histoire du pays ce que l'on entend par retard et par modernisation.

Selon Rolnik et Nakano (2009), le programme *Minha Casa Minha Vida* a comme origine le programme chilien de logement social. Plus largement, on peut souligner d'importantes transversalités internationales entre les politiques sociales latino-américaines (programme de transfert conditionnel de revenu, comme *Chile Solidario*, programmes de logement, programmes de prise en charge médicale, entre autres). On

[3] Au Brésil, le seuil de pauvreté est établi par l'Institut de recherche économique du gouvernement, soit un revenu mensuel de 77 reais (environ 25 euros) par personne, calculé à partir du revenu de la famille.

peut également mettre en lumière des similitudes entre les différentes politiques sociales de chaque pays, comme par exemple les privatisations croisées entre les secteurs de la santé et de la culture. Dans le cadre latino-américain, un ensemble d'expérimentations et de programmes sociaux s'est conjointement développé au cours des dernières décennies. Ces expériences font du continent un laboratoire d'essais, de tentatives et de formes de partenariats public-privé focalisés sur les politiques de lutte contre la pauvreté, à contre-courant des processus d'universalisation des droits.

Parmi les opérateurs et les bailleurs de fonds de ces programmes, on trouve une combinaison inédite de fonds publics, sous forme de subsides directs ou indirects, de grandes entreprises et de banques. D'un autre côté, cet univers de politiques sociales et d'accès au logement fait partie de ces expérimentations et constitue le cadre d'intervention d'un ensemble d'acteurs publics et privés, d'intermédiaires à différents niveaux territoriaux et d'organisations internationales, nationales et locales. Ici aussi coexistent conquêtes sociales – encore que très spécifiques – et marchandisation du logement, formes de circulation de programmes et de politiques, et tendances internationales dont la formulation renvoie à de grandes organisations et agences telles que la Banque mondiale et autres du même acabit.

Les politiques du logement et la question sociale brésilienne

Les politiques sociales et les programmes qui y sont associés représentent une dimension importante permettant de mieux analyser le contexte brésilien – et peut-être même latino-américain – contemporain. Il s'agit d'éléments en partie nouveaux, mais également reformulés, dont le parcours n'est pas toujours aisé à retracer dans le temps, étant donné que les programmes sociaux, y compris le PMCMV, présentent autant de continuités que de discontinuités par rapport aux programmes antérieurs de financement de l'accès au logement, comme le *Crédito Solidário* (Crédit solidaire). Ces programmes sociaux et résidentiels permettent néanmoins d'identifier une requalification de ce que l'on appelle communément la question sociale brésilienne, plus particulièrement sous son aspect urbain.

Certaines de ces questions peuvent être reformulées comme suit : qu'est-ce qui subsiste et qu'est-ce qui se transforme par rapport à d'autres façons de voir et de combattre les inégalités et les pénuries, en particulier du point de vue des programmes d'accès au logement ? Existe-t-il un point d'inflexion au sein des permanences et des redéfinitions de la trame des inégalités ? Quelles transformations – et de quelle ampleur ? – ont eu lieu dans les relations entre secteurs et politiques sectorielles, dans les intermédiations et leurs agents, dans les relations entre l'État et ce que l'on appelle la « société civile », et chez les opérateurs de ces politiques, considérés comme des partenaires opérant aux marges[4] de l'État ? Quels sont les axes et la logique des relations entre le capital immobilier et financier et l'État dans leurs nouvelles et perverses reformulations au sein des gouvernements dirigés par le Parti des travailleurs ? Comment se reproduisent et parfois même s'amplifient les inégalités dans le giron de programmes d'accès au logement semblant pourtant destinés à soulager la pénurie de logements et les difficultés d'accès à la ville ?

De fait, le PMCMV et sa modalité *Entidades* en vient à constituer un mécanisme qui produit et reproduit d'importantes inégalités là où leurs effets se font le plus visibles et concentrés, à savoir dans les grandes métropoles brésiliennes, où la pénurie et les inégalités sont le reflet le plus tangible des transformations récentes de la « question sociale » brésilienne, tout en mettant en lumière les façons de les combattre ou de les reproduire.

La question du logement et ses liens étroits avec les processus de ségrégation socio-spatiale sont extrêmement pertinents pour appréhender les débats et positionnements contemporains sur la pauvreté et ses différentes facettes au Brésil, mais également pour analyser la légitimation de modes spécifiques de désignation, de comptage, de classification, d'administration et de contrôle des pauvres. En ce sens, il est intéressant d'entendre l'une des dirigeantes des mouvements populaires qui composent le PMCMV à São Paulo affirmer qu'« il n'y a plus de pauvres au Brésil ». Cette forme perverse d'invisibilisation de la pauvreté s'accompagne d'un lexique spécifique, grâce auquel les classes populaires sont de plus en plus désignées comme classes moyennes.

De fait, les plus pauvres parmi les pauvres – ceux qui sont les premiers touchés par le déficit de logements et qui composent la tranche 1 (revenus des ménages inférieurs à 1 600 reais, soit environ 510 euros) – sont les victimes de cette invisibilité face aux programmes sociaux et résidentiels. Les territoires populaires, les favelas et les banlieues constituent d'ailleurs

---

4 La notion de marges de l'État fait référence à l'usage qu'en font Veena Das et D. Poole dans leur ouvrage *El estado y sus márgenes. Etnografías comparadas.* Revista : Cuadernos de Antropología Social, Universidad de Buenos Aires, 2008 (27).

les lieux et les trames de la ville où il est possible de percevoir et de mettre en perspective les effets les plus flagrants des programmes sociaux et résidentiels. Au final, comment sont mises en œuvre et perçues ces « prestations » – *Bolsa Família*, programmes d'assistance sociale et de santé, PMCMV, *Minha Casa Melhor* (financement de l'électroménager et de l'immobilier) – et quel est leur impact ? Quelle est leur relation – si relation il y a – avec les idéaux et les droits défendus par les mouvements sociaux ? Comment les prestations, les subsides et les programmes créent-ils des sujets, sous la forme d'opérateurs et de publics-cibles segmentés par genre, tranche d'âge ou besoins spécifiques, et caractérisés par leur rôle de simples expédients économiques de monétarisation ?

Sous cette perspective, le PMCMV-*Entidades* – moins différent du programme axé autour des entreprises du bâtiment qu'on ne le supposait en début de recherche – constitue-t-il une manœuvre de financiarisation et de dynamisation des processus d'accumulation du capital sous la forme d'une variante de production de logement social de marché avec la participation de mouvements populaires ? Ou doit-il être considéré comme une expression supplémentaire de la lutte contre la pauvreté en tant que débouché économique et de marché ayant réussi à impliquer des mouvements et des associations populaires comme partenaires d'une politique d'État ?

La pauvreté comme niche de marché

Selon les données de septembre 2013, il existe 634 ensembles résidentiels du programme dans l'agglomération de São Paulo, dont seuls 15 sont relatifs au *Minha Casa Minha Vida* (PMCMV)-*Entidades*. Cette proportion donne une idée des disparités entre les deux modalités du programme (respectivement, entreprises et associations). Ainsi que certains travaux l'ont déjà démontré, à partir des années 2000, on a assisté à une forte concentration du capital dans les grandes entreprises du bâtiment, qui ouvraient en même temps leur capital en bourse pour capter l'épargne et les investissements du pays comme de l'étranger. Certaines ont vu leurs bénéfices augmenter de 500 % en à peine un an (Shimbo, 2012). Ces grandes entreprises interviennent au niveau national et doivent leur expansion principalement au marché à prix modéré.

Il existe ainsi des exemples de production dans le cadre du PMCMV où la captation de subsides permet la mise en œuvre de chantiers destinés à la tranche 1 des revenus – les plus pauvres –, ce qui fournit la légitimité nécessaire à la production destinée à d'autres tranches de revenus considérées plus rentables. Ainsi, la combinatoire de capital financiarisé collecté en bourse et sur le marché des actions, de subsides publics et de production pour le marché à prix modéré comme « modèle d'affaire », semble engendrer de considérables bénéfices pour les grands conglomérats de capitaux centralisés dans des entreprises intervenant sur le marché national, et parfois même international.

Un processus similaire est en cours dans les entreprises opérant dans le secteur de la santé privée brésilienne : ouverture de capital, cotation en bourse, fusions et acquisitions, plans d'entreprise orientés vers les segments aux revenus modestes et dûment collectivisés. Les politiques de santé et de logement, initialement issues d'un ensemble de revendications basées sur un imaginaire de droits, n'ont pas seulement été la cible de privatisations, mais sont également devenues des secteurs d'activité à la rentabilité significative et clairement incorporés à la logique de marché, grâce à une organisation financière et productive où les dimensions de l'efficacité et de la rentabilité des entreprises sont continuellement soumises à la dynamique financiarisée de la bourse et du marché des actions. On constate donc un processus de financiarisation et de monétarisation des politiques sociales – en particulier de logement et de transfert conditionnel de revenu, comme le programme *Bolsa Família* – aux côtés des processus d'assistance et de contrôle sociaux imprégnant les programmes de santé et de culture, comme le Plan d'assistance intégrale à la santé de la famille (*Plano de Assistência Integral à Saúde da Família*), le projet d'accès à culture *Projeto Guri* et les politiques d'assistance aux SDF, entre autres[5].

Toujours du point de vue de l'insertion des programmes de logement dans l'éventail des politiques sociales et de lutte contre la pauvreté, on note par exemple comme trait commun la dimension du genre. Les programmes brésiliens d'accès au logement ont en effet été les pionniers de la prise en compte de la question du genre, en octroyant l'usufruit puis la propriété aux femmes, en qualité de responsables de la famille, selon des procédures qui seront reproduites dans les programmes de transfert conditionnel de revenu.

---

[5] Le Plan d'assistance intégrale à la santé de la famille a été mis en place en 2007 comme un programme d'assistance aux familles, à domicile et dans les dispensaires de quartier, mais également au sein d'équipements plus conséquents comme les hôpitaux. Le programme *Guri* est quant à lui un programme d'activités artistiques et culturelles périscolaires.

Lors de la première phase du PMCMV, par exemple, les ménages dirigés par des femmes étaient pris en charge de manière prioritaire, rapprochant ainsi la dimension du genre de la dimension familiale et maternelle. Contrairement à la phase I, la phase II du programme donne la priorité aux familles en situation de risque afin qu'elles soient relogées dans des zones supposées plus sûres. Cette nouvelle procédure s'inscrit dans un contexte complexe d'expulsions, ainsi doté d'une légitimité retrouvée, qu'alimentent aussi les expulsions ayant pour but de viabiliser de grands projets urbains liés aux événements sportifs et autres. À ce sujet, il est important de noter que dans la ville de Rio de Janeiro, les projets du PMCMV en cours au moment de l'écriture de ce chapitre sont liés aux zones d'intervention pour la préparation de la Coupe du monde de 2014 et des Jeux olympiques de 2016, conformément aux données de l'Observatoire des métropoles, Rio de Janeiro, 2013.

Notre travail de recherche montre une forte concentration des ensembles du PMCMV-*Entidades* dans les banlieues reculées de l'agglomération de São Paulo, principalement à l'est, dans ce que l'on appelle la *Zona Leste*. Cette concentration dans le dernier anneau périphérique de la métropole s'explique par les énormes difficultés d'accès au foncier, attirant ainsi les projets vers des zones où il est encore disponible et ouvert à l'acquisition, principalement en raison du fait que les grandes entreprises du bâtiment ont, tout au long du processus de création et de mise en œuvre du PMCMV, constitué des stocks de terrains. Incidemment, ce processus contribue à valoriser leurs actions cotées dans les différentes bourses. En concurrence avec ces entreprises, les mouvements populaires du PMCMV-*Entidades* ont été repoussés vers les limites de l'agglomération, reproduisant ainsi les processus classiques de ségrégation socio-spatiale qui portent un grand préjudice à l'accès à la ville et à la mobilité urbaine pour les ménages les plus pauvres. Ces facteurs, parmi d'autres, semblent démontrer le caractère souvent obscur des critères d'installation des familles aux revenus les plus modestes dans le cadre du PMCMV, aussi bien dans la modalité *Entidades* que générale.

Le PMCMV-*Entidades* exige également un véritable « chemin de croix » pour la viabilisation des projets portés par les organisations populaires. Ce laborieux parcours va de la recherche de terrains à la maîtrise d'ouvrage, en raison des faibles ressources qui empêchent de mener à bien les projets résidentiels dans des zones plus centrales de l'agglomération. D'un autre côté, la participation au programme constitue souvent l'une des seules alternatives pour répondre aux demandes du droit au logement de la base sociale de ces mouvements. Un nouveau « marché » voit ainsi le jour, viabilisé par l'accès à des ressources et autres subsides, qui créent une demande solvable. Et par l'entremise du programme, cette demande finit par s'exprimer en termes de demande de marché, ce qui est fort différent d'une véritable prise en compte du déficit ou de la demande réelle de logements des populations aux revenus les plus bas.

Face à ce processus, les entités issues des mouvements sociaux pour le droit au logement connaissent également des transformations. En premier lieu, elles interviennent en coalition, comme c'était d'ailleurs le cas lors des occupations d'immeubles vides du centre-ville de São Paulo. Ces groupements contournent ainsi les difficultés de mise en œuvre des projets liées à la petite taille des entités en question, principalement dans les grandes agglomérations comme São Paulo. En second lieu, ces projets exigent un degré élevé de professionnalisation pour la gestion des opérations, ce qui a fait dire à un dirigeant de ces mouvements populaires : « nous sommes une machine ». Les mouvements sociaux se sont ainsi transformés en machines de production de projets résidentiels… Finalement, le langage, les idéaux, le droit au logement et à la ville donnent peu à peu lieu à un nouveau partenariat entre les mouvements populaires et les programmes publics de subvention de l'habitat populaire.

En guise de conclusion

Cette discussion renvoie aux liens qui existent entre les questions de durabilité, de vulnérabilité et de mobilité urbaine, dans leurs diverses acceptions. De cette manière, étant entendu que le PMCMV constitue le plus grand et le plus important programme brésilien d'accès au logement, se substituant à tous les autres en raison de sa force électorale et économique, nous pouvons affirmer que le fait que le programme soit plus orienté vers la constitution d'une demande résidentielle solvable que vers le comblement du déficit de logements pour les couches de population aux revenus les plus modestes implique surtout une dynamisation des entreprises et de la chaîne de construction et de promotion immobilière, y compris via la constitution de stocks fonciers, qui fonctionnent comme leviers de valorisation financière de ces entreprises sur le marché des actions. La dimension durable liée aux questions environnementales est ici substituée par une durabilité des actifs financiers des grandes entreprises du bâtiment, au détriment des possibilités d'envisager les questions du logement et de sa localisation comme un droit.

En effet, la rareté de l'espace foncier urbain a fini par s'aggraver et par générer des pratiques de spéculation immobilière et de formes d'expansion urbaine ne tenant pas compte de l'accès à la ville. Une autre dimension qui compromet la durabilité de ces projets dans leurs dimensions sociale et environnementale est en rapport avec les conditions précaires de fixation des populations aux revenus les plus modestes dans les logements du programme, comme on a déjà pu le constater avec les ensembles résidentiels construits par les Compagnies municipales de l'habitat (COHAB) et par les Compagnies d'État comme la CDHU. Cette précarité des logements est en outre aggravée par le fait que dans certains ensembles du PMCMV destinés aux revenus les plus modestes (tranche 1), une partie des immeubles a déjà été occupée par des factions criminelles pour établir, entre autres, des points de vente de stupéfiants illicites. Ce dernier aspect semble lié à leur situation géographique, et donc à la distance qui sépare ces ensembles résidentiels des territoires les mieux intégrés au schéma urbain.

En outre, au-delà de la possibilité d'articulation de grandes agglomérations brésiliennes comme São Paulo et Rio de Janeiro autour de centralités multiples, les ensembles du PMCMV, et plus encore du PMCMV-*Entidades*, ont pour conséquence d'étendre la trame et le maillage urbains, et d'allonger encore les distances à ces centralités, en raison de la dynamique immobilière créée et alimentée par le programme. Si l'on prend l'exemple de villes de moindre dimension de l'État de São Paulo, ces distances sont encore plus handicapantes pour l'accès aux équipements de santé publique et d'éducation, mais également au commerce de proximité. La question de la mobilité s'aggrave ainsi particulièrement pour les populations aux revenus les plus modestes, celles-là mêmes qui ont le plus besoin de ces équipements publics en tant que services quotidiens indispensables à leur propre reproduction. La solution trouvée pour remédier à cet éloignement est le plus souvent le transport individuel, par l'entremise de la commercialisation de véhicules d'occasion, dont l'achat devient l'une des conditions viabilisant le déménagement vers des banlieues toujours plus éloignées des centres-villes. On peut facilement en déduire les implications en termes de conditions générales de mobilité urbaine, aussi bien dans les grandes agglomérations que dans les villes moyennes.

Ces processus concourent à rendre plus vulnérables la production et la reproduction des conditions de vie urbaine pour les ménages concernés. Selon les critères de la conception socioéconomique de la vulnérabilité (cf. R. Castel, 1999 ; Kowarick, 2003 ; Oliveira, 1995), la dimension économique, en dépit de sa centralité, ne peut à elle seule rendre compte des multiples facettes et conséquences du phénomène. La vulnérabilité sociale et urbaine a été produite et reproduite tout au long de l'histoire du Brésil et du processus d'industrialisation et d'urbanisation. Comme le souligne Oliveira (1995), la production de la vulnérabilité est ancrée dans le fait que « les groupes sociaux vulnérables le sont devenus par l'action d'autres agents sociaux » (p. 9). La vulnérabilité va ainsi au-delà de la seule pauvreté, et son principal mécanisme se fonde sur les usages et les formes du travail, même si les schémas selon lesquels la citoyenneté et les droits seraient liés à ce que Castel a appelé la société salariale n'ont plus cours ou ont subi dans le contexte brésilien d'importants revers depuis les années 1990.

Néanmoins, toujours selon Oliveira (1995), mais aussi d'après Castel (1999), Kowarick (2003) et Telles (2006), du point de vue des mouvements sociaux et de l'action politique, la lutte contre la vulnérabilité implique le passage des pénuries aux droits, à l'encontre des notions de « bénéficiaire » ou de « public-cible » dans le cadre de processus de production d'une demande. Dans cette perspective, notre recherche montre que la production d'ensembles résidentiels pour les plus bas revenus est localisée dans le dernier anneau périphérique des grandes agglomérations, à l'instar de São Paulo, mais également dans les villes moyennes de l'intérieur de l'État de São Paulo. On y constate l'approfondissement des inégalités spatiales par l'intermédiaire de la recrudescence de mécanismes classiques de ségrégation urbaine et de la reproduction – malgré des critiques mûries par des décennies d'expérience – des processus d'éloignement des ensembles et des projets de logements sociaux par rapport aux équipements publics nécessaires à la production et à la reproduction de la vie des bénéficiaires de ces logements, en particulier ceux aux revenus les plus modestes.

À en croire les exemples que nous offre l'histoire du logement social au Brésil, il est fort probable que la permanence des bénéficiaires les plus défavorisés dans les nouveaux immeubles produits par le programme *Minha Casa Minha Vida* soit compromise par la propre dynamique de régularisation du logement, étant donné que les charges de copropriété et les impôts fonciers pèsent souvent trop fortement sur les revenus, provoquant ainsi de nouvelles migrations intra-urbaines vers des lieux encore plus éloignés des centres d'emploi et/ou des équipements et des services. Ces arguments démontrent l'existence d'un processus de production résidentielle qui répond d'abord aux demandes du capital immobilier et financier, laissant au second plan le déficit réel de logements, avec une place centrale accordée aux processus d'accumulation financière au sein de la dynamique urbaine. C'est là l'une des principales fonctions de la conception du programme d'accès au logement telle qu'elle a été articulée par les grandes entreprises du bâtiment en partenariat avec l'État.

Considérant donc la vulnérabilité urbaine comme un processus sociohistorique, on constate sa recrudescence par le biais de mécanismes qui, au moins discursivement, devaient au contraire l'inverser. Il s'agit donc d'une vulnérabilité produite non seulement par l'absence, mais également par la présence de programmes de promotion publique-privée du logement social, où le partenariat et la promiscuité entre l'État et les capitaux privés sont rigoureusement indispensables à la montée en puissance d'un processus d'accumulation financière. L. Shimbo (2012) et D. Sanfelici (Sanfelici) (2013) ont d'ailleurs montré une croissance significative de la rentabilité des entreprises qui ont investi dans le marché à prix modéré à partir de 2007.

Bibliographie citée

Bello, C.A., « Governos Lula : consenso, coerção e hegemonia às avessas ». São Paulo, mimeo, 2012.

Braga, R. *A Política do precariado : do populismo à hegemonia lulista*, São Paulo, Boitempo, 2012.

Castel, R. *Les métamorphoses de la question sociale : une chronique du salariat*, Paris, Gallimard, coll. « Folio », 1999.

Ceballos, M., « Le "détour du social" et les programmes de transferts monétaires conditionnés en Amérique latine : les cas de l'Argentine, du Brésil, du Chili et du Mexique », thèse en Sociologie, IEDES/Paris I, 2012.

Georges, I., « Trabalho precário ou inclusão social e econômica ? O caso dos agentes comunitários de saúde e dos agentes de proteção social da Região Metropolitana de São Paulo, Brasil », in Georges, I. et Leite, M. de P. (dir.), *Novas configurações do trabalho e Economia solidária*, São Paulo, Annablume, 2012.

Georges, I., Santos, Y.G. dos, « A produção da "demanda" : viés institucional e implicações políticas da terceirização do trabalho social na periferia de São Paulo », in Cunha, N.V. da et Feltran, G. de S., *Sobre Periferias : Novos conflitos no espaço publico*, Rio de Janeiro, Faperj/Lamparina.

Ivo, A.B., *Viver por um fio, pobreza e política social*, São Paulo, Annablume, 2008.

Kowarick, L. « Sobre a vulnerabilidade socioeconômica e civil : Estados Unidos, França e Brasil », *Revista : Revista Brasileira de Ciências Sociais*, 18(51), 2003.

Lautier, B., « La diversité des systèmes de protection sociale en Amérique latine : une proposition de méthode d'analyse des configurations de droits sociaux », *Revue de la régulation, Capitalisme, institutions, pouvoirs*, n° 11, 2012. Revue en ligne.

Leite, M. de P., « O trabalho no Brasil dos anos 2000 : duas faces de um mesmo processo », in Véras de Oliveira, R., Gomes, D. et Targino, I. (dir.), *Marchas e contramarchas da informalidade do trabalho. Das origens às novas abordagens*, João Pessoa, UFPB, 2011, pp. 29-63.

Machado da Silva, L.A., « Da informaidade a empregabilidade : reorganizando a dominação no mundo do trabalho », *Caderno CRH*, Revista do Centro de Recursos Huamnos da UFBA. Salvador, n° 37, juillet-décembre 2002, pp. 81-109.

Magalhães, J.C., « As entidades sociais e o surgimento de uma gestão concorrencial do engajamento cívico », in Cabanes, R., Georges, I., Rizek, C. et Telles, V. (dir.), *Saídas de emergência, ganhar/perder a vida em São Paulo*, São Paulo, Boitempo, 2011.

Maia Pereira, O., *Lutas Urbanas por Moradia – O Centro de São Paulo* – thèse de doctorat, IAU, São Carlos, 2012.

Maranhão, T., « O sentido político das práticas de responsabilidade social empresarial no Brasil », in Cabanes, R., Georges, I., Rizek, C. et Telles, V. (dir.), *Saídas de emergência, ganher/perder a vida em São Paulo*, São Paulo, Boitempo, 2011, pp. 237-256.

Maricato, E. *Impasse da política urbana no Brasil*, Petrópolis, Vozes, 2011.

Ministério das Cidades, « Minha Casa, Minha Vida » [En ligne], URL : www.cidades.gov.br/index.php/minha-casa-minha-vida.

Oliveira, F., *A questão do Estado : vulnerabilidade social e carência de direitos*, Cadernos ABONG Brasília, CNAS, 1995.

Paulani, L., *Brasil Delivery*, São Paulo, Boitempo, 2008.

Rego, W.L. et Pinzani, A., *Vozes do Bolsa Família – autonomia, dinheiro e cidadania*, São Paulo, Editora Unesp, 2013.

Rizek, C.S., « Políticas sociais e políticas de cultura – territórios e privatizações cruzadas », *Revista Brasileira de Estudos Urbanos e Regionais*, no prelo.

Rizek, Cibele S. « Nomear e compreender a pobreza no Brasil contemporâneo ». *Rev. bras. Ci. Soc.*, vol. 24, n° 71, octobre 2009.

Rizek, C., Carvalho Santoamore, C., Moreno Camargo, C. *et al.*, *Projeto de Pesquisa Programa Minha Casa Minha Vida Entidades*, São Paulo, mimeo, 2012, Projeto aprovado pelo Ministério da Cidades/CNPq.

Rolnik, R. et Nakano, K., « As armadilhas do pacote habitacional », *Le Monde Diplomatique*, mars 2009.

Sanfelici, D.M., *A metrópole no ritmo das finanças : implicações socioespaciais da expansão imobiliária no Brasil*, FFLCH – USP, 2013.

Shimbo, L., *Habitação social de mercado. A confluência entre Estado, empresas construtoras e capital financeiro*, Belo Horizonte, C/Arte, 2012.

Singer, A., *Os Sentidos do Lulismo – Reforma Gradual e Pacto Conservador*, São Paulo, Cia das Letras, 2011.

Telles, V.S., *Direitos Sociais. Afinal do que se trata ?*, Belo Horizonte Editora UFMG, 2006.

Telles, V.S. et Cabanes, R. (dir), *Nas Tramas da Cidade – trajetórias urbanas e seus territórios*, São Paulo, Humanitas, 2006.

La production de la demande : philanthropie ou commerce ?

Professionnalisation et sous-traitance dans le secteur de l'assistance au Brésil[1]

Isabel GEORGES

Institut de recherche pour le développement (IRD), UMR 201 « Sociétés et développement » et Université de São Paulo (USP)/ Université fédérale de São Carlos (UFSCar), Brésil

Introduction

Au Brésil a eu lieu une « révolution silencieuse » pendant les 10 à 20 dernières années : la transition démographique, comme la réduction drastique du nombre d'enfants, et le vieillissement de la population. Parallèlement, les séparations ont augmenté, et surtout la part des familles monoparentales féminines (*quasi* 20 %, et 30 % si l'on compte les ménages dont la cheffe est une femme), de même que l'activité féminine, de façon concomitante à la relative diminution de l'emploi masculin formel pendant la période des politiques néolibérales des années 1990. Pendant cette période, le Brésil a occupé un rôle de « laboratoire social » de politiques sociales considérées comme « innovantes ». Un de nos

[1] Texte issu d'une communication présentée dans le RT 6 « Protection sociale, politiques sociales et solidarités. Innovation et expérimentation : acteurs, territoires et dispositifs », au 4e Congrès de l'Association française de Sociologie-AFS, à Grenoble, 5-9 juillet 2011. L'enquête de terrain à la base de son élaboration a été réalisée dans le cadre du projet de coopération bilatérale franco-brésilien CNPq-IRD « Nouvelles configurations du travail, savoirs professionnels et genre (le cas de la région métropolitaine de São Paulo » (2007-2011) coordonné par M. de Paula Leite (Unicamp/Decisae) et I. Georges (IRD) (Cabanes, Georges, 2009 ; Georges, Leite, 2011), et bénéficié de l'appui du projet ANR Les Suds II LATINASSIST « Offre institutionnelle et logiques d'acteurs : femmes assistées dans six métropoles d'Amérique latine » (2011-2014).

principaux résultats de recherche montre que les femmes ne comptent pas seulement parmi les principales bénéficiaires de ces politiques, mais sont également parmi leurs principales protagonistes[2].

Dans ce cadre général qualifié par certains de « confluence perverse » (Dagnino *et al.*, 2006), qui se caractérise d'une part par l'importance des mouvements sociaux, et de politiques publiques de reconnaissance des revendications et des droits sociaux des citoyens dans le contexte du retour à la démocratie des années 1980, et de la nouvelle constitution de 1988, et d'autre part, par l'application de politiques néolibérales, sous l'égide du FMI, et de la Banque mondiale, dès les années 1990, préconisant la limitation des dépenses et la défense de valeurs « familialistes », ce chapitre traite d'une expérience locale (une ONG du secteur de l'assistance) au sein de la métropole la plus dynamique du pays, la ville de São Paulo.

Peuplée par près de 20 millions d'habitants, la région métropolitaine de São Paulo se caractérise par le maintien d'inégalités sociales, économiques et spatiales extrêmement importantes. Par ailleurs, contrairement au contexte national, aussi bien l'État de São Paulo que la ville pâtissent d'un gouvernement conservateur, mettant en place des politiques sociales discordantes avec les politiques nationales, comme par exemple la sous-traitance systématique des services publics d'assistance et de santé.

À partir d'une mise en perspective historique des politiques d'assistance actuellement en vigueur au Brésil, et plus spécifiquement dans la ville de São Paulo, ce chapitre propose une systématisation des résultats d'une étude monographique d'un service d'assistance aux familles, pris en sous-traitance par une ONG d'origine religieuse (néo-pentecôtiste), située dans la banlieue populaire de São Paulo, en mettant l'accent dans un premier temps sur l'évolution de l'offre institutionnelle (Hughes, 1962 ; Briand, Chapoulie, 1992). D'après notre hypothèse de travail, des entités du tiers secteur[3] comme celle que nous avons étudiée peuvent bénéficier d'une marge de manœuvre relativement plus importante en ce qui concerne la définition du service rendu co-produit avec l'usager (Gadrey, 1994) dans ce cadre politique hybride, entendu comme des formes d'articulation originales entre les secteurs privé et public, passant par des médiations diverses.

2 Il s'agit par ailleurs d'une des principales hypothèses de départ du projet de recherche LATINASSIST qui s'est vérifiée à différents points de vue tout au long de la recherche.

3 Le terme « entité » est employé ici de façon générique, pour désigner des organisations de nature hétérogène, des associations, des ONGs mais aussi des Fondations ou des Organisations sociales.

L'analyse porte sur la trajectoire institutionnelle de cette entité, en mettant en perspective la production de la demande pour des services d'assistance à partir du discours de justification de l'activité, et différentes formes de visibilisation de celle-ci. Pour le dire autrement, la demande n'existerait pas sans ce discours, qui constitue une forme de réaction collective de la société à des personnes qui *a priori* n'ont rien en commun, pour reprendre la définition simmelienne de la pauvreté (Simmel, 1998 : 96). Les autres formes de visibilisation de cette demande contribuent à la rendre tangible, car sans contenu précis prédéfini, la création d'indicateurs de mesure (temporels, qualitatifs et quantitatifs) donne une forme et une apparence objectives à un sous-ensemble de situations et de cas de figure associés aléatoirement. Or, selon notre hypothèse de travail, dans ce système d'assistance qui repose sur la sous-traitance, la définition précise du contenu du service rendu par ces entités – et donc de la satisfaction de la demande dont l'existence est créée *a posteriori* par l'entité pour justifier son action – reste, en grande partie, à la discrétion de l'ONG qui fournit le service.

En effet, les entités du tiers secteur font l'accompagnement social des familles bénéficiaires de l'aide sociale, ou qui pourraient y prétendre, sans que leur rôle dans la relation entre l'État et ces familles pauvres soit très clairement défini. Dans ce sens, la construction sociale de la demande par les agents de l'institution – ou la définition des critères du contenu du service comme de son « public-cible » – se situe au cœur de la production de cette légitimité, aussi bien au niveau des pratiques de sollicitation de la demande que de son rejet. Par ailleurs, si la fourniture de l'aide sociale en apparence à visée universaliste, en ce qui concerne le discours de légitimation, comme par exemple la *Bolsa Familia*, repose du moins en partie sur l'idée d'une citoyenneté sociale, et de l'accès aux droits – outre l'accès à la consommation –, les formes de concrétisation de ces politiques sociales, et notamment la sous-traitance systématique, comme dans le cas de São Paulo, induisent un certain nombre d'effets paradoxaux. L'analyse montrera notamment comment construction du discours et pratiques institutionnelles alimentent une dynamique en harmonie parfaite avec les orientations politiques locales.

L'analyse est fondée sur une enquête de type ethnographique : observation participante, entretiens avec les professionnels (gestionnaires, maîtrise, techniciens et agents d'exécution) et les usagers du service (une quarantaine, au total)). Pendant un an (avril 2010-avril 2011)[4], nous avons accompagné les activités d'un *Programa Ação Família-PAF* (programme Action Famille), l'un des programmes mis en place par une ONG religieuse subventionnée par la ville, qui réalise des services d'assistance, située dans la banlieue Est de São Paulo. L'activité des professionnels sur le terrain comprend des réunions internes, des réunions socio-éducatives avec les usagers et des ateliers de formation et surtout des visites des agents sur le terrain, au domicile des usagers membres du programme, tâches auxquelles nous avons participé à raison d'environ deux jours par semaine[5].

Les « nouvelles » politiques sociales brésiliennes : des origines jusqu'à leurs configurations locales

Ces « nouvelles » politiques sociales, comme le programme d'attention intégrale aux familles (PAIF) brésilien étudié dans sa version locale programme Action Famille (PAF), ont comme toile de fond les politiques néolibérales de modernisation de l'Amérique latine mises en place sous l'égide d'organismes internationaux comme la Banque mondiale[6], entre autres affiliations plus locales. Depuis les années 1970, ces politiques visent d'une part à réduire les effets trop visibles des crises économiques et du chômage engendrées par ces politiques dans les pays en voie de développement (Campfens, 1997 : 414) dont le retour à la démocratie n'était dès les années 1980 plus compatible avec des formes de pauvreté et d'inégalité aussi flagrantes. Une autre dimension centrale de ces politiques de lutte contre la pauvreté et de mesures d'accompagnement social était dès lors l'instrumentalisation du rôle des femmes dans leur fonction de reproduction de la force du travail pour en améliorer la productivité à faible coût (Molyneux, 2007 ; Santos, 2002 : 51-52)[7]. Outre l'effet « *trickle-up* » d'augmentation générale du niveau de vie de la population,

4 Pendant cette période, l'enquête de terrain a été réalisée en partenariat avec Yumi Garcia dos Santos, dans le cadre de sa recherche postdoctorale « Os novos programas sociais e as (re)configurações de gênero nas famílias atendidas » (Cebrap-CEM/FAPESP).

5 Pour des données plus complètes, le lecteur intéressé peut se rapporter à Georges et Santos, 2016.

6 *Cf.* World Bank Review, 5 (2) 1991 ; et également les politiques mises en œuvre au Costa Rica à la même époque (Sainz, Menjivar, 1991).

7 « *To the extent that the poor possess some tangible assets, however meagre, it is possible to help them become more productive* » (Bennholdt-Thomsen, 1988 : 51).

Santos (2002, *op. cit.*) signale, en citant Bennholdt-Thomsen (1988 : 53) que l'accès des pauvres au micro-crédit – et de façon plus générale à la consommation – était vu comme un facteur primordial pour garantir une certaine stabilité politique. D'autres auteurs mettent en avant comment ces politiques qualifiées de « néolibérales et familialistes » ont préconisé comme critères d'évaluation la focalisation sur des publics spécifiques, la privatisation et la participation de la société civile (Mioto, 2009).

Dans le contexte latino-américain, outre le programme *Progresa/Oportunidades* au Mexique (Molyneux, 2007), le programme de redistribution de revenus (« *cash transfer* ») dont l'étendue n'a été dépassée que par le programme *Bolsa Família* (Bourse Famille) brésilien, avec plus de 8 millions de bénéficiaires à la fin de 2005 (Molyneux, 2007, *op. cit.* : 23), le programme Chilien *Fondo de Solidaridad e Inversión Social* (FOSIS)[8], partie intégrale du système chilien de protection sociale, créé au début des années 1990 (Rojas Lasch ; Ceballos, dans ce volume), a servi d'inspiration pour la création du programme Action Famille (PAF) dans la municipalité de São Paulo en 2005. Les similitudes entre les deux programmes d'assistance sont flagrantes : il s'agit, dans les deux cas, d'accompagner des familles en situation de pauvreté extrême, par l'intermédiaire d'un « service intégral » aux familles (santé, éducation, dynamiques familiales, habitation, travail et emploi), rendu par la municipalité.

Ce service vise la réalisation d'un certain nombre d'actions au sein de la famille en vue de sa « promotion sociale », moyennant une bourse (au Chili, d'une valeur dont le montant est réduit progressivement ; au Brésil par la réception éventuelle d'une allocation d'un programme de transfert de revenus), mais surtout par *son intégration plus efficace dans l'offre de services existante*. Dans ce sens, il s'agit bien d'un programme d'accompagnement et d'orientation sociale – qui par ailleurs mise fortement sur la mobilisation des femmes et le travail communautaire – bien distinct d'une augmentation effective des services de base. Par ailleurs, si les programmes de transfert conditionnel de revenus proprement dits, comme le programme *Progresa/Oportunidades* ou le *Bolsa Família*, visent, au-delà de leurs formes de concrétisation, dans leur matrice, l'accès à une certaine citoyenneté par l'insertion dans le marché de consommation, les programmes d'accompagnement sociaux, comme le Fosis ou *Chile solidário* se veulent promoteurs « d'autonomie » et de « transformation sociale », dans le langage des travailleurs sociaux. Cependant, selon les

[8] http://public.programapuente.cl/index.html, consulté le 9 août 2017.

contextes spécifiques, et les situations, ces catégories peuvent recouvrir des sens divers, aussi bien pour les travailleurs que pour les bénéficiaires. C'est l'investissement de ce flou par les agents de l'institution, qui permet à la fois de faire miroiter aux bénéficiaires l'intérêt de s'adresser à l'institution, et donne à celle-ci les moyens de démontrer auprès du commanditaire du service, la municipalité, qu'elle produit une visibilité du gouvernement local auprès de la population pauvre.

Le *Programa Ação Família – viver em comunidade*[9], mis en place dans la ville de São Paulo à partir de 2005[10], devenu *Programa Ação Família* (PAF) en 2008/2009, est la façon dont la ville opérationnalise sa mission de service d'assistance universel, prévu par la constitution, jusqu'en 2011, quand le format du programme change de nouveau[11]. La municipalité de São Paulo, à la différence d'autres villes brésiliennes, ne disposant nullement de la quantité nécessaire de fonctionnaires publics pour assurer ce service, le sous-traite à des ONGs. Ces entités du tiers secteur, sélectionnées par appel d'offre, se voient confier par la municipalité la concrétisation du *Programa de Atendimento Integral a Família* (PAIF). Il s'agit d'un programme tripartite (fédéral, étatique et municipal), inscrit dans le *Sistema Único de Assistência Social* (SUAS)[12], et géré localement

---

9 Sous l'égide du secrétaire du développement social de la ville, le programme « *Ação família, viver em comunidade* », résulte de l'articulation de plus de 12 départements de la ville pour permettre aux personnes [en situation de vulnérabilité sociale] de sortir de leur situation d'isolement social, économique et géographique et les transformer en agents de développement de la région ou ils vivent. Cf. Secretaria Municipal de Assistência e Desenvolvimento Social, « *Programa Ação família, viver em comunidade. Quem somos : fatos e relatos.* », São Paulo, SMADS, CENPEC, 2006.

10 En 2005, entre la fin de la gestion du Maire de la ville Martha Suplicy (PT – Parti des travailleurs), 2001-2005, et le début de la gestion conservatrice José Serra (PSDB)/ Gilberto Kassab (DEM), 2005-2013, le ProASF était promu par le PT, notamment par l'assistante sociale Ligia Rosa Rezende Pimenta qui a coordonné le programme nommé alors *Casa de Família* et *Ação Família*, et qui avait adopté une perspective conduisant à davantage d'accès aux droits.

11 L 'analyse présentée dans ce texte porte sur le programme dans le format en vigueur entre 2008/2009 et 2011. L'étude du format suivant a donné lieu à d'autres analyses (Georges, Santos, 2016), une des particularités de ces programmes étant leur transformation permanente (Georges, 2014). Le changement de format en 2011 a été provoqué par la menace de la Fédération de retenir une partie des subventions concédées à la municipalité (correspondant au niveau de complexité des services équivalent à la « gestion pleine »), en raison de l'insuffisance de la couverture territoriale des services proposés. Le suivi des bénéficiaires de programmes de transfert de revenus (PTR) en constitue dès lors l'objectif principal.

12 Le SUAS est réglementé depuis 2005 par la Norme Opérationnelle de Base (NOB – Norma Operacional Básica), qui définit les orientations de la loi organique

par les *Centro de Referência de Assistência Social* (CRAS). Ces derniers, repartis sur l'ensemble du territoire de la ville, réalisent une fraction du service, et en sous-traitent la plus grande partie, notamment le suivi quotidien des bénéficiaires de l'aide sociale[13].

Dans le format analysé ici, le choix des bénéficiaires du programme d'accompagnement social est dans un premier temps tributaire de la ségrégation urbaine : le classement comme bénéficiaire potentiel est réalisé à partir du niveau de vulnérabilité sociale[14] du district où se situe le domicile. L'indice de vulnérabilité sociale d'un district repose à son tour sur les données obtenues par le recensement de la population. En 2004, environ 1,4 million de personnes, soit 13 % de la population de la municipalité ou 337 000 familles se trouvent dans cette situation[15]. En revanche, en 2006, seulement environ 30 000 familles, habitant en 13 districts de la ville, sont bénéficiaires du programme. Ce décalage entre les bénéficiaires potentiels et réels s'explique, outre le faible nombre d'organisations chargées du service, par le mode d'établissement du registre originel des bénéficiaires réels (nommé « cadastre »[16]). Les familles ainsi sélectionnées de façon semi-aléatoire se sont vues proposer une

---

d'assistance sociale Lei Orgânica de Assistência Social-LOAS) de 1993 et désigne la famille à partir de son insertion territoriale comme cible privilégié des politiques sociales des derniers dix ans (Alencar, M. M., 2006).

13 À São Paulo, il y a actuellement environ 1 000 ONGs qui mettent en œuvre des services d'assistance en tant que sous-traitants de la préfecture.

14 Sur la carte de vulnérabilité sociale de la ville de São Paulo, un indice élevé se situe entre les niveaux 5 et 6. La « vulnérabilité sociale » est définie comme la conjonction entre différents éléments de privation socioéconomique (bas niveau de revenus et d'éducation) et certains profils sociodémographiques des familles (présence importante d'enfants et de personnes âgées, de femmes avec des faibles niveaux de qualification ou de jeunes mères, cheffes de familles monoparentales) (SAS. Mapa da Vulnerabilidade Social, 2004 : 6).

15 Selon l'indice pauliste de vulnérabilité sociale, en 2004, 337 000 familles habitent dans des quartiers périphériques, avec un accès limite à des services publics du gouvernement ou sous-traités, et un revenu familial inférieur à un tiers du salaire minimum (IPVS/SEADE, 2004). En 2004, le salaire minimum était de 260 reais ; il est de 545 reais en 2011, environ 336 euros.

16 Registre ou « cadastre » réalisé par une entreprise de sondage d'opinion, prestataire de service de la ville pour la réalisation du service. Les enquêteurs se sont rendus dans les districts avec des indices de vulnérabilité élevés, munis du listing des bénéficiaires de l'aide sociale (programme de transfert de revenus – PTR), recensés sur le CadÚnico, registre national des récepteurs d'aide sociale, pour les rencontrer à leur domicile, démarche obligatoire pour leur proposer l'adhésion volontaire au programme. Ce cadastre a pu être actualisé par la suite, mais sa constitution est toujours objet de débats.

première réunion de présentation du programme, et trois réunions socio-éducatives portant sur 1) la vie en famille, 2) la ville communautaire, 3) la vie de droits et de devoirs, et un contrat d'adhésion, les engageant à participer aux activités du programme pour une durée approximative de deux ans.

La mission de ces PAF[17] est de rendre un service d'assistance à la population pauvre dans le sens de promouvoir sa transformation sociale et de permettre à terme son « émancipation », dans une perspective de rupture avec des politiques « assistancialistes ». Ce service repose concrètement sur la réalisation de visites à domicile, sur des orientations données par des techniciens dans les antennes locales des ONG, localisées dans les quartiers, et sur la réalisation d'ateliers professionnalisants, par exemple de manucure, de pâtisserie artisanale, de production du savon ou d'espadrilles, etc. Chaque antenne locale est composée d'une équipe de techniciens (4 personnes, en général un psychologue, une pédagogue, deux assistantes sociales) et d'une équipe de 8 agents de protection sociale, recrutés directement par l'ONG, généralement en CDI (*Convenção da Legislação Trabalhista*-CLT)[18] et finalement d'un gérant, qui fait l'interface entre l'antenne locale et l'ONG, et qui a généralement son siège dans un quartier à proximité. Chaque équipe s'occupe de 1 200 familles (150 par agent), et s'engage à réaliser au moins une visite mensuelle. Le taux de fréquentation des réunions socio-éducatives proposées dans une des diverses églises du quartier ou un autre lieu communautaire, constitue un des indicateurs de productivité des agents, qui figure également sur le rapport d'activité de l'organisation, rendu mensuellement à la municipalité.

Cette première mise en perspective permet de montrer qu'il s'agit d'une configuration locale, municipale – de sous-traitance d'un service universel – soumis à un certain nombre de conditionnalités et de contraintes, tant de la part de la Fédération que des organisations locales auprès des bénéficiaires. L'on peut par ailleurs se poser la question sur le sens plus précis de cette sous-traitance, à travers l'articulation entre ces différents niveaux. S'il s'agit pour le gouvernement fédéral de sous-traiter la gestion du service, sous-traite-t-il également son opérationnalisation, la

[17] En 2011, existent 44 programmes Action Famille dans la ville de São Paulo, selon des fonctionnaires d'un CRAS de la banlieue Est.

[18] La durée effective des contrats de travail est tributaire de celle du contrat de sous-traitance avec la mairie, et du renouvellement du contrat, tous les deux ans, en règle générale.

responsabilité pour celle-ci et le résultat du service rendu ? De l'autre côté, le type de relation paternaliste entre organisations socio-assistancielles, parfois religieuses, avec les bénéficiaires ne date, en tout cas à São Paulo, pas d'hier. Il s'agit en fait d'une articulation spécifique entre des formes de gestion « du social » qui datent de périodes différentes, et qui sont issues de contextes politiques disparates[19], rendus « compatibles » pour la circonstance.

Par ailleurs, l'orientation plus générale de cette politique « d'activation » de la population pauvre, et notamment des femmes comme responsables du foyer et du bien-être familial, et la sous-traitance de la responsabilité de l'État à l'égard du bien-être collectif des familles, voire des individus, montre sa conformité avec les autres programmes d'assistance mis en place en Amérique latine, mentionnés précédemment. Ce mécanisme sous-jacent transversal – l'activation – constitue le dernier maillon de la chaîne de la sous-traitance, ou de la délégation des responsabilités de l'État vers les « citoyens », qui les rend co-acteurs du système, à condition d'accepter les termes du contrat lié à la réception d'une forme d'aide sociale quelconque.

La reformulation, en 2011, du programme en service permanent d'une part, et d'autre part le changement des conditionnalités d'accès, comme la réception d'une forme d'aide sociale pour pouvoir prétendre à ce service – aide sociale en provenance aussi bien du niveau de la Fédération, comme le *Bolsa Família*, ou le BPC-*Benefício de Prestação Continuada*, ou de la *Renda Cidadã*, attribué par l'État de São Paulo, ou encore la *Renda Minima*, attribué par la ville de São Paulo – reposent la question de la finalité de ces politiques et de leurs enjeux, y compris en termes de visibilisation de leurs propres effets et de mesurabilité[20], et de leurs implications concrètes pour la population.

---

19 Nous pensons ici en particulier à ce que nous avons nommé, pour le cas de São Paulo, le modèle « PSDB » (Parti de la social-démocratie brésilienne), le parti de l'ancien président Fernando Henrique Cardoso, qui se caractérise par la préférence pour la privatisation systématique des services de l'État, sous prétexte de meilleure efficacité, soit le modèle néo-libéral par excellence (Hibou, 2013). Historiquement, cette tradition politique domine au niveau de l'État de São Paulo, comme elle revient périodiquement au pouvoir dans la ville, extrêmement conservatrice.

20 Nous avons analysé par ailleurs la marchandisation politique des programmes, comme le *Bolsa Família* (Georges, Ceballos, 2014).

L'offre institutionnelle : *A Fundação Paixão*[21]

Dans une perspective d'offre institutionnelle inspirée initialement par les travaux de Hughes (1962, *op. cit.*) pour analyser l'enseignement supérieur technique (Briand, Chapoulie, 1992) au lieu de raisonner en termes de demande, de sa satisfaction ou non, cette section vise à interroger les effets de l'offre institutionnelle sur la formation de la demande de service d'assistance, à partir de l'analyse d'une étude de cas approfondie. Dans ce sens, la professionnalisation récente du travail social réalisé au sein de l'organisation caritative étudiée se juxtapose à sa sous-traitance (90 % des services d'assistance de la ville de São Paulo en 2011) et crée une dynamique commune. Dans ce contexte, la professionnalisation du travail social constitue une condition quasi *sine qua non* pour sa sous-traitance, et vice-versa, produisant ce que nous pouvions appeler un dispositif de qualification des travailleurs sociaux professionnels, la plupart du temps des femmes. Cette dynamique contribue à créer une offre de service partiellement en concurrence avec des services publics (de santé, par exemple). Dans quelle mesure cette offre de service concurrentielle va-t-elle contribuer à façonner la constitution de la demande ?

L'extrait d'entretien de l'assistante sociale de l'ONG, l'un de ses membres fondateurs, permet de saisir le processus de transformation interne, d'expansion et de multiplication des activités que nous exposerons de façon plus détaillée ci-dessous. Ainsi, M., 47 ans, originaire du voisinage, l'unique fille qui a fait des études universitaires sur les trois enfants d'un couple de presbytériens, d'un père collecteur de déchets urbains, qui s'est mariée sur le tard avec un membre de l'église :

> Moi, ça faisait déjà six ans [que je faisais partie de l'église], nous étions jeunes, j'étais jeune diplômée en 1986, et alors nous avons commencé ce travail. Ça a commencé à prendre du volume parce que nous avons réussi à agréger de nouveaux bénévoles – parce qu'à cette période, nous n'étions que des travailleurs bénévoles – et nous avons réussi à obtenir des espaces supplémentaires, et la population que nous pouvions accueillir, les usagers, ont augmenté, et alors tout cet accueil a commencé à former un corps. Nous avions réussi à obtenir un cabinet dentaire ; on avait déjà l'accueil de la première heure, c'était la distribution des paniers alimentaires, tout ça a commencé à prendre un volume important en 1996, quand la *Fundação* a été instaurée, avec toute une formalisation, un statut, avec toute la documentation légale. C'est à ce moment-là que nous sommes sortis de l'espace physique de l'église, parce que nous étions plutôt une action sociale de l'église, nous

[21] Nom fictif.

avions un autre centre d'intérêt parce que nous accueillions la population de l'église, les membres de l'église, et en devenant une organisation sociale, on changeait d'objectif, c'était pour recevoir la société dans son ensemble. Alors si quelqu'un avait besoin, il n'y avait plus la question d'être membre ou pas de l'église, c'était la société [dans son ensemble] ; et avec l'institution, quand on a été reconnu, l'activité a augmenté plus encore, on a gagné en crédibilité. Avec ça, on a réussi à agrandir notre corps de travailleurs bénévoles, parce que cette question du travail bénévole était très importante pour la fondation. Aujourd'hui, comme nous avons grandi beaucoup avec la question des contrats [de sous-traitance], nous avons 270 salariés et 180 travailleurs bénévoles actifs.

La *Comunidade Paixão* – l'ONG d'origine religieuse qui sous-traite le PAF où nous avons mené notre enquête – est tout d'abord une église évangélique néo-pentecôtiste[22], fondée en 1979. Aujourd'hui, l'église localisée dans un quartier de la banlieue Est compte 6 000 membres dans la ville de São Paulo, et environ 20 000 au Brésil, au total, au sein de quarante-quatre églises sur le territoire national, et une église internationale au Japon (initialement destinée aux immigrants brésiliens). À partir de 1982, les membres de l'église commencent un travail volontaire communautaire dans le secteur de la santé, d'abord dans une salle adjacente de l'église, pour fonder en 1996 l'ONG *Fundação da Comunidade da Paixão*. Ce travail caritatif se développe notamment grâce au fils du pasteur fondateur, président actuel, médecin gynécologiste et politicien. Conseiller à la sous-préfecture d'Itaquera pendant plusieurs années, il a été élu député pour le gouvernement de l'État en 2010 pour le compte du PSDB – *Partido Social Democrático Brasileiro* (parti de Fernando Henrique Cardoso, prédécesseur de Luiz Inácio Lula da Silva). Les activités sociales de l'ONG prennent cependant vraiment de l'ampleur avec la généralisation de la sous-traitance des services d'assistance sous l'égide d'un gouvernement local de tendance plus conservatrice. Si en 2008, l'ONG emploie 70 salariés à temps plein en CDI (*CLT*), en 2010, ils sont déjà 270, en plus de 180 travailleurs bénévoles (qui donnent, selon les cas, entre un et deux jours de travail par semaine). L'ensemble des gestionnaires (treize personnes) appartient à l'église, ainsi que leurs conjoints, et environ 30 % de l'ensemble des salariés. La multiplication des gérants s'explique en partie par la professionnalisation du travail social, à savoir la nécessité de se tenir informé et donc d'appartenir à

22 Mais qui ne prône pas la théologie de la prospérité. L'église se revendique cependant comme étant « familialiste », à partir de l'image du père traditionnel, pourvoyeur principal.

divers forums et conseils de représentation et de concertation de ladite « société civile organisée »[23]. D'autre part, cette augmentation du nombre de salariés est due à la généralisation de la sous-traitance de l'assistance. Ainsi, l'ONG met en œuvre actuellement huit services et programmes subventionnés par la préfecture : quatre crèches, deux Programmes Action Famille, une soupe populaire et un abri pour des femmes victimes de violence domestique. Par ailleurs, au siège de l'ONG, qui se situe dans un grand immeuble à quatre étages au centre d'un quartier périphérique, se trouvent une polyclinique, une pharmacie (distribution de médicaments donnés), pour réaliser des projets d'assistance tels que le suivi gynécologique, mais aussi la distribution de lait et de paniers d'alimentation (assistancialisme traditionnel) et d'un projet « Père du Ciel » (accueil d'enfants dans des familles pour les fêtes de Noël). L'ONG emploie aussi deux couturières, qui organisent des ateliers de couture avec d'autres femmes (thérapie occupationnelle) et produisent de l'artisanat, vendus lors de nombreux bazars pour réunir des fonds complémentaires.

À partir de la prise en charge d'un premier contrat de sous-traitance d'une crèche subventionnée par la municipalité depuis 2008 (reprise du contrat d'une autre ONG, qui avait détourné l'argent public), et avec la démultiplication de la délégation de l'opérationnalisation des politiques sociales d'assistance au tiers secteur d'un côté, et le positionnement éthique, moral et religieux de l'ONG, en parfaite harmonie avec les orientations principales de ces politiques de l'autre, les contrats publics et les projets se multiplient. De fait, ce sont les services de la municipalité qui dans nombre de cas ont cherché à conclure un marché avec l'ONG et l'ont encouragée à participer à des appels d'offre. Cette croissance de l'activité va de pair avec une réorganisation interne, impliquant une séparation entre le travail « caritatif » professionnel et les activités religieuses de l'église, bien que celle-ci reste la principale source de financement des projets. Ainsi, d'après les informations fournies par le comptable de l'entité, seulement environ 20 % de l'argent dépensé avec les projets proviendrait de la municipalité (environ 1,5 million de reais, l'équivalent de 650 000 euros), tandis que le restant des environ 3 millions euros qui transitent par an par l'ONG serait une contribution de l'église, recueillie à travers le « dixième » (sorte de denier du culte)

[23] Dans ce contexte, il s'agit moins d'organes de représentation de la société civile visant la défense de ses intérêts, prévues par la Constitution de 1988, que d'une sorte d'extension de l'appareil bureaucratique de l'État, où le passage à la formalisation devient nécessaire dans la pratique pour pouvoir trouver une place au sein de ce que nous appelons « marché de la pauvreté ».

des membres de la communauté religieuse, par le biais de donateurs (surtout des particuliers, et quelques petites et moyennes entreprises)[24] et provenant des activités charitables de la communauté. Dans ce contexte, jusqu'à très récemment, les cahiers des charges des appels d'offre de la municipalité ne prévoyaient pas de financement de l'équipement matériel initial (bâtiment, équipement), restant à la charge de l'exécutant du service[25]. Paraît alors une imbrication, et une interdépendance entre une professionnalisation du travail social et des activités caritatives, ne serait-ce que pour en garantir le financement, en dépit de sa formalisation, et sa contractualisation avec les pouvoirs publics.

Dans ce sens, la multiplication des contrats publics provoque donc d'une part la multiplication des sources de financement de nature diverse (charité, donations, mécénat d'entreprises, etc.), et d'autre part l'émergence d'une gestion comptable. Cette financiarisation de l'activité a été accompagnée par sa bureaucratisation, et sa réorganisation interne. L'ONG dispose ainsi d'un conseil de direction, composé par le Président, le vice-président, le secrétaire, vice-secrétaire et trésorier ; et d'un conseil fiscal ainsi que d'un curateur, outre le comptable principal et une assistante sociale, gérante. Les conseils sont renouvelés tous les cinq ans, le mandat du président est de quatre ans. En dépit de cette réorganisation formelle, le personnel de l'entité maintient son activité de façon permanente, en jouant sur différents statuts. Ainsi, l'ancienne présidente, l'épouse du fondateur, était présidente pendant deux mandats, et continue à travailler actuellement dans l'ONG en tant que volontaire. Le président actuel est un homme d'affaires, chef d'entreprise (de production de pompes à extraction de pétrole), ancien trésorier. Par ailleurs, il est pasteur de l'église,

---

24 Conformément à la législation brésilienne, un mécène potentiel peut faire une donation jusqu'à un montant de 5000 reais sans obtenir d'avantage fiscal, mais au-delà de ce montant, surtout en ce qui concerne les entreprises, les entreprises peuvent opter pour verser directement jusqu'à 1 % de l'impôt dû au *Fumcad* (*Fundo Municipal da Criança e Adolescente da Prefeitura de São Paulo*), et à travers celui-ci à une organisation non-lucrative. Par ailleurs, l'obtention de ce label d'entité non-lucrative, attribué au niveau fédéral, par le Ministère du développement social, permet aussi la perception d'une taxe sur la consommation (IPVA), prélevée à la source, et redistribuée par l'État de São Paulo aux consommateurs qui le réclament, ou à des organisations qui se portent candidates, et qui disposent d'une certification.

25 Par ailleurs, le niveau salarial des assistantes maternelles, par exemple, était d'environ 1/3 moins élevé dans les organisations en sous-traitance que dans celles dépendant directement de la préfecture. De plus, la charge horaire des professeurs du préscolaire est de 8 heures journalières dans les crèches sous-traitées (40h par semaine), contre 6 heures dans les crèches directes.

mais à titre volontaire (comme d'autres membres des professions libérales, qui ne perçoivent pas de salaire ; les pasteurs « professionnels » perçoivent une indemnité de base). Par ailleurs, l'ONG dispose depuis peu d'une charte éthique, qui définit les principes moraux et éthiques de l'entreprise, et les devoirs et obligations de chacun (affichée publiquement derrière la porte d'entrée dans le siège de l'ONG), afin de rendre « contractuel » l'engagement volontaire des travailleurs de l'ONG[26]. En dépit de leur séparation formelle, le travail professionnel et volontaire restent ainsi profondément interdépendants, tant dans la pratique du travail social que dans les trajectoires socioprofessionnelles des travailleurs.

La trajectoire institutionnelle de cette organisation, emblématique de la généralisation de la sous-traitance des services publics et de la professionnalisation du travail social, montre ainsi la reconfiguration des formes d'imbrication aussi bien entre les pouvoirs publics et des organisations du tiers secteur plus ou moins religieux, l'initiative privée et les milieux politiques, qu'à l'intérieur même du travail social, entre sa professionnalisation et son imbrication consubstantielle avec le travail volontaire. En effet, l'engagement au travail devient un des traits fondamentaux du travail social, à l'instar des transformations plus générales du travail salarié contemporain.

La production de la demande : entre discours et indicateurs de mesure

La production de la demande pour des services d'assistance, d'accompagnement social ou d'avantages en nature[27], constitue un enjeu fondamental pour assurer la continuité de l'institution sur ce « marché de la pauvreté » dans le temps puisqu'il s'agit du principal moyen pour l'institution de se rendre visible aux yeux de la municipalité, et de « montrer service ». Si les carrières professionnelles et morales des femmes gestionnaires de cette entreprise, les « entrepreneuses de morale », constituent l'une des dimensions centrales de cette institution (Georges,

---

26 Ainsi, des règles de conduite morales et vestimentaires, comme par exemple, pour les femmes, éviter l'usage de jupes courtes ou des chemises décolletées, deviennent objet d'un contrat et peuvent motiver un renvoi. D'après un des gestionnaires, cette mesure est devenue nécessaire, suite à la démultiplication des salariés, surtout au sein du secteur éducatif ; et surtout de travailleurs appartenant à des religions diverses, échappant au contrôle rapproché de l'église.

27 Comme un panier d'aliments de base, par exemple, attribué sur le mode de la faveur.

2014), la production d'un discours de légitimation, dans une perspective de la sociologie des professions, est fondamentale. En comparant la création de l'ONG aux croisades de morale analysées par H. S. Becker (1963), l'idée du succès d'une institution morale dont l'objectif affiché est le tri entre les « bons » et les « mauvais » pauvres, est étroitement associée à la création d'un ensemble de règles, et d'un appareil de mesure. Dans ce sens, le discours moralisateur des usagers de l'organisation et l'émergence de la mesurabilité de la demande, avec l'apparition d'indicateurs, constituent les deux faces de la même médaille. *Last but not least,* le discours moralisateur neutralise le potentiel conflictuel des inégalités sociales, en reléguant aux pauvres l'initiative pour « s'en sortir ». L'organisation se déresponsabilise de toute activité de maintien de la pauvreté, et renvoie ainsi l'horizon de revendication de droits aux calendes grecques.

La construction du discours de légitimation

La construction du discours de légitimation du « gouvernement moral des pauvres » (Lautier, 2009) s'appuie de façon centrale sur des histoires de succès, celles de « bons usagers », de « pauvres méritants » qui, grâce à l'aide consentie, ont réussi à s'en sortir et ont pu devenir quelqu'un, contractant simultanément une dette morale envers l'institution bienfaitrice. Cette dette originelle est d'ailleurs à l'origine d'une possible reconversion de la catégorie morale « d'endetté » en « donateur » de fonds ou en nature, à la fondation. Cette « transformation sociale » des personnes est mise en perspective comme l'horizon des possibles, justifiant donc l'idée fondatrice de cette entreprise de morale que chacun est en dernière instance responsable de son sort. Outre l'idée du non-droit des pauvres, méritant dans le meilleur des cas d'une aide concédée dans le registre de la faveur, ce discours réitère une approche paternaliste de l'assistance. Il sous-entend aussi l'inexistence de différences sociales significatives, puisque tout un chacun peut traverser ces moments et disposerait des capacités de « s'en sortir ». Il s'agit, en effet, d'une forme à peine réactualisée du « rêve américain », et du fondement idéologique de l'idée néolibérale et du mythe méritocratique.

> V., comptable principal : « Non, il ne s'agit pas du mécénat d'entreprise. [...] Il [un donateur] est venu, c'est une histoire bien intéressante, parce qu'il est venu de Rio de Janeiro à São Paulo, il est arrivé ici avec une promesse d'embauche, mais ça n'a pas marché ; et puis il a commencé à avoir des problèmes, il n'avait même plus de quoi manger, alors il est venu

> à la fondation pour prendre un panier d'alimentation, il est resté un certain temps à recevoir un panier d'alimentation. Et puis il a réussi à trouver du travail, il a monté une boite, et il a dit – non seulement lui, mais aussi ses employés, "c'est important d'investir [dans le social] parce qu'un jour, j'en ai eu besoin, et ils m'ont bien aidé". C'est super chouette ça, et la plupart des personnes qui font des donations, c'est comme ça. »

Le témoignage d'une des gérantes de l'association ci-dessous apporte une vision plus familialiste – et féminine – sur le même sujet, insistant davantage sur la dimension pédagogique de ces pratiques :

> M., assistante sociale, gérante : « On a beaucoup de cas comme ça. La semaine dernière, j'ai entendu une histoire [...] dans un groupe où nous développons aujourd'hui un travail, ensemble avec l'église, de collecte alimentaire pour les paniers de base, et dans beaucoup de cas, les gens finissent par oublier. Alors elle [une femme qui a participé à la réunion] a raconté qu'elle n'a plus jamais oublié parce qu'un jour, elle a eu besoin d'un panier de base. Alors elle a dit que chaque deuxième ou premier dimanche du mois, elle apporte un kilo d'aliments, et elle l'enseigne à ses enfants aussi, cette valeur, parce qu'un jour elle en a eu besoin. Alors il y a beaucoup de personnes qui passent par la fondation comme usager et qui ensuite deviennent un de nos manutentionnaires. »

La même histoire de l'entrepreneur venu du Nordeste pauvre – l'un des mythes fondateurs de l'organisation – racontée par la gérante, en charge du travail volontaire, psychologue spécialiste en RH, met en avant l'aspect du volontariat, du « don de soi », considéré comme l'essence de la légitimation de leur action :

> K. : « Je crois que ce qui motive une personne à faire du travail bénévole ici [...], c'est réellement de savoir ce qui peut faire la différence dans la vie d'une personne, comme, par exemple, tirer une personne d'une situation de grande vulnérabilité sociale pour passer à un stage supérieur. On a des cas comme par exemple une personne qui est venue du Nordeste avec sa famille et qui pris un panier de base ici, il a commencé à travailler, il a grandi, et aujourd'hui, il est devenu entrepreneur, et c'est lui qui fait des donations. Je crois que le volontaire, il vient à cause de ça, parce qu'il sait qu'il peut faire la différence dans la vie de quelqu'un. »

Outre la déconstruction de toute différence sociale ou forme de domination entre les agents de l'institution et la population – ayant cependant des origines sociales et géographiques proches – ce discours va à l'encontre d'une nécessité de reconnaissance de droits. Ce discours, reproduit *ad infinitum* par ses adhérents, est fondé sur la responsabilité individuelle de chacun pour son bien-être individuel et collectif, au sein de sa famille, raison pour laquelle il peut être l'objet d'une action transformatrice. De fait, la construction de ce discours de légitimation de l'action sociale charitable dénie toute forme de responsabilité systémique dans la reproduction de la situation de dépendance sociale et économique, qui constitue cependant la raison d'être de cette entreprise de morale.

Dans cette perspective, l'existence effective, de la part de la population, d'une demande pour des services d'assistance qui par définition n'ont pas de contours définis, constitue un enjeu fondamental qu'il s'agit dès lors de rendre visible en la documentant et en la rendant mesurable. Si cette création d'indicateurs de la demande constitue une nécessité pour l'institution, elle répond également à la demande des pouvoirs publics qui sont soumis de leur côté à un impératif de *accountability*, pour justifier auprès de l'État fédéral la dépense des crédits transférés pour assurer la mission d'assistance. L'introduction de formes de rationalisation du travail social de l'assistance accompagne celle d'indicateurs de mesures de la productivité de « l'action transformatrice » dont se revendique l'organisation, et qui constitue sa principale raison d'être.

Afin de pouvoir justifier, par l'efficacité du travail réalisé, l'affectation de l'argent public, il s'agit dès lors pour l'organisation de rationaliser ses actions, et de les rendre mesurable. La production de la demande constitue dès lors un enjeu existentiel pour l'institution comme pour les pouvoirs publics. Elle peut devenir l'objet de la concurrence entre prestataires de services, de statuts différents. Il est important dans ce contexte de rappeler la différence entre les programmes de transfert de revenus, comme le *Bolsa Família* (ou le *Progresa/Oportunidades*), et les programmes d'accompagnement social, comme le PAF étudié (ou le *Chile Solidário*). Si les premiers ont un objectif concret, le transfert de revenus, les deuxièmes visent « la transformation sociale » des familles, comme déjà mentionné. Il est cependant intéressant de rappeler que les programmes d'accompagnement social jouent fréquemment sur le flou de l'articulation entre les deux, laissant sous-entendu que se comporter en « bon pauvre » méritant augmenterait les chances de maintenir, ou d'avoir accès dans le futur aux programmes de revenus monétaires, ceci étant vrai ou pas[28].

---

28 Dans l'ancien format, la réception d'une forme d'aide sociale n'était pas obligatoire pour participer au programme, contrairement au programme actuel. En revanche, même si formellement la participation au programme ne figure pas parmi les conditionnalités pour avoir accès à une forme d'aide sociale, les agents de l'institution peuvent indiquer des bénéficiaires potentiels ayant le « profil » au moment de l'ouverture des prestations à de nouveaux bénéficiaires (comme par exemple en

La mise en concurrence entre différents prestataires peut être réalisée à l'initiative de l'ordonnateur du service, en occurrence la mairie, comme par exemple à l'occasion de la tenue de réunion d'évaluation du service, réunissant des crèches en sous-traitance et des crèches publiques municipales. Moins attendu, les différents « prestataires de service » peuvent cependant aussi chercher à « capter la demande » et à se positionner sur le « marché » du social, en justifiant leur existence par la fourniture d'un service déterminé, qui a été sollicité par les pouvoirs publics, ou pas. Ainsi, une des premières activités bénévoles mises à disposition par la Communauté religieuse à l'époque où celle-ci rendait des services dans l'annexe de l'église, était dans le secteur de la santé. Or, c'est le secteur de la santé qui a été précurseur en ce qui concerne le développement d'un service préventif, à visée universelle, disponible sur l'ensemble du territoire national, depuis les années 1990. La fondation continue cependant à proposer ce genre de service, même si la demande a diminué de façon significative, en justifiant son « différentiel » par rapport au service public par la plus grande rapidité, et la moindre complexité de l'accès au service, comme le formule K., une des assistantes sociales :

> Par exemple, la mère qui est en attente d'une consultation avec un spécialiste, avec un pédiatre, dans le poste de santé, et n'arrive pas à l'avoir, dans plein de cas, elle y arrive avec beaucoup plus de facilité ici. Elle cesse d'aller au poste de santé pourquoi ? Parce que tout est long, parce qu'elle passe par un spécialiste et ensuite par un autre, et encore un autre, et ensuite elle comprend qu'ici, elle n'a pas besoin de passer par tout ce système de tri, qu'elle va être reçue plus rapidement. [...] Alors on ne peut pas dire non plus « je ne vais pas te recevoir parce qu'il y a un poste de santé à côté de chez toi. » Malheureusement, ce que l'on dit, on aimerait que le tiers secteur n'existe pas, que le secteur premier, le secteur secondaire y arrivent, mais il finit de surgir une demande pour le tiers secteur parce que les deux premiers n'arrivent pas à absorber cette demande, et ce qui reste, va vers le tiers secteur.

D'autre part, la « demande résiduelle » serait également composée d'usagers habitués :

> De nos jours, la demande que nous avons pour ce genre de programme est petite, mais même comme ça, elle existe encore. Des personnes qui avant faisaient leurs examens gynécologiques avec nous, par exemple, elles finissent par continuer à les faire avec nous parce qu'elles nous font confiance ; elles

---

période électorale), comme ils peuvent être chargés par la municipalité du suivi des familles qui ne respectent pas les conditionnalités pour recevoir des transferts de revenus dans le format actuel.

ont commencé à créer un lien avec la fondation, alors elles finissent par continuer à faire leurs examens ici. (K.)

Au-delà de ces tactiques de « fidélisation » de la demande, cette entreprise de morale entreprend de « démarcher » des « clients potentiels », à savoir des usagers qui ne résident pas dans les environs et les quartiers relativement centraux de la périphérie, mais dans des quartiers moins bien desservis en termes d'équipements de services publics et de transport, comme par exemple dans la banlieue Nord. L'organisation a acquis une unité de laboratoire mobile, qui a été envoyée dans des quartiers distants avec une équipe médicale et un laboratoire d'analyses médicales ambulantes, afin de recueillir des examens :

Tout le monde [les usagers] va ensemble, il y en a une qui va, qui amène les autres, et généralement on reçoit une quantité importante de personnes d'un coup. Ca nous est déjà arrivé, de prendre d'un coup 15 cas de cancer dans une même communauté, je crois que c'était à Guarulhos, que c'était arrivé. (K.)

La fondation maintient des activités dans trois secteurs (santé, éducation et assistance), une étape intermédiaire de spécialisation, « polyvalence » qui constitue une astuce pour multiplier les voies d'accès à la population pauvre :

La à I., on n'accueille pas seulement comme crèche. Dans la crèche, il y a les enfants, ils restent dans la crèche, mais dans beaucoup de cas, on les oriente vers la nutritionniste qui va jusque-là, qui fait une évaluation, et qui l'oriente vers le pédiatre. Alors cette mère, elle va passer chez le pédiatre, et aller prendre un médicament dans notre pharmacie. Vus comme ça, les projets sont tous plus ou moins liés. (K.).

En revanche, en même temps que la fondation cherche à augmenter « la demande », à attirer des usagers, et à les fidéliser, elle commence à développer des formes de contrôle de l'impact de ses actions, de les rendre mesurables et en dernier lieu de rationaliser le travail social à travers l'introduction d'indicateurs de mesure du traitement de la demande. Cette « rationalisation » du travail passe par le tri entre les « bons pauvres » méritants (avec un « potentiel de transformation » élevé) et les mauvais, pas très prometteurs en termes de « rendement » du travail social.

Aujourd'hui, nous sommes arrivés à un niveau [d'activité] où nous évaluons nos actions. Par exemple, les actions qui n'ont plus tellement d'impact, de résultats, ce sont des actions que nous évaluons ; est-ce intéressant de continuer ? [...] C'est un changement social, parce que nous croyons

> seulement dans les actions qui marchent, qui génèrent un changement dans la communauté, qui génèrent une promotion dans telle ou telle communauté. Si on fait un travail, on fait une évaluation. Si on voit que rien n'a changé, est-ce un travail effectif ? Alors on fait cette évaluation. (K.)

Cette évaluation ne concerne cependant pas seulement le travail de la fondation, mais surtout les objets de son travail, les usagers :

> Soit c'est notre travail qui n'est pas bien fait, ou le problème est de cette famille, qui ne veut pas, parce que ça aussi arrive ; il y a des familles que nous accueillons depuis des années, et qui ne sortent pas de là, on continue à les accueillir, mais c'est donner dans l'assistancialisme pourquoi ?

Outre cette évaluation de la « qualité de la demande » (donc des usagers), il s'agit dès lors aussi d'en mesurer la quantité. Cette exclusion progressive s'est faite au cours du temps, c'est-à-dire la limitation de la fourniture du service dans la durée, en parallèle à une évaluation de sa qualité : par définition le service d'assistance qui s'étend (et aurait tendance à se transformer en droit) qualifierait ainsi un mauvais usager – puisque incapable de remédier à l'origine de son supposé décalage avec ce qui serait un « pauvre méritant ». Par ailleurs, la limitation du service dans la durée comme a) moyen d'identification des « mauvais usagers/ pauvres » ; et b) délimitation du service non productif (car sans résultat de transformation sociale du pauvre), et donc de la quantité du travail, est renforcée par la sous-traitance. En effet, la durée du service fourni est un des éléments qui composent le cahier des charges défini au moment du lancement de l'appel d'offre. Un des effets de l'introduction de cette évaluation de l'efficacité aussi bien du prestataire du service que de son « public-cible » est l'implication des deux participants de cette interaction dans un processus de production entrepreneurial, et donc de participation à un modèle de gestion.

De plus, la technique de la limitation de la durée semble « objectiver », et donc « neutraliser » l'acte d'exclusion d'un pauvre, et de justifier, en dernière instance, le discours de moralisation. Sous l'apparence gestionnaire est née la moralisation entrepreneuriale, professionnelle et politiquement neutre. Concrètement, les familles qui font partie du programme *Action Famille* (c'est-à-dire qui ont signé le contrat d'adhésion au programme) disposent d'un délai de deux ans pour modifier la situation qui a autorisé leur inclusion ; la durée de réception de paniers d'alimentation a été stipulée de six mois ; les femmes victimes de violence domestique peuvent prétendre à un logement d'urgence pendant six mois, etc. De fait, les effets conjugués de la professionnalisation et de la sous-traitance du travail social, et des services d'assistance plus particulièrement, constituent une professionnalisation du traitement de la demande, produisant sa fragmentation et une hiérarchisation entre les différents types de demande, servant de justificatif à des formes de discrimination des usagers :

> C'est pour cela, des fois des personnes remarquent, ça marche comme une entreprise, parce que de fait, [la fondation] fonctionne d'une façon très organisée, il y a toute une logistique, tout un parcours, il ne suffit pas simplement d'arriver ici et de dire « j'ai besoin d'aller voir le dentiste ». D'abord, la personne va aller voir l'assistante sociale, qui va établir un registre d'accueil pour qu'elle connaisse l'historique familial, parce qu'il y a des gens qui pourraient payer eux-mêmes, mais qui croient que c'est plus facile de passer par ici. S'il n'y a pas d'évaluation sociale de la famille, selon le revenu familial per capita, ou la personne va être reçue ici, ou alors on va l'orienter pour aller chez le dentiste et de payer par ses propres moyens.

En fin de compte, dans le contexte politique et social local actuel, on arrive à une situation paradoxale où coexiste d'un côté un discours de charité et du service au prochain produisant des formes de légitimité sur le plan de la morale au service des pratiques de fidélisation des « bons pauvres », ceux qui adhèrent à l'entrepreneuriat de soi-même (Donzelot, 1984). De l'autre côté, se produit la dénégation de ceux qui n'adhèrent pas à l'idée de la « transformation sociale », qui perçoivent la fondation simplement comme une source possible d'aide à la survie dans des conditions adverses. Par ailleurs, cette contradiction est redoublée par le paradoxe interne entre la nécessité de fidéliser la demande (et de trouver de nouveaux demandeurs) et d'émanciper les bénéficiaires de l'assistance, preuve ultime de la réalisation d'un service.

Conclusion

L'activité de cette organisation du tiers secteur s'inscrit de manière emblématique dans un contexte plus général qui s'est caractérisé dès la deuxième moitié des années 2000 par deux tendances fondamentales, mais contradictoires, et peut contribuer à en comprendre les contours. Ainsi, d'une part, cette période s'est caractérisée par une conjoncture économique favorable et une tendance significative à la formalisation de l'emploi, témoignant du rôle de relance économique assumé par les pouvoirs publics (Vidal, 2010). D'autre part, elle a été marquée par le maintien des inégalités sociales, d'autant plus durement ressenties qu'elles produisent des formes d'exclusion plus définitives, notamment en raison du manque de qualifications des personnes. Les formes de gestion de la pauvreté et l'activité de pacification sociale étudiées s'inscrivent dans ce contexte, et ont contribué à sa reproduction. C'est dans ce contexte que les transformations de l'offre institutionnelle et leurs dynamiques internes prennent tout leur sens, en particulier en ce qui concerne les formes de définition de la demande, comme nous avons vu.

De fait, devant ce cadre paradoxal, qui fait miroiter la possibilité d'une ascension sociale et d'un accès plus large à la consommation, l'exclusion de certains pans de la population de cet horizon des possibles pose problème et rend d'autant plus utile socialement la construction du discours du pauvre méritant. Le développement économique a fait un tel bond en avant depuis le début des années 2000, que la population plus âgée et/ou qui ne dispose pas d'un certain niveau de qualification (au moins les études primaires, voire secondaires complètes) paraît définitivement exclue du marché de l'emploi, limitée à se débrouiller avec un ensemble d'activités et astuces plus ou moins formelles, voire avec l'aide des pouvoirs publics. C'est de ce public qu'émane la demande pour des services d'assistance – si tant est qu'elle existe.

Nous avons montré dans ce chapitre, à partir d'une mise en perspective des politiques d'assistance dans la ville de São Paulo, dès la deuxième moitié des années 2000, et de l'analyse de la trajectoire institutionnelle d'une entité de charité, la façon dont le discours de cette entreprise de morale et les formes de visibilisation de la demande, en justifient l'existence. Plus particulièrement, nous avons centré notre analyse sur l'activité d'une entité de sous-traitance qui, de façon emblématique, de par sa position dans ce marché, vise inévitablement, mais aussi paradoxalement, la fidélisation d'une clientèle d'usagers potentiels.

Or, en même temps qu'elle doit chercher à capter une demande afin de justifier son existence auprès du commanditaire du service – la municipalité –, cette organisation déclare également avoir comme finalité la recherche de « l'autonomisation », ou plus exactement, de « l'émancipation » de sa population-cible. Ainsi, le flou de la définition du service rendu – et donc de l'existence de la propre demande elle-même – demande de quoi ? – est l'enjeu central qui permet à l'institution de faire face à cette injonction contradictoire. Selon les cas, en fonction des aléas de la conjoncture institutionnelle et de la demande du commanditaire, il s'agit donc de « capter » la demande, de faire le tri entre les « bons » et les « mauvais » pauvres. Les contours de ces catégories, ainsi que le contenu du service rendu, varient selon l'état de la demande (la quantité de pauvres, et leur « potentiel » de transformation), et la nécessité d'en justifier l'existence, quitte à s'en défaire, afin de documenter la réalisation du service, c'est-à-dire la transformation sociale du « bon pauvre » en consommateur autonome, non-contestataire.

Ainsi, dans un contexte de sous-traitance systématique des services publics, la mise en place de mécanismes de marchandisation du service, par le biais de la formalisation, la qualification et la quantification de la demande, contribue à sa production en même temps qu'à la création d'un marché de la charité, situé aux frontières brouillées entre l'État, le marché et des acteurs hybrides, entre la « société civile », le tiers secteur et des entités religieuses. L'analyse de la trajectoire institutionnelle, et de l'activité de l'entreprise de morale d'origine religieuse étudiée a montré comment celle-ci contribue à reproduire ce cadre des inégalités sociales, et à les rendre socialement acceptable. Dans ce sens, la fonction principale de ces entités est celle de la pacification sociale.

Références bibliographiques

Briand, J.-P., Chapoulie, J.-M., *Les collègues du peuple*, Paris, INRP-CNRS-ENS, 1992.

Becker, H.S., *Outsiders : Studies in the Sociology of Deviance*, New York, The Free Press, 1963.

Bennholdt-Thomsen, V., « Why do Housewives continue to be created in the Thirld World too ? », in Mies, M., *Women : The Last Colony*, London et New Jersey, Zed Books, 1988.

Cabanes, R. et Georges, I. (dir.), *São Paulo, la ville d'en bas*, Paris, l'Harmattan, 2009.

Campfens, H. (dir.), *Community development around the world : practice, theory, research, training*. Toronto, Canada, University of Toronto Press, 1997.

Dagnino, E., Olvera, A. et Panfichi, A. (dir.), *A disputa pela construção democrática na América latina*. São Paulo, Paz e Terra, 2006.

Gadrey, J., « Les relations de service et l'analyse du travail des agents », *Sociologie du travail*, n° 3/94, 1994, p. 381-389.

Georges, I., « Reconfiguration des politiques sociales au Brésil. Le genre de l'assistance à São Paulo. », *Travail, Genre et Sociétés*, n° 32, 2014/2, pp. 45-61.

Georges, I. et Ceballos, M., « Bolsa Familia y la asistencia social en Brasil : de la lucha politica a la mercantilización local », *Caderno CRH*, Salvador, vol. 27, n° 72, décembre 2014, pp. 513-529.

Georges, I. et Santos, Y. Garcia dos, *As « novas » politiquas sociais brasileiras na saúde e na assistência. Produção local do serviço e relações de gênero*. Belo Horizonte, Fino Traço, 2016.

Georges, I. et Leite, M. de P. (dir.), *Economia solidária e as novas configurações do trabalho*, São Paulo, Annablume, 2011.

Hibou, B. (dir.), *La bureaucratisation néolibérale*, Paris, La Découverte, 2013.

Hughes, E.C., « Going Concerns : the Study of American Institutions » (1962), *The sociological Eye*, 1984, p. 53.

Mioto, R., « Família e políticas sociais », in Boschetti, I., Behring, E., Santos, S. et Mioto, R. (dir.), *Política social no capitalismo. Tendências contemporâneas*, São Paulo, Cortez Editora, 2009, pp. 130-148.

Molyneux, M., *Change and continuity in Social Protection in Latin America, Mothers at the service of the state ?*, UNRISD, 2007.

Pereira, P.A.P., « Pluralismo de bem-estar ou configuração plural da política social sob o neoliberalismo », in Boschetti, I. *et al.* (dir.), *Política social : alternativas ao neoliberalismo*. UnB. Programa de Pós-Graduação em Política Social, Departament de Serviço social, 2004.

Santos, Y.G. dos, « A Incorporação do Enfoque de Gênero como Política de Desenvolvimento : Motivações, Institucionalização e Desdobramentos », mémoire de maîtrise, USP-FFLCH, 2002.

Simmel, G., *Les Pauvres*, Paris, PUF, Quadrige, 1998 (1e éd. 1907).

Secretaria Municipal de Assistência e Desenvolvimento Social, « Programa Ação família, viver em comunidade. Quem somos : fatos e relatos », São Paulo, SMADS, CENPEC, 2006.

Vidal, D., « Par-delà permanences et évolutions, À propos des nouveaux regards sur le Brésil », *Problèmes d'Amérique latine*, n° 78, automne 2010, pp. 13-27.

Entre politique d'emploi et politique d'assistance

Le programme national d'aide à domicile en Argentine ou la production publique de travailleuses pauvres

Natacha Borgeaud-Garciandía

Conseil national de Recherche scientifique et technique (CONICET) à la Faculté latino-américaine de Sciences sociales (FLACSO), Buenos Aires, Argentine et UMR 201 « Développement et sociétés »

Sigles employés :
PNCD : programme national d'aide à domicile
MS : Monotributo social
ESS : Économie sociale et solidaire
MDS : Ministère de Développement social

Les années suivant la grande crise de 2001, l'Argentine a le vent en poupe. La récupération économique et sociale est indéniable (taux de croissance élevé, augmentation de l'emploi, diminution du chômage et des emplois informels, diminution de la pauvreté, etc.). Différents facteurs tempèrent toutefois cette amélioration globale, comme les disparités sur le territoire, les effets de la crise mondiale (sur par exemple, une certaine perte de dynamisme du marché de l'emploi), une stagnation de l'emploi informel autour de 35 %, une hausse du taux d'inflation, et l'ensemble des « clairs-obscurs » de la société argentine, qui rappellent la complexité des phénomènes et nuancent les schématisations aussi bien apologiques que critiques (Kessler, 2011).

Les politiques sociales constituent un axe d'intervention important sous les présidences de Néstor Kirchner et Cristina Fernández. Plusieurs mesures-phares sont à leur actif, telle la renationalisation du régime des retraites, la mise en place de l'Allocation universelle par enfant pour la protection sociale[1], ou le lancement du programme *Argentina trabaja* promouvant la création d'emplois par le développement de coopératives de travail subventionnées par l'État. L'emploi (ou le travail, les deux termes sont indistinctement employés par les institutions officielles) se veut, pour ces gouvernements, l'axe autour duquel se structurent l'intervention et l'inclusion sociales. Ainsi faut-il, pour faire face aux situations sociales de pauvreté (de « vulnérabilité »), privilégier les politiques d'insertion par l'emploi et non plus les programmes d'assistance plus ou moins ciblés[2].

« L'emploi, c'est la meilleure des politiques sociales », répète ainsi à l'envi Alicia Kirchner, ministre du Développement social. L'emploi, dans le ministère qu'elle représente, est présenté comme le vecteur d'« inclusion » par excellence et s'inscrit dans l'« Économie sociale et solidaire » (ESS) qu'il promeut. L'exemple choisi par la ministre pour illustrer cette réussite, dans un entretien à un journal national, concerne les aides à domicile pour personnes âgées et handicapées : « l'année dernière [2008], explique-t-elle, nous avons formé 12 000 personnes, qui se sont insérées dans le marché du travail à travers PAMI [la Sécurité sociale des retraités] et qui sont *monotributistas sociales* [travailleurs autonomes aidés par l'État][3] ».

C'est justement à ce programme de formation et aux travailleuses formées que va être consacré notre chapitre. À la croisée des politiques sociales d'assistance et d'insertion par l'emploi ; du soutien aux populations dites « vulnérables » et des mécanismes de formalisation de l'emploi ; de l'héritage des politiques issues de l'« ère ultra-libérale » et de l'affirmation officielle d'orientations nouvelles, l'histoire et le développement du programme national d'aide à domicile (PNCD) témoignent de la complexité des transformations qu'a connues le pays

---

1 Impulsée en octobre 2009, cette allocation, associée au régime général de la Sécurité sociale, a pour but de couvrir les secteurs de la population exclus des protections familiales historiquement réservées aux travailleurs formels. Sur ces réformes et les lectures qui peuvent en être faites, cf. Danani, Hintze (2011), Danani, Beccaria (2011), Hinzte, Costa (2011) ; Golbert, Scheines (2010) ; Borgeaud-Garciandía (2011).

2 « Cela fait près de deux ans que le gouvernement se prépare à transformer ses plans d'endiguement de la pauvreté causée par le chômage, en politiques actives de formation et d'insertion par le travail » (C. Tomada, Ministre du Travail, Emploi et Sécurité Sociale, le 13/02/2006) ; « L'antidote le plus puissant contre la pauvreté, c'est le travail et le plein emploi, avec des travailleurs déclarés [*en blanco*] et des salaires dignes [...] La pauvreté ne se résout pas avec des plans sociaux » (Cristina Fernández, Présidente de la République, *Diario La Prensa*, 28/07/2009).

3 *Página 12*, « El empleo es la mejor política social », 22 février 2009.

depuis le début du millénaire, notamment du point de vue des politiques visant l'inclusion sociale.

Dans un premier temps, nous nous pencherons sur la trajectoire du PNCD. L'attention est portée sur les inflexions, les hésitations, les reformulations que l'histoire du pays où les orientations politiques ont imprimées. L'accent mis depuis quelques années sur le volet « emploi » du PNCD, *via* la mise à disposition des travailleuses[4] d'instruments visant la formalisation de leur emploi et leur « insertion » par le biais de l'ESS, fait l'objet de la seconde partie. Le regard porté par les travailleuses sur ces propositions complète cette approche. Ainsi l'analyse institutionnelle s'enrichit-elle d'une analyse « par le bas ». L'article s'achève sur des réflexions concernant le développement d'une politique sociale qui, tout en cherchant à extraire des populations (ici des femmes) de la « vulnérabilité », produit des travailleuses précarisées, fixées dans des secteurs hautement féminisés, et (paradoxalement ?) vulnérabilisées à la fois par l'individualisation de leur responsabilité vis-à-vis d'emplois fortement caractérisés par leur instabilité et l'impossibilité de se passer de l'assistance (familiale ou publique). Une politique sociale qui s'inscrit dans une forme de gouvernement des populations.

Le PNCD : continuités et inflexions dans un contexte politique et économique changeant

Le PNCD[5] a connu, ces dernières années, un développement important. Son budget en nette augmentation au cours de ces dernières années, les récents accords passés avec d'autres institutions (l'Institut de Sécurité sociale des retraités – PAMI, les ministères du travail et de l'éducation, etc.), la mise en place de mécanismes liés à l'emploi,

---

4 L'emploi du féminin sera souvent privilégié, la formation étant essentiellement suivie par des femmes.

5 Du point de vue de la formation, le programme, qui dépend de la Direction nationale des politiques pour personnes âgées (DINAPAM), se divise en deux « composantes », partiellement indépendantes l'une de l'autre : la composante « formation » (6 mois de formation théorique) et la composante « prestation » (un stage de 6 mois chez des personnes – âgées ou handicapées – bénéficiaires temporaires du service). Chacune de ces composantes se déroule dans une structure décentralisée suite à des conventions signées entre l'État et des institutions locales (États provinciaux, municipalités, ONG, universités, coopératives, etc.). Il coexiste parfois avec d'autres programmes locaux. Ceci dit, la plupart des personnes âgées sont soit indépendantes soit prises en charge par leurs familles, ou reçoivent les soins d'une aide à domicile à l'heure ou à demeure, non déclarée.

et l'appropriation locale dont le programme ferait l'objet l'auraient transformé, si l'on en croit la coordinatrice nationale du PNCD, en une véritable « politique d'État » que ne pourrait plus ébranler un changement de gouvernement[6]. Mais si le PNCD porte l'empreinte des orientations adoptées ces dernières années, il n'en est pas moins une initiative issue du gouvernement précédent de Menem duquel les gouvernements kirchnéristes n'ont (discursivement) cessé de vouloir se distinguer ; initiative qui, à son tour, répond ainsi aux préoccupations et orientations sociales et politiques des années 1990.

Ainsi, ses dix-sept années d'existence sont-elles pétries de l'histoire sociale, économique et politique argentine. Le PNCD naît en 1996, au sein d'un Secrétariat de développement social (SDS) flambant neuf qui représente « la structure d'assistance et de promotion sociale la plus importante de l'État néolibéral », qualifiant ainsi les gouvernements ménémistes des années 1990 (Alayón, Grassi, 2004). Le SDS abrite les grands plans et programmes d'assistance ciblée, particulièrement destinés aux populations « incapables de s'adapter » aux changements de l'« ère néolibérale » (les pauvres, les chômeurs, les mères célibataires, etc.) (Grassi, 2003). Le PNCD naît alors que les personnes âgées se trouvaient durement touchées par la pauvreté[7]. Il sera jusqu'aux années 2000 exclusivement considéré comme un programme gérontologique destiné aux personnes âgées en situation de pauvreté.

Au cours des années les plus intenses de la crise sociale, économique, politique et institutionnelle qui a ébranlé le pays au début des années 2000 le programme est interrompu, faute de fonds. Il faudra attendre l'année 2002 et l'amorce de la stabilisation de la situation sociale pour que le PNCD, censé protéger les vieilles personnes les plus démunies[8], soit à nouveau lancé pour ne plus connaître d'interruption. Sous le gouvernement intérimaire de Duhalde (2002-2003), la reprise du programme s'accompagne de modifications concernant cette fois la formation dispensée aux aides à domicile qui deviennent objet d'attention dans le cadre des politiques d'assistance sociale alors promues. La formation doit dorénavant être suivie en contrepartie des aides sociales

---

6 Entretien avec la coordinatrice nationale du programme, juillet 2011.

7 En 1998, 20,3 % des plus de 60 ans se situaient sous le seuil de pauvreté et 85 % des retraités touchaient des revenus inférieurs à 250 pesos par mois, bien loin du « panier alimentaire de base » (Rapport, 2005).

8 La prestation aux personnes âgées est réalisée par les aides à domicile en stage et dure 6 mois. L'idée est qu'ensuite les bénéficiaires de la prestation soient prises en charge localement, mais ce n'est pas toujours le cas.

et en particulier du tout nouveau Plan cheffes et chefs de ménages sans emploi (PJJHD) (Ceballos, 2009 ; Rodríguez Enríquez, Reyes, 2006). Pendant les années qui suivirent, les prétendant.e.s à la formation d'aide à domicile doivent impérativement – puis prioritairement – être bénéficiaires de programmes assistanciels, PJJDH ou autres.

L'accent mis sur le volet « formation », puis de formation et d'emploi, sera amené à se développer, transformant le PNCD en une « politique publique de double perspective » (Arias, 2009). Ainsi peut-on lire dans une analyse du programme menée par la Commission économique pour l'Amérique latine (CEPAL) conjointement avec les responsables du PNCD : « le programme national d'aide à domicile constitue une politique publique, qui tend aussi bien à améliorer la qualité de vie des personnes âgées qu'à offrir la possibilité à des personnes sans emploi de réussir une insertion dans le marché formel du travail » (*Ibid* : 30). Cette nouvelle orientation affichée fait écho à la centralité des thèmes du travail et de l'emploi dans les discours officiels ; de même, on est passé de parler de bénéficiaires de plans assistanciels d'emploi à parler de personnes au chômage. Cela témoigne à la fois d'un virage emprunté et du flou qui a perduré autour du ciblage des personnes à former.

Finalement, les réformes des retraites et des pensions, amorcées en 2003 – dans un contexte de reprise économique – et qui ont culminé en 2008 avec la fin du système par capitalisation et un retour au système par répartition, ont eu un impact important sur l'évolution du PNCD. La possibilité d'« acheter » des années de cotisation pour compléter et percevoir la pension de retraite, l'accès à une retraite anticipée pour les travailleurs s'étant acquitté des années de cotisation obligatoires, ou encore la reconnaissance du droit à une retraite minimum pour les femmes au foyer, ont joué sur le profil des personnes pouvant bénéficier du PNCD. En effet, d'après la coordinatrice nationale du programme, l'État doit intervenir là où n'arrive aucune autre institution de sécurité sociale, auprès des personnes « les plus vulnérables, les plus pauvres et les plus exclues »[9]. D'un côté, de nombreuses personnes âgées susceptibles d'être ciblées par le PNCD ont bénéficié des réformes des retraites et ont alors pu se tourner vers l'assistance à domicile offerte par PAMI aux retraités les plus démunis (ils ne relèvent théoriquement plus de l'assistance par le PNCD). Toutefois, d'un autre côté, alors que l'État, *via* le PNCD, est censé n'intervenir qu'auprès des personnes âgées dépourvues de retraite et de sécurité sociale, une recherche menée dans la capitale argentine

9 Entretien réalisé en juillet 2011.

témoigne ici aussi d'une certaine flexibilité du programme dans son application.

Nous pouvons offrir, à titre d'illustration, deux exemples issus d'institutions offrant la prestation dans la ville de Buenos Aires. Dans le premier cas, il s'agit d'une organisation juive réalisant un important travail social au sein de sa communauté, et qui a passé des accords avec le PNCD dans le but de couvrir les vieilles personnes, retraitées, le temps que s'achèvent les démarches pour recevoir l'allocation de PAMI pour financer une aide à domicile. La seconde institution n'a pas trouvé, ou n'a pas eu les moyens d'atteindre les bénéficiaires ciblées. Elle a dû demander l'autorisation d'offrir la prestation à des retraités pauvres. Dans l'un et l'autre cas, il s'agissait donc de *retraités* et non pas de personnes dépourvues de sécurité sociale visées par le PNCD.

Les instruments d'insertion par l'emploi : une appréciation mitigée

Le ciblage indirect des individus « vulnérables »

Nous avons observé la flexibilité dont a dû faire preuve le ciblage des vieilles personnes bénéficiaires de l'aide. Le volet formation est encore plus parlant : après une période de non ciblage (se formait qui voulait), les candidates sont soumises à la condition d'être bénéficiaires de plans sociaux, puis chômeuses, jusqu'à ne plus être soumises à aucune condition « ... mais alors on suppose qu'elles sont vulnérables ». C'est l'image qui se détache de la présentation du PNCD (en tant que politique d'emploi) et des instruments proposés pour l'insertion par l'emploi des travailleuses formées. Ainsi, pour le Ministère de Développement social (MDS), la formation s'adresse à « des personnes » (sans caractéristiques particulières) « [dans le but] de créer des opportunités d'emplois et d'insertion dans le marché du travail formel » (MSD, 2011 : 24).

Il en est de même du côté des instruments pensés à cet effet : le *Monotributo social* (MS), un système de cotisations sociales subventionnées que nous examinerons par la suite, est accessible aux personnes en situation de « vulnérabilité sociale », c'est-à-dire « dans un état d'insécurité économique (pour des raisons liées aux revenus, au logement, et à la protection sociale) et de travail, dépourvues des moyens pour surmonter cette conjoncture » (*Ibid.* : 69). L'Économie sociale et solidaire (ESS) qu'il leur est proposé de rejoindre regroupe à son tour un ensemble de politiques sociales qui ont surgi, en temps de crise, comme une réponse au chômage, à la pauvreté et à l'exclusion et s'adressent elles aussi essentiellement aux populations vulnérables (Hintze *et al.*, 2011). Ainsi, bien que les candidat-e-s à la formation ne fassent plus l'objet d'un ciblage, elles et ils sont considérés comme des personnes « vulnérables » que l'on doit aider à « s'insérer ».

La rencontre entre, d'une part, une formation aujourd'hui libre et gratuite, qui ne pose aucune condition sociale à son suivi, et la présupposition réitérée que les personnes qui se forment sont vulnérables, ne permet pas de détacher cette formation des politiques sociales, de l'emploi et assistancielles, alors que théoriquement la liberté d'y participer quelle que soit sa condition devrait le situer au-delà des marges de l'assistance. Ainsi la formation incluse dans le programme d'aide à domicile de la ville de Buenos Aires, très semblable au programme analysé, est avant tout pensée en fonction de l'aide gérontologique dispensée et non pas de son impact sur la vie des femmes formées (effet secondaire). Il semblerait donc que ce soit la nouvelle vision offerte du PNCD – qui vise les personnes âgées *et* les travailleuses – qui soit à l'origine du rapprochement possible avec une forme de ciblage et d'assistance qui ne dit pas son nom.

Ce rapprochement assistance-travail diffère toutefois de l'esprit des plans ciblés de l'ère ménémiste. Il ne s'agit pas ici d'un échange théorique assistance-contrepartie en travail, mais de la possibilité de se former puis de travailler en échange d'une affiliation subventionnée à la Sécurité sociale et au régime des retraites et d'une incitation à s'organiser en coopératives au sein de l'Économie sociale et solidaire. Certains auteurs rejettent d'ailleurs l'idée qu'il s'agirait-là d'assistance pour mettre en avant le développement (dans plusieurs pays d'Amérique latine et en Argentine surtout à partir des gouvernements kirchneristes (2003) de politiques publiques de *promotion de l'ESS* (Hintze *et al.*, 2011 : 233), qui soutiennent le « travail associatif autogéré comme manière d'auto-produire des revenus », sur la base de relations de coopération et de solidarité[10], avec pour but non pas les gains en soi mais la « reproduction de la vie »[11]. Reste à savoir si les travailleuses se sentent elles-mêmes « désaffiliées » et surtout si l'« affiliation » proposée répond à leurs attentes.

---

10 Sur le flou qui entoure ce terme et pour une analyse générale critique de l'ESS, cf. Ould Ahmed (2010).

11 En Amérique latine, les interventions publiques de promotion de ce type d'économie « alternative » portent différents noms (économie solidaire, économie populaire solidaire, ESS, etc.). Nous employons le terme privilégié par les organismes publics

Quels instruments pour quelle formalisation et quelle insertion par l'emploi ?

Cette transformation du PNCD en politique explicitement double représente le trait le plus saillant des changements de ces dernières années. Pourtant, il ne s'agit pas d'une transformation à proprement parler, puisque la formation, présentée par le MDS comme ce qui favoriserait l'accès à l'emploi ainsi que sa formalisation, fait partie du programme depuis ses débuts. Ce qui change – outre l'augmentation du budget – c'est la valorisation de cet aspect ainsi que la mise à disposition des personnes formées d'instruments existants, visant et la formalisation de l'emploi et l'insertion sociale par le travail.

Autant les politiques de l'emploi que de nombreux programmes d'assistance sociale sont pris dans les discours sur l'inclusion sociale par le travail et l'emploi que prône le gouvernement et qu'il a, au cours des années passées, notamment dans le contexte de crise économique mondiale, accompagné d'une série de mesures visant la protection de l'emploi déclaré, la protection des PME, le blanchiment des emplois informels, etc.[12]. Ces interventions publiques témoignent d'une division du travail entre populations, prises en charge par différents ministères : *grosso modo*, les populations jugées « employables » sont redirigées vers le Ministère du Travail, tandis que les « non – ou difficilement – employables », ont été réorientés vers le MDS et les programmes destinés aux personnes et groupes « vulnérables ». Cette division « emploi/assistance » n'est pas hermétique. Le travail fait ainsi partie intégrante des politiques du MDS, mais s'inscrit ici dans l'Économie sociale et solidaire. Les instruments de formalisation et d'insertion sociale par l'emploi proposés aux travailleuses formées par le PNCD sont de deux ordres et s'inscrivent dans l'ESS impulsée par le gouvernement par le biais du MDS : le *Monotributo social* et l'organisation solidaire des travailleuses. Ainsi, des séminaires portant

argentins analysés, également repris par certains auteurs (Hintze *et al.*, 2011). Sur l'histoire de ce courant théorique et la diversité de situations qu'elle recouvre, cf. par exemple, *Revue Tiers Monde* (dossier n° 190, 2007), Ould Ahmed (2010), en Argentine Hintze et Danani (2011 : 3ème partie). Les deux premières références soulignent également les « effets d'opportunité » (Fraisse *et al.*, 2007) et de distorsion issus de l'intérêt manifesté par les organismes internationaux, mais aussi, dans le cas très concret ici étudié, les États.

12 Pour une vision critique de l'emploi comme « unique » véhicule d'inclusion sociale, voir Rodríguez Enríquez et Reyes (2006). Sur les mesures prises pendant la crise, cf. Rodríguez Enríquez (2009).

sur « le coopérativisme, l'associativisme, l'Économie sociale et le MS » (Roqué, 2010a) ont été ajoutés à la formation[13].

Le *Monotributo social* a été mis en place dès l'année 2007. Il permet aux travailleurs qualifiés de « vulnérables » de cotiser pour la retraite minimum et de bénéficier d'une sécurité sociale. Le *monotributo* est une catégorie fiscale pour petits contribuables qui regroupe impôts et cotisations sociales. Datant de la fin des années 1990, elle dépend de l'Agence nationale des revenus publics (AFIP) chargée de récolter les impôts. En phase avec l'idéologie prégnante en ces années-là – dans un contexte de montée du chômage, notamment suite aux privatisations et à l'expulsion des travailleurs du secteur formel – le travailleur est associé à l'idée d'indépendance et d'auto-entreprenariat. Toutefois, pour y avoir accès, faut-il encore être en mesure de payer l'impôt et les cotisations sociales. Le *Monotributo social* permet de pallier cette difficulté pour les travailleurs les plus pauvres qui veulent initier une activité. Subventionné par le MDS dont, pour sa part, il dépend, il implique de la part du travailleur un apport équivalent à 50 % des cotisations à la Sécurité sociale. Le ministère finance les 50 % restant, et les cotisations pour la retraite minimum sont prises en charge par l'Administration nationale de la Sécurité sociale. D'après ce ministère, le *Monotributo social* a pour objectif « l'inclusion dans l'économie formelle de personnes et de groupes de personnes qui exercent une activité productive ou de service », ainsi que la génération « d'un phénomène associatif et d'organisation sociale » (2011 : 69).

Du côté de l'« associativisme » tel qu'il est présenté dans les cahiers d'études des aides à domicile en formation[14], un abîme sépare les conceptions qu'a l'État de l'acteur concerné des expériences, perceptions et urgences auxquelles font face les travailleuses dans leur quotidien. Bien enveloppé dans une épaisse rhétorique sur la solidarité, les travailleurs de l'« associativisme » sont, ou demeurent, des *entrepreneurs*. Ainsi, si

[13] Les informations offertes aux travailleuses en formation sont extrêmement générales. On trouve, dans leurs documents de travail, des définitions de l'« associativisme », du « coopérativisme », de l'économie sociale, mais rien n'est dit concrètement de la forme que pourrait prendre une association entre aides à domicile formées. Dans un entretien que nous avons eu en novembre 2010, la coordinatrice nationale du PNCD évoque le développement souhaité de *coopératives* de travailleuses, qui pourraient alors offrir leurs services à PAMI ou à l'État.

[14] La définition, très ample, est extraite de celle donnée par Albuquerque dans le dictionnaire *La otra economía* (in Cattani, 2004). Dans le cahier cité, l'associativisme, en tant que « processus par lequel une ou plusieurs personnes et/ou groupe(s) décident de se réunir […] pour faire face à des revendications communes », englobe divers modèles d'association : associations, coopératives, syndicats, etc. (Roqué, 2010b : 152).

l'on suit la logique exprimée dans ces cahiers, la solidarité s'exprime entre entrepreneurs et les qualités requises – comme la patience, la persévérance, l'effort, le dévouement – sont individuelles (Roqué, 2010b). L'ambiguïté, voire la contradiction (Alves, Salomão, 2012), entre ce travailleur qui doit « se former comme entrepreneur », et les discours panégyriques sur la solidarité et les valeurs humaines indispensables pour ce type d'organisation[15], importe peu aux travailleuses. Prises par les soucis quotidiens, un salaire insuffisant et variable, les aléas du travail, les dépenses, les soins et la scolarité de leurs enfants, les problèmes familiaux et de logement, etc., elles n'ont ni le temps ni la disponibilité pour s'identifier à cet entrepreneur qui « du seul fait de penser à son projet « sent et vibre », se réjouit et consacre tout son temps et ses efforts pour atteindre ses objectifs » (Roqué, 2010b : 155). Faire en sorte que la solidarité que supposerait ce type d'économie n'achoppe pas sur l'individualisme et l'égoïsme (Roqué, *ibid.* ; Ould Ahmed, 2010) de ces individus qui sont surtout en lutte pour leur survie au jour le jour, voilà qui – comme le suggère cette dernière auteure – est beaucoup leur en demander.

Regards de travailleuses. Une appréciation mitigée des outils en place

MS *Monotributo social* et coopératives sont ainsi liées. Certaines des travailleuses rencontrées ont voulu essayer de monter une coopérative mais ont rencontré peu d'écho chez leurs collègues, sceptiques vis-à-vis de cette option, venue « d'en haut », trop exposée à la méfiance et aux rivalités qui ne manqueraient pas de s'interposer entre les membres de la coopérative. En outre, il faut payer une cotisation mensuelle, qui s'ajoute aux frais du *Monotributo social*, et partager les gains qui sont mis en commun. Lorsque les revenus sont extrêmement bas et les charges familiales élevées (de nombreuses travailleuses sont uniques responsables de leurs enfants), plus qu'une garantie, l'idée de la coopérative entraîne un sentiment d'incertitude. Celle, notamment, de ne pouvoir disposer librement de ses gains sans que cela soit compensé par la sécurité de l'emploi et des protections sociales.

---

15 Il existe de fait une contradiction entre le statut d'entrepreneur individuel compris par le *monotributo* et le MS, et celui de travailleurs associés au sein de l'ESS. Les travailleurs-associés n'étant pas considérés comme des « *sujets de droit* de la Sécurité sociale », le monotributo représente la figure fiscale par laquelle ils ont aujourd'hui accès à la Sécurité sociale et au régime des retraites (Hintze, Vázquez, 2011).

Les aides à domicile préfèrent travailler seules et garder deux ou trois contacts de collègues, petits groupes qui assurent les remplacements et au sein desquels circulent les informations liées au travail. Dans la banlieue de Buenos Aires sont nées deux coopératives. Aucune ne s'inscrit directement dans les plans développés par l'État[16], mais leurs membres sont inscrites au MS. La première fonctionne cahin-caha ; pour les travailleuses rencontrées, les difficultés de coordination et d'entente pèsent sur la satisfaction qu'apporte cette organisation. Dans le second cas, l'« association autonome de personnes qui s'unissent volontairement » est remplacée par une organisation entièrement montée, au nom des travailleurs, par des fonctionnaires municipaux qui en gardent la direction et s'occupent de l'organisation du travail.

Le statut de *monotributista social* est généralement bien perçu par les travailleuses, auxquelles il permet d'avoir une petite sécurité sociale, qui les protège ainsi que leurs enfants, et de cotiser pour une future retraite minimum, droits dont elles avaient souvent été exclues. Pourtant, il faut bien se garder de tomber dans les discours communs qui font des travailleuses des personnes « historiquement exclues » de l'économie formelle[17] qui auraient naturalisé le travail dans le secteur informel[18]. Nombre d'entre elles ont eu auparavant des emplois déclarés avec les droits associés. Et ce n'est pas sans raisons que, parmi diverses options hypothétiques mentionnées en cours d'entretien – travail au noir, MS, *monotributo*, salariat avec droits associés – toutes choisissent sans hésiter cette dernière option, même si elle leur paraît hors de portée.

Les travailleuses sont contentes, voire reconnaissantes[19], de ce que ces instruments d'insertion par l'emploi leur permettent. Mais ce n'est pas la panacée et elles ne sont pas dupes. Le MS devrait supposément les

16 « Nous sommes une coopérative avec toutes les lois, comme n'importe quelle entreprise. [...] En réalité, les coopératives d'*Argentina Trabaja* sont dirigées... c'est plus politique ; l'État intervient dans ces coopératives [...] Oui, nous nous sommes une coopérative totalement indépendante de l'État » (entretien avec la présidente d'une coopérative de la banlieue de Buenos Aires, novembre 2011).

17 « Monotributo social – Ministerio de Desarrollo Social » [En ligne], URL : http://www.desarrollosocial.gob.ar/monotributosocial/118, consulté le 7 août 2017.

18 « Avec les premières propositions de *monotributo*, elles te regardaient l'air de dire... Ben oui, parce qu'elles sont habituées à l'informalité totale » (Présidente d'une fondation offrant annuellement la formation dans le cadre du PNCD, octobre 2011).

19 Pour V. « [le *MS* permet de] faire un apport pour le futur, voilà. On nous parlait du thème du *MS*, des cotisations pour la retraite, d'avoir une *obra social* ; bon, c'est à cela que j'aspirais ».

conduire vers d'autres formes d'emplois[20] mais le passage au *monotributo* « commun » est coûteux et l'emploi protégé improbable même dans le cadre de la récente loi sur les employés de maison[21]. C'est bien plutôt l'informel qui représente l'autre face du MS. En attendant, s'il leur offre quelque stabilité, c'est dans la précarité. De nombreuses difficultés et pièges sont mis en avant. Gisela, par exemple, ne peut demander le MS car son mari est salarié et perçoit les allocations familiales. Elle doit donc s'inscrire au *monotributo* « commun » mais comme ce dernier engendre des dépenses trop importantes pour ses revenus, elle décide de travailler au noir. Pour Nadia, certains employeurs refusent de signer tout document témoignant de la relation avec la travailleuse qui, là aussi, se voit contrainte de ne pas facturer ses services.

La différence de frais que signifie le passage du MS au *monotributo* « commun », en plus de l'impossibilité de continuer à percevoir l'allocation sociale universelle pour enfant, peut également amener les travailleuses à diviser leur travail entre ce qui est déclaré et ce qui demeure « au noir ». Pour Sonia, aide à domicile et coopérativiste, si le MS est mieux que rien, il est aussi plus commode pour les employeurs qui n'ont pas à assumer leur part de responsabilité dans la relation de travail. Embourbée dans les démarches de sécurité sociale qui n'aboutissent pas, sceptique quant à la retraite pour laquelle elle cotise, elle estime que finalement le MS ne lui sert à rien : « un retraité qui perçoit la retraite minimum ne peut subsister s'il ne peut compter sur l'aide d'un fils, d'une fille, d'un membre de sa famille ou sur une pension de veuve, de veuf [qui complète la retraite], [...]. Alors, moi, le MS, ne me sert à rien, ni aujourd'hui ni demain[22]». Pour Sonia, qui résume le sentiment général des travailleuses, le MS et, dans son cas, la coopérative, c'est bien, mais ce ne sont que des solutions provisoires. Elle espère être bientôt pleinement déclarée par l'un de ses

---

20 Entretien avec la coordinatrice du programme. Voir aussi *Página 12*, 22/02/2009 (*op. cit.*).

21 La Loi 26.844 instaure un nouveau *régime spécial* pour les employé.e.s de maison, qui inclut les auxiliaires de vie, dont les droits sont comparables à ceux des travailleurs concernés par la loi du Contrat de travail. Votée en 2013, appliquée en 2014, il est trop tôt pour juger de ces effets. L'instabilité intrinsèque de l'aide aux personnes dépendantes, le poids de l'informalité, la crainte du « lien salarial » et le développement de ces statuts d'indépendants « sociaux » nous font douter d'une amélioration des conditions d'exercice de l'emploi à moyen terme. Par exemple, d'après nos informateurs, depuis la mise en place de cette loi, PAMI ne spécifie plus que l'allocation qu'elle offre est destinée à une assistance à domicile, de crainte que la reconnaissance d'une relation de travail puisse lui être réclamée.

22 Entretien avec Sonia, juillet 2012.

employeurs, alors « si Dieu le veut, je suspendrai le *monotributo* » et elle quittera la coopérative.

Pour l'État, le MS est la première marche vers l'inclusion, la seconde est le *monotributo* « commun » et rien n'est dit de la suite. Pour les travailleuses aussi le MS doit être temporaire, parce qu'elles veulent autre chose, de plus stable, plus sûr. Il y a peu, des travailleurs, membres d'une organisation sociale impliquée dans des coopératives du plan *Argentina Trabaja* ont organisé une protestation[23]. En rejet de « la précarité et l'incertitude liée au travail », leur revendication reprend ces mêmes mots portés par le gouvernement : « nous ne voulons pas un plan, mais un travail digne et authentique » ; cependant, pour les manifestants, cela veut dire le salaire minimum et des droits du travail (Sécurité sociale, étrennes, couverture des risques professionnels). L'objet de leur interpellation ? L'État, à travers le gouvernement. Leur référence ? Le travail formel accompagné de l'ensemble des droits du travail. « Nous avons besoin de travailler, mais nous n'acceptons pas que l'État continue de précariser le travail au lieu d'embaucher [en « CDI »] les milliers [de travailleurs] qui réalisent chaque jour les tâches qui correspondent à un travailleur formel[24]». Ce dernier, malgré les réformes qui ont durement touché le monde du travail, demeure la référence centrale dans l'imaginaire argentin (Borgeaud-Garciandía, 2011).

L'insertion par l'emploi dans le cadre du PNCD : porte de sortie ou trappe à pauvreté ?

La formation publique, tout en dépendant en grande partie de l'institution intermédiaire qui la met en œuvre (Borgeaud-Garciandía, 2012), est très appréciée des travailleuses. Elle a exigé d'elles un très gros effort personnel et familial. Elles ont redécouvert, parfois trente ans après avoir quitté l'école, leur capacité à apprendre, à comprendre, à jouir d'une transformation d'elles-mêmes par les connaissances acquises. De la formation en soi, elles ont particulièrement apprécié l'accompagnement

---

23 Sur les rapports entre organisation sociale et coopérativisme dans le cadre du plan *Argentina Trabaja*, cf. Trenta (2011).

24 « Jueves 30/8, 11hs. Movilización y Cortes por Aumento del Argentina Trabaja » [En ligne], URL : http://frentedariosantillan.org/fpds_ant/fpds/index.php?option=com_content&view=article&id=840:jueves-308-11hs-movilizacion-y-cortes-por-aumento-del-argentina-trabaja&catid=5:territorial-desocupadxs&Itemid=24, consulté le 7 août 2017.

personnalisé, le soutien psychologique, les séminaires et surtout les enseignants – de « vrais professionnels » (nutritionnistes, odontologues, kinésistes, etc.), preuve, malgré sa gratuité, du sérieux de la formation et du statut qui est donné aux travailleuses en formation, ainsi mises en valeur.

Que se passe-t-il une fois la formation achevée ? Que deviennent les travailleuses ? Il n'existe pas de suivi ; la plupart disparaissent dans la nature, travaillent de manière indépendante ou ne travaillent pas. Les personnes rencontrées nous permettent tout de même de suggérer quelques effets des politiques récentes d'insertion par l'emploi de travailleurs désignés comme étant « vulnérables ».

À la rencontre des travailleuses professionnalisées, nous croyions tomber sur la « crème » des aides à domicile. Or, non seulement elles ne s'en sortent économiquement pas mieux que les travailleuses non formées travaillant au noir, mais, peut-être parce qu'elles ont été formées auprès de populations déshéritées ou parce qu'elles restent en contact avec les institutions s'occupant de ces populations-là, elles acceptent souvent des salaires nettement inférieurs. Pour les unes comme pour les autres, chaque emploi est fragile par définition, puisque la personne soignée peut être hospitalisée ou mourir, amputant leur revenu du tiers ou de moitié, selon les cas[25]. Les soins sont encore associés aux dispositions naturelles des femmes et les aides à domicile ont tout le mal du monde à faire valoir leurs connaissances, tant symboliquement qu'économiquement. Puis, comme le rappelle l'une d'elles, les personnes qui ont besoin de leurs services ont souvent besoin d'une assistance prolongée, de plusieurs heures par jour ; or, peu de familles peuvent rémunérer les services d'une aide à domicile au niveau de leurs besoins. Le choix se portera alors sur les employées domestiques à demeure, souvent étrangères, logées chez la vieille personne, solution plus pratique et moins chère.

Mais il existe aussi des effets pervers des politiques censées protéger les travailleuses, transformant de possibles « cercles vertueux » en trappes ou cercles de la précarité. Prenons pour exemple les accords passés avec PAMI. Cette institution octroie à ses bénéficiaires les moins fortunés une (petite) allocation pour pouvoir faire appel à une aide à domicile. Alors que, généralement, elles proviennent du voisinage de la vieille personne et n'ont reçu aucune formation spécifique pour cette tâche, l'idée est maintenant de parvenir à ce que les travailleuses sollicitées

[25] Gisela, par exemple, estime que son salaire peut varier de 900 à 2 500 $ par mois.

dans le cadre de l'allocation de PAMI soient formées par le PNAD et inscrites au *Monotributo social.* Le problème est que l'allocation est bien trop insuffisante. Elle doit être complétée par la vieille personne ou sa famille qui ne le peuvent souvent pas. Certaines aides à domicile professionnalisées rencontrées percevaient ainsi des revenus horaires équivalents au *tiers* ou à la moitié du minimum exigé par les employées de maison formées sur le tas. Ici, le volet « assistanciel-emploi » du PNCD entraîne une sorte de cercle vicieux entre la fragilité économique de la personne âgée et celle de la travailleuse qui dépend des revenus ou d'aides extérieurs pour vivre. Il s'agit là d'un effet involontaire et négatif de cette politique qui se traduit par une sorte de blocage dans la pauvreté dont il devient très difficile de s'extraire.

La formalisation de l'emploi, affichée et bien réelle, cache des situations de travail au rabais et des formes précaires d'insertion, dont le développement et l'esprit se situent bien loin des rivages des théories de l'ESS, tant du point de vue des interventions publiques que des travailleuses concernées. Dans le cas analysé, les travailleuses défendent ce qu'elles ont, les droits obtenus, leur coopérative, les efforts réalisés, mais leur souhait se loge du côté de l'emploi stable et protégé. Les instruments mis à leur disposition par l'État, via leur formation, relève du « mieux que rien », du choix par défaut, de l'autorisation de se projeter un peu, mais toujours dans un horizon qui demeure trop à portée de main.

Lutter contre la vulnérabilité en produisant des professionnelles pauvres.

Ce type d'intervention publique ne relève ni d'un programme social de type Transfert conditionnel de fonds (PTC ou CCTP ; voir *supra*, notamment les chapitres de Lo Vuolo et Marques-Pereira dans ce volume), dans lequel l'assistance offerte exige de la personne ou du groupe ciblé une contrepartie (sanitaire et scolaire ou en travail) ; ni d'une politique d'emploi dégagée de toute gaine assistancielle. Théoriquement ouvert à tous, il cible des femmes pauvres. L'État finance leur formation dans le secteur du *care* et leur propose un statut d'emploi (précaire) accompagné de droits (*a minima*) en termes de retraite et de sécurité sociale pour elles et les personnes dont elles ont la charge (les enfants). *Monotributistas sociales*, elles peuvent conserver l'allocation sociale universelle par enfant (cf. note *supra*) sous réserve de conditionnalités en termes de suivi médical et scolaires des enfants.

Produit ambigu, entre incitation à l'(auto) emploi et assistance (non directement revendiquée) des femmes travailleuses en situation de vulnérabilité, le programme semble témoigner d'une intervention originale de l'État, qui donne des moyens minimum de « s'en sortir » (se former, obtenir un statut de travailleur – pauvre – indépendant, cotiser à la Sécurité sociale et pour une retraite minimum), à partir desquelles ces femmes sont livrées à elles-mêmes. Responsables de leur devenir, il leur revient de trouver des emplois, d'en négocier les conditions, de gagner un salaire, et de s'organiser comme elles le peuvent entre soins aux autres (personnes âgées et dépendantes) et à leur propre famille.

Tout aussi ambigus sont ses effets : aidées de par leur situation de vulnérabilité, les travailleuses sont à la fois un peu plus protégées (Sécurité sociale) mais connaissent également un processus de vulnérabilisation par les conditions d'emplois et les limites qu'imposent les réseaux de l'assistance aux personnes dépendantes pauvres qui sapent leur salaire et la reconnaissance de leur professionnalisation. Cette aide est en outre imprégnée de morale (Laé, Murard, 1985). Ainsi, fait remarquer un journal proche du gouvernement, « l'objectif [du MS] (est) de placer en égalité de conditions les travailleurs *qui tentent de surmonter leur vulnérabilité* par l'auto-emploi[26]», et de poursuivre : « Un vieil adage affirme : "le travail dignifie" [...] Les personnes en situation de vulnérabilité sociale et économique, qui connaissent également ces vérités, cherchent par des petites entreprises d'auto-emploi la place que la société leur nie ». Il s'agit donc de personnes « vulnérables » – en grande partie des femmes[27] – qui ont montré leur volonté de se former, de travailler, de « s'en sortir » et méritent ainsi ce « coup de pouce ».

Produit ambigu enfin, en ce que d'une part il peut être lu comme un effort pour sortir certains groupes sociaux (les femmes pauvres) des stigmates de l'assistanat et faire reconnaître en eux des travailleurs-citoyens qui participent de la « chose commune » par leurs cotisations sociales. Il demeure que, lorsque les gains sont à ce point insuffisants et le travail et les contributions instables, ces cotisations sont nécessairement subventionnées et les droits « faussement contributifs » (Lautier, 2006) – augurant, pour reprendre l'expression de Bey (2013), une citoyenneté « à géographie variable ». D'autre part, ce système peut être lu comme une

---

26 *Miradas al Sur*, « Monotributo social : el primer escalón de la inclusión », n° 158, 29/05/2011 (il s'agit d'un journal proche du gouvernement, texte souligné par moi).

27 50 % des *monotributistas sociales* sont des femmes (*ibid.*). Elles représentent la quasi-totalité des aides à domicile.

stratégie visant à éviter les « profiteurs de l'assistance » par leur inscription dans un système « participatif » qui ne se limite pas à la vision assistance-conditionnalités.

Sous prétexte de réduire l'assistance jugée indigne par le développement de politiques d'emploi, l'État soutient la création d'une main-d'œuvre spécialisée et précaire. Alors que dans les pays développés les migrations du *care* induisent des formes de déprofessionnalisation de ces activités, notamment grâce à la précarité juridique et sociale des migrantes (Lautier, 2006), ici c'est l'État qui est à l'origine à la fois d'une professionnalisation de ces activités et de sa traduction en statuts d'emploi qui maintiennent les aides à domicile dans une grande précarité juridique (pas de garantie de l'emploi) et sociale (faiblesse des protections et inévitable dépendance envers le soutien familial, communautaire ou d'autres formes d'assistance publique). Soutenue par un filet de contention aux mailles distendues, l'assistance n'est d'ailleurs jamais loin.

Ce type d'intervention publique ne témoigne pas d'un retrait de l'État mais bien plutôt d'un « brouillage des frontières des territoires du travail, de l'emploi, de l'assistance, du formel et de l'informel, de légal, de l'illégal, etc. » (Georges, 2014) et de son rôle actif dans la création d'emplois de « pauvres pour pauvres », certes subjectivement importants, mais qui ne laissent envisager aucune sortie de cette situation de pauvreté (Borgeaud-Garciandía, Georges, 2015). Derrière les discours sur le travail, seul intégrateur social digne de ce nom, des femmes pauvres sont préparées et mises au travail dans des secteurs fortement structurés par le genre et la classe. À peine stabilisées dans la pauvreté mais empêchées d'en sortir, elles constituent au final une vaste réserve de main-d'œuvre paupérisée, professionnalisée et travaillant à « prix cassés » dans l'assistance publique ou privée aux personnes dépendantes vulnérables. C'est gagnant-gagnant, à chacun d'occuper la place qui lui échoit : État bienveillant, travailleuses pauvres professionnalisées, vieux assistés.

Bibliographie

Alayón, N. et Grassi, E., « El ciclo neoliberal en la Argentina. La asistencialización de la política social y las condiciones para el desarrollo del trabajo social », in Ferguson, I. *et al.* (dir.), *Globalization and social work : perspectives from the left*, Routledge, London, 2004.

Alves, F. et Salomão, S., « Économie solidaire et esprit d'entreprise : deux orientations dans la création de travail et de revenu. Sont-elles antagoniques ou partenaires ? », in Georges, I. et Leite, M.P. (dir.), *Les nouvelles configurations du travail et l'Économie sociale et solidaire au Brésil*, Paris, l'Harmattan, 2012.

Arias, C., « Los cuidados domiciliarios en situaciones de pobreza y dependencia en la vejez : la experiencia argentina », in *Envejecimiento y sistemas de cuidados : ¿oportunidad o crisis ?*, CEPAL, 2009.

Bey, M., « Ce qu'il en coûte aux pauvres de bénéficier des CCTP. Le cas du programme *Progresa-Oportunidades* au Mexique », *Revue Tiers Monde*, 216, 2013.

Borgeaud-Garciandía, N., « Protections sociales et figure du travailleur en Argentine », 1er Colloque LATINASSIST, Sao Carlos, Brésil, 12-14 septembre 2011.

Borgeaud-Garciandía, N., « El programa nacional de ayuda domiciliaria. Estado, instituciones intermediarias y cuidadoras : representaciones cruzadas », 2ème Colloque LATINASSIST, IEDES – Université Paris 1, 2012.

Borgeaud-Garciandía, N. et Georges, I., « Regards croisés sur les modalités de l'action publique et de la mise au travail des femmes dans le secteur du *care* (Argentine – Brésil) », in Kesselman, D. et Gomez, G. (dir.), *Femmes et travail en Amérique latine*, Perpignan, PUP, 2015.

Cattani, A. (dir.), *La otra economia*, Buenos Aires, UNGS-OSDE-Altamira, 2004.

Ceballos, M., « De la polyphonie autour des plans d'emploi en Argentine. Le cas du Programme chefs et cheffes de foyer au chômage », in Borgeaud-Garciandía, N., Lautier, B., Peñafiel, R. et Tizziani, A., *Penser le politique en Amérique Latine*, Paris, Karthala, 2009.

Danani, C. et Beccaria, A., « La (contra)-reforma previsional argentina 2004-2008 : aspectos institucionales y político-culturales del proceso de transformación de la protección », in Danani, C. et Hintze, S. (dir.), *Protecciones y desprotecciones. La seguridad en la Argentina 1990-2010*, Los Polvorines, Universidad Nacional de General Sarmiento, 2011.

Danani, C. et Hintze, S. (dir.), *Protecciones y desprotecciones. La seguridad en la Argentina 1990-2010*, Los Polvorines, Universidad Nacional de General Sarmiento, 2011.

Fraisse, L. *et al.*, « Économie solidaire : des initiatives locales à l'action publique. Introduction », *Revue Tiers Monde*, n° 190, 2007.

Georges, I., « La place de l'informalité et les modalités de l'action publique. Le travail du *care* au Brésil », 14ème Journées Internationales de Sociologie du Travail, Université Lille 1, 17-19 juin 2014.

Golbert, L. et Scheines, M., « De los programas de transferencias de ingresos condicionados a la universalización de las asignaciones familiares », Document de travail, mimeo, 2010.

Grassi, E., « El asistencialismo en el estado neoliberal. La experiencia argentina de la década de los 90 », *Revista electrónica de estudios latinoamericanos*, n° 4, 2003.

Hinzte, S. *et al.*, « Los organismos públicos de promoción del trabajo aosictaivo autogestionado en la Argentina », in Danani, C. et Hintze, S. (dir.), *Protecciones y desprotecciones. La seguridad en la Argentina 1990-2010*, Los Polvorines, UNGS, 2011.

Hinzte, S. et Costa, M.I., « La reforma de las asignaciones familiares 2009 : aproximación al proceso político de la transformación de la protección », in Danani, C. et Hintze, S. (dir.), *Protecciones y desprotecciones. La seguridad en la Argentina 1990-2010*, Los Polvorines, UNGS, 2011.

Kessler, G., « Clairs-obscurs de la structure sociale. Tendances en contrepoint dans l'Argentine du XXIe siècle », *Problèmes d'Amérique Latine*, n°82, 2011.

Laé, J.F. et Murard, N., *L'argent des pauvres, La vie quotidienne en cité de transit*, Paris, Seuil, 1985.

Lautier, B., « Mondialisation, travail et genre : une dialectique qui s'épuise », *Cahiers du Genre*, n° 40, 2006a.

Lautier, B., « Le difficile cheminement vers l'universalisation de la protection sociale en Amérique latine », Colloque International *État et régulation sociale*, Institut National d'Histoire de l'Art, Paris, 11-13 septembre 2006, 2006b.

Ministerio del Desarrollo Social de la Nación (MSD), *Políticas Sociales del Bicentenario. Un modelo nacional y popular*, Tomo II : Definiciones y Contexto, 2011.

Ould Ahmed, P., « La solidarité vue par l'"économie sociale et solidaire" », *Revue Tiers Monde*, n°204, 2010.

Rapoport, M., *Historia económica, política y social de la Argentina (1880-2003)*, Bueno Aires, Emecé, 2005.

Fraisse, L., Guérin, C. et Laville, J.-L. (dir.), « Économie solidaire : des initiatives locales à l'action publique », *Revue Tiers Monde*, n° 190 (Dossier), 2007.

Rodríguez Enríquez, C., « La crisis económica mundial, el empleo de las mujeres y las respuestas de política pública. Una observación del caso argentino », Observatorio de género y pobreza de Argentina, 2009.

Rodríguez Enríquez, C. et Reyes, M.F., « La política social en la Argentina post-convertibilidad : política asistenciales como respuesta a los problemas de empleo », CIEPP, documento de trabajo n° 55, 2006.

Roqué, M. *et al.*, *Nuevos paradigmas en políticas sociales. Nuevos escenarios gerontológicos*, Segunda parte, *Cuadernillo* n° 3, Buenos Aires, Secretaría Nacional de Niñez, Adolescencia y Familia, 2010a.

Roqué, M. *et al.*, *Manual de cuidados domiciliarios. Aprendiendo a cuidar mejor*, Segunda parte, *Cuadernillo* n° 3, Buenos Aires, Secretaría Nacional de Niñez, Adolescencia y Familia, 2010b.

Trenta, A., « Le coopérativisme comme politique d'État. Une innovation post-libérale ou une reconfiguration des rapports clientélistes ? », XXIe Congrès de l'Association française de Sociologie, FECHA, Grenoble, 2011.

« La cendrillon des politiques d'emploi »

Les questions de genre dans la mise en pratique d'un programme de formation et d'emploi dans une municipalité de l'Aire métropolitaine de Buenos Aires (Argentine)[1]

Ania Tizziani

Conseil national de recherche scientifique et technique (CONICET) et Universidad Nacional de General Sarmiento, Buenos Aires, Argentine

Au cours des dernières années, les politiques d'activation des dépenses pour l'emploi ont constitué un des axes principaux des politiques publiques en Argentine. Sur la base d'un diagnostic qui rendait compte d'une évolution favorable du marché du travail depuis 2003, le gouvernement national a cherché à transformer les politiques assistancielles – qui s'étaient multipliées après la profonde crise économique et sociale qui avait éclaté deux ans auparavant– en politiques d'activation en faveur de l'emploi. En 2004, il crée ainsi les *Seguros de Capacitación y Empleo* (SCE) dont le but est d'assister les travailleurs au chômage dans leur recherche d'emploi et de faciliter l'actualisation de leurs compétences de travail. C'est en particulier à travers l'accès à l'éducation formelle ou à la formation professionnelle que ce programme vise à améliorer « l'employabilité » des bénéficiaires et à renforcer leurs possibilités d'insertion dans le marché du travail (Neffa, 2011).

Dans le cadre des SCE, certains programmes sont ciblés sur des catégories de travailleurs considérés comme particulièrement vulnérables. C'est le cas du *Programa de Profesionalización del Trabajo*

[1] La recherche qui est la base de cet article a été réalisée dans le cadre ma participation au projet LATINASSIT : « Offre institutionnelle et logique des acteurs : femmes assistées dans six métropoles latino-américaines », Agence Nationale de la Recherche les Suds II.

en Casas Particulares y otros Servicios Personales y Sociales (Programme de professionnalisation du travail à domicile et autres services à la personne et sociaux), créé en 2008 par le Ministère du Travail (MTEySS). Son but est de « professionnaliser » et de revaloriser les services domestiques, l'une des principales sources d'emploi pour les femmes provenant des secteurs pauvres de la population, et l'une des activités les plus mal rémunérées du marché du travail dans le pays[2]. Ce programme fait partie d'une série de politiques publiques qui, depuis plus d'une décennie, se proposent d'améliorer les conditions de travail dans cette activité, historiquement dénigrée[3].

Ce programme est ainsi dirigé vers des femmes qui s'insèrent dans l'emploi domestique ou ont eu des expériences de travail liées à ce secteur au cours de leur trajectoire. Il s'adresse plus spécifiquement à celles qui n'ont pas d'emploi et sont cheffes de famille monoparentale. Lorsqu'elles s'engagent dans le programme, les bénéficiaires sont inscrites dans les institutions de la Sécurité sociale, elles ont droit à une prestation monétaire et doivent suivre des cours de formation professionnelle, dont certains sont liés aux activités du *care* et à l'emploi domestique, et d'autres à l'hôtellerie ou à la restauration. Le programme finance également des cours de formation professionnelle dans les services domestiques, à travers des accords passés avec différentes institutions (municipales, syndicales ou associatives), qui dispensent des cours.

Sur la base d'une étude qualitative menée dans une des écoles de formation créée dans le cadre de ce programme, cet article s'interroge sur le fonctionnement des formations liées aux services domestiques et sur leurs formes d'appropriation par les bénéficiaires. Il s'intéresse particulièrement à la manière dont les inégalités de genre sont conçues et problématisées dans cette politique publique. Comme dans d'autres pays de la région, en Argentine, l'inclusion du genre dans les politiques

2 Selon une étude du MTEySS, l'emploi domestique concentrait en 2010 presque 15 % des femmes salariées (plus d'un million de travailleuses). Le niveau des salaires est l'un des plus bas du marché du travail et place les employées domestiques parmi les groupes ayant les plus bas niveaux de revenus individuels (75 % des employées domestiques se trouvent dans le premier quintile de revenus). Par ailleurs 86 % de ces travailleuses n'étaient pas déclarées dans les institutions de la Sécurité sociale (Contartese, 2010).

3 Les politiques les plus importantes consistent en l'établissement d'un nouveau cadre légal pour cette occupation et un programme de formalisation de l'emploi dans ce secteur, basé sur la simplification de l'inscription des travailleuses dans les institutions de sécurité sociale et sur des déductions fiscales pour les employeurs (pour plus de détails voir Pereyra, 2012).

sociales a été très limitée. Dans ce cadre, le programme qui nous intéresse constitue une exception. En effet, comme nous le verrons plus loin, l'une des caractéristiques de ces formations pour travailleuses domestiques est celle d'aborder, de manière explicite, une réflexion autour des questions de genre, du caractère sexué du travail domestique et des rôles féminins et masculins traditionnels. Comment s'intègre la problématisation de ces questions dans le fonctionnement du programme ? Comment s'articulent ces formations et cette réflexion autour des inégalités de genre avec les expériences quotidiennes des bénéficiaires ? Quels sont les points de rencontre et les conflits autour de ces questions, qui naissent des interactions entre les différents acteurs (fonctionnaires, formateurs et bénéficiaires) impliqués dans le programme ?

Pour répondre à ces questions, nous présentons brièvement, dans une première section, les principales caractéristiques de ce programme et de la perspective de genre adoptée par les fonctionnaires qui en sont responsables au niveau du MTEySS. Dans la deuxième section, nous abordons le fonctionnement de la formation professionnelle liée à l'emploi domestique. Nous nous intéressons particulièrement aux conceptions et pratiques des bénéficiaires et à leurs interactions avec les formateurs. Cette analyse sera mise en rapport avec les situations familiales et les trajectoires des participantes, qui sont, dans notre approche, centrales pour comprendre la manière dont elles conçoivent d'une part la problématisation des inégalités de genre proposée par le programme, et d'autre part leur participation aux formations.

Cette analyse est basée sur un travail de terrain mené entre 2011 et 2012 au sein d'un centre de formation professionnelle pour travailleuses domestiques créé et géré par une municipalité de l'Aire métropolitaine de Buenos Aires avec l'appui et le financement de ce programme. Après une série d'entretiens avec les fonctionnaires responsables de cette politique au niveau du MTEySS, nous nous sommes intéressées à sa mise en pratique au niveau local et au déroulement des formations professionnelles. Dans le centre de formation, nous avons réalisé des entretiens avec les formateurs de différents cours liés à l'emploi domestique (en particulier les cours de cuisine et de garde d'enfants). Nous avons également mené une quinzaine d'entretiens avec les bénéficiaires qui suivaient les formations ainsi que des observations participantes systématiques du cours de garde d'enfants, d'une durée de trois mois.

La « cendrillon » des politiques d'emploi[4]

Selon les chiffres fournis par le MTEySS, entre 2008 et 2011, 10 000 femmes bénéficiaires ont participé à ce programme. Au cours de cette même période, 400 projets de formation ont été financés, grâce à des accords passés avec des municipalités de l'Aire métropolitaine de Buenos Aires, des syndicats de travailleuses domestiques, des associations d'orientation religieuse, etc. Parmi l'ensemble des bénéficiaires, 70 % ont participé à des formations liées à l'emploi domestique et au *care* (cours de cuisine, ménage, garde d'enfants et services aux personnes âgées). Les 30 % restant ont choisi des formations concernant divers services : touristiques, esthétiques, textiles ou de jardinage.

D'après les propos des fonctionnaires qui gèrent ce programme au niveau du gouvernement national, il ne s'agit pas d'un programme prioritaire pour le MTEySS, mais plutôt de ce qu'ils appellent la « cendrillon des politiques d'emploi ». Dans leurs discours, cela répond à divers éléments. D'une part, l'invisibilité et la dévalorisation sociale qui caractérisent l'emploi domestique (et plus globalement le travail domestique), pèsent aussi lourdement sur les interventions publiques orientées vers cette catégorie de travailleuses. D'autre part, ce programme a fait l'objet de différentes critiques, au sein même du Ministère de Travail, selon lesquelles il contribuerait à reproduire les inégalités de genre dans le marché du travail plus qu'à les combattre. Une formation professionnelle dans les activités domestiques, destinée à des femmes pauvres, pourrait renforcer la segmentation d'un marché du travail qui les enferme dans des occupations précaires et mal rémunérées, dans lesquelles elles sont déjà majoritaires[5]. Dans ces perspectives, les employées domestiques ne choisissent pas cette voie, mais y sont en revanche amenées par les restrictions imposées par un marché du travail segmenté et discriminatoire (Avila, 2008 : 69).

---

4 Cette section est élaborée sur la base des entretiens menés avec les fonctionnaires qui interviennent dans la mise en place de ce programme au sein du Ministère du travail et d'un manuel qui a été élaboré pour guider les formateurs des cours liés à l'emploi domestique (*Trayecto Formativo : Servicios en casas particulares. Material de Apoyo para la formación del personal de casas particulares*, Buenos Aires, Ministerio de Trabajo, Empleo y Seguridad Social, 2010). Nous avons constaté, au moins dans le centre de formation où nous avons réalisé le travail de terrain, que les formatrices utilisent ce manuel, entre autres matériels, dans la préparation de leurs cours.

5 Les travailleuses domestiques représentent 15 % des femmes salariées mais 42 % de celles qui se situent dans les quintiles des revenus individuels les plus bas (Pereyra, 2012 : 169).

Sans vouloir nier ces arguments, la perspective des fonctionnaires qui interviennent dans la mise en place du programme est plus pragmatique : en 2011, il y avait plus d'un million de femmes pauvres qui s'inséraient dans l'emploi domestique. La formation professionnelle était alors conçue comme un outil contribuant à renforcer le positionnement de ces femmes sur le marché du travail. D'après les propos des fonctionnaires, l'obtention d'un diplôme décerné par une institution reconnue par les pouvoirs publics leur permettrait d'accéder à des postes aux salaires et conditions de travail plus favorables au sein des services domestiques et renforcerait leurs capacités de négociation face à leurs employeurs. La formation permettrait également que ces travailleuses puissent s'engager dans des stratégies de mobilité professionnelle vers d'autres secteurs proches, plus valorisés et mieux rémunérés.

Mais surtout, dans la perspective des fonctionnaires, l'existence d'une formation professionnelle liée à l'emploi domestique contribuerait à revaloriser l'ensemble de l'activité. L'idée de « professionnalisation » implique que l'exercice de cette activité exige la maîtrise d'un savoir et de techniques spécifiques, le maniement d'outils et d'équipements d'une certaine complexité et le développement de différentes compétences (surtout de communication et relationnelles). Cette professionnalisation questionnerait donc la conception traditionnelle qui définit ces compétences comme des savoirs féminins « innés », associés à leurs rôles familiaux, en particulier à la maternité[6].

Pour renforcer cet objectif de dénaturalisation des rôles traditionnels féminins, le programme prévoit, au début de toutes les formations, des rencontres consacrées à des discussions autour du caractère sexué du travail domestique. Ainsi, tant dans les manuels qu'au cours de la formation que nous avons observée, deux séances sont destinées à la discussion autour des « questions de genre ». Dans ces rencontres, formateurs et bénéficiaires analysent les concepts de « sexe » et de « genre », les différents rôles et activités attribués aux hommes et aux femmes, la division sexuelle du travail et ses conséquences.

Les activités proposées pour ces rencontres tentent de mobiliser l'expérience quotidienne des participantes : discussion autour des emplois actuels ou passés des membres de leurs familles (hommes et femmes), ou autour de certaines idées reçues concernant les caractéristiques définies comme féminines et masculines (« les hommes ne pleurent pas

6 *Trayecto formativo…, op. cit.* : 58.

/ les femmes sont sensibles »). Ces discussions cherchent à dévoiler la construction culturelle de ces stéréotypes de genre, et leur poids dans l'insertion des femmes dans le travail. Elles tentent de mettre en évidence le lien entre le rôle traditionnel des femmes dans l'organisation familiale et leur positionnement sur le marché du travail. Le manuel du cours suggère par exemple aux formateurs de conclure ces rencontres « en expliquant que les femmes se sont historiquement insérées dans des emplois qui ressemblent aux activités qu'elles réalisent pour leurs familles : nourrir, garder, éduquer, protéger. C'est pour cela qu'habituellement elles ont été infirmières, enseignantes, cuisinières, employées domestiques. Ces activités « typiquement » féminines se caractérisent en général par leur dévalorisation, de bas salaires et des conditions de travail précaires »[7].

Dans la perspective de cette formation, la séparation des rôles que les bénéficiaires sont amenées à jouer dans leur famille d'une part et sur le marché du travail d'autre part est l'une des conditions de possibilité de l'exercice des activités domestiques de manière professionnelle et des stratégies de mobilité vers d'autres secteurs. Ainsi, ce n'est pas parce qu'elles ont effectué des activités domestiques et de *care* dans leurs foyers, qu'elles sont « naturellement » formées pour travailler dans ce secteur. L'activité professionnelle exige en revanche l'acquisition de compétences spécifiques qui sont transposables à d'autres occupations, proches mais qui s'exercent en dehors des foyers particuliers : de technicienne de surface à animatrice dans des colonies de vacances, c'est ainsi toute une « famille de métiers » qui devient accessible aux bénéficiaires à travers cette formation professionnelle.

Dans le cas de ce programme, les bénéficiaires ne sont pas interpellées à travers leurs rôles familiaux, mais en premier lieu, en tant que femmes, qui subissent la segmentation par genre du marché du travail. Elles sont interpellées, en deuxième lieu, en tant que travailleuses, cherchant à améliorer leur horizon d'insertion professionnelle. Dans ce sens, ce programme irait à l'encontre des tendances « maternalistes » et « familialistes » qui priment dans la plupart des politiques de lutte contre la pauvreté en Argentine[8]. Ces tendances soulignent l'importance du rôle joué par les familles et par les mères bénéficiaires en tant que porteuses et médiatrices de ces politiques sociales (Cortés, 2012). Ce « paradigme maternaliste » n'est pas exclusif de l'Argentine mais caractérise les politiques sociales de la région et a été renforcé, depuis les

---

7 *Trayecto formativo…, op. cit.* : 43.

8 Voir à ce propos le chapitre de Santos dans cet ouvrage et également Santos, 2014.

années 1990, par les programmes ciblés, qui ont contribué à réaffirmer le rôle des femmes en tant que médiatrices directes entre l'État et les familles (Provoste Fernández, 2012 : 14).

Les cours de formation professionnelle

Le centre de formation professionnelle pour travailleuses domestiques dans lequel nous avons réalisé notre travail de terrain est situé dans une municipalité de la banlieue ouest de Buenos Aires et a été inauguré en 2009. Pendant ses deux premières années de fonctionnement, dix-neuf cours y ont été organisés, réunissant en moyenne une vingtaine de bénéficiaires. En 2012, au moment où nous avons réalisé le travail de terrain, il proposait deux formations : une en cuisine et une en garde d'enfants et assistance aux personnes âgées. Dans la première, sur les trente femmes inscrites, vingt participaient régulièrement. Dans le cours de garde d'enfants et d'assistance aux personnes âgées auquel nous avons participé, treize femmes étaient inscrites, mais seulement six à huit participaient de manière régulière. Ce cours, d'une durée de trois mois, avait lieu deux fois par semaine, de 18 à 21 heures. Les horaires en soirée, tout comme ceux du cours de cuisine, étaient très valorisés par les bénéficiaires. Cela répond au fait que, même si le programme s'adresse à des femmes sans emploi, la plupart des bénéficiaires se trouvent insérées sur le marché du travail. Dans le cas du cours de garde d'enfants, elles travaillaient dans l'emploi domestique non déclaré, en général étant payées « à l'heure ».

De par leurs activités professionnelles actuelles ou passées, toutes les femmes inscrites avaient des expériences de travail dans l'emploi domestique. Cependant, l'objectif de construction d'une carrière professionnelle dans le secteur proposé par le programme ne semble pas être retenu par les bénéficiaires. Lorsqu'elles parlent de leurs recherches de travail ou de leurs aspirations, c'est vers d'autres secteurs qu'elles préfèrent s'orienter : c'est le cas de Laura et Norma, qui espèrent pouvoir trouver un emploi de gardienne dans une école publique, ou encore celui de Cecilia, qui suit en parallèle une formation de jardinage dans une pépinière municipale où elle aimerait être embauchée.

Dans la plupart des discours des femmes qui participent à la formation, la possibilité de développer une activité « professionnalisée » dans le secteur des services domestiques est mise en question en raison des conditions de travail très défavorables qui le caractérisent. En effet, au cours de la formation, les éléments avancés par la formatrice qui iraient dans le sens d'un exercice professionnel de ces activités sont fréquemment comparés aux expériences de travail que les bénéficiaires ont eu dans le secteur :

> Ilda [formatrice] tente de définir le rôle de la nounou en le différenciant de celui de l'employée domestique : « si on vous embauche pour garder des enfants, vous devez garder des enfants et non pas faire le ménage ». Silvia [participante au cours de garde d'enfants] répond que quelques années auparavant, elle avait été embauchée pour garder deux jumelles de 3 ans, mais que tout de suite son employeuse lui a demandé de faire des tâches de ménage : « un jour elle me demande de nettoyer les sols, le lendemain de faire les toilettes… c'est très difficile de refuser. » (Journal de terrain, 24/05/2012)

> Ilda liste les responsabilités des nounous, qui doivent être définies par leurs employeurs dès le début de la relation de travail. Elle dit, par exemple, que la nounou doit éviter de sortir de la maison avec les enfants qu'elle garde, parce que cela implique une grande responsabilité. Si cela leur est demandé, leurs employeurs doivent lui donner une autorisation écrite et signée. Norma [participante au cours de garde d'enfants] répond « mais parfois ils s'en foutent ! », elle raconte que la semaine dernière elle devait accompagner les trois enfants qu'elle garde chez leur tante et que l'un d'eux est parti en courant et a traversé la rue tout seul. Le soir elle en a parlé avec son employeuse : « et elle me répond : "tu dois faire attention, prends-les par la main", comment je fais ça avec trois enfants ? » (Journal de terrain, 31/05/2012)

L'objectif de « professionnalisation » de la formation est ainsi confronté au fonctionnement du marché du travail des services domestiques, que les femmes qui y participent semblent connaître très bien. Un marché du travail très peu spécialisé, avec des niveaux très élevés d'informalité, où des dimensions importantes de l'expérience quotidienne des employées (les salaires, la définition des horaires et des tâches, les conditions dans lesquelles elles sont effectuées, etc.) dépendent d'une négociation personnalisée et individualisée avec les employeurs. Une négociation qui est marquée par la profonde inégalité des situations économiques et sociales des acteurs de la relation de travail (Pereyra, Tizziani, 2014).

L'inégalité qui traverse la relation entre employeurs et travailleuses domestiques a souvent été soulignée comme l'une des caractéristiques centrales de cette activité. Dans les pays latino-américains, cette forme d'emploi a un poids significatif et constitue ainsi un des points de contact les plus paradigmatiques entre les différentes classes sociales (Brites, 2001). L'emploi domestique a été, de ce fait, analysé comme un espace crucial de reproduction des inégalités et des différences sociales (Chaney

Castro, 1993 ; Kofes, 2001 ; Romero, 2002, entre autres auteurs). Dans cette perspective, les interactions quotidiennes entre travailleuses et employeur(se)s mobilisent des critères plus généraux de hiérarchisation sociale, basés sur le genre, les appartenances de classe et l'ethnicité (Rollins, 1985). Ces interactions incluent des pratiques d'infériorisation et de subordination des employées, visant à justifier la valeur limitée qui est attribuée à leur travail et à renforcer la position dominante des employeurs. Les difficultés posées par cette relation inégalitaire qu'institue l'emploi domestique sont souvent présentes dans les récits des bénéficiaires de ce programme lorsqu'elles rendent compte de leurs expériences de travail. Les références aux pratiques discriminatoires dans la consommation alimentaire, la délimitation stricte des espaces de la maison dans lesquels les travailleuses peuvent circuler, les conflits autour des salaires ou *perdiem* impayés, entre autres exemples, sont fréquentes dans leurs récits.

Comme le note Mary Goldsmith au sujet de divers programmes gouvernementaux de formation dans ce secteur, mis en place dans différents pays d'Amérique latine, les effets de ce programme tendent à être ambigus. D'un côté, ils contribuent à établir une conception du travail domestique comme un travail « comme les autres », qui exige des compétences et des savoirs spécifiques. D'un autre côté, même les travailleuses les mieux formées s'insèrent sur un marché du travail défavorable et discriminatoire (Goldsmith, 2007).

Travail, famille et prestations monétaires

Dans les discours des bénéficiaires, plus que la possibilité de construire une « carrière professionnelle » dans l'emploi domestique, la formation est conçue en premier lieu comme la contrepartie de la participation au programme, qui leur permet d'accéder aux prestations monétaires[9]. Cette participation fait partie d'un ensemble hétérogène de stratégies pour générer des ressources (comme le travail sans contrat formel ou l'inscription en parallèle à d'autres programmes sociaux), articulées aux

---

9 Les prestations monétaires liées à la participation à ce programme dépendent de plusieurs facteurs et se situent entre 275 et 450 pesos (entre 30 et 50 euros environ). Il s'agit de sommes qui ne sont pas négligeables si on les compare aux salaires moyens dans ce secteur d'activité : en 2011, ils atteignaient 985 pesos (par mois, 80 euros environ) pour l'ensemble des employées domestiques et 850 pesos dans les cas majoritaires des travailleuses non déclarées (Pereyra, 2012).

dynamiques familiales dans lesquelles les bénéficiaires sont intégrées. La trajectoire d'Eli en est un exemple :

> Eli a 19 ans. Elle avait commencé un cours de couture dans un autre centre de formation quand son bébé, Queila, avait quatre mois (elle a maintenant six mois). À ce moment-là, elle a déménagé chez son compagnon, Jorge. Le trajet était très long jusqu'au centre de formation où elle suivait le cours de couture, alors elle a penché vers le cours de garde d'enfants, tout près de son actuel logement. Jorge a été licencié il y a quelques mois, c'est pour cela que, même si le bébé est très petit, elle suit les cours de formation pour avoir accès à la prestation monétaire du programme. Maintenant c'est lui qui garde l'enfant pendant qu'elle prend les cours. Il a 25 ans et travaillait depuis un an comme forgeron dans une usine. D'après Eli, il avait un salaire « assez haut » : 700 pesos à la semaine (60 euros environ). Maintenant il cherche du travail. Le père d'Eli, qui travaille dans l'usine d'embouteillage de *Speed,* tente de l'y faire embaucher. Eli habite maintenant chez ses beaux-parents mais, avec son compagnon, elle est en train de construire sa maison sur un terrain qui leur appartient. Le licenciement de Jorge a retardé la construction, mais sa mère leur a offert des matériaux pour pouvoir avancer et déménager bientôt. (Journal de terrain, 11/06/2012)

Comme dans le cas d'Eli, les bénéficiaires sont inscrites dans des réseaux familiaux qui sont cruciaux dans l'organisation de leur vie quotidienne : pour les stratégies de génération de ressources, d'organisation des tâches domestiques et de garde d'enfants, de logement et d'insertion dans le travail. Ce rôle central des réseaux familiaux dans la vie quotidienne des milieux populaires latino-américains a été souvent mis en avant. Comme le montrent les analyses de Claudia Fonseca au sujet des classes populaires au Brésil, face aux conditions de vie très précaires, les activités quotidiennes impliquent des réseaux qui s'étendent dans l'espace et dans le temps (entre les générations) en traçant de puissantes lignes d'entraide. De véritables dynamiques familiales se configurent au travers de cet ensemble de liens, d'alliances et de pratiques quotidiennes (Fonseca, 2005).

Comme dans les analyses de Fonseca, les femmes qui participent au cours de garde d'enfants sont fortement influencées par ces dynamiques familiales qui organisent leur expérience quotidienne, aussi bien pour leurs choix de formation que leur insertion sur le marché de travail. Dans ce contexte, les rôles familiaux, et tout particulièrement le rôle de mère, sont fortement valorisés :

> Nous discutons en groupe autour des rôles féminins et masculins dans la famille. Ilda [formatrice] donne l'exemple de « l'instinct maternel », elle dit

qu'il peut être conçu comme une construction culturelle qui a historiquement contribué à l'assujettissement des femmes et à leur enfermement dans la sphère domestique. Elle argumente : « si la maternité était un instinct, toutes les femmes voudraient avoir des enfants, mais il y a des femmes épanouies qui n'ont pas d'enfants ». Norma n'est pas convaincue : « je ne sais pas, pour moi l'instinct maternel existe, au moins moi je l'ai, je le sens et c'est important pour moi ». La discussion entre les deux se prolonge pendant plusieurs minutes jusqu'à ce que Norma conclue en disant : « ce n'est pas un problème, si tu veux l'appeler autrement, fais-le, ça ne change rien, tu veux l'appeler intelligence ? Intelligence maternelle, ça ne change rien, moi je l'ai, moi je le sens ». (Journal de terrain, 31/05/2012)

Comme dans le cas de Norma, les discours de bénéficiaires qui participent au cours de garde d'enfants rendent compte d'une forte valorisation de leurs rôles familiaux et tout particulièrement de la maternité. Une valorisation qui, comme le note Claudia Fonseca dans ses recherches sur le Brésil, peut apparaître au premier plan de leurs projets de réalisation personnelle. Cela est sans doute lié aux horizons étroits d'insertion professionnelle disponibles pour les femmes des milieux populaires, avec des faibles niveaux d'éducation formelle (Fonseca, 2004 : 117). Mais dans le cas des femmes qui participent aux formations, cette revendication de leurs rôles familiaux, de cette « intelligence maternelle » pour reprendre l'expression de Norma, peut avoir des significations plus diverses, liées à leur insertion dans le travail.

En effet, dans le cas des bénéficiaires de ce programme de formation pour employées domestiques, la valorisation des rôles familiaux se fait dans le contexte d'une forte critique des styles de vie et de l'organisation familiale des foyers employeurs. Comme le manifeste Silvia, en relatant une expérience où elle accompagnait une femme âgée : « J'ai vu son fils au moment où il m'a embauchée. Après, j'ai travaillé six mois dans cette maison et je ne l'ai jamais revu, il ne venait jamais voir sa mère, elle me faisait de la peine ». Dans le cas des bénéficiaires qui travaillent comme nounous, les références aux parents « absents » ou qui « ne savent que faire » de leurs enfants sont très fréquentes dans leurs discours. Dans ce contexte, cette revendication de leurs rôles familiaux, de leur capacité et volonté à s'occuper des membres de leurs familles, peut être analysée comme une forme de résistance aux mécanismes d'infériorisation et de subordination qui caractérisent la relation de travail qui s'établit à travers l'emploi domestique.

Dans les dernières décennies, les études féministes, en particulier celles centrées sur le concept d'intersectionnalité, ont remis en question l'homogénéité des catégories de genre pour rendre compte des expériences de subordination des femmes. Dans cette perspective, les multiples axes de pouvoir (genre, classe sociale et race, entre autres) interagissent et créent des profondes différences entre les femmes, en termes de discriminations auxquelles elles sont exposées, mais aussi en ce qui concerne leurs identités sociales, formes de résistances et positionnements politiques (Crenshaw, 1991). Cette mise en avant des différences entre les femmes peut contribuer à éclairer les désaccords entre la perspective de genre proposée par ce programme de formation professionnelle et les conceptions des bénéficiaires. En effet, la manière dont ce programme les interpelle, en tant que femmes, subissant les discriminations de genre dans le marché du travail, semble insuffisante pour rendre compte des multiples dimensions de leur expérience sociale. C'est en tant que femmes, mais aussi en tant que membres des classes populaires et en tant qu'employées domestiques, que les bénéficiaires conçoivent leur participation aux formations professionnelles et la problématisation des questions de genre proposée par le programme.

Considérations finales

Les questions de genre ont pratiquement été absentes de la réorientation des politiques publiques que le pays a connue au cours des dernières années, si ce n'est par la mise en place de programmes ponctuels, où les femmes sont les principales bénéficiaires. Dans ce contexte, la mise en place d'un programme de formation professionnelle s'adressant aux travailleuses domestiques, qui propose de manière explicite de problématiser le caractère sexué de l'activité, est particulièrement significative. L'importance que la formation accorde à la revalorisation des savoirs et compétences impliqués dans cette activité, à la dénaturalisation des rôles féminins traditionnels et à l'élargissement de l'horizon d'insertion des bénéficiaires, peut contribuer à mettre en question le caractère segmenté et discriminatoire du marché du travail en Argentine.

Cependant, les femmes qui participent à ces formations sont inscrites dans des dynamiques multiples et complexes, qui dépassent largement les dimensions prises en compte par le programme. D'une part, les bénéficiaires sont fortement intégrées dans des dynamiques familiales qui, dans les situations sociales et économiques très précaires qu'elles connaissent, jouent un rôle central dans l'organisation de leur vie quotidienne et de leurs projets. D'autre part, même si l'obtention d'un diplôme décerné par une institution reconnue par les pouvoirs publics peut renforcer la position des travailleuses dans les négociations avec leurs employeur(se)s, elles continuent d'être confrontées à un secteur d'activité qui se caractérise par des bas salaires et des conditions de travail très défavorables. De par leur insertion dans les services domestiques, elles sont également inscrites dans des relations de travail qui conjuguent distance sociale et proximité physique et accentuent les conflits et différentiations de classe[10].

Dans ce sens, les pratiques et conceptions des bénéficiaires rendent compte de la manière dont les multiples dimensions de leur expérience sociale, en tant que femmes, en tant que membres des classes populaires et en tant qu'employées domestiques, s'imbriquent et se constituent mutuellement. La prise en compte et l'articulation de ces différentes dimensions dans ce type de politique publique pourrait contribuer à enrichir tant les actions pour l'amélioration des conditions de travail des femmes défavorisées, que la problématisation des inégalités et discriminations de genre.

Bibliographie

Avila, B., « Algumas questões teóricas e políticas sobre emprego doméstico », in Avila, B. *et al.* (dir.), *Reflexões feministas sobre informalidade e trabalho doméstico,* Recife, SOS CORPO, 2008, pp. 65-72.

Brites, J., *Afeto, Desigualdade e Rebeldia : bastidores do serviço doméstico,* thèse de doctorat, Programa de Pós-Graduação em Antropologia Social, Porto Alegre, UFRGS, 2001.

Chaney, E. et Garcia Castro, M., *Muchacha, cachifa, criada, empleada, empregadinha, sirvienta y… más nada,* Caracas, Nueva Sociedad, 1993.

Contartese, D., *Caracterización del servicio doméstico en la Argentina,* Buenos Aires, Subsecretaría de Programación Técnica y Estudios Laborales del Ministerio de Trabajo, Empleo y Seguridad Social, 2010.

Cortés, R., « Políticas laborales y transferencias de ingresos : ¿estrategias complementarias ? », *Voces del Fénix,* n° 5, 2012, pp. 44-52.

Crenshaw, K., « Mapping the Margins : Intersectionality, Identity Politics, and Violence against Women of Color », *Stanford Law Review,* 43(6), 1991, pp. 1241–99.

---

10 Voir à ce sujet Georges, Vidal, 2012.

Fonseca, C., « Familia y profesión : la doble carrera de la mujer prostituta », in Grimson, A., Seman, P. et Lins Ribeiro, G. (dir.), *La antropología brasileña contemporánea. Contribuciones para un diálogo latinoamericano,* Buenos Aires, Prometeo, 2004, pp. 95-136.

Fonseca, C., « Concepções de família e práticas de intervenção : uma contribuição antropológica », *Saúde e Sociedade*, vol. 14, n° 2, 2005, pp. 50-59.

Georges, I. et Vidal, D., « La formalisation de l'emploi à l'épreuve du travail invisible. Deux cas de figure de travailleuses de service au Brésil. », *Sociétés contemporaines*, n° 87, 2012, pp. 25-47.

Golbert, L., *Aprendijzajes del Programa de Jefes y Jefas de Hogar Desocupados*, Santiago de Chile, CEPAL, 2010.

Goldsmith, M., *Disputando fronteras : la movilización de las trabajadoras del hogar en América Latina*, 2007 [En ligne], URL : http ://alhim.revues.org/2202, consulté le 7 août 2017.

Kofes, S., *Mulher Mulheres. Identidade, diferençia e desigualdade na relaçao entre patroas e empregadas,* Campinas, SP, Editora da UNICAMP, 2001.

Neffa, J., *Empleo, Desempleo y Políticas de Empleo*, Buenos Aires, CEIL-PIETTE/Conicet, 2011.

Pereyra, F., « La regulación laboral de las trabajadoras domésticas en Argentina. Situación actual y perspectivas », in Esquivel, V., Faur, E. et Jelin, E. (dir.), *Las lógicas del cuidado infantil. Entre las familias, el Estado y el mercado,* Buenos Aires, IDES, 2012, pp. 165-200.

Pereyra, F. et Tizziani, A., « Usos y apropiaciones de la regulación laboral por parte de las trabajadoras domésticas en Argentina. El impacto de las transformaciones recientes y los desafíos pendientes », *Revista del Trabajo,* n° 45, 2013, ASET, pp. 65-90.

Provoste Fernandez, P., *Protección social y redistribución del cuidado en América Latina y el Caribe : el ancho de las políticas*, Santiago de Chile, CEPAL, 2012.

Rollins, J., *Between women. Domestics and their employers,* Philadelphia, Temple University Press, 1985.

Romero, M., *Maid in USA,* New York and London, Routledge, 2002.

Santos, Y. Garcia dos, « Les femmes dans les nouvelles politiques sociales et l'assistance néopentecôtiste. Possibilités d'émancipation ou reproduction des inégalités ? », *Brésil(s), Sciences humaines et sociales*, n° 6, novembre 2014, pp. 75-97.

Représentation de la pauvreté ou pauvreté de la représentation

Pour une ethnosociologie politique des discours institutionnels

Ricardo Peñafiel

Université du Québec à Montréal (UQAM) et Groupe de recherche sur les imaginaires politiques en Amérique latine (GRIPAL), Montréal, Canada

L'étude des médiations[1] et des intermédiaires[2] impliqués dans la mise en place des politiques sociales tend à montrer un immense écart entre la lettre des programmes sociaux et leur implantation dans des réalités concrètes. Cet écart n'est pas simplement dû à des questions de corruption (détournement du programme vers des fins personnelles ou partisanes) ou de propagande (embellissement rhétorique des politiques sociales par les gouvernements en quête de légitimation). Il ne s'agit pas non plus seulement d'un écart entre la complexité de la vie sociale et la nécessaire simplification de celle-ci dans l'énoncé général d'une politique publique. Cet écart entre la formulation d'une politique sociale et son application s'explique également par la capacité de « résistance » des « bénéficiaires » qui introduisent alors une dimension foncièrement politique au phénomène. Ce texte propose une réflexion théorique appuyée sur quelques études de cas afin de présenter une perspective méthodologique permettant d'aborder les politiques sociales en fonction de ces résistances.

---

1 Médiations institutionnelles autant qu'interpersonnelles et discursives.

2 Parmi l'ensemble des textes de cette partie de l'ouvrage, voir spécifiquement, au sujet des intermédiaires, le texte de Magdalena Villarreal et Edith Carrillo Hernandez « L'accès aux programmes pour les personnes âgées à Guadalajara : Agents, intermédiaires, interprètes, liaison et administration », *supra*.

Objectivations et subjectivations : conditions de possibilité du politique

Je parle ici de résistance dans un sens quasi physique du terme, comme on peut parler, par exemple, de la résistance qu'exerce un élément mauvais conducteur sur un courant électrique pour engendrer la lumière d'une ampoule[3]. Car, bien qu'il existe des acteurs sociaux organisant de manière explicite et consciente des stratégies de résistance, il existe également des formes de résistance, non moins efficaces, qui se font pourtant « par la force des choses », c'est-à-dire en fonction de l'incompatibilité entre deux logiques exerçant des actions simultanées mais contraires sur un même objet ou espace.

En l'occurrence, puisque les politiques sociales visent en grande partie la gestion normative des pauvres, l'espace en dispute peut aller jusqu'au corps lui-même : le corps des femmes, des vieux, des jeunes, des chômeurs, des délinquants, des drogués, des classes dangereuses… Un corps social constitué ou institué en objet de traitement par des politiques sociales qui « rendent visible » (Maximo e Melo, dans cet ouvrage, *supra*) une population qui autrement n'existerait pas pour l'État. Or, cette forme d'apparition des « pauvres » dans l'espace public se fait actuellement par leur « chosification », en tant qu'objets de traitement. La « résistance » en question surgit alors du « refus du traitement »[4] de la part des « bénéficiaires ». Ce qui ne signifie pas qu'on refusera l'« aide » mais plutôt qu'on ne se pliera pas, ou pas entièrement, à la contrepartie ; qu'on refusera les places, les rôles ou les parts qui sont attribués par un « programme » ; qu'on refusera de « se tenir à sa place » et de se comporter de manière conforme à la « norme » véhiculée par celui-ci.

De manière abstraite il est possible d'affirmer que cette résistance est pratiquement inévitable puisqu'il s'agit de « sujets » résistant à leur « négation » (en tant que sujets) par des dispositifs de « chosification ». Pourtant, on ne saurait se satisfaire de cette règle générale dans la mesure où elle ne prend pas en considération le fait que ces dispositifs de

---

3 Au sujet de cette conception de la résistance inspirée de la théorie des valeurs négatives de Kant, voir Kant 1992 [1763] ; Della Volpe, 1980 [1950] ; Colletti, 1975 ; David-Ménard, 1990, 2005 ; Laclau, 2008.

4 Nous touchons ici à la notion de l'*intraitable*, élaborée par Jean-François Lyotard (1977), explicitée par Miguel Abensour (2001) et articulée par Martin Breaugh (2007) au concept d'« expérience plébéienne ». Dans une autre perspective, le refus du traitement renvoie également au concept de « violence iatrogène » élaboré par Lawrence McFalls (2008).

contrôle social parviennent, tant bien que mal, à engendrer une sorte de consentement ou d'*interpellation* (Althusser, 1976), c'est-à-dire un assujettissement des sujets à l'idéologie qui les interpelle en tant que sujets libres (voir également Bourdin, 2008). D'autre part, bien que la résistance affleure constamment, il est impossible de déterminer à l'avance le lieu d'où elle surgira ni la forme qu'elle prendra et les effets qu'elle engendrera.

En effet, à une forme de domination donnée ne correspond pas une antithèse « nécessaire », qui lui serait « dialectiquement » liée dans une unité contradictoire, mais plutôt une myriade de pratiques sociales « contraires » ou « antagoniques » (Laclau, Mouffe, 1985), surgissant dans l'espace public de manière contingente, comme une *négativité*[5] en actes (Peñafiel, 2008a) ou un « événement discursif » (Foucault, 1969) engendrant lui-même ses propres « conditions de possibilité ». En d'autres termes, les résistances tacites ou explicites aux politiques sociales ne trouvent pas leur « origine » dans les politiques sociales auxquelles elles s'« opposent » mais en elles-mêmes, dans des pratiques sociales autonomes qui entrent en contradiction avec les objectifs et pratiques de gestion du social. Les « résistances » n'arrivent donc pas *ex post* mais précèdent généralement les politiques sociales. Ce sont ces dernières qui se présentent alors comme des « réactions » ou des tentatives de contrôle de pratiques sociales antérieures.

C'est ce que suggère Cibele Rizek (dans cet ouvrage, *supra*) dans son texte sur « Le programme *Minha Casa Minha Vida – Entidades* » montrant comment l'insertion de certains mouvements sociaux dans une partie (5 %) du programme d'accès au logement a eu tendance à les transformer en « machines de production de projets résidentiels ». Néanmoins, le fait de se comparer à une « machine » montre, de la part du militant cité dans ce texte, une distance critique faisant en sorte que le programme ne semble pas parvenir à transformer les militants en machines. C'est également ce que montre le texte d'Oscar Rodríguez Salazar et de Décsi Arévalo sur « Gouvernance, bancarisation et assistance sociale » en Colombie (dans cet ouvrage, *infra*). En s'intéressant à « l'écart entre le caractère normatif des politiques et les formes d'interaction sociale des bénéficiaires » ces auteurs concluent que

---

5 Par « négativité » il ne faut pas entendre quelque chose de péjoratif (« négatif », par rapport à quelque chose de « positif ») mais plutôt ce qui « nie » (remet en question) la valeur de « réalité », d'« objectivité » ou de « positivité » que prennent les systèmes de domination hégémoniques ou « naturalisés ».

> Cet écart entre les décideurs des politiques et les conditions de vie des bénéficiaires conduit à que des formes de l'action communautaire soient soumises à des soupçons dès qu'elles ne sont pas inscrites dans les modèles prévus par la conception institutionnelle.

En fait, l'identification de cet « écart » traverse tous les textes de cette partie de l'ouvrage. Par exemple, le travail développé par Natália Maximo e Melo sur le « Le processus de catégorisation de la population des sans-abri » cherche également à montrer comment la grande majorité (67,5 %) des personnes en « situation de rue » n'entrent pas dans le « profil » de prise en charge de l'institution étudiée et que ceux qui sont effectivement pris en charge ne le sont qu'en fonction de critères bureaucratiques limitant énormément leur « prise en compte ». De même, le texte de Magdalena Villarreal et Edith Carrillo Hernandez « L'accès aux programmes pour les personnes âgées à Guadalajara : Agents, intermédiaires, interprètes, liaison et administration » montre l'absence de prise en considération, au moment de la conception d'un programme d'aide, des différentes interactions sociales impliquées dans sa mise en application.

Toutefois, il me semble que l'intérêt porté dans ces textes envers les dynamiques sociales se fait davantage en fonction des politiques sociales (qui les contraindraient normativement ou auxquelles elles s'opposeraient) que d'une étude indépendante de ces dynamiques, en elles-mêmes et pour elles-mêmes, ce qui présente le risque de surdéterminer le champ d'investigation et de restreindre les possibilités d'identification de pratiques innovantes. Sans remettre en question les précieux apports que représentent ces textes, je voudrais exposer ici les bases d'une approche des politiques sociales qui, plutôt que de partir de celles-ci pour aborder leurs effets sur le social, inverse le chemin et s'appuie sur des formes de résistance pour entreprendre, à partir de cette position épistémologique de la marge, une analyse critique de ces politiques, en même temps que des luttes sociales et politiques se déroulant autour d'elles.

Cette étude préalable et indépendante des dynamiques sociales autonomes me paraît essentielle pour aborder la dimension politique de cet « écart », car l'*écart* en question surgit précisément du fait que les « personnes en situation de rue » ne sont pas des personnes en situation de rue, que les « bénéficiaires » ne sont pas des bénéficiaires, que les « pauvres » ne sont pas des pauvres (tels que définis dans les programmes de lutte contre la pauvreté), et ainsi de suite. Plus qu'un simple décalage entre un concept et la réalité, ces écarts montrent la présence d'un *imaginaire instituant* dans le sens castoridien du terme, c'est-à-dire qu'ils sont la manifestation de la capacité des bénéficiaires à s'auto-instituer, en voyant dans les choses d'autres choses que ce qui semble s'y trouver (Castoriadis, 1975), en nommant le monde et en agissant sur lui selon d'autres critères que ceux imposés par un discours et des pratiques hégémoniques.

Là où les politiques sociales voient de la pauvreté qu'il faut « traiter », lesdits pauvres voient d'autres choses qu'ils peuvent parfois appeler avec le même mot. Il ne s'agit pas alors d'un « malentendu » ou d'une méconnaissance mais d'une *Mésentente*, dans le sens élaboré par Rancière dans son livre éponyme :

> Par mésentente on entendra un type déterminé de situation de parole : celle où l'un des interlocuteurs à la fois entend et n'entend pas ce que dit l'autre. La mésentente n'est pas le conflit entre celui qui dit blanc et celui qui dit noir. Elle est le conflit entre celui qui dit blanc et celui qui dit blanc mais n'entend point la même chose ou n'entend point que l'autre dit la même chose sous le nom de la blancheur. (Rancière, 1995 : 12)

Ce conflit est constitutif du politique dans la mesure où il confronte la domination à une contradiction fondamentale remettant en question les bases de sa reproduction. Car, l'*autre* dont on n'entend pas la parole – dont le *logos* (parole) est réduit à n'être que *phônè* (bruit) –, en persistant à s'exprimer, tend à « vérifier » un « postulat d'égalité » qui est simultanément nié et postulé par la domination. En effet, de manière paradoxale, ce « postulat d'égalité » dont parle Rancière n'est pas seulement « vérifié » par les subordonnés au moment d'agir librement, il est également présupposé, en même temps que nié, par toute forme de domination, y compris celle exercée par des programmes sociaux tendant à intégrer de manière *excluante*[6] des populations marginalisées. Car, au moment d'énoncer une injonction ou d'imposer une norme, la domination doit *postuler* l'égale capacité de tous (y compris des subordonné.e.s) à comprendre cette norme, c'est-à-dire l'égale participation de tous au *logos.* Pourtant, elle leur refuse l'usage de ce même *logos* au moment de l'établissement de cette norme : la domination reconnaît aux subordonné.e.s la capacité de *comprendre* mais non de *parler*. En agissant « librement », comme s'ils étaient habilités à participer à l'élaboration du commun, les « in. subordonné.e.s » « vérifient » le postulat d'égalité dans son *intégralité*, sans le restreindre à la seule capacité de comprendre des ordres. Ils

---

6 C'est-à-dire de les intégrer au sein même de ce qui les marginalise. À ce sujet, voir Simmel, 2002 [1907].

(et elles) instaurent ainsi le politique en rendant inopérants les « rôles » (ou les parts) distribués par la domination (ou le partage du sensible) et en ouvrant ainsi la porte à une « communauté du litige » en dispute autour de son propre fondement.

« *Nous les pauvres*, nous ne sommes pas *pauvres* ». Conflits pour le sens du social et la démocratie

Dans le domaine qui nous concerne, on peut dire que le politique surgit de l'écart entre des politiques sociales, tendant à chosifier « les pauvres », et les pratiques sociales dans lesquelles lesdits pauvres agissent en tant que sujets. Pour le dire dans les termes de Rancière, le politique surgit lorsque les *sans-part* vérifient le postulat d'égalité en affirmant « ceci est blanc » ou, pour le dire comme une Chilienne « pauvre » : « *je ne suis pas pauvre* ». Ce dernier énoncé pourrait bien être fictif, comme le « ceci est blanc » tiré de la citation de Rancière. Pourtant, l'énoncé « je ne suis pas pauvre » provient d'un corpus de récits de vie recueilli au Chili à la fin des années 1990 dans une recherche portant sur l'action et la conscience collective des *pobladores* (habitants des quartiers populaires du Chili)[7]. Nous nous attarderons quelques instants sur cet exemple avant de poursuivre, à partir d'autres cas, la réflexion au sujet de la valeur politique de l'écart entre les politiques sociales et les pratiques sociales autonomes.

L'énoncé « je ne suis pas pauvre » provient du récit de vie d'Évangeline[8], une *pobladora* qui, après avoir structuré son récit autour du déictique de personne « *nous les pauvres* », n'a aucun scrupule à affirmer : « je ne suis pas pauvre ». Cette apparente contradiction dans son récit pourrait être interprétée comme un lapsus dévoilant une « ambivalence » par rapport à son statut social. Pourtant, l'analyse discursive[9] de cet énoncé montre plutôt une « mésentente », une dispute autour « *nomos* du monde ». Alors que « pauvre » possède un statut suprême dans l'énoncé « nous les pauvres » (acteur collectif central dans l'ensemble des récits de vie des *pobladores*), il perd toute valeur positive dans celui qui affirme « je ne suis

7 Pour plus de détails voir Doran, Peñafiel, 1998 ; Doran, 2000; Peñafiel, 2009.

8 Ce nom, comme celui des autres personnes interviewées, est un pseudonyme.

9 Pour une introduction à cette perspective, voir notamment Maingueneau, 1991 ; Mazière, 2005 ; ou Sarfati, 2005. Pour une vue d'ensemble du champ des analyses du discours dans les sciences sociales, voir notamment Bonnafous et Temmar, 2007.

pas pauvre »[10]. Suivant la théorie de la polyphonie de Ducrot (1984), il est nécessaire de voir dans cette négation deux locuteurs, l'un (postulé) énonçant « vous êtes pauvres » et l'autre niant cet énoncé postulé en affirmant « je ne suis pas pauvre » : *nous les pauvres, nous ne sommes pas* [« vous êtes »] *pauvres…*

María, une autre *pobladora,* nous donne une clé d'interprétation en rendant explicites certains éléments constitutifs de cet énonciateur implicite qui affirmerait : « vous êtes pauvres ». Elle aussi utilise de manière généralisée le déictique de personne « nous les pauvres »[11] pour se référer à sa propre vie mais elle ajoute, en se référant au discours de lutte contre la pauvreté du président de l'époque, Eduardo Frei :

> Il parle de nous comme « les pauvres », pour faire penser qu'il s'intéresse à nous. Étant donné qu'il est un homme d'affaires, il ne sait pas mesurer ses mots. Je ne sais pas pourquoi il faut qu'il dise « les pauvres » plutôt que de s'adresser à nous comme des « personnes travaillantes » ; il veut être larmoyant, parce qu'il pourrait dire « peuple » ou « travailleurs » mais il dit « les pauvres », « les pauvrets ». Nous sommes pauvres mais dignes ![12]

Sans entrer dans l'analyse des différents mécanismes et marques du processus d'énonciation engagés dans cet extrait, il importe de noter que si l'énonciateur collectif « nous les pauvres » refuse catégoriquement que d'autres le qualifient de « vous », « tu », « ils » ou « elles » les pauvres c'est précisément parce que qu'il y a mésentente, parce qu'il y a une *lutte pour le sens* autour du *signifiant flottant* (Laclau, 2008)[13] « pauvreté » (Peñafiel, 2008b).

Cette lutte engendre un rapport faussement paradigmatique entre « pauvres » et « pauvreté »[14] car, bien que ces deux termes partagent

---

10 Le passage du « nous » (sujet collectif) au « je » (individuel) est sans doute significatif pour l'interprétation de cet énoncé mais nous ne pouvons entrer dans l'analyse exhaustive de cet énoncé ni de ce corpus.

11 Comme le font pratiquement tous les récits de vie réalisés dans les quartiers populaires du Chili.

12 Cet extrait a été utilisé et analysé plus en détail dans Ricardo Peñafiel, « Discours et subjectivation. Soulèvements populaires et ouverture de nouveaux espaces politiques : le cas des *Protestas poblacionales* au Chili », in Borgeaud-Garciandía *et al.* (dir.), *Penser le politique : La recréation des espaces et des formes du politique en Amérique latine*, Karthala, 2009, pp. 197-213.

13 De manière plus spécifique, voir notamment, « Signifiants flottants et hétérogénéité sociale », in Laclau E., *La Raison populiste*, Paris, Seuil, 2008, pp. 153-202.

14 Peñafiel, Ricardo, *L'Événement discursif paupériste. Lutte contre la pauvreté et redéfinition du politique en Amérique latine : Chili, Mexique, Venezuela (1910-2006)*,

la même racine, la « pauvreté », dans les énoncés du discours de lutte contre la pauvreté, réfère à l'« objectivation » d'un phénomène dans les *mesures et démesure de la pauvreté* (Destremau, Salama, 2002)[15], tandis que « pauvre », dans l'énoncé « nous les pauvres » correspond à une « subjectivation » par laquelle un individu ou un groupe accède au statut d'acteur social ou de sujet politique. Ainsi, l'énoncé paradoxal « nous les pauvres, nous ne sommes pas pauvres » se comprend parfaitement : « nous les pauvres » – sujets sociaux auto-constitués – ne sommes pas « pauvres » – dans le sens que les programmes de lutte contre la pauvreté veulent nous imposer.

Ce n'est pas ici l'espace pour exposer l'ensemble des conséquences de cette *mésentente* spécifique exprimée par les *pobladores* à l'époque (1996). Mentionnons, en passant, que cette conscience critique a, entre autres, rendu possible le maintien du « répertoire d'action collective » (Tilly, 1986) des « *tomas* » (occupation illégale de terrains urbains) malgré la répression, le dénigrement et l'existence d'une « politique du logement » (*política habitacional*) visant à empêcher ces occupations massives, notamment en limitant à cinquante le nombre de familles pouvant postuler collectivement aux subsides des programmes gouvernementaux. Se référant à leurs propres critères de légitimité, des centaines de milliers de *pobladores* ont continué à occuper des terrains et à exiger *leurs* « droits » en décidant eux-mêmes des modalités de la construction de leurs espaces de vie, à partir de cette position « illégale » (mais considérée par eux comme légitime)[16].

Thèse de doctorat, Montréal, Université du Québec à Montréal, 2008 (notamment p. 80).

15 Quantification de la pauvreté impliquant une série de pratiques institutionnelles de traitement de celle-ci.

16 Il n'est pas aisé d'établir avec exactitude le nombre de personnes ayant participé à des « tomas » (occupations illégales de terrains urbains) depuis le retour de la « démocratie » au Chili. Ce répertoire d'action collective fortement enraciné dans le Chili pré-dictatorial s'est maintenu avec beaucoup de difficultés sous la dictature de Pinochet mais a rencontré un nouveau type de limitations au moment du retour de la « démocratie » du fait de l'existence de programmes d'accès au logement prétendant « révolue » l'époque où il était nécessaire de participer à des actions illégales pour accéder au logement. Néanmoins, malgré ce programme, le nombre de personnes vivant dans des « *campamentos* » (campements) issus d'occupations plus ou moins spontanées se situe autour de 130 000 personnes selon les estimations officielles. Ces *campamentos* peuvent être le fait de quelques dizaines de personnes mais ils atteignent souvent des milliers (et même une dizaine de milliers) lorsqu'ils sont issus de processus d'organisation préalable, comme dans le cas de la « *toma* » de Peñalolén qui impliqua au moins 1 700 familles (7 000 personnes) en juin 1999. Au sujet

Au-delà des prises de terrain – actions spécifiques des *pobladores* (d'où provient leur nom, dérivé de leur action collective de peuplement [*poblar*] de zones non habitées) –, la conscience critique exprimée par le « je ne suis pas pauvre » est également à la source de l'incapacité du « modèle chilien » à se légitimer auprès d'une population « laissée pour compte » qui exige néanmoins de se faire « compter » et « conter ». Cette crise de légitimité ou de la représentation se traduit par une série d'actions contestataires mais aussi de perceptions quotidiennes qui ont, entre autres, rendu possible l'existence de mouvements « pour la justice » (Doran, 2014) et la forte participation populaire au « printemps chilien » (Peñafiel, 2012a).

Épistémologie inversée : comprendre les politiques sociales à partir de leur négativité

Au-delà du détail de l'analyse du cas des *pobladores* chiliens, ce qui importe pour la réflexion menée ici, c'est la méthode utilisée et l'inversion de la position épistémologique qu'elle implique. Plutôt que de partir des politiques sociales et d'interviewer des « bénéficiaires » afin d'évaluer leurs rapports à celles-ci, l'approche ethnosociologique (Bertaux, 2010) proposée ici s'appuie sur une analyse du discours de « récits de vie » où il n'est jamais question de politiques sociales. En demandant aux personnes interviewées de raconter leur vie, ce n'est pas non plus leur vie individuelle qui intéresse l'analyse (du discours) mais les catégories de sens partagées par un groupe constitué par ces mêmes « contraintes énonciatives » porteuses de valeurs communes. Ces règles énonciatives ne sont pas considérées en tant que règles *linguistiques* mais, plutôt, en tant que règles *discursives*, c'est-à-dire en tant que formes d'articulation de pratiques socio-historiques concrètes (matérielles) à leurs modes idéologiques de légitimation et de reproduction. Comme nous le verrons plus loin, ces règles « énonciatives » sont la trace en même temps que le mode d'existence de « communautés discursives » (Maingueneau, 1984, 1991, 1999), c'est-à-dire de groupes sociaux dont l'existence et

de la toma de Peñalolén, voir Symmes, 2006 et Renna, 2011. Au sujet d'une prise de terrain antérieure, également à Peñalolén, voir Valenzuela Marchant, 2012. De manière plus globale, au sujet de l'action actuelle du mouvement des *pobladores*, voir Angelcos et Doran, 2014. Pour une analyse critique du « modèle chilien » en matière de politiques du logement, voir Ducci, 1997.

le fonctionnement dépend d'une série de croyances, valeurs et pratiques communes.

En plus de servir de révélateur de la « conscience » de sujets collectifs auto-institués, l'analyse discursive de ces récits de vie sert de position épistémologique privilégiée pour élaborer, à partir de cette « perspective de la marge » (Collins, 2000a [1990], 2000b ; Hall, 2010), une connaissance scientifique qui tienne compte du savoir et des pratiques des principaux intéressés (Peñafiel, 2012b). Il ne s'agit pas non plus de réifier les croyances et imaginaires sociaux exprimés dans les récits de vie comme si ceux-ci constituaient une connaissance plus vraie ou authentique du phénomène mais d'incorporer à l'analyse cette « position » généralement négligée pour bâtir à partir de celle-ci une « scénographie » (Maingueneau, 1984, 1991, 1999) de l'ensemble, en prêtant une attention primordiale aux relations dialogiques (Bakhtine/Todorov, 1981 ; Maingueneau, 1984) qui relient ces pratiques et imaginaires sociaux à d'autres discours et pratiques plus ou moins institués (Oger, 2005).

L'analyse des politiques sociales se fait ainsi en partant de leur « négativité ». C'est-à-dire qu'elles sont abordées de manière critique en fonction de ce qui les remet en question concrètement ; ce qui implique d'aborder non seulement leur « négation » par des groupes organisés s'y opposant directement ou explicitement mais également des pratiques autonomes, se réalisant indépendamment de ces politiques mais entrant en contradiction avec elles[17]. Cette distinction entre groupes organisés (négation) et résistance tacite (négativité) est primordiale lorsqu'on veut aborder des groupes « invisibilisés » ou « sans-voix », car s'ils avaient déjà leurs représentants ou « porte-paroles »[18] ou s'ils existaient déjà dans des catégories sociales instituées, ces groupes ou réalités sociales ne seraient pas réellement silenciées[19].

---

17 Pour un approfondissement de la distinction entre la « négation » (dialectique hégélienne) et la « négativité » (valeurs négatives kantiennes), voir notamment Laclau, 2008 : 104 et suiv. Pour une articulation de ces notions à l'étude des mouvements et des imaginaires sociaux, à partir du concept de « négativité en actes », voir Peñafiel, 2008a

18 Au sujet des « porte-paroles », voir le concept de fétichisme politique développé par Bourdieu (1984) pour rendre compte de la tendance des « représentants » à se substituer à « leurs » « représentés ».

19 Au sujet l'invisibilisation de certaines formes de domination, voir les travaux qui se sont organisés autour de la notion d'intersectionnalité (Crenshaw, 1989, 1991, 2005 ; Collins, 2000a [1990], 2000b). Pour une articulation critique de cette notion à la problématique des identités sociales et des subjectivations politiques, voir Peñafiel, 2014.

Pour une socio-anthropologie des discours institutionnels

La première difficulté que doit affronter cette proposition épistémologique « inversée » réside dans sa capacité à identifier les représentations collectives constitutives d'une communauté discursive donnée, sans pour autant en postuler l'existence et sans la déduire d'une cause « externe » qui lui donnerait son unité et son sens. En effet, bien qu'il soit possible d'utiliser les outils méthodologiques de l'analyse du discours pour caractériser les procédés rhétoriques spécifiques à un groupe prédéfini[20], le principal intérêt d'une analyse discursive des rapports sociaux réside dans la possibilité de découvrir d'autres lignes de partage que celles établies pas les structures, les institutions ou les imaginaires sociaux institués. Car, à une population pauvre ne correspond pas nécessairement une identité de pauvre, tout comme à des populations autochtones ne correspondent pas fatalement des identités « indigènes » ; de même que les ouvriers ne se reconnaîtront pas inexorablement dans une identité « prolétarienne », pas plus que les femmes n'auront d'identité « féminine » fatalement attachée à leur position de femme, et ainsi de suite.

Puisque l'identité, l'unité et le sens d'un groupe social n'est pas donné directement par sa position structurelle dans un ensemble social donné, il est nécessaire d'aborder les populations concernées en fonction des systèmes de sens (discours) à travers lesquels ces groupes se représentent le monde et se constituent, en tant que groupes, dans et par ces représentations[21]. Cependant, puisque cette approche implique de mettre entre parenthèse les catégories sociales préexistantes (qui pourraient masquer des divisions internes ou des regroupements plus larges), elle bute sur la difficulté d'établir un corpus « représentatif ». C'est à ce niveau qu'intervient le récit de vie, en tant que stratégie « oblique » permettant d'avoir accès à ces systèmes de sens constitutifs de *communautés discursives*, sans en postuler l'existence ni leur imposer un domaine spécifique de représentation.

---

20 Par exemple pour rendre compte d'un discours féministe, syndical, autochtone, nationaliste, etc.

21 En plus du concept de « communauté discursive » (Maingueneau, 1984) sur lequel nous reviendrons plus bas, voir également celui d'éthos discursif développé également par Maingueneau (1999) pour rendre compte de la « corporalité » et de l'incorporation des discours par des communautés données à travers l'*image de soi*. Voir également Ruth Amossy.

Bien entendu, il est inévitable de prendre appui sur une connaissance préalable et une série d'hypothèses relatives à la population ou au phénomène social que l'on veut étudier, mais l'analyse discursive des conditions de possibilité de ces phénomènes sociaux doit mettre en suspens tout postulat d'unité, de nécessité ou de continuité pour

> se tenir prêt à accueillir chaque moment du discours dans son irruption d'événement ; dans cette ponctualité où il apparaît, et dans cette dispersion temporelle qui lui permet d'être répété, su, oublié, transformé, effacé jusque dans ses moindres traces, enfoui bien loin de tout regard, dans la poussière des livres. Il ne faut pas renvoyer le discours à la lointaine présence de l'origine ; il faut le traiter dans le jeu de son instance (Foucault, 1969 : 36-37).

Par contre, ce matériel ethnosociologique ne doit pas être analysé uniquement en fonction de ses règles « internes » ; il doit également être mis en relation avec l'ensemble social (univers ou champ discursif) dans lequel il s'insère. Cela ne signifie pas qu'il faille confronter la parole des sans-voix à la réalité « extérieure » mais plutôt à d'autres discours institutionnels avec lesquels elle entre en interaction. Pour procéder à cette *socio-anthropologie des discours institutionnel* (Oger, 2005), l'analyse des règles générales d'énonciation (communes à l'ensemble du corpus de récits de vie étudié) doit prêter une attention particulière aux « marques de dialogisme » (Maingueneau, 1991), c'est-à-dire aux traces d'un « débat », d'un écart ou d'une relation antagonique vis-à-vis d'autres discours concurrents, indiquant l'existence de « contradictions » (contre-dictions) ou de luttes spécifiques, concrètement vécues par les populations concernées.

Scénographie et primat de l'interdiscours

Le concept de « scénographie » s'avère particulièrement utile pour accéder aux structures fondamentales d'un système de sens et permettre ainsi de l'appréhender conceptuellement et de le comparer (confronter) à d'autres systèmes fonctionnant sur d'autres bases mais agissant sur un même espace discursif ou social. Le concept de scénographie a été développé en fonction des théories de l'énonciation ayant établi, d'une part, que tout énoncé implique des marques permettant de le situer dans un « contexte » spatio-temporel donné mais, d'autre part, que ce « contexte » n'est pas externe au « texte », qu'il est à l'inverse construit par le discours lui-même dans la *mise en scène* ou le *simulacre de ses conditions d'énonciation* (Maingueneau, 1991). Autrement dit, bien que tout énoncé soit socialement « situé » et qu'il porte les marques de ce positionnement dans des « déictiques » (indications) de lieux, de temps et de personnes qui renvoie à un contexte extra-linguistique, la « valeur » attribuée à ce « contexte » n'est pas intrinsèque aux « référents » (extralinguistiques). Cette valeur est donnée par l'*énonciateur* qui les modalisera (Kerbrat-Orecchioni, 2006) de manière méliorative, péjorative, impérative, par rapport au vraisemblable, au désirable, etc. La manière de représenter son « extérieur » informe ainsi d'avantage sur les valeurs constitutives d'une communauté discursive que sur ce « contexte » en tant que tel.

Aussi, lorsqu'on parle d'« énonciateur », il est important de préciser qu'il ne s'agit pas de l'individu qui parle et qui exprimerait ses opinions et impressions personnelles mais d'une position ou de règles énonciatives contraignant l'expression de la « subjectivité ». Ces contraintes énonciatives expliquent les récurrences traversant des récits de vie en apparence « personnels » et font en sorte que, somme toute, « peu de choses sont dites » et « peuvent être dites » (Foucault, 1969 : 157). L'analyse discursive de récits de vie permet ainsi d'accéder à des institutions sociales (discrètes mais non moins effectives et efficaces) au sein desquelles les individus ou les locuteurs collectifs « doivent » situer leurs paroles et leurs actes afin de les rendre énonçables et les légitimer dans un milieu donné.

L'analyse des scénographies spécifiques à un corpus de récits de vie s'intéresse ainsi aux formes récurrentes de construction de certains contextes par les divers interviewés. Se dégagent alors des positions énonciatives « prescrites » (pré-scrites) par certaines *communautés discursives* (de valeurs ou de croyances) en fonction desquelles certaines « réalités » pourront et même devront être énoncées (incitation au discours) alors que d'autres seront inénonçables (raréfaction discursive)[22]. Par ailleurs, ces positions énonciatives auront tendance à se structurer dans des « scénarios » récurrents où chaque « personnage » tendra à avoir un « rôle » dans un espace (scène) et une temporalité (*teleos*) donnée, embrassant théoriquement l'ensemble des relations sociales dans un système immanent de différences (Saussure, 1982 [1915]). Ainsi, ces « scénographies » constituent la porte d'accès à des discours ou des *formations discursives* (Foucault, 1969) plus larges pouvant entrer en contradiction (voir-même en confrontation) avec d'autres discours concurrents. C'est précisément ce qui se produit lorsqu'on constate que les récits de vie des protagonistes d'actions directes entrent en

---

22 Les concepts de raréfaction discursive et d'incitation au discours font référence à *L'ordre du discours* (Foucault, 1971).

relation dialogique avec les politiques sociales issues d'un ordre symbolique hégémonique (Laclau et Mouffe, 1985) cherchant à les « intervenir ».

L'interpellation plébéienne : la création de subjectivations politiques dans et par des actions contestataires transgressives

Avant de conclure, je voudrais illustrer ces principes théoriques et méthodologiques généraux à partir de quelques exemples issus d'une récente recherche sur les actions directes spontanées ayant marqué le devenir de l'Amérique latine depuis le dernier quart de siècle (Corten, Huart, Peñafiel, 2012). Dans cette recherche collective, le Groupe de recherche sur les imaginaires politiques en Amérique latine (GRIPAL) a interviewé des centaines de « protagonistes anonymes »[23] de soulèvements populaires en Amérique latine ; allant du *Caracazo* (Venezuela, 1989) au *Baguazo* (Pérou, 2009), en passant par la Commune de Oaxaca au Mexique (2006) ou la révolte des *Forajidos* en Équateur (2005)[24].

De ce corpus transcontinental d'entrevues se dégage une série de caractéristiques générales pouvant éclairer les « tensions » existant entre les politiques sociales et les pratiques populaires[25]. En effet, les interprétations

---

[23] Par protagonistes anonymes, on entend les personnes ayant participé à des actions directes spontanées sans nécessairement avoir une militance préalable et encore moins un rôle d'organisateur ou de porte parole. Le but poursuivi étant de ne pas réduire le sens de ces actions à celui que veulent bien leur attribuer leurs « représentants » (auto-institués).

[24] Pour plus de détails au sujet de ces études, voir Corten A., Huart C. et Peñafiel R., *L'interpellation plébéienne en Amérique latine. Violence, actions directes et virage à gauche*, Paris/Montréal, Karthala/PUQ, 2012. Comme son titre l'indique, cette recherche essaie d'interpréter les liens et les tensions existant entre certains soulèvements populaires ayant précédé les virages à gauche dans le continent et la restructuration des scènes politiques qui s'en est suivi. Comme nous verrons dans les lignes qui suivent, les politiques publiques issues de ces virages à gauche sont loin de répondre aux aspirations exprimées dans les soulèvements populaires, laissant intactes les conditions de possibilité de leur perpétuation, comme le montre l'actualité, par exemple, avec les « Révoltes du vinaigre » ayant secoué le gouvernement du Parti des travailleurs au Brésil autour de la Coupe des confédérations en juin 2013.

[25] Bien entendu, chaque cas national possède ses spécificités propres et il n'est pas question de réduire leur sens aux quelques éléments communs exposés ici. Il n'est toutefois pas anodin que ces soulèvements qui tendent à s'intensifier depuis une vingtaine d'années possèdent des caractéristiques semblables dans la mesure où ils s'interpellent mutuellement et ouvrent l'espace du possible à des « répertoires d'action » relativement marginalisés jusqu'ici.

de ces soulèvements populaires ont tendance à les expliquer comme des réactions face aux politiques néolibérales et à la crise de représentation issue de ce nouveau modèle de régulation[26]. Sans être faux, ce diagnostic postule une continuité logique entre ces soulèvements et la série d'élections de gouvernements « de gauche » dans la région, appuyant leur légitimité sur des politiques d'intégration sociale relativement « nouvelles »[27] et « participatives ». Or, au-delà du fait (signalé par Auyero, 2001) que les politiques néolibérales soient présentes un peu partout sur le globe sans engendrer nécessairement des soulèvements populaires, il apparaît également que ces actions directes spontanées se poursuivent après l'arrivée au pouvoir de gouvernements dits de gauche ouvertement opposés aux politiques néolibérales (Arditi, 2008). Pensons, par exemple, aux cas des « révoltes du vinaigre »[28] (juin 2013) au Brésil, des réactions populaires au *Gasolinazo*[29] (décembre 2010) ou au projet de route dans le TIPNIS (Territoire indigène Parque national Isidoro Sécure) en Bolivie, ou encore des Marches indigènes, paysannes et populaires convoquées, notamment, par la CONAIE contre le gouvernement Correa en Équateur.

Lorsqu'on prend la peine de questionner les « protagonistes anonymes » de ces actions directes spontanées, il apparaît que les griefs en fonction desquels se soulèvent ces populations vont bien au-delà du néolibéralisme ou d'une demande d'intégration. D'ailleurs, les « demandes », « exigences » ou griefs exposés dans l'espace public ne concernent que sporadiquement des politiques sociales. De manière beaucoup plus profonde, les récits de ces *actions contestataires transgressives* (McAdam, Tarrow, Tilly, 2001) font référence à une sorte de « souffrance sociale » (Bourdieu, 1993 ; Renault,

---

26 Voir par exemple, Escobar, Álvarez, Dagnino, 2001 ; Eckstein, Merino, 2001 ; Garretón, 2002 ; Paramio, 2002 ; Seoane, 2006 ; Wickham-Crowley, Eckstein, 2010 ; Cameron, Hershberg, 2010.

27 Il importe toutefois de préciser que, malgré certaines innovations, les politiques de lutte contre la pauvreté, comme les transferts conditionnels de revenus, ne sont pas propres aux gouvernements de gauche et seraient davantage représentatifs du Consensus de Washington, préférant des aides ciblées aux politiques sociales universelles. Voir à ce sujet, Lautier, 2003 ; Peñafiel, 2008b ; Borgeaud-Garciandía *et al.*, 2009.

28 L'expression « révoltes du vinaigre » désigne la série de manifestations surgies suite à l'augmentation des tarifs du transport en commun et autour de la Coupe des confédérations (football) au Brésil en juin 2013. Cette ironique appellation tourne en dérision la criminalisation de l'action collective qui a mené à l'arrestation de personnes en fonction du fait qu'elles avaient des bouteilles de vinaigre dans leurs bagages (dans le but de mitiger l'effet des gaz lacrymogènes).

29 Le Gasolinazo a été une augmentation abrupte du prix des carburants annoncée par le gouvernement Morales pour soutenir ses « dépenses sociales ».

2008) ou plutôt à un « tort fondamental » (Rancière, 1995) légitimant ces interruptions de la reproduction « normale » du social.

Comme l'exprime Lucho, un « protagoniste anonyme » de la Commune d'Oaxaca : « Les gens qui participent [...] ou bien ils ont vu la souffrance du peuple ou ils ont souffert dans leur propre chair... le mépris [...] les injustices, le manque de liberté, de droits... »[30]. Loin d'être victimaire, cette évocation de la « souffrance » sert à légitimer l'action collective autonome qui se voit généralement criminalisée en fonction de sa « violence »[31]. En effet, dans les récits d'actions directes spontanées, la figure de la souffrance fonctionne comme un « garant » (Maingueneau, 1999), c'est-à-dire comme

> une instance assertive ou un agent vérificateur qui assure la validité des énoncés, ainsi que la compétence énonciative [et performative] de leurs énonciateurs, tout en modalisant les différents éléments de la scénographie (temps, espaces, personnes, objets, enjeux) en fonction de leurs positions par rapport à l'axe de la violence-souffrance. (Peñafiel, 2012d : 97).

On remarquera également que cette « souffrance » n'est pas directement assimilable à un besoin ou à une demande spécifique mais qu'elle réfère à des « signifiants flottants » (Laclau, 2008) extrêmement « flous » ou ambigus comme « *le mépris, les injustices, le manque de liberté, de droits...* ». Ailleurs, on parle de « *trop de souffrances* » : « trop » pour pouvoir être énumérées mais aussi « trop » pour pouvoir rester assis sans rien faire. Comme je l'ai montré ailleurs (Peñafiel, 2012a), le flou de ces référents, loin d'être une tare, est une condition de possibilité de ce type d'actions directes spontanées, dans la mesure où les signifiants qui leur sont attachés servent à nommer quelque chose d'incommensurable ou d'innommable, c'est-à-dire l'ensemble social ou la « plénitude absente de la communauté » (Laclau, 2000 : 101 et suiv.). Ainsi, en plus d'être des « signifiants flottants » – c'est-à-dire des objets en dispute pour la détermination du sens du social –, ces référents flous constituent aussi

---

30 Pour une analyse plus approfondie de cet extrait et du contexte, voir Huart, 2012. Voir également Peñafiel, 2012c, pour une analyse comparée des cas d'Oaxaca, de Bagua (Pérou) et de l'Équateur.

31 Violence qui se résume, la plupart du temps, à un débordement bénin des mécanismes institutionnalisés d'acheminement des demandes. Au sujet de la criminalisation de l'action collective en Amérique latine, voir Seoane, 2003 ; Algranati *et al.*, 2004 ; Murillo, 2004 ; Svampa, 2007 ; Doran, 2012 ; Peñafiel, 2014b.

des « signifiants vides »[32] ou des symboles permettant la convergence stratégique d'un immense spectre de positions divergentes.

Cette « convergence stratégique de positions divergentes » (Foucault, 1969) ne se fait pas en fonction d'une identité « positive » commune à un groupe social spécifique mais plutôt en fonction d'une *subjectivation politique négativement constituée* (Peñafiel, 2012a). En d'autres termes, ce qui rassemble une série de positions et d'identités disparates autour des actions étudiées n'est pas tant quelque chose de « positif » qu'elles auraient en commun que la mise en équivalence de leur commune « négation » (non *reconnaissance* : Honneth, 2006) par un ordre symbolique ou un « partage du sensible » au sein duquel elles sont laissées pour compte (Rancière, 1995).

Pour le dire dans les termes de deux interviewés :

> [Sans cette action] nous n'allions *jamais être reconnus* en tant que peuples indigènes, nous allions toujours occuper un *lieu vide*, de notre *non existence.* (Bagua).

> Parce que les gouvernants *ne nous écoutent pas*. Ils *font à leur tête*. Alors, le peuple indigène *n'entre pas* [no se acopla] *dans l'idée qu'ils se font de nous.* (Équateur).

Dans ces deux extraits, on peut noter la présence de la catégorie identitaire de « peuple(s) indigène(s) », ce qui aurait pu nous conduire à aborder la question sous l'angle des identités ethniques. Pourtant, non seulement la catégorie d'indigène recouvre une série de nations, langues et ethnies différentes, convergeant autour d'une action ou d'une organisation en fonction de leur « (in)subordination » commune, mais surtout, les actions directes spontanées engagent un immense spectre de positions qui ne sont pas nécessairement « indigènes » et qui ne se mobilisent pas en fonction d'intérêts ou d'identités spécifiques.

Dans tous les cas, ce n'est pas en fonction d'une identité ou d'un intérêt positif commun qu'est légitimé le « droit » au soulèvement mais plutôt en fonction d'une exigence de reconnaissance ou d'un « postulat d'égalité » :

> [Les] peuples indigènes, nous sommes aussi égaux, *en tant qu'êtres humains*, que les hispanophones (Bagua).

---

[32] Voir le chapitre « De l'importance des signifiants vides en politique », pp. 93-107, dans Laclau, 2000.

> Ces soulèvements apparaissent pour exiger des gouvernements les mêmes droits que *n'importe quel citoyen* ; pas seulement pour quatre ou cinq richards mais pour tous, pour les *gens pauvres*, pour les *indigènes*, pour [nous] *tous qui sommes égaux* (Équateur) (Je souligne).

En se représentant, « en tant qu'être humain », en tant que « gens pauvres », en tant « nous tous qui sommes égaux » et en se liant à « n'importe quel citoyen », au nom d'une souffrance partagée, issue d'une violence physique, structurelle et symbolique, l'*énonciateur* (position énonciative) de ces récits tend à construire une « scénographie » dont les contours ne rencontrent que de manière problématique les figures du néolibéralisme et des politiques sociales. Les récits d'actions directes ne questionnent pas seulement les politiques néolibérales (qui sont souvent le détonateur de l'action) mais un « tort fondamental » (Rancière, 1995) subi par l'immense majorité de la population (*tous qui sommes égaux*) « depuis toujours » et « pour toujours » (déictique de temps) :

> *toujours*, nous *continuons* à être maltraités, l'abus de nos droits (Bagua).
>
> pas seulement avec ce président, mais avec *tous les présidents* qui *viendront* [...] Ils nous *utilisent* simplement pour arriver au pouvoir et après ils nous disent « vous êtes des déchets », « vous ne valez rien » (Équateur). (Je souligne)

Pauvreté de la représentation

Le critère de « reconnaissance » (constitutif de l'unité de l'action et de la subjectivation politique qui en découle) n'est donc pas celui d'une *isomorphie* (identité) mais celui d'une *isonomie*, c'est-à-dire d'un « droit citoyen » systématiquement bafoué (souffrance et tort fondamental) mais pourtant « postulé » en fonction d'une idée de « justice » supérieure aux lois. Il ne s'agit pourtant pas d'une remise en question du principe de droit mais, au contraire, de l'exigence d'un « droit d'avoir des droits » (Arendt, 1982 [1951]) ou, comme le dit Francisco, un indigène de l'Amazonie équatorienne : un « *droit à tout pour tous* ». Cette isonomie ne fait pas seulement référence à l'égalité des chances ou à l'égalité de tous devant la loi. En tant que concept fondamental de la démocratie grecque, l'isonomie renvoie à l'égale capacité de n'importe qui à participer à l'élaboration de la norme commune (Breaugh, 2007).

En fonction de ce postulat d'égalité, même les politiques sociales dites « participatives » – comme celles de la « Révolution citoyenne » en Équateur ou de la « Démocratie participative et *protagonique* » au

Venezuela – apparaissent comme insuffisantes, dans la mesure où elles surdéterminent les formes de cette participation. Comme l'exprime Soledad, une femme de la province de Yaracuy au Venezuela, qui a participé à une occupation de terres agricoles au début des années 2000 et qui, malgré sa reconnaissance envers le gouvernement pour l'attribution des titres de la terre occupée et pour les bénéfices sociaux qui leur ont été accordés, ne se plaint pas moins

> parce qu'il existe encore des « divinités » [privilégiés] au sein même des fundos [fermes coopératives] et des organisations, produit d'une bureaucratie profondément ancrée dans tout le gouvernement et qui ne veut pas qu'ici on fasse la révolution. Mais alors je dis que la révolution se fait tout de même, parce que la révolution c'est nous qui la faisons, les paysans, les ouvriers et les étudiants. [...] Parce que le pouvoir populaire, comme tu peux le voir, s'est institutionnalisé et ça ne doit pas être institutionnalisé. Nous sommes les institutions, nous [...] sommes ceux qui doivent décider ce qu'il y a à décider ici au Venezuela.[33]

Le critère en fonction duquel est jugée la « trahison » ou le détournement de la « révolution populaire » par la bureaucratie (chaviste) est encore une fois celui de l'isonomie, c'est-à-dire celui du refus des privilèges (*divinités*) et de l'égalité dans la « décision ». En fonction de ces principes les « bénéfices sociaux » relatifs aux politiques sociales bolivariennes paraissent bien maigres. Il ne s'agit pas de refuser les programmes sociaux, au contraire, mais plutôt d'empêcher que ceux-ci, au nom d'un quelconque gain ou bénéfice, empêchent l'expression du principal « gain » de l'action collective : l'existence sociale de ce qui était nié (*sans cette action nous n'allions jamais être reconnus*), grâce à l'expression publique d'une souffrance partagée ou d'un tort fondamental.

Cette inexistence sociale d'un pan entier de la population n'est pas fruit de l'ignorance ou d'un manque d'intérêt de l'État envers sa population mais plutôt le résultat d'un travail d'*occultation* (marginalisation, silenciation, invisibilisation) paradoxalement opéré par une *incitation au discours* (Foucault, 1971) sur la pauvreté. Ce n'est pas parce qu'on ne parlerait pas des populations pauvres ou marginalisées qu'elles n'existent pas socialement mais parce qu'on en parle dans des termes rendant possible la reproduction des relations sociales perpétuant leur occultation (*le peuple indigène n'entre pas* [no se acopla] *dans l'idée qu'ils se font de nous*).

---

[33] Pour une analyse plus approfondie de cet extrait et du corpus dans son ensemble, voir Peñafiel, 2012e.

Ce qu'expriment les récits d'actions directes spontanées c'est précisément le refus de ces places imposées par la représentation de la pauvreté – y compris dans sa nouvelle mouture « participative ». Ils expriment que derrière l'extrême pauvreté de la représentation sociale et politique qui leur est offerte (ou plutôt imposée), il existe une population qui refuse la violence symbolique des places qui leur sont attribuées et qui, en persistant à dire « nous les pauvres, nous ne sommes pas pauvres », empêche la reproduction du système sur ses propres bases, ouvrant ainsi l'espace politique nécessaire à leur « existence ».

Bibliographie

Abensour, M., « De l'Intraitable », in Sfez, G. et Lyotard, D. (dir.), *Jean-François Lyotard. L'exercice du différend,* Paris, Presses universitaires de France, 2001, pp. 241-260.

Algranati, C., Seoane, J. et Taddei, E., *Disputas sociales y procesos políticos en América Latina*, Buenos Aires, *OSAL* (Observatorio Social de América Latina) – CLACSO (Consejo Latinoamericano de Ciencias Sociales), V (13), 2004.

Althusser, L., « Idéologie et appareils idéologiques d'État », *Positions (1964-1975)*, Paris, Les Éditions sociales, 1976, pp. 67-125.

Amossy, R., *La présentation de soi : Ethos et identité verbale*, Paris, Presses Universitaires de France, 2010.

Angelcos, N. et Doran, M.C., « L'"expérience participative" des pobladores au Chili : Entre résistance aux modes de gestion de la pauvreté et nouvelles formes de politisation », *Lien social et Politiques*, (71), 2014, pp. 159-178.

Arditi, B., « Arguments about the Left Turns in Latin America : A Post-Liberal Politics ? », *Latin America Research Review*, 43 (3), 2008, pp. 59-81.

Arendt, H., *L'impérialisme. Les origines du totalitarisme, Vol. 2*, Paris, Fayard, 1982 [1951].

Beaucage, P., « Parcours de l'indianité : théologie, politique, anthropologie », *Cahier des imaginaires*, Vol. 3, n° 3, 2005.

Bertaux, D., *Le récit de vie. L'enquête et ses méthodes*, Paris, Armand Colin, 2010.

Destremau, B. et Salama, P., *Mesures et démesure de la pauvreté*, Paris, Presses universitaires de France, 2002.

Borgeaud-Garciandía, N., Lautier, B., Peñafiel, R. et Tizziani, A., *Penser le politique : La recréation des espaces et des formes du politique en Amérique latine*, Paris, Karthala, 2009.

Bourdieu, P., « La délégation et le fétichisme politique », *Actes de la recherche en Sciences sociales*, (52-53), 1984, pp. 49-55.

Bourdieu, P., *La misère du monde*, Paris, Seuil, 1993.

Bourdin, J.C. (dir.), *Althusser, une lecture de Marx*, Paris, PUF, 2008.

Breaugh, M., *L'expérience plébéienne, Une histoire discontinue de la liberté politique*, Paris, Payot, 2007.

Castoriadis, C., *L'institution imaginaire de la société*, Paris, Seuil, 1975.

Colletti, L., « Marxism and the Dialectic », *New Left Review*, 93, 1975, pp. 3-29.

Collins, P.H., « Gender, Black Feminism, and Black Political Economy », *The Annals of the American Academy of Political and Social Science*, n° 568, 2000b, pp. 41-53.

Collins, P.H., *Feminist Thought : Knowledge, Consciousness, and the Politics of Empowerment*, New York, Routledge, 2000a [1990].

Corten, A., Huart, C. et Peñafiel, R., *L'interpellation plébéienne en Amérique latine. Violence, actions directes et virage à gauche*, Paris/Montréal, Karthala/PUQ, 2012.

Crenshaw, K.W., « Demarginalizing the Intersection of Race and Sex : a Black Feminist Critique of Discrimination Doctrine, Feminist Theory and Antiracist Practice », *University of Chicago Legal Forum*, 1989, pp. 139-167.

Crenshaw, K.W., « Mapping the Margins : Intersectionality, Identity Politics, and Violence Against Women of Color », *Stanford Law Review*, vol. 43, n° 6, 1991, pp. 1241-1299.

Crenshaw, K.W., « Cartographies des marges : intersectionnalité, politique de l'identité et violences contre les femmes de couleur », *Cahiers du Genre*, vol. 2, n° 39, 2005 [1991], p. 51-82.

David-Ménard, M., *La folie dans la raison pure*, Paris, Librairie philosophique J. Vrin, 1990.

David-Ménard, M., « Kant et le négatif », in *Deleuze et la psychanalyse*, Paris, Presses universitaires de France, 2005, pp. 153-173.

Della Volpe, G., *Logic as a positive science*, Londres, NLB, 1980 [1950].

Doran, M.-C. et Peñafiel, R., *Discours fusionnel et représentations du politique : les pobladores dans le mouvement des protestas au Chili (1983-1989)*, mémoire de maîtrise, Montréal, Université du Québec à Montréal, 1998.

Doran, M.-C., « La palabra soberana : los pobladores chilenos frente a la política », *Versión. Estudios de Comunicación y Política*, 6 (10) , 2000, pp. 287-333.

Doran, M.-C., « Violence, victimisation et État sécuritaire : une nouvelle légitimation pour la violence d'État ? Éléments d'analyse à partir des cas latino-américains ». *Cahiers des imaginaires* (10), 2012, pp. 34-53.

Doran, M.-C., *Le réveil démocratique du Chili. Une histoire politique de l'exigence de justice (1990-2014)*, Paris, Karthala, 2014.

Ducci, M.E., « Chile : el lado obscuro de una política de vivienda exitosa », *Revista Eure*, XXIII (69), 1997, pp. 99-115.

Ducrot, O., *Le dire et le dit*, Paris, Minuit, 1984.

Foucault, M., *L'Archéologie du savoir*, Paris, Gallimard, 1969.

Foucault, M., *L'ordre du discours : leçon inaugurale au collège de France prononcée le 2 décembre 1970*, Paris, Gallimard, 1971.

Hall, S., *Sin garantías : Trayectorias y problemáticas en estudios culturales* [Sans garantie : trajectoires et problématiques dans les études culturelles], Popayán (Colombie), Envión, 2010.

Honneth, A., *La Lutte pour la reconnaissance*, Paris, Cerf, 2000.

Honneth, A., *La société du mépris. Vers une nouvelle Théorie critique*, Paris, La Découverte, 2006.

Huart, C., « L'irreprésentable plèbe. Le cas des batailles de l'Assemblée Populaire des Peuples d'Oaxaca (Mexique) », in Corten, A., Huart, C. et Peñafiel, R. (dir.), *L'interpellation plébéienne en Amérique latine. Violence, actions directes et virage à gauche*, Paris/Montréal, Karthala/PUQ, 2012, pp. 185-204.

Kant, E., « Attempt to introduce the concept of negative magnitudes into philosophy », in *Theoretical philosophy, 1755-1770*, Cambridge, Cambridge University Press, 1992 [1763], pp. 205-241.

Kerbrat-Orecchioni, C., *L'énonciation. De la subjectivité dans le langage*, Paris, Armand Colin, 2006.

Laclau, E. et Mouffe, C., *Hegemony and Socialist Strategy, Towards a Radical Democratic Politics*, Londres, Verso, 1985.

Laclau, E., *La guerre des identités, grammaire de l'émancipation*, Paris, La Découverte/M.A.U.S.S., 2000.

Laclau, E., *La Raison populiste*, Paris Seuil, 2008.

Lautier, B., « Une protection sociale mutualiste et universelle : la condition de l'efficacité de la lutte contre la pauvreté », in Lautier, B., Marques Pereira, J. et Salama, P., *Régime de croissance, vulnérabilité et protection sociale en Amérique latine. Les conditions macro de l'efficacité de la lutte contre la pauvreté*, CEPAL, coll. « Financiamento del desarrollo », (140), 2003, pp. 45-72.

Lyotard, J.-F., « Futilité en révolution », in *Rudiments païens*, Paris, Union Générale d'Éditions, 1977, pp. 157-212.

Maingueneau, D., *Genèses du discours*, Liège, Mardaga, 1984.

Maingueneau, D., *L'analyse du discours : initiation aux lectures de l'archive*, Paris, Hachette, 1991.

Maingueneau, D., « Ethos, scénographie et incorporation », in Amossy, R. (dir.), *Images de soi dans le discours, La construction de l'éthos*, Lausanne, Delachaux, Niestlé, 1999, pp. 75-100.

Manin, B., *Principes du gouvernement représentatif*, Paris, Flammarion, 2012 [1995].

Mazière, F., *L'analyse du discours*, Paris, PUF, coll. « Que sais-je ? », 2005.

McAdam, D., Tarrow, S. et Tilly, C., *Dynamics of contention*, Cambridge, Cambridge University Press, 2001.

McFalls, L., « Les fondements rationnels et sociaux des passions politiques : vers une sociologie de la violence contemporaine avec Weber et Foucault », *Anthropologie et Sociétés*, 32 (3), 2008, pp. 155-172.

Murillo, S., « El nuevo pacto social, la criminalización de los movimientos sociales y la "ideología de la seguridad », *OSAL* (Observatorio Social de América Latina), Buenos Aires : CLACSO (Consejo Latinoamericano de Ciencias Sociales) V (14), 2004, pp. 261-273.

Oger, C., « L'analyse du discours institutionnel entre formations discursives et problématiques socio-anthropologiques », *Langage et société*, (4) , 2005, pp. 113-128.

Paveau, M.A., « Interdiscours et intertexte, Généalogie scientifique d'une paire de faux jumeaux », in Ablali, D. et Kastberg Sjöblom, M., *Linguistique et littérature : Cluny, 40 ans après*, Besançon, PUFC, 2010, pp. 93-105.

Peñafiel, R., « Le rôle politique des imaginaires sociaux : Quelques enjeux théoriques autour de leur conceptualisation », *Politique et sociétés*, vol. 27, n° 1, 2008a, pp. 99-128.

Peñafiel, R., *L'Événement discursif paupériste, Lutte contre la pauvreté et redéfinition du politique en Amérique latine : Chili, Mexique, Venezuela (1910-2006)*, Thèse de doctorat, Montréal, Université du Québec à Montréal, Département de Sciences politiques, 2008b [En ligne], URL : http ://www.archipel.uqam.ca/1389/1/D1639.pdf, consulté le 7 août 2017.

Peñafiel, R., « Discours et subjectivation, Soulèvements populaires et ouverture de nouveaux espaces politiques en Amérique latine : Le cas des *Protestas poblacionales* au Chili (1983-1989) », in Borgeaud-Garciandia, N., Lautier, B., Peñafiel, R. et Tizziani, A. (dir.), *Penser le politique : La recréation des espaces et des formes du politique en Amérique latine*, Karthala, 2009, pp. 197-213.

Peñafiel, R., « Le "printemps chilien" et la radicalisation de l'action collective contestataire en Amérique latine », *Lien social et politiques*, (68), 2012a, pp. 121-140.

Peñafiel, R., « Luttes sociales et subjectivations politiques en Amérique latine : Expropriations, récupérations et réinventions des savoirs sur "soi" », *Mouvements*, (72), 2012b, pp. 69-78.

Peñafiel, R., « Souverains en souffrance. Actions directes spontanées, violence pure, expression publique de la souffrance et virage à gauche en Amérique latine », *Cahiers des imaginaires*, (10), 2012c, pp. 54-84.

Peñafiel, R., « Imaginaire plébéien et changements dans la représentation du politique en Amérique latine », in Donot, M. et Pordeus Ribeiro, M. (dir.), *Discours politiques en Amérique latine. Représentations et imaginaires*, Paris, L'Harmattan, 2012d, pp. 85-99.

Peñafiel, R., « Venezuela. L'interpellation du peuple. Tentative de neutralisation de l'action contingente de la plèbe par le discours sur le "protagonisme populaire" », dans Corten, A., Huart, C. et Peñafiel, R. (dir.), *L'interpellation plébéienne en Amérique latine. Violence, actions directes et virage à gauche*, Paris/Montréal, Karthala/PUQ, 2012e, pp. 93-118.

Peñafiel, R., « Récits et subjectivations politiques intersectionnelles transversales. L'exemple des actions collectives transgressives en Amérique latine », *Politique et sociétés*, 33 (1), 2014, pp. 15-40.

Rancière, J., *La Mésentente. Politique et Philosophie*, Paris, Galilée, 1995.

Renault, E., *Souffrances sociales. Philosophie, psychologie et politique*, Paris, La découverte, 2008.

Renna, H. (dir.), *Siete y cuatro. El retorno de los pobladores. Lucha, vivienda, autogestión habitacional y poder popular en Santiago de Chile.* Santiago du Chili, Quimantú, 2011.

Sarfati, G.É., *Éléments d'analyse du discours*, Paris, Armand Colin, 2005.

Saussure, F., *Cours de linguistique générale*, Paris, Payot, 1982 [1915].

Schmitt, C., *Théologie politique*, Paris, Gallimard, 1988 [1922].

Seoane, J. (dir.), *Movimientos sociales y conflicto en América Latina.* Buenos Aires, Consejo Latinoamericano de Ciencias Sociales (CLACSO), 2003.

Simmel, G., *Les pauvres*, Paris, Presses Universitaires de France, 2002 [1907].

Svampa, M., *Movimientos sociales y escenario político : las nuevas inflexiones del paradigma neoliberal en América Latina*, Observatorio Social de América Latina-CLACSO, 2007.

Symmes, L.R., « Percepciones en torno a la radicalización de los pobres urbanos : El caso de la "toma de Peñalolén" », *Boletín de Geografía*, (24), 2006, pp. 103-122.

Tilly, C., *La France conteste : de 1600 à nos jours*, Paris, Fayard, 1986.

Todorov, T. et Bakhtine, M., *Mikhail Bakhtine, Le principe dialogique*, Paris, Seuil, 1981.

Valenzuela Marchant, C., « La memoria social y el caso del Campamento La Esperanza Andina de Peñalolén 1992-1998 », *Cuadernos de trabajo educativo, Área Educación, Corporación Parque por la Paz Villa Grimaldi*, Année III, vol. VI, 2012, pp. 9-22.

Troisième partie

Territoires de l'assistance et formes de légitimité

Introduction

Les territoires de l'assistance

Quelles frontières de légitimité au Brésil ?

Anete Brito Leal Ivo

Université Catholique de Salvador da Bahia (UCSAL) et Université fédérale de Bahia (UFBA), Salvador de Bahia, Brésil

D'après Weber (1999)[1] la *légitimité* peut être comprise comme une « croyance » (*Glaube*) des citoyens en la bonté des dirigeants ou une « attente » des dirigeants pour obtenir des citoyens, en réponse à leur mandat, leur consentement à la forme de domination de l'État. En termes gramsciens, la revendication de légitimité ne peut être atteinte que par la force coercitive de l'appareil d'État et n'implique pas un changement radical de tous les aspects sociaux. Tout comme la légitimation de l'assistance ayant pour cible les « plus pauvres » peut être entendue comme l'acceptation élargie de l'action sociale ciblée de l'État social par la majorité de la société, vue comme la manière la « plus efficace » (correcte, souhaitable ou réalisable) de rendre possible l'intégration sociale d'un corps de citoyens « ayant droits » dans l'hégémonie du marché.

Pour dépasser une vision luhmannienne de la légitimation[2], qui pense la société en tant que système, mes commentaires sur les « territoires de l'assistance » prennent comme point de départ la notion bourdieusienne de *champ* (de l'assistance), constitué par les agents et les institutions dont

---

1 Weber dans son livre *Économie et Société* propose une classification tripartite des types de domination- autorité (juridique, traditionnelle ou charismatique) auxquels correspondent trois types de légitimité (rationnelle, affective et utilitariste). Voir également Levi, Lucio, « Legitimidade » (1986 : 675-679).

2 Niklas Luhmann pense le consentement par l'imposition des règles institutionnelles de coercition. Ce qui à mon avis ne permettrait pas une ouverture à la *désobéissance civile* dans les sociétés modernes. Voir Neves et Samios, 1997.

les pratiques sociales rendent possible la reproduction sociale au niveau local et national. Ils s'adressent donc notamment aux médiations qui agissent davantage pour la formation du consensus, qui montrent les formes subtiles de la domination.

Si on pense l'assistance comme un *champ* (Bourdieu, 1997), on peut extraire les *structures des situations* dans lesquelles les agents (les bénéficiaires, les gestionnaires de programmes et les politiques) agissent et interagissent dans l'assistance (en termes de prestations et de contre-prestations). À partir de cette approche, on peut saisir les imbrications entre la *régulation politique* de l'assistance, en tant que règles institutionnelles de gestion et de contrôle des familles les plus démunies, et la *production sociale (et locale) de cette régulation* par lesquelles se fait la subjectivation des « assistés – bénéficiaires ». Ce processus de subjectivation s'effectue par rapport aux règles d'encadrement et aux procédures de suivi des contre-prestations des programmes : la resocialisation élargie des personnes « classées en condition de pauvreté absolue » se réalise en principe par l'expérience de l'insertion dans de nouveaux liens institutionnels, politiques et de marché.

Mes remarques cherchent donc à faire ressortir les frontières et les contradictions de ces deux logiques : la formation du consensus (au niveau politique) et la validation sociale élargie de l'État et de l'assistance (au niveau de la société et des agents). La question est de savoir comment, dans un contexte néolibéral et structuré par l'individualisation et la fragmentation accrues de la vie sociale, se produisent en même temps une grande légitimité politique de ce régime social et une dépolitisation de la vie sociale. Quels effets ont-elles sur la citoyenneté et la structure sociale ? Cette voie d'analyse prend à la fois en considération les contraintes institutionnelles de la redistribution au niveau local et le processus d'encadrement, qui structurent les pratiques des bénéficiaires. Elle fait ressortir les contradictions de l'action effective des sujets, mises en rapport avec ces dispositifs de gestion (l'encadrement, le suivi et les contrôles) dans le cadre de la gestion des bénéfices réalisée par le gouvernement.

Les chapitres de cette troisième partie répondent à cette question par plusieurs entrées disciplinaires et terrains empiriques différents. Ils portent sur :

a. le changement de temporalité d'un nouveau régime de solidarité nationale qui implique le passage des mouvements sociaux des années 1970/1980 vers une individualisation des actions des sujets (l'*empowerment*), par l'institutionnalisation des multiples programmes *d'assistance* rattachés aux *marchés locaux* (Jacob Carlos Lima) ;

b. la médiation des institutions, techniques et de l'argent (la financiarisation de l'assistance) dans la mise en œuvre et la gestion des programmes d'assistance (Pablo Jaramillo ; Oscar Rodríguez Salazar et Décsi Arévalo) ;

c. l'ébranlement des fondements de l'universalisme pour Blandine Destremau et l'émergence d'une nouvelle citoyenneté hybride – « la citoyenneté d'assistance », comme l'appelle Marco Ceballos.

Ces chapitres, aussi différents que complémentaires soient-ils entre eux, passent de *l'objectivation* de l'assistance, en tant que mise en place des systèmes de gestion des personnes assistées sur un territoire, à la *subjectivation* des expériences effectivement vécues par les citoyens en conditions « d'assistés » dans les sociétés d'Amérique latine, en analysant comment la normalisation de ces politiques affecte les formes de subjectivation des individus. Ils montrent plusieurs cadres d'opérations et de pratiques liées à des stratégies d'*encadrement* des bénéficiaires des programmes, comme l'intégration de ceux-ci à la vie institutionnelle et bancaire afin de profiter au maximum des opportunités sociales offertes par le gouvernement aux plus pauvres. Enfin, le pouvoir symbolique des atouts opère des *médiations* et de nouvelles *frontières* entre le symbolique, l'institutionnel, le social et le marché et leurs effets sur la structure sociale, la nature de cette citoyenneté et le processus de domination politique.

Ces chapitres vont au-delà d'une approche bureaucratique localisée et restreinte de l'assistance et la comprennent en tant que *fait social total, mouvant et politique.* Penser l'assistance en tant que fait social total, comme nous l'a appris Marcel Mauss, structure l'ordre social en termes de prestations et de contre-prestations qui « obligent ou imposent » à tous les membres d'une communauté d'accepter en grande partie la légitimation du *don* dans la gestion de la pauvreté par l'État, mais qui pour autant ne signifie pas un impératif absolu, vu que les membres jouissent d'une certaine liberté dans la vie sociale.

La perspective mouvante

L'idée qui ressort de la perspective *mouvante* est celle de l'assistance *en train de se faire,* imbriquée dans le processus de *transition politique en Amérique latine,* entre les années 1980-1990 et 2000. Cette transition révèle la coprésence de deux systèmes sociaux (celui basé sur la sécurité sociale et l'autre basé sur l'assistance ciblée). Elle montre, d'une part, le caractère conflictuel au niveau du *politique* qui organise, désorganise et réorganise les relations sociales et les collectifs sociaux au bénéfice d'un processus d'individualisation et de fragmentation sociale qui amène à la pacification du conflit redistributif. D'autre part cette dynamique montre le passage des collectifs de mouvements sociaux à l'individualisation de l'attention et à une redistribution restreinte.

Le processus de la désingularisation : du singulier au collectif (national)

La formation du processus de *légitimation* exige un *travail de désingularisation* ou *de passage* du *singulier au collectif* (le national), c'est-à-dire de chaque individu (ou même des collectivités locales) à un *intérêt général à la démocratie* et à une *solidarité élargie de l'État national* en termes de distribution d'allocations (la propriété de transfert de l'État[3]) et en retour, le passage du modèle de solidarité nationale à l'expérience des agents. Ce mouvement de passage entre le local et le national se fait par un *discours* (« la lutte contre la pauvreté » ainsi que l'annonce de l'action sociale prioritaire pour « les plus pauvres »), qui produit la justification publique des programmes sociaux en établissant des liens de sens entre la notion de justice sociale et les programmes de gestion de la pauvreté par le gouvernement, ainsi que par l'ouverture ou l'intégration des personnes « en condition de pauvreté » au *marché.* D'autre part, dans les pays étudiés ici sauf à Cuba, ce passage se fait également par l'usage d'*atouts symboliques,* comme l'objectivation du *don en monnaie,* à partir de la financiarisation de l'assistance, et par une *opération cognitive* qui crée une rupture conceptuelle et méthodologique entre pauvreté, travail et protection, et qui appréhende la notion de pauvreté des familles en termes absolus, écartés du marché du travail et hors du concept de la pauvreté relative[4].

---

3 Castel (1995 : 315) en référence à Hammond, présente cette *propriété de transfert* exercée par l'État social comme un nouvel ordre de répartition de l'actif. Pour Castel cette thèse est un important point de départ pour une théorie de la régulation sous la forme d'une socialisation de revenu.

4 Je présente ce processus dans mon livre : Ivo (2008) dans lequel je montre l'objectivation de la pauvreté par la mise en place de programmes sociaux et son effet de pacification du conflit redistributif.

Le *processus de désingularisation* est basé sur la formation d'un *discours moral de justice sociale*, d'appartenance des citoyens à la vie politique démocratique (participation) en tant que liberté d'accès au marché, mais aussi par le recours à certains principes libéraux d'*efficacité* de gestion mis en place par un *État gérant* réformé, centralisé et étroitement lié aux principes de marché (dans un contexte d'hégémonie libérale). Dans ce cas, la mise en œuvre de l'efficacité se réalise par la gestion des limites du « ciblage » (par la ligne de la pauvreté adoptée par les programmes de transfert de revenu et par la gestion des conditionnalités etc.).

Ce *discours* fait appel à une « *cause* » *historique* en faveur de la justice sociale qui contribue à la légitimation politique du gouvernement : la matérialisation de *la dette sociale brésilienne* envers les plus pauvres se fait par l'accès à un revenu octroyé (en monnaie) par le gouvernement. Il faut qu'un quart de la population brésilienne, la fraction la « plus pauvre », ait accès aux droits civils/à la citoyenneté (sociale), tout en préservant les intérêts du marché et en limitant les coûts monétaires de ces mesures. La réification de *la justice sociale* par l'*objectivation* de l'accès à l'argent et à une carte bancaire produit une nouvelle fétichisation du marché alors opérée par la monétarisation de l'assistance en dehors du monde du travail. Il permet le passage du sujet du travail (la grande masse des travailleurs autonomes qui forment le secteur informel du marché du travail) au sujet du marché, soit comme consommateur, soit comme petit entrepreneur ou, à la limite, comme endetté du système de crédit populaire par la banque.

L'application des « principes d'efficacité » dans la gestion de l'assistance se fait par la « maitrise des ciblages et contraintes ». D'abord par rapport à l'*encadrement* d'une *masse considérable et floue* de familles (il faut « savoir » trouver les « bonnes familles », celles qui *s'inscrivent dans les critères des lignes de la pauvreté absolue définie par le gouvernement*), ensuite par le contrôle des conditionnalités et modes de vie et des soins envers les enfants et les jeunes des familles les plus pauvres. Finalement, dans la perspective libérale de ces programmes, « il faut bien gérer le transfert d'une partie des fonds publics aux plus pauvres ».

Cet encadrement entraîne le passage de la subjectivité des citoyens ayant droits à une *objectivation de la population ciblée* en termes de masse de population en condition de pauvreté, écartée de sa place sur le marché du travail, et recensée par exemple dans le *CadUnico*, le registre national brésilien des ayant droits de l'aide sociale. Il implique également un processus de *subjectivation* par l'inculcation de l'idée d'opportunités directes offertes (avoir accès à l'argent, pouvoir acheter des biens, soulager la faim, avoir accès à des crédits etc.) ou indirectes (réduction des tarifs des services publics, priorité d'attention etc.) à condition d'être inscrit sur la liste de la « population sociale ciblée », définie par des *opérations cognitives* (conceptuelles et méthodologiques) mises en opération pour la gestion de la pauvreté (écartée du monde du travail). Ce *processus d'objectivation* – réunir et compter les pauvres – *est donc politique.* Il affirme le passage du sujet du travail au sujet de l'assistance et au sujet de la consommation populaire par le marché. Il s'agit donc *d'une légitimation de la segmentation du marché du travail et de la protection sociale.*

Cet *encadrement* au niveau de l'expérience des sujets est soumis à des principes et à des dispositifs contradictoires d'un *État en transition.* Tout comme l'*expérience personnelle* des citoyens et citoyennes assisté.e.s se heurte à plusieurs régimes de protections contradictoires (aux droits sociaux sécuritaires mais aussi aux allocations des programmes ciblés) dont les femmes bénéficiaires n'étaient pas conscientes au départ. Cette *prise de conscience* des bénéficiaires sociaux, à partir de l'expérience personnelle de gestion des prestations par les femmes, les amène à jouer de stratégies personnelles entre deux régimes d'attachement. Elles accèdent également, à la conscience du statut ambigu de cette nouvelle citoyenneté en relation avec le nouvel « État social », celui qui distribue largement des prestations à une masse de population en condition de pauvreté, située en dehors des droits constitutionnels, et qui contribue en même temps à la perte de leur identité en tant que « travailleurs(es) autonomes ». Dans ce sens, l'encadrement peut promulguer un déplacement de la condition de sujet du travail, pour laquelle les bénéficiaires ont cotisé pendant des années en vue de bénéficier à l'avenir d'un régime de retraite intégré au système de sécurité sociale.

L'individualisation de ce régime d'assistance, écarté de son inscription dans le marché du travail, entraîne une rupture entre *travail* et *protection* et inscrit les bénéficiaires dans de nouvelles *formes d'appartenance* (du sujet du travail au sujet d'assistance) *à la vie institutionnelle*, opérées par le suivi des conditionnalités de ces programmes, et à la vie bancaire. Ce déplacement correspond d'une part à une sorte de « fidélité passive » des bénéficiaires des programmes relevant *de leur inscription* dans les structures institutionnelles de l'État social (programmes sociaux ciblés, échanges de marché, etc.), et à une *nouvelle socialisation politique et au marché*. D'autre part, il bénéficie d'une large légitimation, vu que le gouvernement opère une action de grande ampleur (la grande masse de population à bas revenus), dispersée sur tout le territoire national et notamment pour les femmes travailleuses et cheffes de familles attachées au marché informel du travail. Le gouvernement incite au développement du marché local, mais en revanche il conduit en même temps à la légitimation de la séparation entre travail et pauvreté, à la *dépolitisation* de ces individus et de la société par la technicisation du politique et à l'affaiblissement de l'identité en tant que travailleur. Il pacifie ainsi le conflit de redistribution entre travail et capital.

Conclusion

Par la médiation *du don* sous forme de *monnaie* (revenu), les nouvelles politiques sociales d'assistance (*Conditional Cash Transfer Programs* – CCTP) permettent une réduction de la pauvreté et un sentiment de liberté face aux biens des marchés. Elles réalisent en même temps une large domination consensuelle et un contrôle des travailleurs du secteur informel par la gestion des bénéfices de l'assistance (largement acceptés) et un endettement sur l'avenir.

Le brouillage des frontières entre l'État et le marché à partir des programmes d'assistance font que les personnes classées comme « pauvres » se présentent, par principe, en condition d'égalité (peu importe leur niveau de vie, la place qu'elles occupent dans le marché du travail ou dans la structure de la production nationale). L'idée de jouer de la liberté d'achat opère symboliquement une fétichisation des rapports inégaux du marché, en mettant tout le monde sur un plan d'égalité et en cachant la profonde différenciation et concentration de la structure du revenu national et de la structure sociale.

La mise en place d'un régime d'assistance aux plus pauvres, par des programmes de transferts de revenus, fait la connexion entre « la cause », c'est-à-dire les valeurs de justice sociale et de morale envers les plus pauvres ; l'action technique de l'*État gérant efficace*, par le contrôle des données et l'application des principes normatifs de « la bonne ou mauvaise » gestion des biens publics – les fonds publics – ; et les *opérations cognitives* par lesquelles s'est produite une *nouvelle catégorie sociale* de personnes détachées de leur rapport au marché du travail et rassemblées statiquement par l'action de l'État et que j'appelle les « *collectifs de destin* »

(Ivo, 2008 :199) ou une « classe pour l'autre », en faisant appel à ce que disait Bourdieu (1977) à propos de la paysannerie[5].

Références bibliographiques

Bourdieu, P., *Méditations pascaliennes. Elements pour une philosophie négative*, Paris, Seuil, 1997.

Bourdieu, P., « Une classe objet », *Actes de la Recherche en Sciences Sociales*, Paris, EHESS, 1977, pp. 17-18.

Castel, R., *Les métamorphoses de la question sociale. Une chronique du salariat*, Paris, Fayard, 1995.

Exaltação, J.C., *O CadÚnico na identificação e classificação social de « quem são os pobres » no Brasil*, Mémoire presenté au Programme de Post-Graduation en Sciences Sociales, Université Féderale de Bahia (à paraître EDUFBA, Salvador), 2010.

Levi, L., « Legitimidade », in Bobbio, N., Matteucci, N. et Pasquino, G. (dir), *Dicionário de Política*, Brasília, Editora Universidade de Brasília, 1986, pp. 674-675.

Ivo, A.B.L., *Viver por um fio. Pobreza e políticas sociais*, São Paulo, Editora Annablume, 2008.

Neves, C. B. et Samios, E. M. B., *Niklas Luhmann : a nova teoria dos sistemas*, Porto Alegre, Ed. da universidade/UFRGS, Goethe-Institut, ICBA, 1997.

Weber, M., *Economia e sociedade : fundamentos da sociologia compreensiva*, tradução de Regis Barbosa e Karen Elsabe Barbosa, revisão técnica de Gabriel Cohn, Brasília, Editora Universidade de Brasília, São Paulo, Imprensa Oficial do Estado de São Paulo, 1999, p. 586.

---

[5] Exaltação (2010) analyse le processus de technicisation de la politique par la formation du *CadUnico* à partir de la notion de « pauvreté absolue » au Brésil.

Une nouvelle génération de politiques sociales au Brésil

Néolibéralisme et participation populaire

Jacob Carlos Lima

Université fédérale de São Carlos (UFSCar), Département de sociologie, São Carlos, Brésil

Ce texte a pour objectif de débattre de la nouvelle génération de politiques sociales au Brésil, mises en place parallèlement aux réformes néolibérales des années 1990, puis plus tard, dans les années 2000, par le gouvernement du Parti des Travailleurs. Nous avons choisi trois programmes représentatifs, par leur portée et leur format, de ces nouvelles politiques : le programme Stratégie Santé Famille (ESF), le programme Économie solidaire et le programme Bourse Famille, présentés ci-dessous. Le premier est ciblé sur les soins de base en termes de santé ; le second sur la génération de revenus et l'inclusion sociale dans une perspective émancipatrice ; le troisième sur l'inclusion sociale par le transfert direct de revenus, sur le modèle de programmes de revenus minimums d'insertion. Ces programmes montrent une tendance à la reconstruction de la solidarité sociale dans un contexte de restructuration économique et politique des années 1990 et la reprise de politiques de développement social, par le gouvernement brésilien, durant la décennie suivante.

Le format de ces politiques incorpore les demandes des mouvements sociaux, ainsi que les changements dans l'action de l'État résultant de réformes néolibérales et les suggestions émanant de la Banque mondiale. Cette somme apparemment contradictoire peut être qualifiée de « confluence perverse » (Dagnino, 2004). Cette confluence résulte de différentes perspectives politiques dans ce contexte : la démocratisation de l'État brésilien à la fin de la dictature militaire et la Constitution de 1988 considérée comme une avancée pour la poursuite de l'universalisation des droits sociaux et la participation populaire ; la réduction de la participation de l'État et une responsabilité accrue de la société dans la gestion des politiques sociales qui marquera la décennie 1990 ; le changement de politique en 2003 avec l'arrivée au pouvoir du Parti des Travailleurs (PT), qui signe une plus grande participation de l'État dans les politiques sociales, mais le maintien des fondamentaux macroéconomiques néolibéraux.

Ce scénario contient la confluence mise en évidence par Dagnino : les réformes néolibérales et la responsabilité de la société dans la formulation des politiques sociales, qui exige une plus grande participation et organisation populaires. La perversité réside dans le fait que, « pointant dans des directions opposées et même antagonistes, les deux projets nécessitent une société civile active et utile » (2004 : 97). Les politiques sociales assument un caractère d'urgence face à des populations vulnérables, dont la survie serait menacée. Ainsi, l'accès universel à des droits sociaux est subordonné à la possibilité de soins immédiats, et se concentre ainsi au travers de politiques ciblées.

Après 20 ans de mise en œuvre de ces politiques au Brésil, depuis 2003 avec les gouvernements du PT, plus engagés dans les secteurs populaires, ces politiques deviennent plus intégrées pour surmonter la pauvreté absolue, reposant sur des complémentarités entre politiques minimales de transfert de revenus, fourniture de services de santé de base et incitation à créer des sources de revenu. De même, nous devons souligner le déplacement relatif des politiques sociales traditionnellement liées à ce que Lautier appelle les principales pathologies du continent latino-américain et qui l'affectent directement : le populisme, le clientélisme, le corporatisme et la corruption (2010 : 354). Même si elles n'ont pas disparu, la nature plus participative de ces politiques a atténué ces pathologies. Bien que nous ne puissions pas parler de ruptures dans la promotion de politiques ciblées, on peut dire, dans les programmes présentés ici, qu'ils s'en distinguent dans leur contribution à la citoyenneté, avec une plus grande inclusion sociale, une amélioration de l'accès aux services de santé, et le soutien des autres formes d'emploi et de revenus, associées avec les politiques économiques de valorisation du salaire minimum et de l'emploi formel.

Le choix des programmes présentés ici est basé sur des recherches de terrain menées au cours des deux dernières décennies dans diverses régions du Brésil, sur le Programme Santé Famille (actuellement Stratégie Santé Famille – ESF) et des programmes d'économie solidaire, qui sont complétés par le programme Bourse Famille, notamment en accompagnant l'élaboration de stratégies d'emploi et de revenus comme voie de sortie de ce programme.

Les trois programmes étudiés ici ont en commun :

- leurs origines dans les divers mouvements sociaux des années 1990 qui ont combattu les objectifs politiques de la décentralisation des politiques sociales, la réduction du rôle de l'État dans ces politiques et leur ciblage sur les populations les plus pauvres. Durant la décennie suivante, avec la reprise de la croissance économique et la ré-implication du gouvernement dans les politiques publiques, ces programmes deviendront des références en matière de politiques sociales, au regard de l'inclusion croissante des populations prises en charge.

- les formes d'organisation du travail, que ce soit au sein des équipes relevant du domaine de la santé qui, dans leur majorité, se situent en dehors de la fonction publique à travers les ONG qui opèrent dans l'intermédiation du travail ; ou dans les associations, coopératives, les usines réinvesties et dans l'agriculture familiale comme alternative d'activité et de revenu dans l'économie solidaire ; ou encore dans le programme Bourse Famille, avec des contreparties en termes de santé et d'éducation pour les familles dans le besoin, dans la perspective d'un revenu minimum d'insertion octroyé indépendamment de la détention d'un contrat de travail.

- la présence majoritaire de femmes dans les équipes de travail et parmi les bénéficiaires des politiques ainsi qu'une tentative d'adapter ces programmes aux besoins des femmes en termes d'accès aux prestations, ou de nouvelles formes d'emploi et de rémunération. Par exemple, l'attribution de la carte de la Bourse Famille est accordée aux femmes, considérées comme les responsables du foyer.

- enfin, la proposition de changement de la démarche d'assistanat paternaliste qui caractérisait les programmes sociaux jusqu'alors. Dans ces « nouveaux territoires de l'assistance », l'inclusion sociale se fait par l'accès à la santé, à l'éducation et à un revenu, dans une perspective participative d'implication de la société civile et décentralisée ce qui, même si elle ne l'empêche pas, du moins limite sa manipulation politique.

Dans le débat sur ces trois programmes, nous mettons en évidence que les deux premiers impliquent la constitution de nouveaux groupes professionnels et/ou l'augmentation d'autres groupes, tels que les agents de santé communautaires, dans l'ESF, ou les travailleurs associés en coopératives, dans l'économie solidaire. Le troisième, sur le transfert de revenus et l'accès aux services essentiels, s'articule indirectement avec celui traitant de l'économie solidaire dans la perspective d'une « sortie » du système de revenu minimum fiscalisé. Cette articulation se fait dans le cadre du programme Brésil sans misère du gouvernement fédéral. Tous trois ont pour spécificité leurs origines dans un contexte de déconstruction des politiques sociales et leur reconstruction selon de nouveaux paramètres, en accord avec une nouvelle normativité propre au capitalisme dit flexible, avec une plus grande décentralisation et une responsabilisation politique des divers niveaux de gouvernement et des acteurs sociaux.

Les transformations politiques et économiques du Brésil des années 1990

Au cours des années 1990, dans un contexte de restructuration politique et économique, les politiques sociales furent sous-traitées, et des ONG et entreprises furent privilégiées pour la gestion de politiques destinées aux populations à faibles revenus. Les politiques sociales mises en place s'éloignaient de tout horizon universalisant, et pour les classes moyennes et hautes, les services privés tels que l'éducation et la santé furent favorisées. Le discours officiel soulignait l'inefficacité et la défaillance de la planification du gouvernement ainsi que l'incompétence de l'État dans la gestion des politiques sociales. La gestion de la pauvreté devait être faite dans une perspective organisationnelle d'entreprise, considérée comme la plus appropriée en termes d'utilisation rationnelle des ressources publiques et visant l'atteinte des objectifs et un retour sur investissement.

Le point de départ de ces politiques date de 1993 avec la création du Conseil national de sécurité alimentaire (CONSEA). Le CONSEA insistait sur la nécessité de prioriser la lutte contre la faim et la misère, en introduisant des politiques marquées par la collaboration avec des organismes sociaux, par la décentralisation et la solidarité. Cette perspective fut rendue plus explicite avec la création, en 1995, sous le gouvernement du président Fernando Henrique Cardoso, du programme Communauté solidaire qui proposait le développement d'un nouveau style de gestion des politiques publiques, intégrant et décentralisant les actions du gouvernement à leurs trois niveaux – fédéral, étatique et municipal – en partenariat avec la société, en quête de solutions pour les populations les plus pauvres.

Plus qu'un programme, il se propose d'être une stratégie de gouvernement et de coordination de la lutte contre la pauvreté. En termes de gestion, il vise à éviter le clientélisme, la centralisation, la superposition et la fragmentation des actions du gouvernement ainsi que l'éparpillement des ressources, caractéristique de l'action de l'État jusqu'alors, avec des programmes divers et désarticulés (Peliano, Resende, Beghin, 1995 : 21-22). Ce programme, ou stratégie, a eu une vie courte. En plus du fait que le budget fédéral octroyait peu de ressources aux politiques publiques (0,2 %), il fut remplacé, lors du second mandat du président Fernando Henrique Cardoso (1999-2002), par le programme Communauté active qui inversa les priorités. Alors que dans le premier, le gouvernement fédéral établissait les priorités, dans le second, ce sont les municipalités qui décidaient des priorités à traiter (Tessarolo, Krohling, 2011). Fondamentalement, les problèmes de la pauvreté et de la misère devaient être résolus par des politiques macro-économiques de stabilisation de la monnaie, de lutte contre l'inflation, de création d'emplois, de revenus et de prise en charge de la santé de la population.

À cette époque, en même temps que se généralisaient les politiques néolibérales, les mouvements sociaux étaient actifs. Mais ils affrontèrent également une crise idéologique avec la fin du socialisme réel et la nécessité d'élaboration de nouveaux objectifs et revendications. Ils ont ainsi perdu leur caractère de masse, remplacés par un ensemble d'organisations qui représentaient les mouvements fragmentés dans une large mesure.

Les programmes débattus ci-après reprennent des expériences de prise en charge dans le domaine de la santé des populations en marge des services publics, de rétablissement d'emplois et d'organisation d'activités productives pour les populations à faibles revenus. Nous analyserons plus profondément le programme le plus réussi et doté d'une meilleure visibilité, orienté vers la garantie du transfert de revenus, avec des conditions liées à la santé et l'éducation de ces mêmes populations (Bourse Famille). Ce cas permet d'illustrer l'émergence d'une nouvelle génération de politiques sociales pour une population à faible revenu et / ou socialement exclue, sans rapport avec les relations formelles d'emploi, ainsi qu'une performance différenciée de l'État, par rapport à la période précédente.

Le programme Agents de santé communautaire et Stratégie Santé Famille

L'originalité de ce programme, déployé à partir de 1991 résidait dans le recrutement et la formation d'agents issus de la communauté dont il était supposé assurer les soins de santé de base. Les agents étaient choisis à l'époque parmi les dirigeants communautaires et personnalités reconnues localement. Afin d'éviter l'assistanat et le contrôle politique des mairies, la formation et la sélection des agents étaient réalisées par le gouvernement d'État, les mairies étant, elles, chargées de payer ces agents. Initialement, sous la dénomination de programme Agents de santé communautaire, il articulait une moyenne de six à huit agents qui travaillaient dans un dispensaire de santé, géré par un infirmier et avec la participation d'un médecin. Entre autres caractéristiques, le programme intégrait la transmission de notions de santé de base à la population pauvre et vulnérable : les soins prénataux, le suivi des femmes enceintes et des nourrissons ; l'utilité de faire bouillir l'eau ; l'allaitement ; la pesée pour vérifier le degré de sous-alimentation ; ainsi que la détection de la présence d'éventuels malades dans la maison et leur accompagnement, en prévoyant notamment des consultations au dispensaire.

Entre autres résultats, nous pouvons relever la baisse de la mortalité infantile de l'État du Ceara, récompensée par le prix international de l'ONU, en reconnaissance du caractère innovant du programme. En 1991, le programme Agents de santé communautaire fut incorporé à la politique du gouvernement fédéral et son action fut limitée au départ, de manière expérimentale, aux États du nord-est du Brésil. En 1994, ce programme a été élargi à l'ensemble du territoire national avec la création du programme Santé Famille. Dans ce nouveau format, il cherchait à concilier les méthodes de gestion et les pratiques participatives sanitaires, *via* le travail d'équipes pluridisciplinaires (incluant un médecin de famille, un infirmier, un infirmer auxiliaire et six agents de santé communautaire) destinés à une population résidant un territoire spécifique (trois mille à quatre mille cinq cents personnes ou mille familles sur une zone déterminée). La population devint coresponsable en matière de santé au travers de discussions et de réunions avec l'équipe pluridisciplinaire (Lima, Cockell, 2009 : 490). Cette participation de la population devait passer par sa consultation, pour définir les activités du programme et de l'équipe. Elle se prolongeait dans la planification des consultations et la création d'activités spécifiques destinées, par exemple, aux personnes souffrant d'hypertension, et passant par la détection de problèmes récurrents dans la communauté. Les agents communautaires avaient un rôle d'intermédiaire entre la population et l'équipe de santé. Le programme cherchait également à impliquer, dans ses objectifs, les autorités religieuses locales, représentées par les « prieuses », les « mères de tous les saints », les pasteurs évangéliques, les pères et diacres catholiques habitant la communauté. Cela se faisait *via* leur participation aux sessions d'information de santé et d'hygiène de base dispensées par le programme et dans l'utilisation de la médecine populaire. D'autre part, la population fut incitée, par les agents communautaires, à exiger plus du service reçu, en requérant la substitution de médecins et d'autres professionnels qui n'accomplissaient pas les activités initialement prévues, et en changeant la gestion bureaucratique des dispensaires par un contrôle social exercé par la population.

En termes de gestion, la substitution du médecin par l'infirmier, dans les activités de gestion de l'équipe, apporta quelques problèmes d'ordre corporatif mais fut maintenue. De la même manière, la sélection d'agents dans la communauté, sans formation spécifique dans le domaine de la santé, conduisit à quelques résistances corporatives des professionnels de l'assistance sociale et d'autres qui remirent en question l'« usurpation » de ces activités.

Une question plus problématique du fonctionnement du programme Santé Famille, qui existe depuis sa création, est la forme d'adhésion volontaire des municipalités au programme et les relations de travail des professionnels impliqués. L'adhésion fonctionna par le biais de la pression politique exercée par le gouvernement fédéral qui, avec le succès du programme, fit en sorte que les maires se sentent contraints d'adhérer. La décentralisation du programme, impliquant la responsabilisation à différents niveaux gouvernementaux – municipal, étatique et fédéral – a porté un coup dur au clientélisme local par la mise en œuvre de la responsabilité fiscale des municipalités, mode de contrôle du gouvernement pour assurer le bon fonctionnement du programme.

Le Ministère de la santé commença à considérer le programme comme une stratégie structurante des systèmes municipaux de santé, pris comme modèle pour le système d'assistance. Ce nouveau modèle devait rompre avec le paradigme biomédical, « en dépassant l'ancienne perspective de caractère exclusivement centré sur la maladie, en développant des actions de promotion et de protection de la santé de la communauté, en parallèle au service à domicile pour la convalescence, l'accompagnement des traitements et des rechutes plus fréquentes » (Lima, Cockell, 2009 : 489). Dès lors, le programme fut connu en tant que Stratégie Santé Famille.

Les formes d'embauche des agents communautaires et de l'équipe de santé accompagnèrent la responsabilisation des différents niveaux gouvernementaux. Les agents étaient sélectionnés par le Secrétaire d'État à la santé, sous condition d'être habitant de la communauté, dès lors que les médecins et infirmiers étaient engagés par la municipalité. Les formes de contrats étaient flexibles, sachant que la contrainte était que les professionnels ne puissent pas être fonctionnaires publics. Ainsi, les agents devaient être embauchés par une organisation sociale (OS) ou une coopérative. Celles-ci recevaient les ressources, et les reversaient aux agents. Les professionnels de santé recevaient leur paiement sous forme de « bourse », mais non pas de salaire, et ne disposaient donc pas d'un contrat de travail formel.

Ce mode de recrutement généra diverses situations dans des municipalités avec différents contrats de mission. Toujours dans les années 1990, les agents communautaires ont obtenu la réglementation de leur activité, c'est-à-dire que, avec la reconnaissance des agents comme professionnels, l'établissement de critères d'embauche et l'accès aux prestations sociales, la catégorie comptait plus de 300 000 travailleurs. Dans quelques municipalités, ils furent engagés en tant que fonctionnaires, dans d'autres ils continuèrent à être engagés par des OS ou des coopératives. Les médecins, infirmiers et autres professionnels continuèrent également d'être engagés avec diverses formes de contrats, ou allocations, et certains d'entre eux directement par les municipalités. À partir de 2006, et après l'amendement constitutionnel, les agents commencèrent à être embauchés directement par l'État au travers d'une sélection publique qui, contrairement au concours, maintient le caractère obligatoire de résidence dans la communauté. Même de cette manière, une grande partie des agents fut encore maintenue avec des contrats de sous-traitance (Chinelli, Lacerda, Vieira, 2011). Avec la régulation de la profession de ces agents, le Ministère de la santé commença à fournir des cours techniques de formation, avec une exigence de niveau scolaire plus important à l'entrée (niveau lycée).

Bien qu'encore loin de résoudre les problèmes de santé de la population la plus pauvre, le programme représente une avancée dans l'accès aux soins de la population éloignée des grandes villes du pays et du service de santé minimum. Les agents furent reconnus localement, en tant qu'intermédiaires entre la population dans le besoin et les dispensaires, et furent respectés dans des zones violentes et de haute criminalité. Cela ne se déroula pas de la même manière dans les grandes villes, où la population redoute encore de recevoir chez elle des agents qu'elle ne connaît pas toujours.

Le manque de médecins, toutefois, ne fut pas résolu. Les médecins, en général, refusèrent de vivre dans des villes et des régions défavorisées, comme dans la périphérie des grandes villes, ce qui amena récemment le gouvernement brésilien à embaucher, comme mesure d'urgence, des médecins étrangers pour soigner cette population avec le programme Plus de médecins. Ce programme fut reçu de manière hostile par les conseillers de médecine fédéraux et étatiques, organisés en corporation, mais ceux-ci ne présentèrent pas de proposition pour résoudre le manque de professionnels dans les régions reculées et les périphéries. Le mouvement de résistance se dissipa grâce à l'appui des populations soignées par les médecins étrangers, principalement cubains.

La Stratégie Santé Famille, bien que ciblée sur une population, n'est pas perçue comme contraire à l'universalisation des services de santé, auquel, légalement, tout citoyen du Brésil a droit. Au contraire, elle constitue une étape vers l'universalisation et représente un des programmes les plus importants du gouvernement brésilien, tourné vers la prise en charge de la santé de la population défavorisée. Environ la moitié de la population fait appel à ces services, selon les données du Ministère de la santé[1].

L'économie solidaire

Au Brésil, le débat sur l'économie solidaire s'immisça dans les alternatives d'emploi face à l'augmentation du chômage et du travail non déclaré dans le pays, conséquence de la crise de la décennie précédente et de la restructuration économique, greffées sur des politiques néolibérales mondialisées. La fermeture des usines et l'ouverture du marché brésilien aux importations, la fin des politiques protectionnistes et les impacts des changements technologiques d'organisation menèrent à l'augmentation du chômage et du secteur dit « informel ». Différents mouvements commencèrent à proposer des formes alternatives d'organisation de la

1 « Ministério da Saúde – Portal da Saúde – www.saude.gov.br – Ações e Programas » [En ligne], URL : http://portalsaude.saude.gov.br/index.php/cidadao/acoes-e-programas, consulté le 7 août 2017.

production, qui allaient peu à peu constituer le mouvement dénommé plus tard « économie solidaire ». Nous pouvons illustrer ce propos par divers exemples, en commençant par celui du mouvement des Travailleurs sans terre qui organisa des coopératives pour la production des communautés rurales et la vente de leurs produits (1982). De même, le mouvement des chiffonniers (1991) s'organisa en associations et coopératives pour la collecte et la commercialisation. L'Association nationale de travailleurs d'entreprises autogérées – ANTEAG (1994) – fut créée pour organiser le mouvement de réinvestissement des usines en faillite par les travailleurs eux-mêmes. La Caritas Brésil, bras de l'Église catholique, créa et accompagna diverses initiatives associatives génératrices de revenus et eut une forte activité dans les années 1980. La campagne Action de citoyenneté contre la faim, la misère et pour la vie fut, quant à elle, organisée par des intellectuels. Enfin, la *Unitrabalho* [qui pourrait se traduire par Unitravail, NDLT], consista en un rapprochement d'un ensemble d'universités brésiliennes avec le syndicat Centrale unique des travailleurs (CUT) afin de penser à des alternatives génératrices de revenus. Ces différentes initiatives menèrent à la création de projets solidaires et au débat sur une économie alternative au capitalisme.

En tant que mouvement, l'économie solidaire au Brésil fut associée au coopérativisme, non pas au coopérativisme traditionnel lié au marché, mais à une perspective de nouveau coopérativisme façonné selon les principes solidaires et d'autogestion. Le marché est considéré comme un lieu d'échanges non seulement mercantiles, mais symboliques, de réciprocité et imprégné de relations sociales. Le marché n'est pas quelque chose qui doit être éliminé mais il fait partie de la sociabilité humaine même.

À partir des années 1990, diverses expériences d'économie solidaire furent réalisées, principalement dans des mairies et des gouvernements d'État liés au Parti des Travailleurs (PT). Ainsi, plusieurs mairies organisèrent et appuyèrent des coopératives de chiffonniers, et le gouvernement de l'État de Rio Grande do Sul, lors du premier mandat du PT, élabora une politique de création de coopératives pour combattre le chômage, conséquence du transfert d'usines de fabrication de chaussures vers la région du nord-est. Ainsi, des pépinières de coopératives populaires furent organisées dans les universités publiques dans tout le pays, destinées aux populations à faibles revenus. En 1999, la Centrale unique des travailleurs (CUT) créa l'Agence de développement solidaire (ADS) pour appuyer également de nouvelles expériences de coopératives.

Avec l'organisation des Forums mondiaux de Porto Alegre en 2000 et 2001, l'économie solidaire devint un mouvement regroupant divers organismes et mouvements. Lors de l'arrivée du Parti des Travailleurs au pouvoir, en 2003, et pour assumer les engagements du candidat à la présidence Luiz Inácio Lula da Silva, le Secrétariat national de l'économie solidaire (SENAES) fut créé au sein du Ministère du travail et de l'emploi, et l'économie solidaire devint une politique publique.

La création de la SENAES en 2003 fut accompagnée par l'élaboration des lignes directrices du secrétariat, définissant ce qui se comprend par économie solidaire : « stimuler la création, le maintien et l'élargissement d'opportunités de travail et d'accès à un revenu, par des projets autogérés, organisés de forme collective et participative, y compris de l'économie populaire ; stimuler les relations sociales de production et de consommation basées sur la coopération, dans la solidarité et dans la satisfaction et la valorisation des êtres humains et de l'environnement ; favoriser les politiques de micro-finance, stimulant le coopératisme de crédit, et d'autres formes d'organisation de ce secteur ». De manière générique, l'autogestion et l'organisation sous forme collective et participative définissent l'économie solidaire et, à partir de là, ce qui sera appuyé par le secrétariat avec pour objectif le combat contre le chômage et la pauvreté[2]. Une carte de l'économie solidaire fut élaborée et révéla, en 2007, l'existence de 22 000 projets qui pourraient être définis comme tels, impliquant 2 millions de membres, travailleurs associés et non associés (Gaiger, 2011). Ces projets se composaient de groupes non déclarés, de coopératives et d'associations.

Cependant, les évaluations de ce type de projets impliquent aussi bien des associations et coopératives organisées par les travailleurs et/ou des organismes d'appui, que des associations issues de politiques clientélistes locales ou philanthropiques sans rapport avec le cadre de l'économie solidaire. Une caractéristique commune à la majorité des projets réside dans la fragilité économique de leur fonctionnement :

a. les coopératives de recyclage maintiennent une forte dépendance avec le pouvoir municipal. Tout changement dans la gestion

2 SENAES-http://portal.mte.gov.br/ecosolidaria/secretaria-nacional-de-economia-solidaria/ « Secretaria Nacional de Economia Solidária – SENAES / MTE | Pensar Globalmente e Atuar Localmente » [En ligne], URL: http://www.economiaviva.com.br/?q=node/163, consulté le 9 août 2017.

municipale affecte grandement la continuité des activités par la réduction ou la suppression du soutien qui leur est accordé. De même, les coopératives de nettoyage et de prestation de services font face à des restrictions de leurs actions dans le service public.

b. les associations ou coopératives agricoles dépendent de sources régulières de commercialisation, d'entreprises et de réseaux de supermarchés.

c. les coopératives génératrices de revenus, impliquant majoritairement les domaines de la couture, de l'artisanat et de l'alimentation, dépendent de la position de leurs produits sur le marché. Sur ce point, les couturières, principalement, sont harcelées par des entreprises pour travailler en sous-traitance, ce qui arrive, la plupart du temps, à cause de la plus grande garantie de gains que permet ce choix.

d. les usines réinvesties, quand elles se réinsèrent dans le marché, ont tendance à embaucher des travailleurs non salariés, ce qui implique, sur du long terme, qu'elles cessent d'être des coopératives.

De manière générale, les bénéfices des associations et coopératives sont faibles, à l'exception de quelques coopératives de recyclage et d'usines réinvesties. Avec le redressement de l'économie brésilienne à partir de 2003, qui a engendré la croissance de l'emploi déclaré et de la consommation, les coopératives ne se constituèrent plus comme option face au chômage, mais comme une forme d'entrée ou de permanence sur le marché du travail pour des travailleurs défavorisés, ayant un niveau scolaire et une qualification faibles, jeunes ou de plus de quarante ans. Suite à la création du programme Brésil sans misère de la présidente Dilma Roussef en 2011, conjointement avec les ministères orientés vers le développement social, la politique d'économie solidaire s'attacha à éradiquer la misère absolue du pays et, d'une certaine manière, à ouvrir des portes de sortie pour les bénéficiaires de la Bourse Famille.

La Bourse Famille (*Bolsa Familia*)

Le programme Bourse Famille intègre ladite Stratégie Faim Zéro inspirée de la discussion sur la sécurité alimentaire de l'ONU en 1985. La création du programme est le résultat de mouvements sociaux, comme le « mouvement contre la vie chère » et « l'action citoyenne contre la faim et la misère » des années 1980 et 1990. Elle est devenue une plate-forme politique du PT et a été instaurée en 2004 avec l'objectif « d'assurer le droit humain à une alimentation adaptée aux personnes ayant des difficultés à avoir accès aux aliments. Une telle stratégie s'insère dans la promotion de la sécurité alimentaire et nutritionnelle visant à l'inclusion sociale et à la conquête de la citoyenneté de la population la plus vulnérable face à la faim ». Elle comporte quatre axes, qui réunissent divers programmes destinés à atteindre les objectifs visés [3] :

a. actions de transfert de revenus, d'aliments et de nutriments, accès à l'information et l'éducation ;
b. renforcement de l'agriculture familiale et augmentation de la production et de la consommation ;
c. encouragement à l'économie solidaire par le biais du développement des actions de qualification de la population à faible revenu contribuant à son insertion dans le marché du travail ;
d. articulation, mobilisation et contrôle social, stimulant la société à pérenniser des partenariats avec le gouvernement fédéral pour la réalisation de campagnes de lutte contre la faim et de sécurité alimentaire et nutritionnelle.

Ce programme fut créé en octobre 2003 comme mesure provisoire et transformé en loi en janvier 2004. Il est destiné à une population en situation de pauvreté, ou d'extrême pauvreté, et se caractérise par le transfert de revenus d'une valeur allant de 70 reais à 140 reais [environ 20 à 40 €, NDLT] par personne et par mois au sein d'une même famille. La carte bancaire du programme Bourse Famille est remise aux femmes, considérées comme assumant la reproduction sociale de la famille. Il n'établit pas de délai limite, sachant que les familles sont réinscrites tous les deux ans mais qu'elles doivent toujours répondre à deux conditions : « Dans le domaine de la santé, les familles assument l'engagement de suivre le programme de vaccination ainsi que le suivi de la croissance et du développement des enfants de moins de sept ans. Les femmes de 14 à 44 ans doivent être suivies sur le plan de la santé, elles et leurs enfants. Dans le cas de femmes en gestation ou en allaitement, elles doivent se soumettre aux examens pré et post nataux. Au niveau de l'éducation, les enfants et adolescents, entre 6 et 15 ans, doivent être scolarisés, avec un taux de présence de 85 %. Les élèves de 16 et 17 ans doivent, eux, assurer un taux de présence de 75 % du volume horaire [au Brésil, le lycée est conclu, en moyenne, à l'âge de 17 ans, NDLT]. Au niveau de l'assistance sociale, les enfants et adolescents, jusqu'à 15 ans, courant un risque ou

3 http://www.fomezero.gov.br, consulté le 10 avril 2017.

sortis du monde du travail infantile, doivent participer aux services de Vivre ensemble et de Renforcement de liens (SCFV) du programme d'Éradication du travail infantile (PETI), et suivre une scolarité à hauteur de 85 % du volume horaire »[4].

Le fait de ne pas remplir les conditions peut mener à l'exclusion du programme. La Bourse Famille s'est substituée à divers programmes du gouvernement antérieur : la Bourse École, le Programme national d'accès à l'alimentation, le Programme national de revenu minimum lié à la santé, la Bourse Alimentation, le Programme Auxiliaire Gaz, tous comprenant un transfert d'argent vers la population en situation de pauvreté ou de misère enregistrée dans le registre unique de l'union, créé en 2001. En 2003, nous comptions 3,4 millions de familles bénéficiaires ; en 2013, ce nombre passa à 13,8 millions.

En tant que programme, Bourse Famille est similaire aux programmes de transfert de revenus minimums des pays européens, institués après la seconde guerre mondiale, ou suite aux processus de restructuration comme pour le cas français, en tenant compte des particularités du contexte brésilien (Zimmerman, Silva, 2009).

De même que les autres programmes sociaux du gouvernement brésilien, il est caractérisé par la gestion décentralisée aux différents niveaux administratifs (municipalités, régions, État fédéral). L'enregistrement de nouveaux bénéficiaires relève de la responsabilité des municipalités, et le transfert et son contrôle de celle du gouvernement fédéral. Selon le Ministère du développement social et de lutte contre la faim, pendant ses dix années d'existence, près de 1,69 million de familles bénéficiaires arrêtèrent le programme volontairement, déclarant que leurs revenus avaient déjà dépassé la limite de 140 reais par personne, soit un total de 12 % des 13,8 millions de familles déjà allocataires.

Dans une recherche réalisée auprès de femmes bénéficiaires du programme Bourse Famille entre 2006 et 2011, dans les provinces du nord-est du Brésil, Rego et Pinzani (2013) soulignent que, pour les femmes pauvres et extrêmement pauvres, la détention d'une carte de retrait monétaire représente une émancipation face à une subordination et une humiliation chroniques. À partir du moment où elles commencent à recevoir un revenu régulier, la détention de la carte bancaire à leur nom implique d'assumer des responsabilités auprès de la famille et de l'État, étant donné qu'elles doivent apprendre à gérer

4 http://www.mds.gov.br/bolsafamilia/condicionalidades, consulté le 10 avril 2017.

l'argent afin de garantir l'entretien du groupe familial chaque mois. La rentrée régulière d'argent débouche sur une plus grande confiance des commerçants locaux qui cherchent à présent à conquérir ces nouvelles consommatrices, *via* des crédits plus accessibles. L'argent permet une plus grande liberté personnelle et, de façon subjective, le pouvoir d'accéder à des biens matériels et symboliques, bien que de manière encore limitée. Par exemple, l'achat d'un yaourt, ou d'une paire de chaussures pour son enfant, avec la forte signification que cet achat induit. Pour autant, le fait de recevoir une somme d'argent ne signifie pas l'arrêt de la recherche d'autres ressources par les bénéficiaires. Les femmes reconnaissent la position qu'elles occupent par rapport à d'autres travailleurs ayant une meilleure situation sur le marché et cherchent, dans une certaine mesure, à rattraper le temps perdu en s'investissant plus dans leurs activités rémunérées. La condition de suivre une scolarité minimale fonctionne comme élément d'encouragement à la recherche d'une issue, du moins pour les enfants.

Débat final et conclusions – la focalisation pour l'universalisation des politiques sociales ?

Au cours des onze dernières années (depuis l'arrivée au pouvoir du Parti des Travailleurs), l'action de l'État a changé à l'égard des politiques sociales. L'avènement au pouvoir du gouvernement du PT, et le remplacement des gouvernements précédents à tendance néolibérale, ont provoqué une réorientation des politiques gouvernementales, prévoyant un investissement plus important dans les politiques sociales, même s'il n'y a pas eu de changements macroéconomiques radicaux. En 2009, cette dépense équivalait à 18,8 % du PIB. Il en résulta, pour la première fois en 50 ans, une baisse des inégalités, bien que de manière encore timide. Entre 2004 et 2010, 19,3 millions de personnes sortirent de la pauvreté.

Dans la configuration de l'action de l'État et des politiques sociales, nous notons que les changements du capitalisme à partir des années 1970 représentèrent des éléments importants dans la définition de ces politiques. D'une part, *via* la décentralisation et la diminution de l'implication directe de l'État dans la gestion des politiques, ainsi que la dissociation entre politiques sociales et politique économique, et la formalisation des relations de travail. D'autre part, grâce au poids plus important de la participation populaire aux politiques, à travers les organisations de la société civile et les mouvements sociaux.

Ces politiques, à l'origine destinées à la population pauvre et vulnérable, ont fini par répondre largement aux besoins de la population brésilienne, dans un nouveau contexte économique et politique représenté par les idées néolibérales et de la mondialisation. Dans le cas brésilien, cette confluence perverse (Dagnino, 2004) reflète le processus de démocratisation commencé en 1985, après vingt-cinq ans de dictature militaire, puis la prédominance de gouvernements à tendance néolibérale jusqu'en 2002, suivie par des gouvernements de centre gauche jusqu'à l'époque actuelle (2013). Le changement d'orientation politique vers le centre gauche n'impliqua pas, néanmoins, l'abandon des politiques macroéconomiques adoptées durant la période précédente. Nous pouvons affirmer que l'État commença à investir dans les politiques sociales, ce qui était fait antérieurement à moindre échelle, mais sans altérer fondamentalement les politiques macroéconomiques.

Un élément différentiel dans la nouvelle génération de politiques sociales, entre les politiques des années 1990 et celles de la période des gouvernements du Parti des Travailleurs, réside dans cette préoccupation anti-précarité du travail, par l'émergence de nouveaux métiers du social, liés aux programmes, ainsi que par le biais de projets de création de revenus, comme des coopératives. Les nouveaux territoires de l'assistance signifient ici une responsabilisation de la population plus importante pour le service reçu, comme expliqué précédemment.

Tout d'abord, cette responsabilisation se fait au travers du transfert du contrôle social à la communauté, dans le cas de politiques de santé comme dans les programmes tels que la Stratégie Santé Famille. Ensuite, ce transfert est opérationnalisé par l'organisation des travailleurs en marge du marché du travail et dans leur inclusion participative aux initiatives d'économie solidaire. Dans ce cas, ils sont propriétaires et gestionnaires du travail, mais restent à la limite de la précarité. Dans le programme Bourse Famille, enfin, une forme de transfert de revenus, conjointement avec le maintien du pouvoir d'achat du salaire minimum d'insertion, ainsi que de l'emploi déclaré, dans l'industrie et dans les services, a permis une réduction sans précédent de l'inégalité sociale au Brésil[5]. À leur tour, ces politiques répondent à l'action de mouvements sociaux qui continuent

5 Entre 2002 et 2012, le coefficient de Gini, qui mesure l'inégalité des revenus a diminué de 0,59 à 0,53. Selon le PNUD, le pourcentage de Brésiliens vivant dans la pauvreté est tombé de 22,5 % en six ans, et, pour l'OIT, la part des indigents a diminué de 25 % de la population en 2001 à 17,4 % en 2009. « Nous avons sorti de la pauvreté 23 millions de personnes – Voire plus » : Oliveira, A.L.M., « Sobre a recente queda da desigualdade de renda no Brasil – Brasil Debate » [En ligne], 02/09/2014,

d'agir, exigeant de l'État une présence plus importante dans la réalisation de ces politiques. Ces mouvements restent distants des mobilisations de classe et de leurs revendications définies et orientées vers des changements sociaux structurels. La fragmentation de la modernité se reflète ici dans les demandes sociales et leurs conquêtes.

Nous avons ainsi une situation hybride. En effet, des améliorations significatives des conditions de vie de la population à faible revenu, de la santé de base avec des politiques destinées aux populations défavorisées et des expériences autogérées créatrices de revenus, sont notables. Mais elles restent encore à la limite de l'insécurité et de la précarité.

De plus, il faut souligner, de manière positive, l'avancée de ces politiques dans le fait de déjouer des formes de clientélisme d'assistance sociale (Lautier, 2010), jusque-là dominantes sur la scène brésilienne. Pourtant, leur continuité dépend de changements structurels encore lointains. En théorie, ces politiques mettent en œuvre la constitution brésilienne de 1988 et des avancées en termes de droits sociaux, tout comme la réalité des intérêts politiques et économiques qui limitent leur extension. Une « confluence perverse » (Dagnino, 2004, *op. cit.*) prédomine bien, dans laquelle la participation populaire a généré des politiques ciblées, qui, dans le cas brésilien, ont acquis une grande portée, compte tenu de la forte inégalité sociale existante. Selon l'Institut brésilien de l'économie et de la statistique, en 2014, le programme Bourse Famille comptait 45 800 000 bénéficiaires, soit environ 11,1 millions de familles, sur une population estimée à 190 millions, ce qui montre l'étendue de la pauvreté dans le pays. Un quart de la population est bénéficiaire. Dans ce cas, les politiques ciblées sont capables de constituer un moyen d'élargir l'universalisation (Almeida, 2011), et un moyen pour une plus grande inclusion sociale.

Références bibliographiques

Almeida, L. C., « Políticas sociais : focalizadas ou universalistas. É esta a questão ? », *Revista Espaço Acadêmico*, Londrina, 2011, pp. 145-151.

Chinelli, F., Lacerda, A. et Vieira, M., « A reconfiguração gerencial do Estado brasileiro e os trabalhadores da saúde nos anos 90 », in Vieira, M., Durão, A.-V. et Lopes, M.-R. (dir.), *Para além da comunidade : trabalho e*

URL : http://brasildebate.com.br/sobre-a-recente-queda-da-desigualdade-de-renda-no-brasil/#sthash.P72N4HnK.dpuf, consulté le 7 août 2017.

qualificação dos agentes comunitários de saúde, Rio de Janeiro, EPSJV, 2011, pp. 33-73.

Dagnino, E., « Sociedade civil, participação e cidadania : de que estamos falando ? », in Daniel Mato, D. (dir.), *Políticas de ciudadanía y sociedade civil em tiempos de globalización*. Caracas, FACE Universidad Central de Venezuela, 2004, pp. 195-110.

Gaiger, L.-I.-G., « Relações entre equidade e viabilidade nos empreendimentos solidários », *Lua Nova*, São Paulo, 83, 2011, pp. 79-109.

Lautier, B., « O consenso sobre as políticas sociais na América Latina, negação da democracia ? », *Caderno CRH*, vol. 23 (59), 2010, p. 353-368.

Lima, J.-C., *As artimanhas da flexibilização : o trabalho terceirizado em cooperativas de produção*, São Paulo, Terceira Margem, 2002.

Lima, J.-C. et Cockell, F.-F., « As novas institucionalidades do trabalho no setor público : os agentes comunitários de saúde », *Trabalho, Educação e Saúde*, 3(6) , novembre 2008-février 2009, pp. 481-502.

Oliveira, L.-M., « Sobre a recente queda da desigualdade de renda no Brasil » [En ligne], URL : http ://brasildebate.com.br/sobre-a-recente-queda-da-desigualdade-de-renda-no-brasil/#sthash.Fs0U3lsG.dpuf02/09/2014, consulté le 7 août 2017.

Peliano, A.-M.-T.-M, Resende, L.-F.-L. et Beghin, N., « O comunidade solidária : uma estratégia de combate à fome e à pobreza », *Planejamento e políticas públicas*, 12, 1996, pp. 19-37.

Pinho, V.-F.-B., *Do Projeto Fome Zero (PFZ) ao Programa Bolsa Família (PBF) : o assistencialismo tomando forma de cidadania*, Fortaleza, UECE, mémoire de master, 2011

Rego, W.-D.-L et Pinzani, A., « Liberdade, dinheiro e autonomia : o caso da Bolsa Família », *Politica & Trabalho*, 38, 2013, pp. 21-42.

Tessarolo, E.-M. et Krohling, A., « A passagem do Programa Comunidade Solidária para o Programa Bolsa Família : continuidades e rupturas », *CAOS – Revista Eletrônica de Ciências Sociais*, 16, 2011, pp. 74-92.

Zimmermann, C.-R. et Silva, M.-C., « O Programa Bolsa Família : lições da experiência alemã », Revista Espaço Acadêmico, 9(98) , 2009 [En ligne], URL : http ://periodicos.uem.br/ojs/index.php/EspacoAcademico/article/view/7329, consulté le 9 août 2017.

Gouvernance, bancarisation et assistance sociale

Un regard sur les transferts conditionnels, le système de santé et l'épargne retraite en Colombie

Oscar Rodríguez Salazar
Université nationale de Colombie,
Université Externado de Colombie, Bogotá, Colombie

Décsi Arévalo Hernández
Université de Los Andes, Bogotá, Colombie[1]

Introduction

En Colombie, comme dans plusieurs pays d'Amérique latine, les politiques publiques de protection sociale ont été transformées avec les réformes pro-marché réalisées au début des années 1990, sous l'influence de la pensée néolibérale. Cette influence explique l'application de certains critères et mesures comme la privatisation, le ciblage des dépenses sociales publiques, la transformation des subventions de l'offre en subventions de la demande et la décentralisation à travers la loi 100 de 1993, qui a modifié le système d'assurance sociale. Grâce à cette loi sont créés les fonds privés d'épargne retraite, les organismes privés d'administration des risques professionnels et les entreprises privées d'assurance santé (EPS) ainsi que les Régimes subventionnés de santé (RSS) et de retraite.

Au cours des dernières années, deux nouveautés ont été introduites dans la protection sociale colombienne : la première, qui suit la même ligne que ce qui se passe dans d'autres pays, et non seulement en

[1] Les auteurs remercient les contributions des professeurs Pablo Jaramillo, de l'Université de Los Andes et Amparo Hernández, de l'Université Javeriana, apportées dans les réunions du Séminaire sur les politiques de subvention dans le cadre de la recherche LATINASSIST.

Amérique latine, est l'adoption de l'idée de transferts conditionnels qui en Colombie sont incorporés dans le programme Familles en action (FA)[2]. La seconde est la promotion d'un nouveau programme appelé Bénéfices économiques périodiques (BEPS) qui, par une épargne programmée, avec une subvention de l'État, essaie de procurer une protection aux personnes démunies du troisième âge.

Le Régime subventionné pour la santé RSS :	***Familles en action FA :***
Conçu pour répondre aux exigences des services de santé de la population sans moyens et identifiée par une enquête connue sous le nom SISBEN (système de classification et d'identification des bénéficiaires). *L'adhésion est gérée par les mutuelles de santé, qui reçoivent une prime d'assurance appelée unité de paiement par capitalisation.* *L'assurance donne accès à un ensemble de services médicaux (Plan obligatoire de Santé -POS), grâce à un contrat entre les mutuelles et les institutions qui fournissent les services de santé – IPS.*	*Soutien financier direct à la mère -ou au père- destinataire dans les groupes SISBEN 1 et 2 (les classes de revenu les plus basses), sous réserve du respect de certains engagements de la part de la famille : dans le domaine éducatif (collège et lycée), assurer la fréquentation scolaire (versement de $ 7 USD à $ 23 USD mensuels par étudiant selon le niveau scolaire) et dans le domaine de la santé, garantir la présence des mineurs aux contrôles programmés de croissance et développement, ainsi que le suivi du calendrier de vaccination ($ 15 USD mensuels par famille). En 2012, ce programme est devenu une politique d'État.*

2 Ce programme, créé en 2001, est le produit de la convergence de trois facteurs : la formulation d'une nouvelle politique nationale de coopération internationale (en 1995 la Colombie a été classée comme pays de développement moyen et en conséquence changeait sa priorité en termes d'aide extérieure), la crise économique et le Plan Colombia (conçu comme mécanisme de lutte contre le trafic de stupéfiants).

> ***Les Avantages économiques périodiques (BEPS) :***
> *C'est un mécanisme unique d'épargne individuel, volontaire, et flexible en quantité et en périodicité, afin que les personnes à bas revenus (SISBEN 1 et 2) qui participent à ce programme, au moment de leur retraite, puissent recevoir jusqu'à leur décès une rentrée périodique personnelle et individuelle, qui ne pourra pas dépasser 85 % du SMIC. En guise de mesure d'incitation, le gouvernement fait une contribution à hauteur de 20 % des économies réalisées par la personne chaque année. Ces économies peuvent aussi être utilisées pour l'achat ou l'amélioration des logements.*

Un des résultats de la configuration de ces politiques est la coexistence de deux systèmes de protection sociale, l'un pour ceux qui ont des ressources pour verser des cotisations aux caisses d'assurance, et l'autre pour ceux qui n'en ont pas. Les premiers font partie du système d'assurance en régime contributif et les autres sont couverts par les régimes d'assurance subventionnés (pour la santé et la retraite) ainsi que par les mécanismes d'assistance sociale : FA et BEPS. Parmi les arguments favoris des réformateurs et des créateurs des programmes pour justifier l'existence d'un double système de protection se trouve la nature temporaire du programme : en 1993, lorsque la sécurité sociale a été réformée, on a déclaré que le régime subventionné allait disparaître dès l'amélioration des indicateurs économiques du pays. Cette amélioration était prévue dans le cadre des réformes d'ajustement structurel adoptées à l'époque. Avec la création du programme FA on renouvelle l'idée d'une aide temporaire jusqu'à la rupture du cycle de la pauvreté. Cependant, le maintien et l'expansion de ce type de subventions ont, non seulement prouvé que les promesses n'ont pas été tenues, mais aussi que leur existence est une partie structurelle des dynamiques nationales.

Le caractère structurant de ces programmes est reflété par l'importance du système de subventions dans la circulation des capitaux, des biens et des services, ainsi que par sa capacité à légitimer socialement les actions du gouvernement. Cependant, le rôle de promotion économique et politique joué par les subventions semble dominer, au détriment de la fonction principale de la politique sociale : la protection de la population. Aujourd'hui on perçoit une crise profonde du système de protection sociale (SPS) qui s'exprime, en premier lieu, par l'insuffisance des ressources pour répondre aux demandes de services de santé et par la perte de légitimité de l'assurance dans ce secteur, compte tenu de la présence de corruption et d'appropriation des ressources publiques et privées par les assureurs. En deuxième lieu, la crise s'exprime par la faible couverture d'adhésion (32 %) au système de retraites par capitalisation ; par le faible pourcentage (28 %) des personnes de plus de 60 ans qui reçoivent une pension de retraite ; et, finalement, par les multiples accusations d'utilisation clientéliste du programme Familles en action.

L'écart entre la finalité de la politique de protection sociale et les résultats du SPS éclaire les problèmes de stratégie, de conception, d'organisation et de fonctionnement du système. Cela signifie qu'aux mauvais résultats s'ajoutent les défaillances qui correspondent à l'effort d'imposer un modèle basé sur une idéologie très normative, à travers laquelle on cherche à modifier le comportement des bénéficiaires sans égard pour leurs intérêts et leurs formes d'interaction sociale, ni pour les effets de la présence au cœur du système d'intérêts commerciaux imprégnés de la logique du capital qui cherchent à maximiser leurs profits. Sans égard enfin pour les défaillances de la lutte contre la cooptation du soutien politique du bénéficiaire et l'existence de multiples agents désireux de s'approprier -même illégalement- les ressources publiques.

Dans cette perspective, le but de cet article est d'analyser l'articulation entre, d'une part, la conception et le fonctionnement des systèmes de subventions, en particulier les Régimes subventionnés de santé (RSS), le programme Familles en action (FA) et le programme Avantages économiques périodiques (BEPS) ; et, d'autre part, les dynamiques économiques et politiques ; et d'étudier l'écart entre le caractère normatif des politiques et les formes d'interaction sociale des bénéficiaires. L'ensemble de ces éléments contribue à expliquer la divergence entre l'objectif de la politique sociale et ses résultats. Nous allons d'abord exposer les éléments centraux du programme de recherche qui sous-tend cette analyse. Nous allons ensuite étudier les relations entre les changements dans le régime d'accumulation et la dynamique du système de protection sociale, puis la relation entre ce dernier et la gouvernabilité, pour finir avec l'impact de ces systèmes dans la vie quotidienne de la population étudiée. Il convient de souligner que le soutien matériel qui a permis ces réflexions provient du projet LATINASSIST et de deux autres projets développés par le Groupe de Protection Sociale de l'Université nationale de Colombie et l'Université des Andes[3].

---

[3] LATINASSIST : *Offre institutionnelle et logiques d'acteurs : femmes assistées dans six métropoles d'Amérique latine*, financé avec les ressources de l'ANR. Les autres projets sont : « Efectos de las políticas sociales de subsidios en la cotidianidad de las mujeres beneficiarias, las experiencias del régimen subsidiado en salud y Familias en Acción en

Le SPS comme une médiation sociale et l'institution de l'assistanat

Le Groupe de Protection Sociale a développé un programme de recherche (Rodríguez S., 2011) dans lequel le système de protection sociale (SPS) est défini comme l'ensemble des institutions, des organisations et des mécanismes par lesquels la société se protège contre les éléments qui menacent sa cohésion et met à l'abri les individus contre les risques de l'existence (Castel, 1997). En termes sociaux, le SPS agit comme une forme de médiation entre les différents ordres qui opèrent dans la société : politique (accumulation de pouvoir), économique (régi par la logique de l'accumulation du capital) et domestique (pour la reproduction de la ressource humaine en vue de l'accumulation à la fois économique et politique). Pour ces raisons, le SPS est arbitre entre la logique de la croissance économique, la reproduction *anthroponomique* de l'ordre domestique et la légitimité du politique (Théret, 1995). En outre, dans leurs opérations les SPS sont historiquement constitués par les compromis faits entre les exigences spécifiques du régime d'accumulation, celles qui découlent du processus de légitimation du régime politique et les multiples dépendances des ménages.

Dans cette voie, l'objectif est de placer les questions de protection face aux notions de relation sociale et d'interdépendance entre les individus, en vue de révéler les bases macro-sociales du comportement individuel (Lautier, Théret, 1993). En ce sens, la nouveauté que nous proposons est de considérer que les agents qui participent à la configuration du SPS ont des interprétations différentes de ces formes d'interaction sociale, qui dépendent évidemment d'un certain nombre de circonstances, telles que leur position sociale, leur relation avec les organes du pouvoir, leur idéologie et subjectivité, entre autres. Cette évidence est essentielle si on veut observer les effets des politiques, car ils ne dépendent pas seulement de leur conception, mais aussi de leur mise en pratique et de leur mode d'opération, et justement ce dernier porte l'empreinte des caractéristiques de ceux qui l'exécutent. D'où on peut donc affirmer que cette pratique est aussi une réalité discursive créée par les différents secteurs de la société et

Bogotá », financé par la Faculté de sciences sociales de l'Université de los Andes dont le rapport a été rendu en juin 2013 et « Estudio sobre mercado objetivo beneficios económicos periódicos – BEPS », financé par Colpensiones à travers d'un contrat interadministratif, dont le rapport final a été rendu en Décembre 2013.

que les effets des politiques sociales sont imprégnés par des configurations discursives des groupes qui y participent.

Une distinction importante entre ces configurations est créée par un versant « de niveau supérieur », représenté par une technocratie qui élabore les politiques et un versant « de niveau inférieur » qui inclut les bénéficiaires de ces politiques. Cette différenciation est intéressante parce que comme l'a soutenu Rodríguez I. (2001 : 38), « les systèmes dominants ne peuvent pas penser à la relativité d'un monde qui se pense soi-même comme un univers totalisant, ne peuvent pas penser à des mondes qui ne sont pas soumis à la traduction et à l'appropriation ; ne comprennent pas que les subordonnés puissent agir sur d'autres mondes sans quitter le leur ».

Parmi la diversité des pratiques de la vie quotidienne, figurent les usages et les « façons de faire » ou d'utiliser (De Certeau, 1984 ; Scott, 2009). En ce sens, il est important de souligner la pertinence analytique des positions de la sociologie de la monnaie (Zelizer, 2011), car le marché de l'argent permet non seulement d'apprécier l'ensemble des relations définies par la répartition et l'utilisation de l'argent, mais aussi l'incidence des tendances de quantification et de valorisation dirigées à partir du « haut » sur la population cible. Précisément, un élément commun aux RSS, FA et BEPS est la relation avec les flux d'argent, mais dans chaque cas, leur fonctionnement est différent, comme on le verra ci-dessous.

Les subventions dans le circuit économique

Les modifications apportées au SPS à partir des réformes pro-marché sont dues aux changements du régime d'accumulation et à ceux du régime politique. En ce qui concerne les déterminants structurels, il est important de souligner que le SPS, et en particulier le système de sécurité sociale (SSS), a été ajusté au régime d'accumulation, à dominante financière et caractéristique de l'insertion dans la mondialisation. Les modifications apportées au système ont été sponsorisées par des conglomérats économiques et justifiées par le discours de la technocratie, qui tournait autour de la concurrence, de l'efficacité, des échecs de l'État, de la déréglementation du marché, etc., c'est-à-dire, par l'idéologie néolibérale. C'est dans cette perspective que les subventions à certaines des activités économiques ont été supprimées, la Banque centrale dotée d'autonomie, le marché du travail flexibilisé et que des réformes fiscales régressives ont été choisies[4]. La dynamique économique générée par le modèle a approfondi un régime de bas salaires, accompagné de la précarité de l'emploi, dans lequel l'informalité du travail devient un talon d'Achille pour étendre la couverture du SSS. De la même manière, la « dictature fiscale » qui a défini la politique économique de ces dernières décennies, s'incarne dans la règle fiscale qui est adoptée comme une norme constitutionnelle, et contraint à évaluer l'impact budgétaire préalablement à toute action de l'État. Dans cette perspective, la privatisation de l'assurance sociale, autorisée par la loi 100 de 1993, a permis d'un côté, aux entreprises privées de trouver une place dans le domaine de la protection sociale et de l'autre, au gouvernement de réduire la pression sur la dépense publique.

La même logique se retrouve dans le RSS, dont la gestion est confiée à des compagnies d'assurance privées auxquelles le gouvernement vire la prime d'assurance et qui doivent avoir des contrats de prestation avec des institutions prestataires de services de santé (IPS). Dans cette chaîne de valeur sont impliqués trois niveaux territoriaux de l'État – national, départemental (dans certains cas) et municipal – de même que les entreprises d'assurance santé (EPS), les organisations – privées et publiques- prestataires de services de santé (IPS), les bénéficiaires ainsi que les travailleurs et les organismes obligés d'apporter des ressources financières. Le système bancaire est également impliqué, car dans la mesure où il s'agit de flux monétaires, ceux-ci sont gérés par les banques. Les ressources financières pour faire fonctionner le RSS, qui proviennent de différentes sources, sont agrégées par le Fond de solidarité et de garantie (FOSYGA), dont l'administration est entre les mains d'un syndicat. Néanmoins, la route suivie par les ressources monétaires est très longue et implique plusieurs agents dont chacun a éprouvé les possibilités d'enrichissement offertes par leur gestion financière.

[4] La dernière réforme fiscale (Loi 1607 du 2012), outre le fait de diminuer le montant de l'impôt aux sociétés (de 33 à 25 %), a supprimé les prélèvements pour les entreprises avec des salariés gagnant moins de 10 SMIC. Ceci veut dire que ces entrepreneurs ont été exemptés des cotisations santé à hauteur de 8.5 %, et des cotisations pour l'Instituto de Bienestar Familiar (protection de l'enfance) et le Servicio Nacional de Aprendizaje (formation technique) équivalentes à 5 %. Au total, le coût d'embauche des travailleurs a été réduit de 13.5 %. En conséquence, le financement d'une partie du SPS se fait *via* des impôts, ce qui veut dire que la régressivité du système fiscal sera reflétée dans le financement du SPS.

Un schéma simplifié permet d'observer ce flux financier :

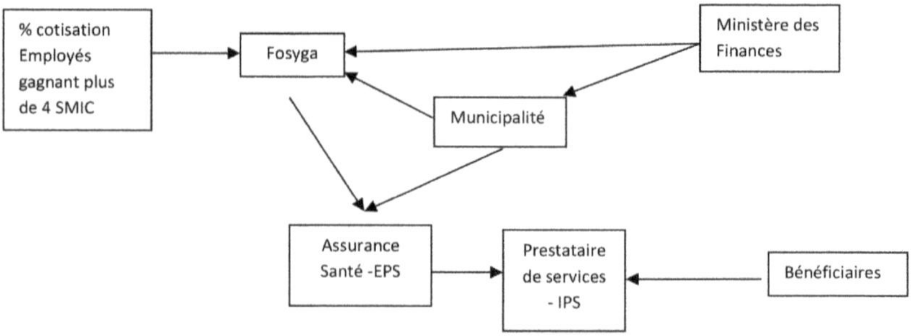

Source : Ministère de la protection sociale, normes juridiques.

Diagramme 1. *Circuit de financement du RSS*

L'ampleur des ressources mobilisées par les RSS a permis le renforcement des groupes privés comme le consortium FOSYGA, les assureurs et certains des grands IPS, qui par la suite ont créé un lobby pour obtenir des avantages dans l'attribution et la gestion des ressources, y compris la définition de la prime d'assurance[5].

La dynamique dans le programme Familles en action est différente car les fonds proviennent de crédits externes fournis par la Banque mondiale et la Banque interaméricaine de développement (BID) et sont versés à la bénéficiaire (ou le bénéficiaire) sur son compte bancaire. Dans ce programme, lancé en 2001, on observe une organisation dans laquelle le niveau local n'est pas une partie du circuit de financement. La structure de la circulation de l'argent est beaucoup plus simple que celle du régime subventionné (figure 2) et complètement verticale, vu qu'elle ne repose plus sur la réunion des différentes ressources pour contribuer à la réalisation des objectifs du programme. Cette configuration a été justifiée par le besoin de ressources rapides, car à l'origine il s'agissait de résoudre les contingences de la crise économique. Dans cette perspective, le financement par le crédit externe autorisait à contourner la négociation des ressources au Congrès et échappait aux formalités de la budgétisation et au débat sur les dépenses.

5 La valeur de la prime se fait à travers un calcul qui a comme source les données des rapports de paiement des services médicaux destinés à l'assuré, basé sur la confiance dans la bonne foi des entités intéressées. Depuis 2012, les organismes de contrôle ont produit des audits et ont ordonné des sanctions à l'encontre de certaines entités en raison de lacunes dans la prestation des services, et de prix excessifs, ce qui met en doute la véracité de l'information donnée pour le calcul de la prime.

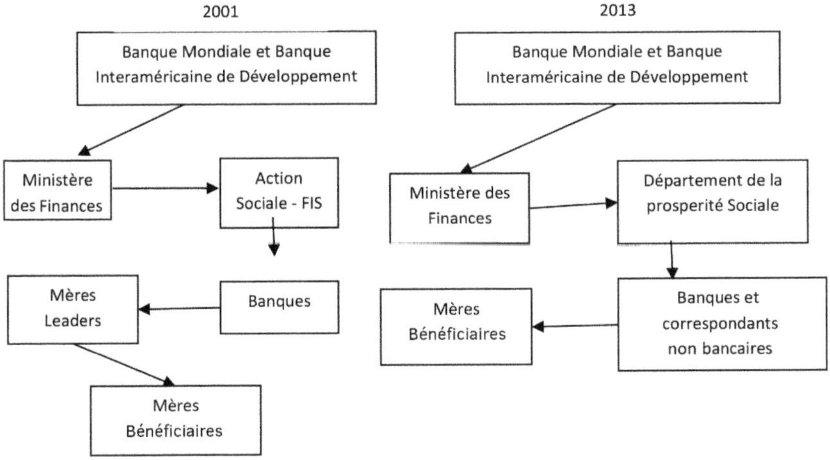

Source : Ministère de la protection sociale, normes juridiques.

Diagramme 2 : *Circuit financier du programme FA*

Dans FA, le processus de bancarisation a commencé en 2009, lorsque l'union temporelle Banagrario-Assenda a remporté le contrat pour l'ouverture de comptes aux bénéficiaires des subventions de Familles en action, une situation qui montre l'essor de la présence financière dans les actions de politique sociale. Le Département de l'action sociale, organisme chargé des programmes sociaux, a souligné les nombreux avantages de la bancarisation, tels que la souplesse, la facilité de paiement, la décongestion, l'encouragement de l'épargne, la simplification du circuit de distribution des allocations et une sécurité accrue pour le retrait de l'argent, entre autres (Acción Social, 2010).

Le mécanisme d'allocations économiques périodiques doit être compris de deux manières : d'abord en tant que pilier d'assistance de la sécurité sociale pour la retraite, qui sert d'argument pour réduire lentement le niveau des pensions, en donnant un avantage évident aux capitaux privés des Fonds de pension ; ensuite, ce mécanisme est un pas très important dans l'étape de bancarisation, puisqu'il implique un lien direct entre la banque et les personnes : ces dernières apporteront leurs ressources volontairement aux institutions financières et le gouvernement, afin d'inciter l'épargne, octroiera une prime de 20 % des ressources épargnées sur chaque compte individuel. Ces ressources individuelles doivent rester un bon moment dans le système financier pendant qu'elles sont capitalisées pour être ensuite transformées en rente viagère dont le montant est inférieur à 85 % du salaire minimum (près de 200 euros par mois).

Stratégies de Gouvernabilité

Dans la mesure où le régime d'accumulation informalise et rend l'emploi plus précaire, ou qu'un pourcentage important de la population travailleuse se retrouve dans la pauvreté, la « lutte » contre ce fléau se convertit en bouillon de culture des pratiques clientélistes et en une forme particulière de construction de la gouvernabilité et de la légitimité des transformations du régime politique.

La clientélisation de l'État colombien, comme dans la plupart des États latino-américains, se révèle dans la façon dont les contrats sont gérés, le contrôle de l'emploi public par le biais de la nomination de fonctionnaires, l'achat des votes et la conversion des droits sociaux en faveurs. Ces manières d'agir sont les façons dont les différentes administrations assurent la gouvernabilité, comprise comme un concept multidimensionnel et relationnel, qui se trouve entre le système politique et son environnement. La gouvernabilité se manifeste dans les accords politiques entre les groupes dominants et ses effets peuvent être reflétés dans la culture politique, les règles et institutions qui conduisent à formuler des « formes institutionnelles », et le rôle de l'État et de ses politiques publiques (Camou, 2000).

Par la politique d'assistance des trois programmes étudiés, le clientélisme est passé d'une phase pré-moderne à un stade moderne : le contrôle des votes se fait via la carte attestant que les pauvres sont affiliés au RSS, ou au travers des fonds reçus par les bénéficiaires de Familles en Action, ou à travers la promesse de subvention dans le cas du BEPS. Ce comportement s'est intensifié au cours des trois derniers mandats présidentiels : les deux du président Uribe (2002-2006 et 2006-2010) et le premier mandat de Santos (2010-2014), quand ces pratiques ont été associées à l'idéologie de la Sécurité démocratique, et toute trace d'opposition soupçonnée d'être alliée avec l'insurrection armée. Au cours de la campagne présidentielle de Juan Manuel Santos en 2010, les mobilisations des bénéficiaires de FA ont eu un impact sur le processus électoral ; dans les municipalités dans lesquelles il y avait une plus grande quantité d'affiliés au programme FA, le candidat Santos « a remporté plus de 60 % [des voix]. Familles en action dans ces municipalités a crû de 19 404 familles en 2006 à 46 526 en 2010 » (Global Exchange, 2010 :

17). Cette ONG (Global Exchange) et Nupia (2011) ont constaté une augmentation significative de voix en faveur des partis en coalition (le Parti social d'unité nationale et le Parti conservateur), en particulier dans les municipalités où les subventions ont été accordées, qui « ont progressé électoralement en 2010 de 76 % et 56 % respectivement, par rapport aux votes obtenus par les mêmes collectivités aux élections de 2006 » (Global Exchange, 2010 : 20)[6].

Du point de vue des actions des bénéficiaires, l'adhésion ou la participation à des réseaux clientélistes fait partie des stratégies pour obtenir des ressources, de la reconnaissance et des actions en faveur de leur groupe social. Les relations avec les familles dans le cadre du programme Familles en action peuvent en devenir des canaux. C'est le cas, en particulier, de l'intermédiation fournie par les mères leaders dans un certain nombre de domaines, notamment la transmission de l'information (processus, dates, heures, procédures) et la réalisation des formations.

Notre travail de terrain montre que l'incidence de cette intermédiation dépend fortement des personnes qui l'exercent. Certaines mères leaders jouent à peine leur rôle de relais d'information (développé de façon incomplète) alors que d'autres deviennent d'importantes dirigeantes communautaires. Parmi ces dernières, nous avons pu observer le processus de naissance d'une leader, initialement une personne timide incapable de s'exprimer en public et progressivement devenue une intermédiaire entre sa communauté et les pouvoirs publics, participant à la formation d'autres mères (à des métiers et sur les droits civils et sociaux) et à la promotion d'activités génératrices de revenus (y compris les *maquilas*). Mais aussi, une personne en lien avec des groupes politiques.

En l'occurrence, l'articulation de la mère leader avec le clientélisme venant des groupes ou organisations politiques s'intègre dans un ensemble de réseaux qu'elle maitrise. Il n'est donc pas possible de donner une interprétation aussi linéaire que celle des agents du gouvernement, lorsqu'ils énoncent que les acteurs clientélistes exploitent les leaders de la communauté ou que certains des leaders de la communauté participent à des réseaux clientélistes seulement pour leur propre intérêt. En effet, les expériences diffèrent selon les cas. Il y a des leaders qui sont idéologiquement identifiées avec les propositions d'un parti et qui se placent dans une position de citoyennes et de sujets politiques,

---

6 En Colombie autant l'insurrection armée que les groupes paramilitaires et plus récemment, les bandes criminelles, sont perceptibles dans les régions, à travers des contrats, le contrôle des ressources publiques ou la nomination des fonctionnaires.

et qui tentent ainsi d'ajouter leurs autres réseaux à ceux venant de leur action politique. Dans d'autres cas, l'appartenance au réseau clientéliste -électoral- est juste l'une des stratégies pour obtenir des biens ou des services pour elles-mêmes et leur communauté. Dans ces cas, la mère leader peut abandonner le réseau clientéliste dès qu'il ne satisfait pas ses attentes ou parce qu'il n'est plus approprié pour soutenir son orientation (en termes d'action politique).

Pratiques et pluralité des discours

Parallèlement aux changements dans le régime d'accumulation et dans le régime politique, un renouvellement s'est produit dans le discours de la technocratie sur le social, à la faveur de l'adoption d'une perspective en termes de « Management des risques sociaux » (MRS, promu par la Banque mondiale) et par la suite de « Promotion sociale ». Dans l'approche MRS, le système de protection sociale est conçu comme une alternative à court terme pour répondre aux chocs macroéconomiques, aux crises économiques, aux catastrophes naturelles ou aux conflits armés. Une fois dépassés ces événements, l'économie devrait rentrer dans le chemin de la croissance, et la portée du système de protection sociale se réduire. Ce discours d'inspiration libérale, dont l'épicentre est la promotion des valeurs individualistes, conduit à une conception minimaliste de la protection sociale, qui doit alors cibler les bénéficiaires, afin de concentrer les mesures de protection sur la population la plus vulnérable et de promouvoir une diminution drastique des responsabilités et dépenses de l'État[7].

Dans la perspective « Management des risques sociaux », le discours de la Promotion sociale apparaît comme une réponse aux critiques à l'égard de la politique d'assistance – y compris FA – produites par des positions contraires. Une des lignes de critiques fait valoir qu'il s'agit d'actions minimales, épisodiques et ciblées, qui ne dépassent pas le niveau de la charité. L'autre ligne censure ce type d'intervention de l'État comme une source d'augmentation des dépenses publiques, considérant par ailleurs que les subventions publiques sont un mode de désincitation au travail. Le renouvellement discursif en faveur de la Promotion sociale a émergé

7 Selon Dardot et Laval (2009), le néolibéralisme est une rationalité qui tend à structurer et organiser non pas seulement l'action des gouvernements mais aussi le comportement des gouvernés, c'est-à-dire qu'il étend la rationalité mercantile à toutes les sphères de l'existence humaine.

depuis comme un axe de la politique sociale mettant en œuvre l'idée que les subventions, dans la mesure où elles contribuent à renforcer le capital humain et suivent un cheminement défini et doté un point final, engendrent au contraire l'indépendance des individus vis-à-vis de l'aide de l'État (Departamento Nacional de Planeación, 2008).

Les thèses du Management des risques sociaux et de la Promotion sociale convergent dans l'idée que les pauvres ne sont pas au courant des pertes en capital qu'ils encourent lorsqu'ils allouent leurs ressources et donc, face aux chocs dans leur revenu, éliminent leurs chances de vivre mieux en détruisant leur capital physique (par exemple, ils vendent leur machine à coudre) ou leur capital humain (ils font travailler leurs enfants et les empêchent d'aller à l'école). Ainsi donc, contre cette présumée myopie de la population, ces orientations de politiques publiques introduisent des incitations à changer de comportement, notamment sous forme de conditionnalités. Dans cette matrice discursive, l'idée de la responsabilité individuelle est relancée et on suppose donc que l'individu doit se comporter de façon responsable face au risque, attitude qui a comme conséquence la condamnation ou la culpabilisation pour ne pas l'avoir fait (Castel, 2009 : 45). Ce dernier point est essentiel pour mettre cette matrice discursive en contraste avec le discours que la population bénéficiaire forme à partir de ses pratiques quotidiennes. Un des points forts de ce contraste est que, à un haut niveau d'abstraction, les idéaux que vante la technocratie sont partagés par la population : l'épargne est souhaitable, il faut bien élever les enfants – les éduquer –, il faut adopter un comportement responsable à l'égard des dépenses, etc. Toutefois, la pratique montre que la façon dont les gens réagissent à ces idéaux ne converge pas avec la vision technocratique projetée voire imposée : ce qui pour la population est un comportement logique est interprété par la technocratie comme des signes de problèmes de rationalité de calcul ou comme de la fraude.

Des enquêtes que nous avons faites avec des ménages bénéficiaires de prestations issues du programme Familles en action nous permettent de mettre cet écart en lumière. Les femmes qui reçoivent des subventions disent que cet argent devrait être dépensé pour les enfants et elles voient ceci comme quelque chose de moralement justifié. De fait, on constate qu'elles restreignent certains usages de l'argent, jugés non prioritaires, comme par exemple, la consommation de bière. Cependant, l'urgence de la nécessité fait que l'argent finit dans d'autres dépenses telles que le loyer, les services publics, les médicaments des adultes et personnes âgées, le remboursement de dettes, entre autres. Ces paiements ne sont pas en contradiction avec l'idée de la prise en charge du capital humain, mais sont perçus comme une déviation du but original, même par les bénéficiaires, qui néanmoins savent que c'est normal vu qu'elles n'ont pas le choix. Dans ce sens, cette stratégie pourrait s'interpréter comme une stratégie de « second best ».

Un autre exemple de ces divergences est l'idée technocratique que les pauvres n'épargnent pas et que pour cette raison il faut encourager, voire forcer la bancarisation[8]. Dans l'étude de la vie quotidienne des bénéficiaires, on remarque l'existence d'une grande variété de types d'épargne définis tout autant par la source du revenu que par sa future utilisation. Dans les cas observés, on note que les bénéficiaires marquent l'argent dans le sens donné par Zelizer et que pour cela, ils le gardent dans des bocaux, des tirelires, des boîtes cachées, etc. De plus, les liens de solidarité qui permettent des prêts sans intérêt entre proches sont également considérés par le créancier comme une forme d'épargne. De leur côté, les comptes bancaires sont orientés essentiellement vers l'acquisition d'actifs importants, en particulier le logement et les actifs pour la production, car cette relation bancaire donne accès au crédit et cela est considéré comme « le seul moyen pour qu'un pauvre puisse avoir quelque chose » comme cela a été mentionné à plusieurs reprises par les personnes interrogées, au cours du travail de terrain (Rodríguez S. et *alii*, 2013). En dehors de cette possibilité, la bancarisation ne présente aucun avantage pour la population qui doit faire face à la variabilité de ses revenus et à l'angoisse de ne pas disposer de ressources en temps nécessaire. Au contraire, utiliser leurs fonds déposés sur un compte en banque pour la consommation courante engendre des frais supplémentaires (commissions, frais de gestion, etc.).

Un dernier exemple est le respect des engagements liés aux conditionnalités. Dans aucun des cas étudiés dans notre travail de terrain, des impayés volontaires (propres ou d'autrui) ont été observés. Pour les bénéficiaires, la conditionnalité n'est qu'une partie de la démarche : en effet, leur problème est surtout d'obtenir les attestations exigées comme preuve de respect des engagements, car elles ont les plus grandes difficultés à se

---

8 En septembre 2008 est lancé en Colombie un projet de Promotion de la culture de l'épargne au travers de divers organismes : Acción Social et son programme Familles en action, la Banque d'opportunités et le Département national de planification avec le projet Capital, tous orientés à offrir de l'éducation financière et des incitations monétaires pour encourager cette culture de l'épargne. L'un des points centraux de ces programmes est d'insuffler l'autodiscipline de l'épargne.

voir accorder des rendez-vous dans les centres médicaux ou, dans certains cas, à recevoir les attestations de présence des établissements scolaires. Les dysfonctionnements et les insuffisances en termes d'infrastructure, en particulier pour l'éducation, sont si importants qu'un marché noir des attestations se développe. Il demeure que ces insuffisances freinent toute amélioration efficace du capital humain. Quant à lui, le point de vue du gouvernement sur ce processus est moral, c'est-à-dire qu'il affirme que les personnes trichent en raison d'une sorte de propension morale à le faire.

Conclusions

À l'aube du XXIe siècle, le gouvernement a souhaité renouveler la politique d'assistance en Colombie avec la création de nouveaux programmes et avec l'introduction de changements de discours de la technocratie. Le gouvernement insiste désormais sur l'idée que la lutte contre la pauvreté fait partie du développement du capital humain et de l'« empowerment », et sur l'idée que les dépenses sociales font partie de l'investissement visant la croissance économique. Également, il y a un renouvellement du langage de la technocratie, qui soutient maintenant l'idée d'une promotion sociale prise comme une politique des droits dont l'efficacité n'est pas séparée de l'argument de la disponibilité budgétaire ni de son lien avec d'autres priorités de la dépense publique comme le financement de la guerre ou le service de la dette interne. En outre, les nouveaux programmes ont été conçus en préservant les orientations de la politique sociale, construites à partir des politiques d'ajustement, à savoir la décentralisation, les subventions de la demande et la privatisation.

Une autre caractéristique de ces politiques réside dans leur caractère moralisateur. Malgré le fait que le discours soit revêtu de l'idéal technocratique selon lequel l'on croit qu'il suffit d'avoir une bonne conception institutionnelle pour que les politiques produisent les résultats escomptés, ces politiques visent à modifier le comportement des bénéficiaires, car ce dernier est considéré comme la cause de leur pauvreté, et la pauvreté abordée du point de vue de la responsabilité individuelle. Dans cette nouvelle perspective de la politique sociale, la technocratie prétend influencer le comportement des individus et simultanément les introduire dans les circuits bancaires, avec la conviction que l'épargne bancaire est le seul moyen possible, sûr et correct d'épargne. Il ne s'agit pas de la démocratisation du crédit ni que les secteurs populaires aient accès à de l'argent, mais plutôt de donner confiance dans le système financier qui administre les sommes qui arrivent aux bénéficiaires et qui garde les ressources destinées à être utilisées à l'avenir pour la retraite, ce qui légitime une économie spéculative.

Dans cette perspective, la conception et l'exécution de ces politiques sont plus proches d'une recherche de légitimité des pouvoirs publics que d'une manière effective de résoudre le problème de la pauvreté. Il est évident que cette recherche de légitimité concerne tout autant le gouvernement que le régime d'accumulation et le régime politique, car avec le nouveau discours et la conception institutionnelle des programmes, un contact direct mais différencié avec certains groupes de la population peut être établi. Dans le cas du RSS le gouvernement peut obtenir l'adhésion de fractions du capital et avec FA il peut récupérer le soutien des secteurs intermédiaires qui participent aux programmes comme employés-opérateurs, tout comme le soutien de la population bénéficiaire.

Toutefois, la portée en termes de protection sociale de ces « nouvelles » orientations semble plutôt restreinte, notamment parce que leur conception institutionnelle vise à changer les comportements mais demeure éloignée des conditions de vie de la population, de leur expérience quotidienne quant à la manière de percevoir des revenus, de leurs modes d'allocation de leurs ressources et de leurs formes de sociabilité et de création de réseaux. Comme il a été montré, du point de vue de la population cible, ces politiques sont intégrées à la vie quotidienne comme l'une des nombreuses formes d'appropriation et de marquage de l'argent, et seront incorporées dans la logique de la formation de réseaux de sociabilité qu'ils possèdent déjà. Cet écart entre les décideurs des politiques et les conditions de vie des bénéficiaires conduit à que des formes d'action communautaire soient soumises à des soupçons dès qu'elles ne sont pas inscrites dans les modèles prévus par la conception institutionnelle.

Références

Acción Social, *40 años de la institucionalidad de la cooperación internacional en Colombia, Julio 2008*, Bogotá, Acción Social, 2010.

Camou, A., *Gobernabilidad y democracia. Cuaderno de divulgación de la cultura democrática*, México, Instituto Federal Electoral, 2000.

Castel R., *La montée des incertitudes. Travail, protections, statuts de l'individu*, Paris, Seuil, 2009.

Castel, R., *La metamorfosis de la cuestión social. Una crónica del salariado*, Buenos Aires, Paidós, 1997.

Dardot, P. et Laval, C., *La nouvelle raison du monde. Essai sur la société néolibérale*, Paris, La découverte, 2009.

Departamento Nacional de Planeación, *Documento de trabajo : Hacia la Consolidación de un Sistema de Promoción Social*, 2008 [En ligne], URL : http ://www.eclac.org/prolider/noticias/paginas/7/33017/promocionsocial.pdf, consulté le 7 août 2017.

De Certau, M., *The Practice of Everyday Life*, Berkeley, University of California Press, 1984.

Global Exchange, *Análisis del programa Familias en Acción en el marco de los procesos electorales en Colombia. Informe Final*, 2010 [En ligne], URL : www.globalechange.org.

Lautier, B. et Théret, B., « État et protection sociale : une comparaison entre l'Europe et L'Amérique latine », *Cahiers des Amériques latines*, 15, 1993, pp. 22-37.

Nupia, O., *Anti-Poverty Programs and Presidential Election Outcomes : Familias en Acción in Colombia*, Documento CEDE, n° 2011-14, 2011 [En ligne], URL : htpp//ssm.com/abstract =1864064.

Théret, B., « De la comparabilité des systèmes nationaux de protection social dans les sociétés salariales. Essai d'analyse structurale », présenté au colloque franco-allemand *Comparer les systèmes de protection sociales en Europe*, 1995.

Rodríguez, I., *Convergencia de tiempos. Estudios subalternos /contextos latinoamericanos, estado, cultura, subalternidad*, Amsterdam-Atlanta, GA, Rodopi Editions, 2001.

Rodríguez, S. O., Arévalo, D., Fresneda, O. et Martínez, J., *Estudio sobre mercado objetivo beneficios económicos periódicos – BEPS*, Colpensiones – Universidad Nacional de Colombia. Informe final de investigación, 2013.

Rodríguez, S. O., « Programas de Investigación en Protección Social y Políticas públicas », in Hernández, A. et Rico, C. (dir.), *Protección social en salud en América Latina y el Caribe. Investigaciones y políticas*, Bogotá, OPS, IDCR, Universidad Javeriana, 2011, pp. 35-68.

Scott, S., *Making sense of everyday life*, Cambridge, UK ; Malden, MA, Polity, 2009.

Zelizer, V., *El significado social del dinero*, Buenos Aires, Fondo de Cultura Económica, 2011.

Technologies de l'assistance

Pouvoir et enchantement dans *Más Familias en Acción* [Davantage de familles en action] (Colombie)

Pablo Jaramillo Salazar

Université de los Andes, Bogotá, Colombie

Cet article analyse la manière dont la technologie et les artefacts sont devenus incontournables pour penser des stratégies émergentes d'assistance sociale. Concrètement, j'analyse la centralité des langages de l'innovation dans le programme *Más Familias en Acción* (MFA) en Colombie. MFA est le programme de transferts conditionnels en espèces (TCE) bannière du gouvernement colombien. Le programme récupère le legs du premier TCE en Colombie, nommé *Familias en Acción* (FA), mis en place en 2001. Comme tous les TCE, le MFA accorde une subvention à des femmes pauvres en échange de la conformité à des *engagements*, c'est-à-dire la production de certificats de visites médicales des enfants (vérification des courbes de croissance) et de leur assistance à l'école (Fiszbein *et al.*, 2009 : 250)[1]. En 2010, le programme comptait près de 2,8 millions de bénéficiaires (Agence présidentielle pour l'Action sociale et la Coopération internationale & DPN, 2010). FA d'abord, et MFA ensuite ont été des programmes centraux dans les programmes de gouvernement d'Álvaro Uribe Vélez (2002-2006 et 2006-2010) et de Juan Manuel Santos (2010-2014) comme il en a été pour les efforts de pacification du pays au travers de programmes comme le Plan Colombie (Cañon, 2010). MFA est devenu une politique d'État en 2012 par la Loi 1532 (Congrès de Colombie, 2012).

[1] 50 000 pesos (environ 25 USD) sont versés par famille pour l'alimentation. Pour l'éducation, sont versés respectivement 15 000 pesos (environ 7,5 USD) par enfant scolarisé en primaire (du CE au CM) et 30 000 pesos (environ 15 USD) en secondaire. Théoriquement, la fréquence des versements est bimensuelle mais dans la réalité cela est très variable.

De toutes les caractéristiques du programme, celle qu'il m'intéresse d'approfondir est celle du langage de l'innovation technologique qui y prédomine. Selon un rapport de MFA,

> par l'utilisation de technologies de l'information et de la communication dans les programmes sociaux, les systèmes conçus ont permis de favoriser un esprit de confidentialité, de disponibilité et d'intégrité sur l'information relative à la population bénéficiaire. Grâce à ces caractéristiques, les processus opératoires associés à chaque programme deviennent modulaires, automatiques et souples, ce qui permet de faire face aux rapides modifications du contexte social ou de populations de conditions hétérogènes (Agence présidentielle pour l'Action sociale et la Coopération internationale & DPN, 2010 : 207).

Dans cette intention d'innovation, les cartes bancaires de débit pour créditer les allocations bancarisées (image 1) ont ouvert la voie aux *chats*, des systèmes d'inscription par des messages texte par l'intermédiaire du téléphone portable et de *call centers*. Avec le langage de l'innovation sont également apparus des langages de la compétence et de l'incompétence dans la vie quotidienne du programme (image 2), tant pour les bénéficiaires que pour les fonctionnaires (et analystes).

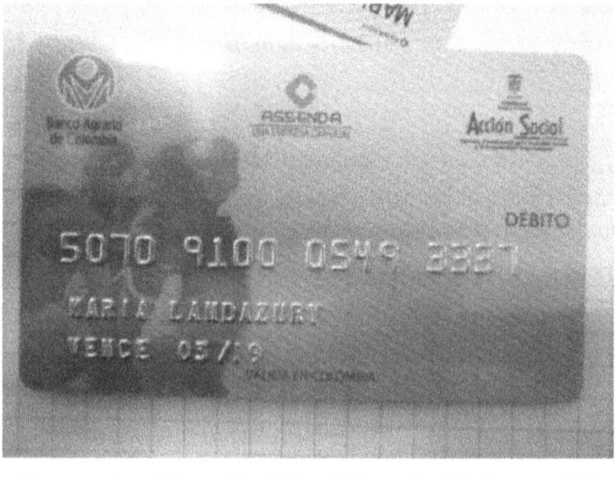

Image 1. *Carte de débit (photo Pablo Jaramillo)*

Image 2. *Transaction électronique (photo Pablo Jaramillo)*

Dans cet article, ces langages sont analysés comme des manifestations d'une caractéristique émergente de la politique sociale en Colombie. L'analyse requiert une approche méthodologique centrée sur sa nature technocratique qui s'éloigne des postures centrées sur les relations bureaucratiques. Après avoir traité cette question, j'analyse la manière dont appareils et technologies variés sont utilisés par les usagers et je conclus que, loin d'être de simples instruments, les artéfacts possèdent un effet moralisateur et enchanteur.

Modèle bureaucratique et modèle technocratique

En 2012, avec une équipe d'anthropologues, d'économistes et d'historiens de l'économie, j'ai commencé à faire un travail ethnographique de terrain auprès de femmes bénéficiaires de MFA. Le projet cherchait à en analyser l'effet sur leur vie quotidienne et un point essentiel consistait à observer la nature de leurs relations avec l'État. Nous nous sommes rendus aux lieux habituels pour observer, inspirés par Handelman (1976), ce que nous appelons des « carrières bureaucratiques ». Nous avions de bonnes raisons pour le faire ; par exemple, l'importance des formulaires était essentielle pour MFA. Nous savions aussi que les bases de données étaient fondamentales pour le fonctionnement du programme et que l'enregistrement sur ces bases de données impliquait des rencontres avec les fonctionnaires au domicile des bénéficiaires (dans le cas du SISBEN, voir plus loin) ou dans des centres de renseignement sur le programme (dans le cas du SIFA, système d'information de *Más Familias en Acción*). D'autres artéfacts étaient (et sont) aussi importants dans le fonctionnement quotidien du programme : bureaux, tours de passage, téléviseurs, personnes chargées d'organiser les files d'attente, entre autres. Cependant, très vite nous nous sommes rendu compte dans l'équipe qu'ils n'étaient pas consubstantiels au programme. Étant plus visible, ce type d'artéfacts a tendance à être au centre des analyses anthropologiques qui abordent les programmes sociaux comme des entreprises bureaucratiques. L'attention qu'on leur porte donne une image plus verticale et autoritaire de l'organisation des relations sociales au travers de l'assistance. Mais, dans le cas de MFA, le programme avait des artéfacts plus « invisibles » et, sans doute pour cette raison, plus difficiles à percevoir comme technologies.

L'observation plus détaillée de ce qui se passait réellement dans le programme nous a amené à porter notre attention sur d'autres formes d'organisation implicites dans le MFA. Les *engagements* (courbes de croissance et certificats scolaires des enfants, par exemple), opèrent comme des documents « internes » du programme mais valident et transforment un réseau institutionnel plus vaste (qui inclut des centres de santé et des collèges publics) et des secteurs spécialisés de la société (enseignants, médecins). Le MFA a également engagé de vastes campagnes de remise de cartes nationales d'identité colombiennes. Les TCE agissent au travers de la diffusion de ce type particulier de technologie, étant donné que la distribution d'argent (ou de billets), encore un type d'artéfact de l'État (Graeber, 2011 ; Ingham, 2004), est le moyen et la fin des TCE, qui de ce fait acquièrent une meilleure capacité de diffusion. Les programmes de transfert conditionnels ont ainsi mis en œuvre concomitamment deux formes de souveraineté étatique : l'identification juridique des personnes et le renforcement de la norme sociétale de l'argent et de la valeur économique supposément universelle. L'argent, comme artéfact, est accompagné par des systèmes de mesure, de calcul, de comptabilité et, par conséquent, d'effets sur les relations sociales (Guyer et al, 2010 ; Rose, 1999). Au travers de ce que l'on appelle « bancarisation » dans les TCE, l'argent a aussi une fonction de pénétration dans les finances de la vie quotidienne. Pour résumer, avec leur diffusion par le biais d'artéfacts, les programmes peuvent construire une image d'universalisation et de naturalisation à laquelle ne peut parvenir leur dimension bureaucratique.

L'artéfact *per se* n'est pas l'important, cependant. Le langage de l'innovation en politique sociale est symptomatique non parce qu'il met en évidence l'utilisation de technologies mais parce qu'il met en évidence une conception où cette dernière est agent de la première.

La technologie incorpore la conception de la politique à tel point que cette dernière acquiert une existence (quasi) autonome. L'implication la plus importante en est que, avec la place donnée à la technologie dans MFA (et d'autres programmes), son analyse méthodologique ne peut se baser sur un modèle de relations bureaucratiques (qui impliquent l'intensité et la concentration de l'exercice du pouvoir dans la rencontre entre fonctionnaire et bénéficiaire), mais plutôt technocratiques. La technocratie, au-delà de ses attributs formels (l'intérêt des indices, connaissances expertes et appareils) a été caractérisée par Centeno (1997) comme « la domination administrative et politique » à travers une élite qui « affirme être capable de maximiser le bien-être collectif par l'application d'un ensemble de techniques instrumentales rationnelles et de critères de succès », un « groupe d'institutions de l'État qui adhère à un certain modèle technico-analytique » et « l'hégémonie d'un paradigme unique et excluant de politiques publiques, basé sur l'utilisation théoriquement optimale des ressources et sur la préservation de la stabilité du système » (Centeno, 1997 : 222). Dans la congruence de ces trois éléments, il existe une grande différence entre l'état bureaucratique, où l'idéologie politique fondatrice a la prévalence, et la technocratie, où le *modèle* et *la conception* prévalent comme stratégie d'administration.

Le changement d'un modèle bureaucratique pour un autre technocratique implique plusieurs transformations dans la manière d'aborder les politiques sociales. Dans le premier modèle, l'accent est mis sur les rapports directs entre fonctionnaires des programmes et leurs bénéficiaires, en tête-à-tête, sans intermédiaire, tandis que dans le second il faut inclure les relations indirectes qui n'impliquent pas de présence physique. Dans ces dernières les intermédiaires matériels technologiques ne sont pas seulement essentiels mais ils ont le pouvoir de transformer les relations (Latour, 2005).

La technocratie requiert ce que Feldman (2011) appelle ethnographies non-locales. Celles-ci impliquent de pouvoir saisir la complexité des multiples dimensions de l'assistance sous de nouveaux régimes de politique sociale. Comme je le montrerai dans la deuxième partie de ce chapitre, il est en effet important de capturer la capacité diffuse d'exercer le pouvoir que possèdent les artéfacts et la puissance avec laquelle ils peuvent transmettre des langages fortement moralisateurs. Ensuite, j'expliquerai trois modalités de médiation technologique et plusieurs des effets que nous avons pu percevoir durant notre travail de terrain.

Interventions technologiques

Je me concentrerai sur trois types d'inventions et d'interventions technologiques qui donnent des indices sur le pouvoir et l'effet de la médiation technologique. Les exemples peuvent aussi être vus comme des moments distincts de la relation d'un bénéficiaire avec le programme à partir de la possibilité de parvenir à en faire partie, de son enregistrement et du paiement de ce qu'on appelle l'*incentivo* [incitation] ; c'est ainsi que le programme qualifie officiellement le subside monétaire, un terme de plus en plus utilisé par les bénéficiaires eux-mêmes.

Domestication et politisation des indices de pauvreté. Comme tout programme de TCE, le MFA se base sur le ciblage de sa population bénéficiaire au travers d'indices ou scores de pauvreté et de zones prioritaires spécifiques, enregistrés dans le Système pour l'identification des bénéficiaires de programmes sociaux (SISBEN)[2]. Pour les bénéficiaires, les indices construits par le SISBEN possèdent l'ambiguïté de pouvoir les faire accéder à des programmes sociaux par une intrusion dans leurs vies privées. Les formulaires pour établir le SISBEN consignent en effet une information privée que la majorité des bénéficiaires ne révélerait pas en d'autres circonstances, alors qu'ils le font face à des enquêteurs qui arrivent chez eux. C'est pourquoi la mesure est considérée comme un audit. Dans ces conditions, les bénéficiaires ont développé des stratégies sophistiquées pour répondre aux questions.

Cependant, la portée de ces indices va bien au-delà de leur utilisation interne au programme. Sur la page web du SISBEN (durant le travail de terrain et au moment d'écrire ce chapitre) il était possible d'accéder au nombre de points de tout citoyen et de savoir à quels programmes sociaux ce score lui donnait droit, dès lors que l'on connaissait son numéro de carte d'identité (un numéro facile à obtenir en Colombie, car il est utilisé dans toutes les circonstances de la vie) (image 3). D'accès libre, ces indicateurs sont arrivés à faire l'objet de conflits, rumeurs et ragots de quartier[3]. Les personnes que j'ai connues lors de mon travail de terrain

---

2 Le SISBEN consiste en une base de données qui classifie les bénéficiaires potentiels de programmes sociaux selon un nombre de points (sorte de score, de 0 à 100) résultant d'une enquête par foyer où sont enregistrées des informations tant sur le logement que sur ceux qui y vivent. La consultation de ce nombre de points peut se faire par la page web « Consulta del puntaje Sisbén » [En ligne], URL : https://www.sisben.gov.co/atencion-al-ciudadano/Paginas/consulta-del-puntaje.aspx, consulté le 7 août 2017.

3 Dans les quartiers populaires de Bogota, les cafés internet sont très nombreux et très fréquentés. Plusieurs des bénéficiaires dont nous suivons les cas avaient des

pouvaient s'accuser entre elles d'être opportunistes, en se fondant sur les indices de pauvreté (image 4). Parfois ces indices étaient mentionnés dans des réunions publiques et remis en cause ; ils pouvaient faire l'objet de débats houleux parce que deux unités domestiques perçues comme similaires avaient obtenu un nombre de points différent.

Image 3. *Page web du SISBEN*[4]

Image 4. *L'accès libre aux indicateurs*[5]

ordinateurs. Au moins l'une d'elles avait accès à Internet chez elle et une autre avait un ordinateur portable.

4 Source : « Consulta del puntaje Sisbén » [En ligne], URL : https://www.sisben.gov.co/atencion-al-ciudadano/Paginas/consulta-del-puntaje.aspx, consulté le 7 août 2017.

5 *Id.*.

Loin d'avoir un effet simplement aliénant pour les personnes, les indices et scores les ont menées à réfléchir sur la notion même de pauvreté. En effet, il était fréquent qu'elles s'interrogent sur ce qui retenait davantage l'attention des techniciens pour qu'elles soient classées comme pauvres. En ce sens, ces indices doivent être vus, comme l'analysent Guyer *et al.* (2010), comme une *frontière inventive* à travers laquelle les personnes se réimaginent elles-mêmes. Dans un autre sens, les indicateurs ont aussi impliqué des mobilisations politiques contre l'utilisation du « système de points SISBEN » pour exclure des personnes du programme. Au moment des inscriptions pour le rattachement au programme en 2012, de nombreuses personnes ont en effet été exclues en raison de leur score (image 5). Aussitôt, des politiciens locaux, des chefs de quartiers et des mères bénéficiaires se sont associés pour protester contre l'exclusion. Curieusement, les demandes ne visaient pas à ne plus utiliser le système de points, mais à affiner la méthode et procéder à une réévaluation.

Image 5. *Mobilisations politiques contre l'utilisation du « système de points SISBEN » (photo Lina María Campos-Quintero)*

Enregistrement numérique. Juste au moment où eurent lieu les protestations contre le système d'établissement de scores en nombre de points, de nouvelles technologies pour les futurs enregistrements au programme ont été mises en place (image 6). Ces technologies permettent l'attribution de rendez-vous basés sur le dernier chiffre de la carte d'identité, reconnue par les bases de données en liaison avec des *call center* et les pages web. À chaque chiffre sont attribués deux jours de la semaine (et à chaque jour plusieurs chiffres, comme il apparaît sur la capture d'écran reproduite ci-dessous). Les bénéficiaires sont pris en charge par des opérateurs de téléphone ou de *chats* informatiques. Finalement les personnes reçoivent des numéros d'enregistrement par appel téléphonique ou SMS, sur leur téléphone portable (image 7 et 8)[6]. Pendant le rendez-vous, les mères bénéficiaires remettent le formulaire et les documents demandés par le programme. Par la suite, elles sont notifiées par SMS du premier paiement crédité sur leur compte bancaire.

Image 6. *Enregistrement numérique*[7]

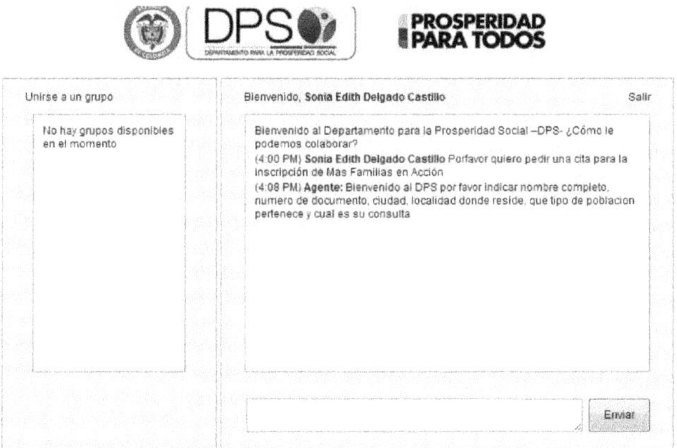

Image 7. *Call center et page web* [8]

6 L'utilisation de téléphones portables est générale chez les bénéficiaires avec lesquels nous avons été en contact lors de notre travail de terrain.

7 Source : « Páginas – Prosperidad Social » [En ligne], URL : http://www.dps.gov.co, consulté le 7 août 2017.

8 *Id.*

Image 8. *SMS d'enregistrement (photo Lina María Campos-Quintero)*

Avec ces nouveaux médiateurs, les personnes se retrouvent dans des bureaux, dans des files d'attente ou avec un numéro d'ordre uniquement pour remettre leurs documents d'inscription, mais pas pour accéder directement à l'information de la part des fonctionnaires (et encore moins pour recevoir leurs paiements). Les attestations et documents que doivent produire les mères, comme les certificats scolaires, ont été remplacés par des informations transmises directement par les établissements éducatifs aux administrateurs des bases de données du programme (SIFA), leur permettant d'être classées dans des bases de données informatiques disponibles sur internet (Hull, 2003). Soulignons ici que le programme ne peut se débarrasser complètement de technologies relativement prosaïques (qui demandent une relation plus matérielle) comme les documents d'identité, cachets et documents papier. Cette dernière dépendance à l'égard de la médiation humaine implique aussi l'existence de multiples régimes relationnels à l'intérieur du programme : certains où gouvernent les mécanismes technologiques et d'autres où des fonctionnaires interviennent à plusieurs reprises pour déterminer l'éligibilité des administrés. Autant les bénéficiaires que les fonctionnaires manœuvrent entre ces deux extrêmes.

Pour de nombreuses femmes, en particulier celles qui étaient depuis longtemps dans le programme et y avaient été des leaders, l'automatisation était perçue comme une tendance à accroître la distance entre « le programme » et les bénéficiaires. Paradoxalement, selon la position officielle du MFA, ces mêmes mécanismes cherchent justement le contraire, par la pénétration des objets quotidiens. Les femmes qui parlaient d'un éloignement du programme associaient aussi ces mécanismes à une rigueur aveugle, car il n'y avait plus de fonctionnaires qui pouvaient faire des exceptions qui les favoriseraient, ou il n'y avait plus personne avec qui argumenter à propos de décisions arbitraires. Pour d'autres, surtout des femmes plus jeunes sans contact préalable avec le programme, ou qui craignaient d'être discriminées dans des espaces bureaucratiques (comme une femme afrocolombienne déplacée que nous avons pu accompagner au cours du travail de terrain), l'introduction de ces intermédiaires technologiques, bien qu'il s'agisse d'un dédale où il était difficile de se retrouver (très souvent, pendant l'enquête, nous avons fini par proposer notre aide pour des démarches compliquées de ce genre), pouvait être agréablement neutre. De toute façon, ce type d'enregistrement (où il était plus difficile pour les intermédiaires humains d'intervenir, comme les leaders ou politiciens locaux) était promu par le langage moral de la responsabilité de chaque bénéficiaire à œuvrer pour préparer son propre rattachement au programme.

Dispositifs numériques pour payer les subventions. Pour finir, le paiement des subventions a également été l'objet d'innovation. Bien que le virement des allocations sur des comptes bancaires et l'usage de « monnaie plastique » (par l'intermédiaire de cartes) continue d'être la priorité du programme, le paiement par le biais de téléphones portables a été progressivement développé. Les mères peuvent choisir que leur *incentivo* soit crédité au numéro de leur portable. *Stricto sensu,* ce n'est pas un compte bancaire mais un virement électronique qu'elles peuvent réclamer quand elles le considèrent nécessaire. Grâce à un code qui arrive sur leur portable et leur numéro de téléphone, les femmes peuvent retirer l'argent à un guichet électronique sans avoir besoin de la carte de débit ou crédit en plastique (image 9). Daviplata, le service le plus utilisé par ce système, crée un collapsus spatiotemporel de l'assistance : d'une part cela exige moins de déplacements dans la ville pour retirer les *incentivos*, de l'autre, le retrait s'incorpore davantage dans la vie quotidienne des bénéficiaires par un appareil que les femmes peuvent charger dans leur sac à main, la poche de leur pantalon, ou même dans leur soutien-gorge.

Image 9. *Monnaie virtuelle*[9]

Innovation, pouvoir diffus et enchantement

En résumé, j'ai suggéré que la signification politique de l'assistance dans le programme MFA se manifeste comme une forme d'organisation de relations sociales au travers d'intermédiaires technologiques. Bien que mon argument doive beaucoup au concept foucaldien de dispositif (Feldman, 2011 ; Foucault, 2008), associé à l'intention de gouverner des populations au travers de pratiques de connaissance, mon analyse est plus littérale (dans le sens où elle se centre sur les artéfacts) et plus générale (dans le domaine des possibilités que ceux-ci impliquent). C'est justement ce qui est nécessaire pour une compréhension moins bureaucratique de l'assistance (Bourgois, 1996).

Pour commencer, l'assistance sociale doit être vue comme une partie des réseaux de pouvoir (Mann, 1986). Mann distingue deux axes de principes organisationnels de ces réseaux : le pouvoir intensif ou extensif, d'un côté, et sa nature diffuse et autoritaire, de l'autre (voir schéma ci-dessous). Selon le premier axe, « le pouvoir extensif se réfère à la capacité d'organiser un grand nombre de personnes dans des territoires dispersés pour les impliquer

---

9 Source : https://daviplata.com/wps/portal/daviplata/Home/QueEsDaviPlata/!ut/p/b1/04_Sj9Q1NbU0t7QwsDDQj9CPykssy0xPLMnMz0vMAfGjzOKNLQJN_LycjHydHR2dDRwDvS0tHYNMDTwNDYEKIoEKDHAARwNC-sP1o8BKTNw9fQxdzQIczQJC3AwczdxcPY18jY3cHY2hCvBY4eeRn5uqnxuVY-mp66gIANdKSWE!/dl4/d5/L2dBISEvZ0FBIS9nQSEh/.

dans une coopération avec un minimum de stabilité. Le pouvoir intensif se réfère à la capacité d'organiser densément et de garantir de hauts niveaux de mobilisation ou d'engagement des participants, que la zone et le nombre de personnes concernées soit important ou non » (Mann, 1986 : 7)[10]. Pour ce qui est du second axe, le « pouvoir autoritaire est délibéré entre groupes et institutions. Il inclut des ordres définis et une obéissance consciente. Le pouvoir diffus, cependant, se répand dans la population de manière plus spontanée, inconsciente et décentrée [...]. Typiquement, ce dernier implique, au lieu d'ordres et d'obéissance, le sentiment que ces pratiques sont naturelles ou morales, ou résultent d'un intérêt commun allant de soi » (Mann, 1986 : 8)[11].

	Autoritaire	***Diffus***
Intensif	*Structure de commande de l'armée*	*Grève générale*
Extensif	*Empire militaire*	*Marché d'échange*

Figure 1. *Formes d'organisation (Mann, 1986 : 9)*

Selon ce cadre conceptuel, le modèle bureaucratique implique plutôt l'usage de stratégies intensives et autoritaires d'organisation des relations sociales. Cependant, l'importance de l'argent dans les programmes de transfert conditionnels en espèces, en général, et la technologie dans MFA, en particulier, nous montrent des formes extensives et diffuses de pouvoir. Il est symptomatique que pour Mann, la monnaie, l'alphabétisation et l'écriture sont des exemples de pouvoir diffus. Ce sont précisément ces technologies « invisibles » et difficiles à localiser qui caractérisent des programmes comme MFA. Ce type de dispositif a la capacité de transmettre des projets moraux et de société, ce que ne peuvent faire des formes plus bureaucratiques d'assistance. Alfred Gell (1998) a exprimé ce pouvoir moral en termes de technologies de l'enchantement : des formes

10 « Extensive power refers to the ability to organize large numbers of people over far-flung territories in order to engage in minimally stable cooperation. Intensive power refers to the ability to organize tightly and command a high level of mobilization or commitment from the participants, whether the area and numbers covered are great or small » (Mann, 1986 : 7).

11 « Authoritative power is actually willed by groups and institutions. It comprises definite commands and conscious obedience. Diffused power, however, spreads in a more spontaneous, unconscious, decentred way throughout a population, resulting in similar social practices that embody power relations but are not explicitly commanded. It typically comprises, not command and obedience, but an understanding that these practices are natural or moral or result from self-evident common interest » (Mann, 1986 : 8).

de captation des personnes dans des réseaux d'intentionnalité où il est impossible de localiser l'agence avec précision. De même que l'argent a acquis des vertus surnaturelles dans des contextes coloniaux (Gregory, 1997 ; Taussig, 1980), la technologie confère à MFA des vertus quasi magiques.

Une partie de cet enchantement a à voir avec les hiérarchies de compétences requises pour demander à faire partie de l'assistance. Avec le langage de l'innovation est aussi apparu celui de la compétence ou incompétence des bénéficiaires. Les femmes que les fonctionnaires présentent comme exemplaires servent souvent de conseillères pour l'utilisation des guichets électroniques et l'utilisation des procédures en ligne du programme. La crainte que de nombreuses femmes ressentent pour aller retirer de l'argent aux guichets électroniques est patente dans les conversations quotidiennes avec elles. Une étude du Centro Nacional de Consultoría, une organisation de consultation privée, cite une femme qui dit : « Je ne sais pas utiliser cette carte. La personne qui m'aide c'est le vigile, je ne sais pas l'utiliser parce que je ne m'y suis pas mise. Je sais lire et écrire mais j'ai peur que quelque chose ne marche pas bien, que tout se bloque et que je ne puisse pas sortir l'argent » (Centre national de consultation, 2011 : 236).

Dans certains cas, des bénéficiaires et des fonctionnaires recourent au langage de la stupidité et de l'incapacité à propos de l'utilisation de technologies sophistiquées. Le besoin d'aptitudes techniques mène à la notion d'incompétence ou de compétence chez les bénéficiaires tout comme chez les fonctionnaires, de la même manière qu'on parle de stupidité et d'imbécilité dans le cadre de projets de développement dans certaines parties d'Afrique (Lachenal, 2012). L'importance accordée aux capacités techniques possède le double effet de distinguer les bénéficiaires capables des incapables, les bénéficiaires des fonctionnaires (les experts suprêmes) et, ainsi, de légitimer la technocratie comme forme de gouvernement.

Encore plus important, l'assistance sociale devient chronique et contenue dans des portables, des documents, des cartes de débit, entre autres. Les programmes et les appareils qui les instrumentalisent deviennent mutuellement dépendants et s'actualisent les uns les autres. Mais, au-delà de l'aspiration technocratique, il est également important de tenir compte des divers effets collatéraux qui méritent de retenir l'attention de futurs travaux de recherche. Dans des quartiers pauvres les personnes entretiennent des relations idiosyncratiques avec ces artéfacts.

Les personnes peuvent arriver à bien garder leurs documents chez elle au lieu de les porter dans leur portefeuille ; les téléphones portables peuvent appartenir à des foyers et non à des individus. Cela ouvre des possibilités d'autres utilisations des technologies que celles, implicitement individualistes, que le programme anticipe. D'un autre côté, l'obsession de la technologie met justement en évidence que la dématérialisation des programmes est loin d'être totalement atteinte. Les programmes sociaux comme le MFA, se voient donc comme une aspiration moderniste et, dans le meilleur des cas, comme un régime hybride.

Conclusions

Dans ces conclusions, je désire souligner trois aspects principaux. En premier lieu, les artéfacts sont essentiels pour comprendre les manières dont l'assistance sociale peut arriver à véhiculer des formes diffuses de pouvoir. En second lieu, la médiation qu'offrent les artéfacts et les technologies sert pour comprendre la transformation des frontières spatiales, temporelles et intersubjectives à travers lesquelles les bénéficiaires font l'expérience de l'assistance sociale. En troisième lieu, les artéfacts nous mènent à comprendre les processus au travers desquels la matérialité de la vie quotidienne devient une partie de l'assistance.

L'attention des spécialistes pour les technologies, les artéfacts et les artifices aide à définir quels types de relations sont impliqués dans les programmes du TCE. Par exemple, le programme a évolué de la remise d'argent en espèces à celle de « la monnaie plastique » et, ensuite, à la banque virtuelle à travers les portables. Le processus pour parvenir à intégrer le programme a aussi connu d'importantes transformations. Ce qui est commun à toutes ces transformations est la prolifération de technologies « universelles », à la portée de tous, qui remplacent le contact (bureaucratique) intermittent par une relation indirecte mais latente. Bien que la portée universelle des technologies soit le but ultime affiché par le gouvernement technocratique, tout le monde ne parvient pas à utiliser les artéfacts avec une même facilité : le résultat final est que l'incompétence des uns aide à légitimer un régime de politique sociale basé sur l'expertise.

Les frontières de l'assistance dans ces régimes technocratiques acquièrent des qualités très particulières. Il n'y a pas simplement ceux qui sont dedans et ceux qui sont dehors. Comme les appareils pénètrent la vie quotidienne, les allocations conditionnelles peuvent arriver à entrer dans les lieux les plus intimes, de sorte que la frontière entre la vie et l'assistance s'estompe. Cela ne veut pas dire que les frontières s'évanouissent complètement. Au contraire, d'autres peuvent apparaître, comme les compétences techniques qui ouvrent la voie aux langages de la stupidité et de l'incompétence. Donc, la technologie engendre aussi des types de bénéficiaires qui sont hiérarchisés selon leur capacité à faire usage des appareils.

Pour finir, une vision de la technologie dans l'assistance (technocratique) nous mène à comprendre des processus symboliques impliqués dans les TCE, qui ont à voir avec la frontière entre réalité et fantasme, travail et magie. Par exemple toute la procédure devient tellement dépendante de connaissances spécialisées et d'appareils techniques que cela fait oublier le travail qu'implique le fonctionnement du programme. Les programmes peuvent, ainsi, sembler finalement une alchimie de la vie sociale qui fascine et enchante tous ceux qui y participent (bénéficiaires, fonctionnaires et spécialistes, au même titre).

Références

Agencia Presidencial Para La Acción Social Y La Cooperación Internacional, DPN, *El camino recorrido. Diez años de Familias en Acción,* Bogotá, Agencia Presidencial para la Acción Social y la Cooperación Internacional, 2010.

Bourgois, P., « Confronting Anthropology, Education, and Inner-City Apartheid », *American Anthropologist*, 98(2), 1996, pp. 249-258.

Cañón, N., *Problemas y perspectivas de las políticas públicas en Colombia. Estudio de caso del Programa Familias en Acción del Plan Colombia*, Bogotá, Universidad de Bogotá, 2010.

Centeno, M. Á., « Redefiniendo la Tecnocracia », *Desarrollo Económico*, 37(146), 1997, pp. 215-240.

Centro Nacional De Consultoría, *Evaluación del programa Familias en Acción en grandes centros urbanos. Informe final*, 2011 [En ligne], URL : http :// www.dps.gov.co/inf/doc/Evaluaciones de Programas Histrico/2011-MFA-EVALUACION DEL PROGRAMA FAMILIAS EN ACCION EN GRANDES CENTROS URBANOS.pdf, consulté le 7 août 2017.

LEY 1532, « Por medio de la cual se adoptan unas medidas de política y se regula el funcionamiento del programa Familias en Acción », *Diario Oficial*, 2012, 48454.

Feldman, G., « If ethnography is more than participant observation, then relations are more than connections : The case for nonlocal ethnography in a world of apparatuses », *Anthropological Theory*, 11(4), 2011, pp. 375–395.

Fiszbein, A., Schady, N., Ferreira, F. H. G., Grosh, M., Kelleher, N., Olinto, P. et Skoufias, E., *Conditional Cash Transfers. Reducing Present and Future Poverty*, Washington D.C., The World Bank, 2009.

Foucault, M., *The Birth of Biopolitics : Lectures at the College de France*, London, Palgrave/Macmillan, 2008.

Gell, A., *Art and agency : an anthropological theory*, Oxford, Clarendon, 1998.

Graeber, D., *Debt : the first 5,000 years*, Brooklyn N.Y., Melville House, 2011.

Gregory, C. A., *Savage money : the anthropology and politics of commodity exchange*, Amsterdam, Harwood Academic, 1997.

Guyer, J. I., Khan, N., Obarrio, J., Bledsoe, C., Chu, J., Bachir Diagne, S., Hart, K., Kockelman, P., Lave, J., McLoughlin, C., Maurer, B., Neiburg, F., Nelson, D., Stafford, C. et Verran, H., « Introduction : Number as Inventive Frontier », *Anthropological Theory*, 10(1-2), 2010, pp. 36-61.

Handelman, D., « Bureaucratic transactions : The development of Official-Client Relationships in Israel », in Kapferer, B. (dir.), *Transaction and meaning. Directions in the Anthropology of Exchange and Symbolic Behavior*, Philadelphia, Institute for the Study of Human Issues, 1976, pp. 223-275.

Hull, M. S., « The file : agency, authority, and autography in an Islamabad bureaucracy », *Language & Communication*, 23(3–4), 2003, pp. 287-314.

Ingham, G. K., *The nature of money*, Cambridge UK, Malden MA, Polity, 2004.

Lachenal, G., « Telling the truth about stupidity : the anthropology of bêtise in the worlds of big science and global health : theoretical difficulties and institutional responses », présenté à la Conférence *Anthropology in the World*, British Museum, London, 2012.

Latour, B., *Reassembling the social : an introduction to actor-network-theory*, Oxford, Oxford University Press, 2005.

Mann, M., *The sources of social power*, Cambridge, New York, Cambridge University Press, 1986.

Rose, N., *Powers of Freedom. Reframing Political Thought*, Cambridge, Cambridge University Press, 1999.

Taussig, M. T., *The devil and commodity fetishism in South America*, Chapel Hill, University of North Carolina Press, 1980.

Aides sociales et citoyenneté assistancielle

Une analyse de l'expérience chilienne[1]

Marco CEBALLOS

Universidad Andrès Bello, École de sociologie,
Faculté d'humanités et sciences sociales, Valparaíso, Chili

Cette logique, axée sur les droits individuels, implique un « retrait » des institutions des politiques publiques, aux marges des droits sociaux. Les pauvres sont à « assister » dans leur développement et peuvent être considérés comme les titulaires d'une « citoyenneté assistée » (Castro, 2009 : 2).

Ce texte analyse le statut de citoyenneté sociale des femmes bénéficiaires des politiques d'assistance sociale au Chili. On s'interroge sur leur subjectivation concernant les programmes sociaux dont elles bénéficient, leurs formes d'accès et leur rapport aux fonctionnaires. La question porte sur leur citoyenneté entendue non pas comme un statut abstrait, formel ou juridique mais comme expérience quotidienne d'inscription dans des dispositifs d'aide sociale. On propose d'y voir une forme assistée ou assistancielle de citoyenneté, formule qui sert à illustrer un statut incertain de protection et de reconnaissance sociales qui, loin de promouvoir, chez les femmes pauvres, une appropriation de biens publics, semble approfondir une fracture sociale marquée par leur exclusion.

1 Cette contribution est issue du programme ANR SUD II LATINASSIST « Offre institutionnelle et logiques d'acteurs : femmes assistées dans six métropoles d'Amérique latine », coordonné par Bruno Lautier (IEDES – UMR DEVSOC – Université Paris I Panthéon-Sorbonne), Blandine Destremau (CNRS, IRIS/ EHESS) et Isabel Georges (IRD – DEVSOC).

Une constellation d'aides sociales

L'expérience chilienne de transformation du social depuis les années 1980 est emblématique pour l'Amérique latine. Le Chili a été pionnier dans l'exploration, la mise en œuvre et la rationalisation des processus de redéfinition du social et du rôle de l'État qui, depuis le début des réformes et ajustements structurels, se sont consolidés dans la région. Il n'est pas de mise, ici, de retracer une histoire de ces transformations, la littérature est vaste. Il suffira de signaler que le panorama actuel de la politique sociale en Amérique latine résulte d'une série de processus historiques qui suivent des mouvements d'expansion et de retrait de l'intervention sociale publique. La tendance globale, néanmoins, est celle de la marchandisation des risques sociaux.

Panorama du social en Amérique latine

On identifie au moins trois héritages principaux qui expliquent l'hybridité du social[2] en Amérique latine. Premièrement, se développent, entre les décennies de 1920 et 1970, des régimes de protection et de sécurité sociales dans le contexte de l'« État de compromis » dont la prétention était d'instituer des droits sociaux reprenant les modèles européens mais qui, dans les faits, contribue grandement à fragmenter ou stratifier les statuts d'inscription dans la protection sociale (Barba, 2003) et les expériences d'appartenance sociale des populations. Il s'agit là bien d'un statut social et pas uniquement institutionnel. Cet *arrangement social* est caractérisé par un État de bien-être « dénaturé par les compromis politiques » (Lautier, 1993 : 103). La protection sociale repose, alors, sur différents mécanismes qui stratifient les statuts sociaux entre salariés, ouvriers et pauvres : des assurances sociales en régime salarial dans des secteurs économiques stratégiques et la fonction publique pour les premiers, l'accès à la sécurité sociale par le biais de la syndicalisation et le clientélisme d'État pour les seconds, et l'assistance sociale comme recours

[2] Pour un approfondissement de cette idée concernant le développement, durant le XXe siècle, d'un système de protection sociale en Amérique latine dont le signe distinctif est son caractère hybride qui reproduit et consolide la stratification de ces sociétés vue à plusieurs niveaux d'analyse (populations, régimes de protection et sécurité, revenus, classes sociales, aires productives, indicateurs sociaux, enjeu électoral, etc.), voir : Barba, 2009 ; Théret, 2007 ; Lautier, 2006 ; Martínez-Franzoni, 2006 ; Andrenacci, Soldano, 2006 ; Bevan, 2004 ; Gough, 2004 ; Barrientos, 2004 ; Barba, 2003 ; Dean, 2003 ; Filgueira, 1998.

de fidélisation politique et de contrôle du conflit social pour les derniers (Lautier, 1993).

Deuxièmement, depuis le démantèlement partiel de l'État de compromis latino-américain entre la fin des années 1970 et la moitié des années 1990, selon les pays, la politique sociale tend vers l'hyper-ciblage (Lautier, 2003) de la dépense sociale publique autour de la question de la pauvreté. Plus concrètement, ce ciblage vise certaines catégories de pauvres et certaines situations considérées prioritaires, en même temps que l'on crée des conditions favorables au développement de marchés de prestation sociale, configurant une tendance à la dualisation dans l'accès et la jouissance de droits sociaux (Duhau, 1997).

Troisièmement, depuis la fin critique des années 1990 et l'adhésion aux « objectifs du millénaire » de l'ONU pour la réduction de la pauvreté, les politiques sociales cherchent à améliorer leur performativité par le biais d'une augmentation contrôlée de la dépense sociale publique susceptible d'avoir un impact sur les économies familiales des pauvres. Dans cette perspective, l'offre en matière d'aide sociale se multiplie et tente d'instituer des systèmes intégrés d'administration du social – là où ils étaient auparavant fortement sectorisés -, notamment les systèmes uniques d'enregistrement (registre paramétrique) de bénéficiaires et de contrôle des « fraudes ».

L'expérience chilienne récente

Depuis la crise asiatique de 1998, qui frappe durement le Chili, des efforts de rationalisation de la politique sociale se développent, ayant pour but non seulement de produire un impact social et économique favorable aux foyers pauvres, mais aussi de mieux coordonner l'offre sociale « pro-pauvres », alors fortement fragmentée en termes institutionnels, référentiels et financiers. Est ainsi créé, sous l'administration du Président Ricardo Lagos (2000-2006), le « Système de protection sociale Chili-Solidaire » (dorénavant, CHS) sous la houlette du Ministère de la planification nationale (MIDEPLAN), aujourd'hui appelé Ministère du développement social (MDS). Le CHS absorbe, du moins nominalement, plusieurs subsides sociaux directs et indirects créés sous la dictature de Pinochet, dont les Pensions d'assistance (PASIS), aujourd'hui appelées Pensions de base solidaires (PBS), le Subside unique familial (SUF), tous deux octroyés par le Ministère du travail et de la prévoyance sociale ; et le Subside à la consommation en eau potable (SAP) octroyé par le Ministère de l'intérieur.

Ce « système » représente, en réalité, un hybride institutionnel à mi-chemin entre un programme social et un système de programmes sociaux : tandis qu'il assume des tâches de coordination de l'offre sociale publique de type assistancielle, il crée son propre dispositif de transfert monétaire conditionnel[3] dont l'horizon, jamais atteint, est de contribuer au soutien économique de quelque 250 000 familles classées en 2001 en situation d'extrême pauvreté, pendant une durée déterminée (Lautier, 2011). Toutefois, le CHS n'arrive que partiellement à unifier les modes opératoires de quelques-uns des nombreux programmes sociaux ciblés sur les pauvres. Notamment, il n'arrive pas à faire en sorte que ceux-ci partagent les mêmes critères d'allocation, les mêmes définitions de public ciblé, les mêmes conditionnalités et procédures de contrôle des « contreparties » et des « coresponsabilités », les mêmes durées de participation, les mêmes lexiques.

Ce système ne résout donc pas vraiment le problème de la fragmentation de publics et de la dispersion des aides sociales, d'autant qu'il est mis en œuvre simultanément aux niveaux national, local et sectoriel. Au niveau national, MIDEPLAN et le Fonds social dit Fonds solidaire d'investissement social (FOSIS), organisme semi-dépendant de ce Ministère, font le tri informatisé des bénéficiaires, gèrent quelques-uns des transferts monétaires, et coordonnent un programme dit d'*accompagnement familial* nommé « Puente » (pont) consistant en des visites à domicile menées par des travailleurs sociaux qui déploient, du moins théoriquement, des dynamiques d'intervention « psycho-sociale » auprès des foyers pauvres (voir Rojas Lasch, dans ce volume).

Au plan local, en principe, le programme « Puente » est exécuté par les mairies et géré techniquement par le FOSIS au niveau central. Selon les cas, il y a des mairies qui ne réussissent pas à se détacher de la gestion directe du FOSIS. Au plan local également, les mairies ont la tâche de produire l'information sociale de leur territoire pour nourrir le registre du FOSIS et du MDS. Avec beaucoup de difficulté, les mairies essaient d'articuler leurs propres aides sociales et leurs propres stratégies *contre la pauvreté*, assez variables en fonction de leurs ressources, avec le « Puente » et le CHS. Les résultats sont très hétérogènes selon les territoires, mais aussi selon les capacités des bureaucraties locales et la couleur politique des maires.

3 CCTP, par son sigle en anglais : Conditional Cash Transfer Programs.

Enfin, la dimension sectorielle du CHS correspond surtout à la gestion des subsides présentés plus haut et à d'autres programmes d'accès préférentiels aux services publics pas réellement en opération. Il demeure que l'on trouve du sectoriel et de la gestion locale dans les interventions en matière d'éducation scolaire et de santé primaire, qui sont du ressort des mairies bien plus que du gouvernement national[4].

De la sorte, peu après sa mise en fonctionnement, le CHS fera l'objet d'un bilan assez critique notamment concernant son manque d'impact et ses efforts manqués de coordination d'une offre social-assistancielle malgré tout assez restreinte. Il fera l'objet de critiques et de dénonciations de clientélisme de part de secteurs politiques de droite. Le premier gouvernement de Michelle Bachelet (2006-2010) prend de la distance avec le programme, tout en le transformant et le renforçant. On crée alors le « Système intersectoriel de protection sociale » ou « Réseau de protection sociale » qui a vocation à combler quelques lacunes du CHS et cherche à agir sur les trajectoires sociales à risque dans des situations données : la maternité et la petite enfance, le vieillissement, les « situations de rue » ou la séparation familiale par incarcération. Ces problématiques sont censées être abordées par le biais d'interventions dans les domaines sanitaire, scolaire, associatif, d'aménagement du territoire, d'accès aux crèches, etc.

Les nouveaux programmes qui cherchent à compléter le CHS ont recours, eux aussi, à son système de classement de bénéficiaires. Ceci est à souligner : en dernière instance, le dispositif qui assure une certaine cohérence dans l'allocation des aides sociales est le système de classement des vulnérabilités sociales créé lors de l'institution du CHS. Il s'agit d'un modèle de traitement de l'information sociale pourvue par les mairies grâce à un instrument dit « Fiche de protection sociale » qui « mesure la situation socio-économique et la vulnérabilité des familles chiliennes de façon plus rigoureuse, assurant un accès plus équitable aux bénéfices sociaux octroyés par l'État »[5]. Y est rassemblée de l'information individuelle et par groupes familiaux concernant leur situation économique, démographique, relationnelle, sanitaire, scolaire, territoriale, familiale, d'emploi, de logement, etc. Cette mesure multivariée complexe produit un *output* consistant en des scores familiaux de vulnérabilité, ou score

4 À présent, au Chili, parmi les initiatives les plus importantes de l'agenda public, on trouve un projet qui a pour but de retirer aux mairies la gestion des établissements scolaires publics pour les confier à la gestion directe du Ministère de l'éducation.

5 Sur http://www.nuevaficha.gob.cl/ficha.php, consulté le 30 janvier 2014.

d'« habilitation sociale ». Ce score des pauvres leur octroie (ou leur nie) un statut d'éligibilité aux programmes sociaux. C'est bien un système de classification qui les *qualifie* et les *disqualifie* (Paugam, 2012). Ils servent également pour la distribution conjoncturelle de « bonus » (des transferts monétaires directs non conditionnels) : lors de la hausse du prix des aliments et du pétrole en 2007 et 2008, lors de la crise financière internationale en 2008 et en 2009, lors du grand tremblement de terre en 2010, lors du grand incendie à Valparaíso en 2014 ou, encore, le « bonus de mars », distribué annuellement depuis sa création en 2010 pour compenser les dépenses scolaires de début d'année.

Le CHS et, plus amplement, la politique sociale-assistancielle au Chili, manquent d'indicateurs d'impact. On ne peut affirmer de source sûre leurs effets sur la pauvreté et l'extrême pauvreté. Dans un contexte de technocratisation de la gestion publique, ceci pose un problème de crédibilité. Comparativement, des études concernant l'impact de ce *type* de programmes[6] en Amérique latine tendent plutôt à confirmer l'insignifiance structurelle des résultats, aussi bien sur les taux de pauvreté et d'extrême pauvreté que sur l'inégalité des revenus. L'amélioration globale des indicateurs sociaux connue dans plusieurs pays de la région entre la moitié des années 1990 et la moitié des années 2000 serait essentiellement due à des facteurs macro-économiques, productifs, démographiques, ou redistributifs (comme, par exemple, l'augmentation réelle du revenu minimal) (Barros, Henríquez, Mendoça, 2001 ; Melo-Borges, Sarmento-Seixas, 2006 ; Soares *et al.*, 2007 ; Marques-Pereira, 2004).

Lors de l'accession au pouvoir de Sebastián Piñera (2010-2014), soutenu par une coalition de droite néoconservatrice, le CHS change son nom pour celui de « Revenu éthique familial » (IEF, par son sigle en castillan). Les critères d'allocation des aides sociales se transforment alors, notamment par la restriction de la possibilité de cumul de certaines prestations ainsi que par l'accent mis sur le mérite individuel et l'employabilité féminine, qui prennent le dessus sur les propos de solidarité et de vulnérabilité. Les femmes cheffes de foyers sont censées trouver un emploi pour assurer leur accès à quelques-unes des prestations monétaires qui complètent l'IEF.

Ces transformations complexifient le panorama des aides sociales, leurs montants, leurs conditions d'accès, leurs durées, les publics ciblés,

---

6 Pour une critique à la typologie des CCTP, voir : Ceballos, Lautier, 2013.

le rapport entre les programmes, leurs dispositifs bureaucratiques, et même leurs référentiels. Malgré tout, le CHS-IEF se consolide comme « la porte d'entrée » à une offre sociale publique hétérogène destinée à aider à soutenir les économies familiales des pauvres. Cela n'empêche pas, néanmoins, la persistance, voire la consolidation d'une offre sectorielle qui opère indépendamment du CHS-IEF en matière de santé, d'éducation ou de logement.

Le champ de l'assistance sociale au Chili constitue ainsi, paraphrasant l'analyse de Robert Castel sur le champ de l'assistanat en France et en Europe au XIXe siècle et auparavant, une « constellation [...] extraordinairement diversifiée de pratiques » social-assistancielles. Une constellation d'« aides » (*ayudas*) « du gouvernement », « du/de la Président.e », « du Maire », comme disent en langage commun les femmes bénéficiaires. Les institutions de ces pratiques, leurs normes, objectifs, procédures, justifications et argumentaires, leurs modèles d'intervention, ressources et sources financières, constituent un champ d'action publique extrêmement confus, notamment pour les bénéficiaires, comme nous le montrerons plus bas. Se consolide ainsi un système variable, « modulaire » (Sojo, 2003), d'aides sociales spécifiques, monétaires mais aussi en nature (matériaux de construction, nourriture, matelas et lits, etc.), de subsides directs et indirects, octroyés à des populations « à risque » classifiées en fonction du territoire, de leurs configurations familiales, de leurs revenus et de leur participation au marché du travail, du genre, de l'âge, de leurs charges sociales et de toute une métrique complexe de la vulnérabilité sociale. Le résultat peut difficilement être qualifié de systèmes de protection sociale, mais plutôt de configuration de réseaux d'assistance (des « constellations ») habités par nombre de dispositifs d'aide sociale qui agissent *ex-post*, prioritairement en direction des foyers, des femmes et des enfants.

L'assistance contemporaine au Chili, si l'on prétend analyser le phénomène sur un plan structurel, a pour vocation de s'abstenir d'agir de façon volontariste sur la question redistributive dans le contexte d'une des économies les plus dérégulées du monde et d'un des pays les plus inégalitaires de l'Amérique latine. Le Chili est un exemple d'État subsidiaire dans son sens doctrinaire libéral, qui cherche à « limiter au maximum tout genre d'intervention publique dans l'économie » (Loo-Gutiérrez, 2009 : 404). Dans ce pays, la doxa néolibérale a été fort efficace pour réduire la fonction de l'État dans la régulation sociale et économique, en faveur de l'« initiative individuelle et privée » et de la

« liberté de choix » (comme il est inscrit dans sa Constitution Politique depuis 1980). Ces dernières sont entendues comme les conditions nécessaires au développement marchand du social, ce qui est valable aussi en matière de santé, d'éducation scolaire, supérieure-technique et universitaire, en matière de dérégulation de l'emploi et du travail, d'épargne pour la retraite, et dans d'autres domaines. Ainsi, par le biais du social-assistanciel, l'État transfère progressivement la responsabilité des risques sociaux de ce qu'on appelle « pauvreté » aux individus et, plus précisément, aux femmes pauvres. Ceci est soutenu, de surcroit, par une gestion biopolitique de la pauvreté (Rojas, 2012) dont des programmes comme Puente représentent des modèles d'intervention psycho-sociale progressivement adoptés par différents pays de la région (Mexique, Équateur).

Dans ce contexte de démantèlement de longue date des institutions et structures de solidarité en Amérique latine et de précarisation du statut de l'emploi, accompagnée du développement d'une nouvelle génération malléable ou modulaire de programmes sociaux, un volet du débat sur la citoyenneté « sociale » se construit alors en référence à la figure des femmes cheffes de famille en situation (elles et leurs familles) de pauvreté économique et de précarité dans l'accès à l'éducation, à la santé, à l'emploi, au logement. Ces aides sociales représentent une forme de rapport à la solidarité publique, dépourvue de mécanismes d'intégration économique dans un système de rapports sociaux privatisé et marchand, auquel ces familles ne possèdent pas les capitaux nécessaires pour participer (revenu, épargne, sujet de crédit, formalisation de l'emploi, éducation, santé, réseaux sociaux, etc.).

Ce que l'on appelle aujourd'hui *système de protection sociale* en Amérique latine correspond ainsi à une bouée minimale, restrictive, conditionnée et discontinue de sauvetage micro-économique de groupes familiaux monoparentaux féminins démunis et non productifs, avec enfants et autres charges sociales. Ces nouvelles politiques sociales « pro-pauvres » produisent une réhabilitation discursive et argumentaire de la citoyenneté autour de la figure des femmes, dont l'instrumentalisation est faite aussi bien de leur rôle traditionnel de femmes au foyer (*oikos*) que de leur rôle émergeant de femmes pourvoyeuses familiales (travail et consommation, endettement, gestion des aides sociales).

Le débat sur la citoyenneté

Les nouvelles politiques sociales latino-américaines mobilisent un discours de reconnaissance de droits sociaux qui acquiert un caractère plutôt moral que juridique et, en conséquence, bien plus théorique que réalisable (Garretón, 2010). On retrouve aujourd'hui une conception dématérialisée de la citoyenneté qui s'éloigne fortement de ce qu'a été sa construction historique en Europe. « L'invention du social » en Europe a été expliquée ainsi :

> Le social apparaît comme une invention nécessaire pour rendre gouvernable une société ayant opté pour un régime démocratique [...] [étant donné] le contraste entre la souveraineté proclamée égale de tous et l'assujettissement économique de la classe la plus nombreuse. [...] Comment réduire cet écart entre le nouveau fondement de l'ordre politique et la réalité de l'ordre social, afin d'assurer la crédibilité du premier et la stabilité du second ? (Donzelot, 1984 : 13, 32-33).

Le social en a été la réponse.

La citoyenneté, quant à elle, se réfère, au premier chef, à un statut social d'appartenance et de participation à un État de droit. On connaît la distinction socio-historique, devenue classique, proposée par T. H. Marshall il y a un demi-siècle, entre citoyenneté civile, politique et sociale (Marshall, [1950] 1997). L'auteur met en relation les phases du développement européen moderne et l'élargissement de droits qui transforment le lien entre les individus, la société et l'État. Au cours des XIXe et XXe siècle, l'Europe aurait vécu le passage d'une citoyenneté restreinte à une citoyenneté large, et d'une citoyenneté formelle à une citoyenneté active, par le biais d'institutions qui instaurent la solidarité et l'effectivité des droits. Ainsi, les citoyens européens jouiraient d'un statut d'appartenance sociale historiquement construit et qui constitue une dimension dynamique de leur vie sociale, donc une expérience empirique plutôt qu'une pure question énonciative ou formelle.

Malgré des efforts intellectuels, la transposition des catégories développées en Europe vers l'Amérique latine pose toujours des problèmes. De nombreux auteurs constatent, en Amérique latine, les immenses écarts sociaux produits par les inégalités de genre, socio-économiques, ethniques ou territoriales, indépendamment des systèmes légaux reconnaissant des droits universels. Le propre d'une citoyenneté universelle effective en Amérique latine serait, alors, son ineffectivité. On parle de « déficit de citoyenneté » (Sojo, 2002) entendu comme un état de « précarité dans l'accès aux ressources basiques pour l'exercice des droits et devoirs »

(Moreno, 2003). On souligne, ainsi, « les difficultés que la construction d'une citoyenneté implique dans des sociétés marquées par l'hétérogénéité structurelle, par les grands écarts sociaux et par les conflits culturels récurrents » (Fernández, 1998 : 13). Étant donnée « la situation de manque de citoyenneté en raison des conditions de pauvreté et de grandes inégalités, ainsi que l'existence de nombreux groupes dont la citoyenneté n'est ni défendue ni définie » (Castro, 2009 : 8), certains auteurs proposent de parler d'une « citoyenneté de faible intensité » (O'Donnell, 1993).

Cette réalité devient plus complexe à la lumière du développement explosif du marché. Suivant une réflexion popularisée en Amérique latine dans les années 1990, ce qu'autrefois nous entendions comme de la citoyenneté a muté profondément en raison de l'émergence du marché comme lieu de participation et d'appartenance sociale : « beaucoup de questions que se posent les citoyens –quelle est ma place, qu'est-ce que cela me donne comme droits, comment je fais pour m'informer, qui représente mes intérêts – trouvent davantage de réponses dans le domaine de la consommation privée de biens et de médias que par le biais des règles abstraites de la démocratie ou de la participation collective dans les espaces publics » (García-Canclini, 1995 : 13). Le sens public et collectif de la citoyenneté, entendue comme affaire publique et comme rapport à l'État, serait en concurrence avec une signification privée et individuelle d'appartenance à la société entendue comme participation au marché. D'où l'idée que la citoyenneté est devenue aujourd'hui, notoirement dans les sociétés latino-américaines, un objet problématique qui est vécu et compris différemment selon les sujets et leurs positions sociales. Si l'idée de citoyenneté égalitaire est apparue en raison d'un processus social et politique de régulation du libéralisme économique, la dérégulation de ce dernier devrait alors être analysée à son tour en termes de fragmentation ou de différenciation de la citoyenneté (Fariñas, 1999 ; Young, 1996), d'hybridité structurelle du social (Gough, 2004) et de multiplicité de statuts sociaux (Lautier, 1993).

Une citoyenneté assistancielle

Il y a une topique, une *unité significative du langage* (Ibáñez, 1994), qui atteint la plus haute *saturation qualitative* dans les narrations des femmes bénéficiaires des programmes social-assistanciels[7] : celle

---

[7] Série d'interviews et groupes de discussion, femmes bénéficiaires, Santiago, 2008-2013. Projet LATINASSIST (ANR/U. Paris 1).

du tri des ayants-droits, le *problème du score*, l'arithmétique de la vulnérabilité sociale utilisée par les politiques sociales chiliennes, dont le traitement statistique est mené par des équipes techniques[8]. L'instrument de recueil d'information familiale (la *Fiche de protection sociale*) a subi au moins quatre grandes réformes ces dernières années, très publicisées par les différents gouvernements, tant de droite que de gauche, comme preuve de leur engagement social et de leur lutte contre la fraude des bénéficiaires. Des questions changent, s'ajoutent ou disparaissent, des variables sur la vulnérabilité sociale sont pondérées différemment. Le traitement de l'information proposé par les instances publiques repose sur des algorithmes insondables pour les bénéficiaires ou le grand public.

Le système de calcul du score de vulnérabilité sociale est supposé produire une certitude d'objectivité en ce qu'il quantifie individuellement et familialement le risque social et invoque la précision méthodologique et statistique. Un chiffre est attribué à chaque famille, lui est communiqué, et les bureaucraties à différents niveaux s'en servent, parfois discrétionnairement lorsqu'ils en ont les attributions, pour faire démarrer, pour faire poursuivre ou pour faire interrompre leur inscription à des programmes de distribution d'aides sociales. Cette codification statistique de la vulnérabilité sociale est perçue par les usagers comme un mécanisme d'exclusion sociale, arbitraire, et comme une négation de leur réalité et de leurs besoins.

> Le score c'est le problème. [...] Mon fils cadet, en CE2, n'a pas le droit au déjeuner à l'école parce que son score est bien trop élevé[9]. (Elizabeth)

> J'ai eu 11 [mille points] ; ma fille ne peut donc pas accéder au programme Travail des jeunes. (Agustina)

> ... des gens comme nous, on est supposés avoir un score élevé, ne pas être aussi pauvres que nous le sommes en réalité et ne pas avoir autant de besoins que ce que nous avons vraiment, mais finalement nous sommes pris entre deux feux : nous n'avons pas accès aux subsides [pour le logement] mais pas non plus au crédit bancaire. (Denisse)

> Vraiment, je ne sais pas ce qu'ils mesurent dans leurs enquêtes. Mon copain et moi nous habitons chez ma belle-mère. Nous n'avons rien à nous, rien,

---

8 Série d'interviews, MIDEPLAN et Mairies, Santiago, 2005-2011 ; aussi SEDESOL et « Oportunidades », Mexique, 2009. Thèse de Doctorat de l'auteur (Ceballos, 2012).

9 Un plus grand score veut dire moins vulnérable ou plus « habilité » socialement.

absolument rien. On nous a posé des tas de questions. La dame prenait des notes et prenait des notes, et là je viens de consulter ma fiche et on nous a attribué plus de dix mille points ! Mais comment ? Nous n'avons pas assez pour manger, nous avons du mal à boucler le mois, alors, ces points-là, ils sortent d'où ? (Tamara)

Ils ne savent pas mesurer, leur fiche ne sait pas mesurer tout ce qu'il faut mesurer, et ils ne font pas non plus d'efforts de se rendre compte de notre réalité. (Tania)

Je n'aurais jamais pensé que j'allais être choisie par le « Puente ». Jamais, jamais imaginé une telle chose. J'ai eu un score super faible. (Ruth)

Pas tout le monde est invité au « Puente », pas tout le monde a cette chance-là. Moi, c'est parce que mon score est trop faible. (Isabel)

Gagner le « Puente » c'est un luxe. (Paty)

C'est comme cela que le classement est vécu depuis l'expérience de l'exclusion : il est difficile d'avoir accès aux aides ; il faut essayer de réussir même sans comprendre ; on se fait refuser le déjeuner de son fils, l'inscription de sa fille au programme Travail des jeunes, la subvention au logement ainsi que le crédit bancaire ; on se fait enquêter ; on va consulter sa fiche ; on est classé, on a un score ; on doit assurer l'alimentation familiale ; il faut boucler le mois ; il faut essayer de faire comprendre sa réalité à l'État ; on ne l'imagine jamais mais il se peut qu'on se fasse choisir, qu'on se fasse inviter, qu'on ait une chance, qu'on gagne enfin. Est ainsi présenté un conflit logique, insondable, un artefact idéologique qui nie une réalité vécue. On n'y voit pas un indicateur neutre, mais excluant. Un comptage mal fait, le produit d'une méconnaissance. Lorsqu'on réussit, néanmoins, à se faire classer comme étant suffisamment vulnérable, on attribue le résultat au hasard, à la chance ou à la faveur d'un fonctionnaire.

Je suis très reconnaissante envers Gonzalo [fonctionnaire à la Mairie] et envers la travailleuse sociale qui me rend visite. C'est quelqu'un de très attentionné pour « ses gens »[10]. (Ruth)

Un jour quelqu'un te rend visite, sonne chez toi, et te dit « eh, voilà, vous l'avez eu ». C'est comme la loterie. (Paty)

À la Mairie, la demoiselle me connait beaucoup, assez bien et je sais qu'elle va m'aider. (Isabel)

---

10 « Ses gens » : en allusion aux bénéficiaires d'aides sociales sous la gestion du fonctionnaire sur le terrain ; le contenu clientéliste du rapport entre bénéficiaires et fonctionnaires sur le terrain est évident.

> Quoi que ce soit qu'ils distribuent, elle m'appelle, elle l'obtient pour moi. (Katia)

> Si tu fais confiance au travailleur social, tu attends le mieux de cette personne. (Guadalupe)

> Ça dépend de la volonté des fonctionnaires et de nous-même, de notre façon de nous adresser à eux. (Ester)

L'obtention de scores impliquant le refus des aides sociales est vécue de même : ceux-ci ne reflètent pas un processus objectif de classification mais expriment l'action arbitraire de l'État et, encore plus, la subjectivité des fonctionnaires. L'expérience d'exclusion est alors explicite :

> On nous a donné des milliers de raisons : que le score est attribué depuis *là-bas*, que c'est automatique, qu'ils n'ont rien à voir avec le résultat final. Enfin, on est obligées d'accepter ce qu'on te dit, point final. (Tamara)

> Ça fait des années que je suis en liste d'attente. Quand je vais consulter à la Mairie ils se fâchent contre moi, ils sont maladroits, la Mairie ne nous aide pas. (Hilda)

> Je tentais d'obtenir de l'aide pour ma famille, pour mes fils : ils nous ont fermé la porte, « il n'y a pas d'aide ici, il n'y a pas d'aide », ils nous ont répondu. Depuis, je n'y suis plus allé. (María)

> Ils ne nous aident pas comme cela devrait être. (Guadalupe)

> En quelque sorte, on est humiliées quand on y va, et ça ne devrait pas être comme ça. (Pamela)

> Ils sont *rugueux*, ils sont *rugueux* pour nous accueillir, ils nous cachent de l'information, ils font tous comme s'ils étaient pressés tout le temps. (Hilda)

> Ils m'ont dit qu'ils ne me donneraient jamais [le lit pour mon fils] et que c'était déjà dans ma fiche qui était déjà passée dans l'ordinateur et qui ne s'effacerait jamais parce qu'elle était déjà faite. (Karen)

> J'ai une mauvaise relation avec les travailleuses sociales. (Pamela)

Dans les faits, les scores ne sont ni vérifiables ni vraisemblables. Ils ne produisent pas de certitude, contrairement à ce qui est prétendu. Phénoménologiquement, depuis l'expérience du sujet, gagnant ou perdant dans ce processus de classification, les scores ne reflètent pas leur réalité vécue mais des actes arbitraires : l'arbitraire du hasard, de la chance, de l'État ou des fonctionnaires. Il se produit alors un conflit logique entre l'expérience empirique des femmes usagères des aides sociales et la technique de décomptage de la vulnérabilité : d'un côté, ici, la « réalité » ; *là-bas*, la classification, le « *puntaje* » (score) dit-on, et l'État et les fonctionnaires (maladroits ou attentionnés, mais jamais présentés comme étant neutres). Dans l'expérience quotidienne des femmes bénéficiaires des aides social-assistancielles, on ne trouve, alors, ni de la reconnaissance ni de la protection sociale : l'État méconnaît leur réalité, ses instruments font de même, et ainsi, donc, ni l'allocation des aides sociales ni la continuité dans le temps lorsqu'elles en bénéficient déjà, ne peuvent être prévues ni garanties. La classification sociale œuvrée par les pouvoirs publics devient un mécanisme d'exclusion en ce que l'accès à la solidarité sociale est essentiellement incertain.

Les bénéficiaires cherchent des explications pour réduire cette incertitude, pour expliquer leurs difficultés dans l'accès à la solidarité publique. L'exclusion est la norme sur le plan des expériences quotidiennes des femmes assistées. Bénéficier des aides sociales publiques est vécu comme une improbabilité, comme le produit du hasard, comme un « luxe », comme un prix que l'on remporte, que l'on « gagne », comme une « loterie », de la « chance », une « invitation » exclusive, ou comme le résultat d'une faveur.

Conclusion

Comme esquissé plus haut, la citoyenneté est une notion problématique dans des sociétés aussi inégalitaires que le Chili, qui ont subi des transformations institutionnelles, économiques et politiques aussi profondes, et qui privilégient un modèle d'intervention sociale auprès des pauvres toujours résiduel, n'ayant ni la capacité ni la vocation de favoriser une démarchandisation des rapports sociaux ou d'agir en termes redistributifs. L'inscription dans des programmes d'aide sociale octroie à leurs bénéficiaires un statut incertain, hasardeux, changeant, insondable, fragmenté et plein de responsabilités.

Rien n'indique un statut de droit social comme mode d'appartenance à une communauté. On constate, par ailleurs, un statut d'assistance caractérisé par l'exclusion systématique et l'accès exceptionnel à la solidarité sociale, dans des conditions d'exclusion durable du marché et de responsabilisation familiale. La citoyenneté sociale des pauvres n'est pas vécue comme un acquis de droits mais comme une probabilité incertaine d'accéder aux *aides*. Se profile une *citoyenneté assistancielle* comme une forme d'exclusion sociale basée sur un système de classification des vulnérabilités perçu comme arbitraire par les bénéficiaires réels et potentiels. C'est ce qu'expriment les femmes dont des extraits d'interviews et de discussions en groupe sont présentés ici : un mode systématiquement précaire de participer en société, aussi bien dans les domaines de l'économie, du travail et de l'emploi, que dans ceux des rapports humains et de la gestion de la famille, ou par rapport à l'État et à la solidarité sociale. L'assistance sociale fait en sorte de classer ces populations vulnérables, d'évaluer leurs mérites aussi, de considérer les contingences à grande échelle (crises économiques, hausse des prix, catastrophes naturelles) et de cibler les aides. On y gouverne la précarité. Ce « gouvernement des pauvres » (Lautier, 2013) semble renouveler des pratiques politiques courantes en Amérique latine, comme le favoritisme, les interventions conjoncturelles, le contrôle et le classement des populations, et leur gouvernement moral.

Bibliographie

Andrenacci, L. et Soldano, D., « Aproximación a las teorías de la política social a partir del caso argentino », in Andrenacci, L., *Problemas de política social en la Argentina contemporánea*, Buenos Aires, UNGS/Prometeo, 2006, pp. 17-80.

Barba, C., « Reforma social y ciudadanía social en América Latina durante los años noventa : una perspectiva comparada », in Barba, C. (dir.), *Retos para la integración social de los pobres en América Latina*, Buenos Aires, CLACSO, 2009, pp. 51-84.

Barba, C., *El nuevo paradigma de bienestar residual y deslocalizado. Reforma de los regímenes de bienestar en la OCDE, América Latina y México*, Thèse doctorale, ITESO, Guadalajara, Mexique, 2003.

Barros, R., Henríquez, R. et Mendoça, R., *A estabilidade inaceitável : desigualdade e pobreza no Brasil*, Rio de Janeiro, IPEA, 2001.

Bevan, P., « Conceptualising in/security regimes », in Gough, I. et Wood, G. (dir.), *Insecurity and Welfare Regimes in Asia, Africa and Latin America. Social Policy in Development Contexts*, Cambridge, Cambridge University Press, 2004, pp. 88-118.

Castro, S., « Los dichos y los hechos. Las políticas sociales en el escenario neoliberal post-década del 90. El caso del Programa Jefas y Jefes de Hogar », *Margen*, 55 (1), 2009, pp. 1-8 [En ligne], URL : http ://www.margen.org/suscri/margen55/castro.pdf, consulté le 7 août 2017.

Ceballos, M., *Le « détour du social » et les programmes de transferts monétaires conditionnés en Amérique latine : les cas de l'Argentine, du Brésil, du Chili et du Mexique*, thèse de Doctorat en Sociologie, Université Paris I – Panthéon Sorbonne, Paris, 2012.

Ceballos, M. et Lautier, B., « Les CCTP en Amérique latine : entre modélisation internationale et conjonctures politiques nationales », in Quenan, C., Velut, S. et Jourcin, E. (dir.), *Les enjeux du développement en Amérique latine : dynamiques socioéconomiques et politiques publiques*, Paris, IdA/AFD, 2013, pp. 219-245.

Dean, H., « Discursive Repertories and the Negociation of Well-Being : Reflexions on the WED Frameworks », *ESCR-WED Working Paper*, 4 (1), 2003, pp. 1-21.

Donzelot, J., *L'invention du social. Essai sur le déclin des passions politiques*, Paris, Fayard, 1984.

Duhau, E., « Las políticas sociales en América Latina : ¿del universalismo fragmentado a la dualización ? », *Revista Mexicana de Sociología*, 59 (2), 1997, pp. 185-207.

Fariñas, M.-J., « Ciudadanía "universal" versus ciudadanía "fragmentada" », *Cuadernos Electrónicos de Filosofía del Derecho*, (2), 1999, pp. 18-20.

Fernández, O., « Lo social y la política social », in Fernández, O. (dir.), *Política social y descentralización en Costa Rica*, San José, UNICEF/Universidad de Costa Rica, 1998, pp. 7-29.

Filgueira, F., « El nuevo modelo de prestaciones sociales en América Latina : residualismo, eficiencia y ciudadanía estratificada » in Roberts,B. (dir.), *Ciudadanía y políticas sociales*, San José, FLACSO/SSRC, 1998.

García-Canclini, N., *Consumidores y ciudadanos. Conflictos multiculturales de la globalización*, Mexique, Grijalbo, 1995.

Garretón, M.-A., « Dimensiones políticas del estado social de derecho », in Erazo, X., Pautassi, L. et Santos, A. (dir.), *Exigibilidad y realización de derechos sociales. Impacto en la política pública*, Santiago, LOM, 2010, pp. 25-41.

Gough, I., « Welfare regimes in development contexts : a global and regional analysis » in Gough, I. et Wood, G. (dir.), *Insecurity and Welfare Regimes in Asia, Africa and Latina America. Social Policy in Development Contexts*, Cambridge, Cambridge University Press, 2004, pp. 15-48.

Ibáñez, J., *El regreso del sujeto : la investigación social de segundo orden*, Madrid, Siglo XXI, 1994.

Illanes, M.-A., *Cuerpo y sangre de la política. La construcción histórica de las Visitadoras Sociales (1887-1940)*, Santiago, LOM, 2006.

Lautier, B., « Gouvernement moral des pauvres et dépolitisation des politiques publiques en Amérique latine », *Revue Tiers Monde*, 214 (2), 2013, pp. 169-186.

Lautier, B., « Politiques de redistribution et de transferts sociaux », in Quenan, C., Velut, S. (dir.), *Les enjeux du développement en Amérique latine. Dynamiques socioéconomiques et politiques publiques*, Paris, Ida/AFD, 2011, pp. 250-288.

Lautier, B., « Le difficile cheminement vers l'universalisation de la protection sociale en Amérique latine », Colloque international *État et régulation sociale : comment penser la cohérence de l'intervention publique ?*, CES-Matisse/Institut Nationale d'Histoire de l'Art, Paris, 11, 12 et 13 septembre 2006 (ronéo).

Lautier, B., « La protection sociale dans le Brésil de Lula : trop de dépenses, ou trop peu de recettes ? », *Revue Tiers Monde*, 175 (3) , 2003, pp. 527-554.

Lautier, B., « L'État-providence en Amérique latine : utopie légitimatrice ou moteur du développement ? » in Marques-Pereira, B. (dir.), *L'Amérique latine : vers la démocratie ?*, Bruxelles, Complexe, 1993, pp. 97-128.

Loo-Gutiérrez, M., « La disciplina constitucional del principio de subsidiariedad en Italia y Chile », *Revista de Derecho de la Pontificia Universidad Católica de Valparaíso*, 33 (1) , 2009, pp. 391-426.

Marques-Pereira, J., « La crédibilité d'une politique anticyclique : les imperfections des marchés financiers à l'aune d'une déséquilibre externe structurel », in Lautier, B., Marques-Pereira, J. et Salama, P., *Régime de croissance, vulnérabilité financière et protection sociale en Amérique latine. Les conditions "macro" de l'efficacité de la lutte contre la pauvreté*, Santiago, CEPAL, 2004, pp. 29-43.

Marshall, T.-H., *Citizenship and Social Class*, London : Cambridge University Press, 1950.

Marshall, T.-H., « Ciudadanía y clase social », *Revista española de investigaciones sociológicas*, 79 (1) , 1997, pp. 297-344 [En ligne], URL : dialnet.unirioja.es/descarga/articulo/760109.pdf.

Martínez-Franzoni, J., *Regímenes de Bienestar en América Latina. ¿Cuáles y cómo son ?*, Madrid, CeALCI/Fundación Carolina, 2006.

Melo-Borges, E. et Sarmento-Seixas, F., « Redução da desigualdade : o impacto dos programas sociais de transferência de renda no país e em Goiás », *Conjuntura Económica Goiana*, 8 (1) , 2006, pp. 11-18.

Moreno, L., « Ciudadanía, desigualdad social y Estado de bienestar », in Giner, S. (dir.), *Teoría sociológica* moderna, Barcelona, Ariel, 2003, pp. 527-538.

O'Donnell, G., « Acerca del estado, la democratización y algunos problemas conceptuales. Una perspectiva latinoamericana con referencia a países poscomunistas », *Desarrollo Económico. Revista de Ciencias Sociales*, 130 (33), pp. 163-184.

Paugam, S., « Les formes contemporaines de la disqualification sociale », *CERISCOPE Pauvreté*, 2012 [En ligne], URL : http://ceriscope.sciences-po.fr/pauvrete/content/part5/lesformes-contemporaines-de-la-disqualification-sociale, consulté le 12 avril 2014.

ROJAS, C., « Applaudissez-vous, vous êtes des privilégiés ! Une analyse politique et morale de l'assistance contemporaine au Chili », in Fassin, D. et Eideliman, J.-S. (dir.), *Économies morales contemporaines*, Paris, La Découverte, 2012, pp. 175-192.

Soares, S., Osório, R., Soares, M., Medeiros, M. et Zepeda, E., « Conditional Cash Transfers in Brazil, Chile and Mexico : impacts upon inequality », *International Policy Center for Inclusive Growth/UNPD Working paper*, 35 (1), 2007, pp. 207-224.

Sojo, C., « La noción de ciudadanía en el debate latinoamericano », *Revista de la CEPAL*, 75 (1), 2002, pp. 25-38.

Sojo, A., « Vulnerabilidad social, aseguramiento y diversificación de riesgos en América Latina y el Caribe », *Revista de la CEPAL*, 80 (1), 2003, pp. 121-140.

Théret, B., « La dynamique de la protection sociale au Canadá et au Québec », *Informations sociales*, 147 (7), 2007, pp. 28-41.

Young, I., « Vida política y diferencia de grupo : una crítica del ideal de ciudadanía universal », in Castells, C. (dir.), *Perspectivas feministas en teoría política*, Barcelona, Paidós, 1996, pp. 99-126.

Universalisme, inégalités, famille

Du tournant des politiques d'assistance cubaines

Blandine DESTREMAU

Centre National de la Recherche Scientifique (CNRS),
Institut de recherches interdisciplinaires sur les enjeux sociaux (IRIS)/
École des Hautes Études en Sciences Sociales (EHESS), Paris

Introduction

Ce chapitre analyse le « tournant » des politiques sociales cubaines à l'aune de leur capacité à maintenir le principe d'universalisme[1] qui les sous-tendait. L'universalisme a été posé par la Révolution comme un principe politique, au service duquel un certain nombre de moyens institutionnels et financiers étaient dédiés : socialisation des moyens de production, démarchandisation de la reproduction sociale, services sociaux égalitaires, protection sociale et mesures d'assistance destinées à des individus ayant des besoins spécifiques. Dans un contexte où les politiques sociales sont soumises à une crise et à un processus de réforme, à quel point l'universalisme du système social cubain est-il ébranlé par la transformation du « régime de bien–être » (Gough, Wood, 2004) et par la multiplication des « programmes » différenciés et peu ou prou sélectifs ? Comment analyser les changements récents des fondements universalistes et égalitaristes des politiques économiques et sociales,

[1] Selon le Trésor informatisé de la langue française, *universalisme* désigne le caractère universaliste d'une théorie, d'une doctrine, d'un système (http://stella.atilf.fr/Dendien/scripts/tlfiv5/advanced.exe?8;s=3843728220 ; consulté le 5 août 2017). Et *universalité* le caractère de ce qui s'étend à tout, de ce qui embrasse tout (http://stella.atilf.fr/Dendien/scripts/tlfiv5/advanced.exe?8;s=3843728220;, *id.*). J'ai opté pour le terme d'« universalisme » plutôt que d'« universalité » bien que dans la littérature consultée ils semblent être utilisés de façon équivalente.

notamment au regard d'une intensification des sollicitations de la famille comme prodigueuse de soins, de protection et de solidarité ?

Ce travail est construit sur plusieurs types de matériaux, élaborés en particulier au cours d'une demi-douzaine de missions de terrain (de plusieurs semaines chacune) réalisées entre 2010 et 2016[2]. Une enquête de type ethnographique a permis de conduire une trentaine d'entretiens plus ou moins formalisés avec des acteurs de l'intervention sociale auprès des familles, essentiellement à La Havane ; et nécessité de mettre en place des situations d'observation participante dans des centres sociaux et d'accueil, des lieux publics, et des établissements scolaires et d'animation socio-culturelle d'un quartier central de la capitale. Une bonne partie des informations et énonciations a en outre été recueillie au cours de conversations « banales » et d'« observation flottante » (Pétonnet, 1982), au gré des rencontres et situations traversées. La recherche s'est par ailleurs appuyée sur des sources documentaires primaires (code de la famille, codes de la sécurité et de l'assistance sociales, statistiques, recensements et enquêtes famille, etc.) ; et secondaires (textes de recherche, journaux et publications, autres énonciations grand public).

J'argue ici que la réduction des capacités budgétaires d'intervention de l'État et les transformations nécessaires des modes d'articulations entre les sphères économique et sociale – les réformes, ou le processus d'« actualisation » – ont ébranlé la cohérence entre principes et effectivité de l'universalisme. Ce dernier s'affaiblit, ouvrant un espace dans lequel se déploient des politiques d'assistance différenciées, qui ne parviennent néanmoins pas à en combler les brèches, en particulier au regard de la paupérisation, de l'essor des inégalités et des besoins de *care*[3] ; et en altèrent la nature universelle. Deux tensions majeures en découlent : une qui met au défi la crédibilité politique du maintien d'un discours en termes d'universalisme des politiques sociales – affaibli et de plus en plus différencié ; l'autre qui, du fait de la re-familialisation du *care*, érode l'égalité hommes – femmes promue par la Révolution.

Après avoir éclairé l'articulation entre principes de l'universalisme, et conditions de leur mise en œuvre d'un point de vue théorique et politique, je présente les fondements universalistes, unitaristes et égalitaristes du

---

2 Ce travail procède, comme les autres de cet ouvrage, du programme de recherche LATINASSIST Il a bénéficié en outre d'un soutien du labex TEPSIS et de l'IRIS / EHESS, et d'un accueil par l'Instituto Cubano de Investigación Cultural Juan Marinello de la Havane.

3 Au sens de « soins pour autrui », dans une perspective de travail, éthique et politique.

système social cubain. J'analyse ensuite le tournant de ce système vers un renforcement de la place de politiques sociales différenciées, sélectives et compensatrices, pour discuter en conclusion des conséquences d'un affaiblissement de l'universalisme en termes de re-familialisation du social.

Le principe d'universalisme des politiques sociales à l'épreuve de ses conditions de mise en œuvre : au-delà de la polysémie conceptuelle, les choix politiques

Le principe d'universalisme des politiques sociales constitue un des piliers de légitimation des pouvoirs politiques qui les instaurent, dès lors qu'elles se réfèrent à une citoyenneté conjointement politique et sociale, assise sur une distribution de droits (Lautier, 2013 [2006]). Pour autant, « [d]éfinir l'universalité de façon aussi contraignante fait qu'elle est *a priori* impossible à atteindre pleinement. L'universalisation est donc un mouvement, une dynamique inachevée, et chaque société nationale se trouve plus ou moins avancée dans ce cheminement vers l'universalité » (*id.*,188). Ce mouvement est en effet soumis aux moyens qui lui sont consacrés par les budgets publics et plus généralement à la part du revenu national qui sera mutualisée et/ou redistribuée à cet effet. Au-delà des principes politiques, il dépend de conjonctures politiques variables, et des efforts consentis pour sa mise en oeuvre dans ces cadres mouvants.

Les écarts entre principes politiques, moyens dédiés et résultats – notamment en termes d'accès effectif aux droits sociaux, et de réduction de la vulnérabilité et des inégalités – constituent autant de tensions qui mettent à l'épreuve la dimension sociale de la citoyenneté et la dimension légitime du politique (Destremau, 2003 : 499). Cette progression se décline et se configure de différentes façons, selon l'« empreinte des origines » (Merrien, 1990), les trajectoires politiques et institutionnelles des systèmes nationaux de protection sociale, les « visions stratégiques, moyens, et étapes » mises au service de l'universalisation (Destremau, 2003 : 491), et la division sexuée et sociale du travail productif et reproductif, qui organise la société et les formes de citoyenneté (Orloff, 1993, 1996)[4].

[4] Le degré d'universalisme et les modalités et configurations – institutionnelles, familiales, sexuées, générationnelles… – de sa mise en œuvre constituent des critères des classifications ou typologies de systèmes nationaux de protection sociale, parmi lesquelles celles de Perrin (1967) et Titmuss ([1967] 2000) font figure de pionnières.

L'universalisme peut relever plutôt de l'utopie politique ou du pragmatisme gestionnaire, se mettre au service de référentiels plus ou moins libéralistes, corporatistes ou étatistes (Esping Andersen, 1990), familialistes ou individualistes (Martin, 2010), résiduels ou égalitaristes (Merrien *et al.*, 2005), viser plutôt le travailleur ou le citoyen (Lautier, 2013). Il peut concerner, de façon variable, les dispositifs socio-fiscaux contribuant à la mutualisation d'une partie du revenu national ; les dispositifs d'assistance, qu'il s'agisse de soutien au revenu des familles modestes ou pauvres, ou de fourniture plus ciblée de revenu et/ou de services spécifiques à des personnes ne pouvant subvenir à leurs besoins par leur travail (personnes âgées, handicapées, etc.) ; les services sociaux fournis sur une base totalement ou partiellement démarchandisée, particulièrement l'éducation, la santé et le *care* ; et l'assurance sociale, fournissant un revenu de remplacement aux travailleurs lors de circonstances définies de leur existence.

La « polysémie conceptuelle » (Kildal, Kuhnle, 2002) qui prévaut dans les débats sur la question de l'universalisme des politiques ou de la protection sociale – les premières se situant plutôt sur le plan des moyens, et la seconde du résultat – recouvre d'abord une diversité de systèmes et dispositifs, qui procède d'articulations historiques entre *le principe* de l'universalisme et ses fondements éthiques et politiques, *les moyens et modalités* de la généralisation des couvertures sociales, et enfin *le type de société produit* par l'un et les autres et le potentiel de cohésion et de légitimation du politique qui en émane. Cette polysémie se rattache ensuite, et surtout, à de multiples luttes sociales et politiques, stabilisées en des compromis variables et parfois fragiles entre libéralisme et socialisme (Anttonen, Sipilä, 2014).

Dans son travail fondateur, Guy Perrin se situe plutôt au plan politique quand il avance que les principes d'universalisme et d'unité sont fondamentaux et éclairent « la signification de la conception moderne de la sécurité sociale » (1967 : 311). Pour lui, le principe d'universalisme est rattaché à deux perspectives : « étendre la protection du système soit à l'ensemble de la collectivité nationale [...], soit à l'ensemble de la communauté nationale des travailleurs » ; il implique en outre « la réalisation d'une protection complète au regard de l'ensemble des

---

La fameuse classification d'Esping Andersen (1990) a suscité d'intenses débats, notamment de la part de chercheures féministes, sur la structure sexuée sous jacente de l'« universalisme » des politiques sociales et des formes de citoyenneté qu'elles engendrent (voir Orloff, 1993, 1996, parmi bien d'autres).

éventualités reconnues comme socialement dommageables dans ce genre de société »[5]. Le principe d'universalisme contient donc « en germe une double tendance à la généralisation des systèmes de sécurité sociale, quant aux personnes protégées et aux éventualités couvertes » (p. 312).

Le principe d'unité, quant à lui, concerne d'une part l'uniformité des avantages accordés : octroi de prestations uniformes et minimales, ou liées aux revenus professionnels, selon le partage des responsabilités entre individu et société. Il désigne d'autre part « la recherche d'une unification ou, tout au moins, d'une coordination des diverses formes de protection sociale » tendant vers l'unicité structurelle des systèmes de sécurité sociale. Ce qui est souligné ici, c'est donc non seulement le fait que tout le monde soit couvert d'une façon ou d'une autre, mais bien que ce système de solidarité soit « à vocation égalitaire et à structure unitaire » et qu'il transcende plus ou moins « les limites de situation ou de classe respectivement imposées par l'assistance et les assurances sociales » ((*id.*) p. 313).

Plus pragmatique et tout aussi fondateur, Titmuss ([1967] 2000), traitant des services sociaux « fournis publiquement »[6], avance qu'une raison historique à l'adoption du principe d'universalisme est « l'objectif de rendre les services disponibles et accessibles pour l'ensemble de la population d'une façon qui n'implique les usagers dans aucune perte de statut, de dignité ou de respect humiliante » (2000 : 40, ma traduction). Il parle ici de services destinés à satisfaire des besoins que le marché ou la famille sont incapables ou ne veulent pas satisfaire de façon universelle. Ils doivent être « fournis pour tous et par tous », pour que tous, et non seulement ceux qui peuvent les acquérir sur le marché, puissent en jouir. Le « pour tous » désigne la généralisation de la couverture, alors que le « par tous » constituerait une garantie sociale (politique, économique et budgétaire) (Valencia Lomelí, 2010). Titmuss propose de mener une réflexion sur l'étendue de l'accès auxdits services, selon trois critères : 1) la nature de l'accès (*entitlement to use*) : légal, contractuel, contributif, financier, discrétionnaire, ou à base professionnelle ? 2) les règles de l'accès : spécifiques et contractuelles, ou variables, arbitraires et discrétionnaires ? Ces règles déterminent qui a accès à quoi et à quelles conditions, selon quelles caractéristiques ; et 3) les méthodes, financières et administratives,

---

5 Mais il reconnaît par la suite que ce second principe « recouvre une notion assez arbitraire, sujette à l'évolution en fonction des circonstances de temps et de lieu » (p. 315).

6 Il s'agit du *welfare,* défini comme « all publicly provided and subsidized services, statutory, occupational and fiscal » (2000 : 41).

utilisées dans la détermination de l'accès, de l'utilisation, de l'allocation et du paiement. Titmuss propose ensuite de se pencher sur la nature du service ou de la prestation et les fonctions qu'il ou elle remplit : compensation (pour des dommages infligés par la société, ou pour un handicap non mérité) ; protection pour la société ; investissement à des fins personnelles ou collectives ; amélioration du bien-être personnel ; intégration. L'universalisme n'est pas, en lui-même, suffisant à réduire les inégalités de revenu et de patrimoine, ni celles d'usage et d'accès aux services publics ; mais il en est une condition nécessaire, susceptible de produire de la cohésion sociale et une base de valeurs communes.

La double question de la définition de la justice sociale incorporée dans la visée universaliste, et des contraintes inhérentes à la construction d'une base matérielle pour la promouvoir (Destremau, 2003 : 494), induit une tension entre universalisme et différenciation des prestations, positions, statuts, etc. distribués par les politiques publiques en question. Quelles différenciations des prestations, positions et statuts, et quelles formes de sélectivité sont-elles à même de favoriser un universalisme qui s'adapte aux besoins différenciés, tout en demeurant juste ? Jusqu'à quel point l'égalité formelle et indifférenciée peut-elle être considérée comme juste, et à partir de quel degré la différenciation devient-elle injuste, ou creuse-t-elle le caractère inégalitaire, fragmentaire ou inefficace d'un système social, fût-il universel ? Quel « ciblage » peut permettre d'améliorer l'efficience de mesures et dispositifs encastrés dans une visée universaliste, mais destinés à des groupes particuliers (notamment « les pauvres », mais aussi « les mères de famille », les « réfugiés », etc.[7]) ? Ces débats ont connu un renouveau depuis les années 2000 et le grand mouvement de globalisation des politiques sociales (Deacon, 2004), dans un contexte où l'obsession pour le ciblage des « filets sociaux de sécurité » des années 1990 a laissé place à la louange quasi-unanime des programmes « à ciblage large » et à l'essor de mouvements « universalistes » prônant des socles de protection sociale plus ou moins ambitieux dans un nombre croissant de pays du Sud, et notamment en Amérique latine (Molina, 2006).

L'examen de situations empiriques à la lumière des critères de Perrin conduit à distinguer un universalisme égalitariste « fort », « faible » ou fragmenté. Gilbert (2001) va dans le même sens lorsqu'il affirme que le terme d'universalisme ne signifie pas que tout le monde a droit, ou accès, aux mêmes biens et services. Des politiques universalistes allouent

7 Sur les processus de légitimation qui conduisent à certains de ces ciblages, on peut consulter Destremau et Lautier, 2014.

des prestations à une population entière comme droit fondamental, ce qui n'empêche pas que les « arrangements allocatifs » visent des groupes spécifiques au sein de la population générale (par exemple, les personnes âgées ou les enfants de tel à tel âge). Toujours selon cet auteur, la sélectivité est inhérente à toute prestation sociale, dès lors que l'éligibilité est fondée sur la reconnaissance d'un besoin prévu par le cadre de protection sociale : aussi universaliste qu'elle soit, une politique sociale mobilise donc toujours des critères qui définissent des conditions déterminant l'éligibilité, au double sens d'état, de situation, ou d'éventualité de l'existence, d'un côté, et de clause (restrictive ou nécessaire), de l'autre.

Ainsi l'opposition fermement établie par Titmuss ([1967] 2000) entre universalisme des politiques sociales et sélectivité, quoique fondamentale sur le plan des principes, apparaît infondée au plan pratique : sous l'universalisme peut se dissimuler une part non négligeable de ciblage, dès lors qu'il est financé par une structure fiscale progressive, ou que des dispositifs fragmentaires et ciblés en constituent le fondement ou le complément. Inversement, le ciblage peut ressembler à de l'universalisme, dès lors que les seuils sont suffisamment lâches pour inclure de larges portions de la classe moyenne[8].

À cet égard, Valencia Lomelí *et al.* (2010) rapportent l'universalisme à son efficacité en termes d'inclusion et de cohésion sociale, au vu du degré d'inégalités existant dans une société donnée. Ils rappellent que la production d'une « société de semblables » (expression de Léon Bourgeois, reprise notamment par Robert Castel, 2003) va de pair avec l'instauration de relations d'interdépendance, et la reconnaissance de la citoyenneté et d'un sentiment d'appartenance. Ainsi, un universalisme « faible » ou « faux » pourvoirait des services stratifiés et inégaux à une société elle-même fortement inégalitaire (Molina, 2006). De leur côté, Thompson et Hogget (1996) arguent en faveur d'un espace plus grand laissé au « particularisme » au sein de l'universalisme, en sauvegardant les principes d'équité et de justice, mais sans résoudre toutefois les questions de rapports de force et d'arbitrage que pose la concurrence des

---

8 Sur cette question voir notamment Lautier (2006, 2013) et Deacon (2004). Kildal et Kuhnle (2002) avancent que l'universalisme et la sélectivité sont toujours graduels et multidimensionnels : s'ils sont mobilisés comme entrées à des perspectives idéologiques et politiques différentes, ils peuvent difficilement être utilisés comme outils analytiques performants. Pour sortir de « l'impasse » dans laquelle le débat entre universalisme et particularisme conduit la théorie des politiques sociales, Ellison (1999) et Thompson et Hogget (1996) en évoquent différentes combinaisons dans une perspective post-moderne.

particularismes (Ellison, 2006). Lister ([1997] 2003) défend quant à elle un « universalisme différencié », qui garantisse à la fois l'égalité de droits, la participation politique et l'agencéité civique ; l'inclusion des différences est une condition pour la réalisation d'un « vrai » universalisme.

Cette forte tension entre différencialisme et particularisme, d'une part, et justice ou équité, de l'autre, est très présente dans l'ouvrage coordonné par Valencia Lomelí (2010), dont les auteurs critiquent la fragmentation et l'inégalité qui fondent l'universalisme des politiques sociales promues au Mexique. C'est dans le détail des conditions, critères de sélectivité et d'éligibilité, la qualité des services, la nature du discours politique, les bases de calcul de l'impôt, les justifications catégorielles, les registres de responsabilité explicites ou implicites, etc., que peut s'apprécier le degré effectif d'universalisme et sa portée, quels que soient les discours politiques qui le promeuvent. Les inégalités de couverture sociale, qui reproduisent les inégalités de position, remodèlent les régimes de bien-être (Barba, 2007), et mettent en danger tant l'objectif politique de citoyenneté inclusive, que la crédibilité même du projet.

Dans une perspective théorique similaire, et dans les limites qu'autorise ce chapitre, je vais proposer une analyse de l'écart croissant entre principes et effectivité de l'universalisme des politiques sociales cubaines, sur fond d'inégalités économiques et de mode de vie croissantes.

Universalisme, unité et égalitarisme du système social cubain révolutionnaire

L'universalisme des politiques sociales cubaines se caractérise tout d'abord par le projet politique qui le porte, et qui l'a institué comme un levier de transformation sociale vers une « société nouvelle » marquée par l'égalitarisme (entre sexes, classes, origines ethniques, territoires...) et la dissolution des dépendances interpersonnelles. Dans cette société, chacun est présumé recevoir des biens et services selon ses besoins (définis par le système politique), en contrepartie de sa participation au travail productif, reproductif et d'engagement nécessaire à l'avènement de cette société. L'État est le coordinateur et le gestionnaire principal et quasi absolu du social, et la satisfaction des besoins de base considéré un droit de citoyenneté. La justice sociale est équivalente à l'égalité (Domínguez, 2008).

Selon le modèle mis en œuvre dans plusieurs pays socialistes, avec des variantes nationales et historiques, « le social » se présente comme un système centralisé et planifié, qui déborde les politiques sociales définies au sens relativement strict ou sectoriel (assurance sociale contributive à base professionnelle, services publics, assistance financée par le budget public). Il incorpore des mécanismes structurels tels la réduction draconienne des écarts de revenus primaires, la redistribution d'une partie importante du revenu national, la démarchandisation et l'aménagement de la reproduction sociale.

La politique sociale universaliste est ainsi « encastrée » dans les structures économiques et les systèmes primaires de distribution (de revenus, d'accès aux biens et services, de droits), marqués par la soumission de la monnaie au projet social, la nationalisation de la quasi-totalité des moyens de production, et la démarchandisation et socialisation d'une partie importante de la reproduction sociale. La garantie d'emploi donnant droit à des salaires aux disparités réduites, la socialisation de la consommation par le biais de « fonds sociaux », la distribution de pensions de retraite, d'invalidité et de revenus de remplacement en cas de maladie, de grossesse et d'invalidité, sont au service de cette démarchandisation, dans un pays où plus de 95 % des travailleurs étaient employés par l'Etat[9]. L'accès gratuit et généralisé aux services d'éducation, de santé et de garde d'enfants, des transports publics et une vaste offre culturelle et récréative, ainsi que des aides publiques pour l'accès au logement, complètent un système qui s'est voulu universel, généralisé, planifié, uniforme et unitaire (pour reprendre deux des catégories de Perrin, 1967). Ainsi, au-delà du statut de travailleur, les politiques sociales universelles cubaines forgent un statut de citoyenneté.

En complément à ce système égalitariste et uniforme, des interventions auprès de certaines catégories vulnérables, ou ayant des besoins présumés particuliers, et relevant globalement de la « handicapologie » (Castel, 1995) étaient confiées à des travailleurs sociaux professionnel, formés dans le giron du Ministère de la santé publique et engagés dans un cadre plutôt médicalisé (hôpitaux, cliniques, établissements psychiatriques). D'autre part, des programmes sociaux différenciés plus ou moins ponctuels ou pérennes, étaient destinés à mettre en œuvre des politiques de développement social catégoriel, en particulier dans une perspective de dé-familialisation du *care* et de promotion de l'égalité

[9] Jusqu'aux années récentes qui ont vu l'essor de formes privées et marchandes d'(auto)emploi.

sociale, entre sexes, entre territoires, et entre classes sociales. Ceux-là étaient essentiellement mis en œuvre dans le cadre des centres de travail, des écoles, des universités, des Organisations de masse, des Comités de défense de la Révolution et des institutions communautaires, de quartier voire d'immeuble, par des personnes engagées dans ce « travail de service social » de façon volontaire, plus ou moins professionnalisée. Fortement valorisé moralement, l'engagement faisait ainsi partie des obligations des diplômés et des devoirs de citoyens, et pouvait être récompensé dans la conduite des carrières par des promotions et/ou l'accès à des biens durables.

Ainsi, des programmes ont œuvré à supprimer autant que possible les obstacles sociaux, institutionnels, économiques et politiques à l'égalité de droits des femmes et leur accès à l'éducation et à l'emploi ; et leur ont conféré la capacité de « former et maintenir des foyers autonomes » (Orloff, 1993). D'autres ont cherché à articuler l'égalité des individus citoyens et travailleurs avec la responsabilité asymétrique des femmes dans le travail reproductif, et à contrebalancer leur liberté plus grande à l'égard de la fécondité avec des incitations et compensations à devenir parents malgré tout[10] (congés de maternité indemnisés, suivis de grossesse ambulatoires ou institutionnalisés). Les enfants ont eux aussi bénéficié de mesures de suivis alimentaire, sanitaire et social, des écoles spéciales ont été ouvertes pour accueillir et éduquer ceux affectés de difficultés psychologiques, d'apprentissage et motrices, des établissements spécialisés ont été destinés aux enfants à haut potentiel ou talentueux, et des établissements de garde et des pensionnats ont été construits pour soulager les ménages des tâches de *care* et permettre aux femmes de s'engager dans des études et des emplois. Des campagnes *ad hoc* ont été focalisées sur des objectifs et concentrées dans le temps, mais pas forcément ciblées sur une population particulière : ainsi des campagnes de vaccination, de dépistage, ou de solidarité nationale et internationale[11]. La campagne d'alphabétisation des années 1960-1961 constitue un exemple magistral de ce mécanisme,

---

[10] Ces incitations et compensations ont été impuissantes à enrayer la chute du taux de fécondité, sous l'effet conjugué d'un plus grand choix sans sanction sociale, et des difficultés économiques et de logement. Depuis 1978, le nombre d'enfant par couple est inférieur à 2,1, qui est le taux de remplacement ; le taux de croissance démographique est négatif depuis 2006.

[11] Dès l'avènement de la révolution, des travailleurs sociaux « empiriques » avaient été envoyés dans les campagnes appauvries pour procéder à des enquêtes sociales et à des distributions de biens ménagers, et la situation s'est reproduite à chaque grand cyclone.

concentrant des efforts massifs, volontaires et professionnels, sur une période limitée, et visant un public identifié.

Ces efforts pour le développement social, sur fond de promotion volontariste de l'égalité des conditions et des chances des citoyens[12], articulant neutralité à l'égard du sexe et de la race, et mesures spécifiques ciblées, ont produit des effets incontestables, illustrés par de nombreux indicateurs, notamment éducatifs et sanitaires. Pour autant, certains chercheurs se demandent si les mesures de rattrapage, ou de compensation, ont suffisamment infléchi le caractère universel et uniforme du système social pour tenir compte et réduire les écarts, inégalités et hiérarchies réels, hérités, entre groupes sociaux et territoires ; ou si l'indifférenciation n'a pas contribué à la reproduction de situations d'inégalités et d'injustice, en particulier à l'égard des Noirs et métisses[13]. Les conditions de mise en œuvre des politiques sociales universelles auraient ainsi engendré des contradictions et entretenu des mécanismes de transmission intergénérationnelle de pauvreté, reposant sur des capacités différentielles de saisir des opportunités (Voghon, 2012).

Si l'on adopte pour l'analyse quatre grandes catégories de rapports sociaux (sexe, génération, classe, race) – qui d'ailleurs s'intersectent –, la politique sociale cubaine a appliqué à l'endroit des femmes un mélange de neutralité, de mesures promouvant explicitement la réduction des inégalités, et de mesures prenant acte de certaines de leurs caractéristiques biologiques (maternité, faiblesse physique pour certains travaux). Toutefois, en transférant vers l'État (les services publics) une partie des tâches « féminines » liées à la reproduction sociale, la société cubaine a fait l'économie d'une redéfinition des rôles sociaux de sexe dans le domaine du travail domestique et des soins pour autrui. Dans un contexte de réduction des moyens d'intervention de l'État, et de fragilité des liens conjugaux, ce travail en vient (de nouveau) à peser lourdement sur les femmes (Destremau, 2014, 2015a).

Quant au rapport social de génération, les « anciens », qui ont soutenu la Révolution durant toute leur vie active, déplorent aujourd'hui le sort qui leur est réservé : la valeur réelle de leurs pensions de retraite a fondu dans des proportions vertigineuses, et nombre d'entre eux se retrouvent pauvres voire misérables, quoique bénéficiaires de multiples services sociaux,

---

12 Personnes de nationalité cubaine satisfaisant aux conditions de citoyenneté, et résidents permanents, tels par exemple les conjoints non cubains de citoyens cubains.

13 Le recensement et les documents d'identité mobilisent la catégorie de « race » et les désignations de « Noirs » et « métisses ».

sanitaires et culturels[14] (Destremau, 2015c). Du côté de la réduction des inégalités « de classe », qu'elles soient économiques, sanitaires, culturelles ou autres, il fait peu de doute que les politiques cubaines sont parvenues à les réduire. De même pour les inégalités territoriales, grâce au déploiement des services publics jusque dans les régions reculées et montagneuses, mais aussi au développement économique, notamment de l'industrie sucrière, qui a permis l'installation de pôles dynamiques dans les zones rurales.

Aujourd'hui, ces développements apparaissent cependant partiellement réversibles, du fait de la rétraction des services publics et de transport dans les zones rurales, face à une désindustrialisation massive, à l'extension du chômage, et aux inégalités d'opportunités touristiques, particulièrement dans un contexte de remarchandisation de certains secteurs d'activité, dans lequel les dotations patrimoniales, éducatives et sociales sont réactualisées comme ressources économiques (Destremau, 2017). Les inégalités raciales, quant à elles, ont fait une irruption relativement récente dans les discours, à la faveur d'une relecture de la « neutralité » révolutionnaire : en ne luttant pas explicitement contre les profondes inégalités héritées du système esclavagiste, le pouvoir révolutionnaire aurait été complice d'une permanence de ces inégalités, appuyées sur des déficits de reconnaissance des contributions historiques, culturelles, économiques, etc. des Noirs dans divers domaines (Espina Prieto, Rodríguez Ruiz, 2006)[15]. La tension entre universalisme et différenciation s'est ainsi continuellement intensifiée au cours des deux dernières décennies, dérivant inévitablement vers une tension entre universalisme et inégalités.

Le tournant vers plus de politiques sociales différenciées, sélectives et compensatrices

Pour Maria Isabel Domínguez (2008), les relations entre l'économie et le social se sont modifiées au cours des cinquante années de révolution : à certaines périodes le social avait une priorité absolue, déconnectée de l'économie (années 1960), à d'autres l'économie gagnait un poids dominant (années 1980 avec la planification) alors que, depuis la chute

[14] Source : entretiens.

[15] Un nombre d'ouvrages croissant témoigne de l'essor de ce prisme de lecture.

du Comecon[16] et les années de « période spéciale » (après 1990), il s'agit de préserver les minimums sociaux acquis et de chercher des alternatives économiques. De fait, comme dans tout système centralisé, la capacité redistributive des appareils étatiques a démontré sa dépendance à l'égard des ressources budgétaires (Laville, Hillenkamp, 2013), qui ont fondu lors de la chute du bloc soviétique. À Cuba toutefois, on ne constate pas de rupture – comme cela a été le cas dans d'autres pays communistes, où la transition vers le libéralisme et l'économie de marché a été affichée explicitement (Cerami, Vanhuysse, 2009) – mais une succession d'ajustements, mesures et réformes.

Une des principales menaces que font peser la crise et les réformes économiques sur le système social réside dans l'affaiblissement de la démarchandisation et de la socialisation des besoins : alors qu'une partie croissante des revenus des ménages est obtenue dans des espaces marchands en essor, les salaires versés par les employeurs publics perdent de leur valeur réelle, de même que les pensions et revenus de remplacement (Destremau, 2015a). En plusieurs vagues, les salaires et pensions versés par l'État ont été revalorisés, de façon plus favorable aux échelons les plus bas, sans rattraper leur décrochage par rapport aux années 1980 (Mesa-Lago, 2014[17]). Ils ne permettent l'accès qu'à une partie d'autant plus réduite des besoins que la distribution uniforme et radicalement subventionnée de biens alimentaires et d'hygiène par l'entremise de la *libreta de abastecimientos* n'a cessé de se contracter. Son extinction annoncée[18], au nom de la justice sociale et de la bonne gestion des fonds publics – élimination des bénéficiaires qui n'en ont pas besoin[19], et suppression des pratiques de troc, de revente et de l'encouragement au marché souterrain induits par ces distributions –augure de pertes encore aggravées de pouvoir d'achat, qui ne pourront être compensées

[16] Le Conseil d'assistance économique mutuelle ou Conseil d'aide économique mutuelle (*CAEM*, également désigné par l'acronyme anglais *Comecon*) était une organisation d'entraide économique entre différents pays du bloc communiste. Créé par Staline en 1949 en réponse à l'OCDE capitaliste, il s'est dissout avec la chute de l'empire soviétique en 1991, à la fin de la guerre froide.

[17] Selon cet auteur, en 2014, malgré les réformes des salaires et leur augmentation nominale, le niveau du salaire réel est de 27 % de son niveau de 1989 et celui des pensions de 50 % (*Id.* : 22).

[18] Dans l'article 162 des *Lineamientos* présentés lors du VIème congrès du Parti communiste cubain en avril 2011.

[19] De fait, les ménages aisés tendent à ne plus aller chercheur leurs rations, ou à les céder à des proches dans le besoin, mettant ainsi en œuvre un auto-écartement de ce système.

que pour une partie des consommateurs, futurs bénéficiaires de cartes de rationnement identifiés sur la base de critères sociaux[20].

L'accès universel et uniforme aux services publics n'est pas remis en cause. Toutefois, l'offre tend à se dégrader, en raison des défections de professionnels vers l'activité internationaliste et parfois privée, plus lucrative ; et en raison des insuffisances d'investissement dans l'entretien des bâtiments et aux difficultés de se procurer et d'entretenir matériels et équipements (dans un contexte d'embargo). Or, les besoins sont en croissance continue, et tout particulièrement ceux, dans le domaine sanitaire et social, liés au vieillissement[21]. Des tensions sont perceptibles, qui s'expriment de façon inégale, selon les ressources des personnes et ménages et au premier chef, désormais, selon leurs ressources économiques. Dans le contexte cubain, peu marchandisé, ces besoins ne peuvent être comblés qu'à petite échelle par le recours à des services marchands, encore balbutiants (tels le développement de l'étude payante après l'école ; l'embauche d'aides à domicile ou de gardes d'enfants, etc.).

Le gouvernement cubain réagit, depuis de nombreuses années mais plus spécifiquement depuis la fin des années 1990, en développant des « programmes » offrant à des groupes sociaux vulnérables, sur des bases plus ou moins sélectives, des services et prestations[22]. Certains de ces programmes répondent à des besoins catégoriels, hors toute spécificité de classe, à la lisère entre « handicapologie », marginalisation de pauvres valides mais surchargés de charges familiales ou faiblement intégrés socialement, et paupérisation de semi-valides. Ainsi de ceux destinés aux personnes âgées, qui vont du développement de services gériatriques à l'animation culturelle et sociale, de l'accueil dans des établissements de jour plus ou moins médicalisés au renforcement de la capacité d'hébergement permanente de personnes isolées.

Sont aussi institués des programmes destinés à compenser l'affaiblissement des mécanismes d'intégration sociale, bousculés par la désindustrialisation, la diversification des modes de vie, les ouvertures marchandes et l'accroissement des inégalités. Ils s'adressent notamment

20 De nombreuses conversations, entretiens et articles de journaux témoignent de l'inquiétude suscitée par ces perspectives.

21 L'amélioration des conditions sanitaires a rallongé l'espérance de vie de vingt ans en deux générations : de 59 ans en 1953 à 78 ans en 2012. Depuis 2009, la proportion des plus de 60 ans (18,3 % en 2012) dépasse celle des moins de quinze ans (17,2 %), celle des plus de 65 ans s'en rapproche, et les projections accentuent la tendance. Voir Destremau, 2015c.

22 Domínguez (2008) compte ainsi plus de cent « programmes ».

aux jeunes – formation et apprentissage lors de décrochages scolaires – ; aux habitants de zones rurales désindustrialisées – réorientation professionnelle, formation – ; et à différents types de personnes considérées comme à risque, marginalisées ou déviantes – réintégration de personnes prostituées, traitement et suivi de vagabonds, encadrement d'adolescentes enceintes, suivi social et policier de délinquants, accompagnement d'alcooliques, etc.

D'autres programmes, finalement, visent explicitement des individus et ménages pauvres, dont les ressources familiales – revenus, logement, temps de présence, capacité de travail domestique ou de *care*... – ne permettent pas la survie dans des conditions (socialement et politiquement) acceptables : octroi de pensions non contributives pour des personnes ne pouvant avoir recours à d'autres ressources familiales ; ouverture de cantines dont l'accès est octroyé par les travailleurs sociaux aux personnes isolées et incapables de cuisiner ; aide à la rénovation ou la réparation de logements en mauvais état; distribution de biens ménagers (matelas, vêtements, cuisinière), certes parcimonieuse mais ciblée sur les plus démunis.

Parmi les conditions d'éligibilité, certains critères concernent directement la mesure des revenus et de la qualité du logement : il s'agit, *de facto* (et non *de jure*) de ménages ne pouvant s'insérer dans l'économie marchande, faute de capital ou de patrimoine, de femmes cheffes de ménage n'ayant pour tout revenu qu'un salaire public dont le pouvoir d'achat a fondu et ne permet pas la survie matérielle, de ménages logés dans des appartements dégradés qu'ils n'ont pas eu les moyens d'entretenir et qui menacent de s'écrouler, etc. Pour autant, tant que se maintient le système de fonds sociaux de consommation (*libreta)*, aucun ciblage spécifique sur des ménages au seul titre de leur pauvreté n'a été mis en place. L'examen des besoins économiques se combine ainsi systématiquement avec la prise en compte des capacités des autres membres de la famille à fournir aux personnes des ressources par le partage, et des soins, aides et présence, ainsi que le préconisent les orientations adoptées lors du VIème congrès du PCC en avril 2011[23]. Parallèlement à une réduction du périmètre de

[23] La seconde orientation (n° 166) figurant dans la rubrique « sécurité sociale » formule ces principes : *Garantizar que la protección de la asistencia social la reciban las personas que realmente la necesitan por estar impedidas para el trabajo y no contar con familiares que brinden apoyo ; eliminar prestaciones que pueden ser asumidas por las personas o sus familiares y ajustar otras que hoy se brindan, en correspondencia con los incrementos realizados en las cuantías de las prestaciones y pensiones en los últimos años.*

l'assistance sociale – réduction des budgets et des bénéficiaires, limitation à un bénéficiaire par ménage -, les familles se trouvent ainsi souvent surchargées de tâches et responsabilités.

Plus que la pauvreté matérielle, généralisée à une bonne partie de la population cubaine, c'est le *déficit de care* (Hochschild, 1995) – aggravé depuis l'intensification des migrations à partir de la décennie 1990 – que cherchent à identifier les travailleurs sociaux, dont une nouvelle branche professionnalisée a émergé depuis les années 2000[24]. Accompagnant l'extension de l'intervention sociale au-delà de la stricte « handicapologie » (Castel, 1995), vers une acception de l'incapacité de travailler tenant compte des charges incontournables de soins pour autrui, ces nouveaux travailleurs sociaux sont en passe de devenir des maillons essentiels des politiques différenciées.

Ils sont appelés à identifier, accompagner et allouer des droits à prestation, sur une base plutôt individualisée – examen de situations au cas par cas – à des personnes et ménages présentant des caractéristiques de vulnérabilité économique (très faible revenu, logement dégradé, manque d'équipement ménager) et sociale (isolement, défaut de famille, de *care* et de présence)[25]. La réponse à l'urgence sociale s'accompagne également de brèches dans l'unité institutionnelle du système : une impulsion vers la décentralisation des initiatives au niveau des *municipios* et *consejos populares* permet le développement d'initiatives locales articulées aux programmes institutionnalisés et centralisés, même s'ils sont de fait déconcentrés. En outre, la sphère sociale s'est ouverte, quoique de façon encore limitée, à certaines initiatives caritatives (notamment de la part d'églises et de quelques ONG internationales).

Si les programmes destinés à des groupes identifiés de la population, ayant des besoins particuliers, étaient dans les premières années de la révolution mis au service du développement social, de la généralisation des couvertures, du renforcement de leur capacité à répondre à des besoins différenciés, à réduire les inégalités héritées des périodes précédentes et à « consolider l'effectivité de l'universel », pour accélérer le processus d'égalisation et d'homogénéisation des conditions et des chances, les mesures prises depuis la moitié des années 1990 n'ont

---

[24] Les considérations qui suivent sont largement extraites de mes enquêtes, conversations et entretiens.

[25] Leur appréciation des situations les conduit également à inciter les personnes valides et en capacité de travailler à trouver un emploi, sans que l'on puisse encore parler d'« activation » au sens européen du terme.

plus ces caractéristiques. Centrales dans le « nouveau moment de la politique sociale » (Espina Prieto, 2008 : 159), elles s'inscrivent dans une perspective compensatrice, pour les plus vulnérables, des effets directs de la crise et des réformes économiques et de l'essor des inégalités, dont une partie correspond à une réactivation et une actualisation d'inégalités héritées d'avant la période révolutionnaire. Les mesures d'assistance complémentaires et compensatoires sont ainsi appelées à maintenir la crédibilité du projet d'égalité politique et d'une « société de semblables » (Castel, 2003).

Le récit officiel évoque l'ouverture à une meilleure prise en compte des *différences* et de la *diversité*, un assouplissement. Est esquissée la sortie d'un « universalisme identifié avec un homogénéisme distributif, qui minimise le rôle de la diversité structurelle et culturelle dans l'expression des besoins et dans le choix des satisfactions ». L'axe de la « rénovation de la politique sociale cubaine [...] se centre sur un déplacement d'une conception de politique sociale qui met l'accent sur l'homogénéité sociale vers une autre qui assume la diversité sociale existante » (Espina Prieto, 2011 : 53 ; ma traduction), favorisant la différenciation des actions et des critères sélectifs à partir de formulations universelles (Domínguez, 2008).

Cette différenciation s'exprime par une conception parcellisée, fragmentée, des politiques sociales assistancielles, dépourvue de vision intégratrice (*id.*)[26]. De la sorte, si le système social cubain demeure universaliste, au regard des définitions énoncées plus haut, son caractère uniforme, unitaire, égalitariste, s'affaiblit. Les moyens qui lui sont consacrés réduisent son effectivité, progressivement moins cohérente avec ses principes : les couvertures qu'il offre permettent de moins en moins aux ménages les plus modestes de faire face aux risques sociaux, et tout particulièrement au risque de pauvreté et de « déficit de *care* ».

Corrélativement, et autant *de facto* que dans les infléchissements des discours (visibles notamment dans les *lineamientos* formulés à l'issue du VIème congrès du PCC), la responsabilité sociale à l'égard des situations individuelles s'affaiblit, pour se déporter sur les personnes et ménages. Ainsi, les ressources en travail et en solidarité familiales et communautaires sont de plus en plus sollicitées, exacerbant les inégalités socio-économiques. Par le biais d'une privatisation et donc d'une (re)familialisation croissantes du travail reproductif (dont en particulier

---

26 L'auteure prend pour exemple les hiatus entre politique éducative et emploi, entre politique de santé et conditions alimentaires et d'hygiène de l'habitat.

le soin aux personnes âgées, mais aussi toutes les tâches du quotidien, qui s'alourdissent pour les ménages modestes), sur fond d'un maintien des inégalités de genre dans la sphère privée, il en fait peser la charge de façon disproportionnée sur les femmes (Durán, 2010 ; Almodóvar Romero, 2011 ; Destremau, 2014, 2015b, 2017).

Conclusion : affaiblissement de l'universalisme et re-familialisation du social

L'universalisme cubain a porté le projet ambitieux de la construction d'une nouvelle société. Il s'est voulu « fort », « épais », couvrir tous les secteurs de besoins et de population, de façon uniforme, unifiée et égalitariste. En agissant en amont de l'appareil productif et distributif, les politiques publiques universalistes ont cherché à éliminer le besoin d'assistance, sauf dans le domaine médical et médico-social. Alors que s'installait la crise du système, et au fur et à mesure des réformes d'ouverture au marché et de pluralisation de l'économie, cet universalisme s'est affaibli du point de vue de la valeur des revenus socialisés et de remplacement distribués au titre de la participation à l'emploi et de l'assurance sociale. Face à l'essor des besoins, il s'est également « aminci » du côté des services sociaux et surtout de la prise en charge socialisée des besoins de *care*. L'universalisme des politiques sociales cubaines a ainsi acquis un caractère plus basique, plus fragmenté et différencié et moins structurellement encastré dans les politiques économiques[27].

Dans un contexte de rétraction des budgets, le déploiement de programmes différenciés s'essouffle à remplir un rôle de compensation, tant de la réduction des couvertures sociales universelles que de l'accroissement des inégalités engendrées dans l'économie. La tension s'exacerbe entre essor de la marchandisation et restriction des moyens alloués à la démarchandisation, entre citoyenneté de semblables et (re) creusement des inégalités selon des lignes de classe et de race, entre égalité de sexe et dissymétrie des rôles sexués. Ces tensions mettent au jour une perte de cohérence entre production et reproduction, face à des politiques publiques qui n'ont plus les moyens de réagir à la mesure des défis. Le « déficit de *care* » (Hochschild, 1995) lié notamment au vieillissement, dans un contexte de dislocation aggravée des unités familiales – volatilité

[27] La situation est cependant loin encore de l'« universalité de base » auxquels en appellent un nombre croissant d'institutions (Molina 2006), ou de l'universalité fragmentée et inégalitaire constatée au Mexique (Valencia, 2010).

de la conjugalité, migrations, affaiblissement du contrôle social – émerge en problème public, voire en « question sociale » (Destremau, 2014, 2015b, 2017).

Malgré des politiques et programmes lancés pour socialiser une partie plus importante des soins et de la présence auprès des personnes âgées, c'est la responsabilité familiale qui est sollicitée au premier chef. Selon un modèle qu'Arlie Hochschild (*id.*) qualifie de « postmoderne », la famille est en effet toujours présumée – autant formellement que culturellement – fournir la majeure partie du travail de *care* et de présence requis, face à une offre publique qui peine à se développer, voire à des incitations formelles de la part de l'État (Peña, Voghon, 2015). Les effets de cette « néo-familialisation » (Chauvière, 2006) implicite et explicite sur les rapports de genre sont d'ores et déjà analysés en termes de menace portée à l'émancipation féminine, articulée de façon non linéaire avec des caractéristiques de classe (les familles dont plusieurs membres ont migré peuvent percevoir plus de revenu, mais manquer de présence, par exemple).

L'amincissement de l'universalisme du point de vue de la couverture socialisée des besoins sociaux (revenus et services), en faisant échoir une partie croissante de leur satisfaction à la sphère privée (surtout non marchande, dans le contexte cubain), a ainsi des effets et ramifications qui font de la sphère familiale la caisse de résonnance de contradictions sociétales et politiques que l'avenir, gros de changements majeurs, ne pourra qu'amplifier.

Références

Almodóvar Romero, M., « Repensar el trabajo doméstico no remunerado a tiempo completo en la Cuba contemporánea », *Cuban Studies*, vol. 42, 2011, pp. 78-96.

Anttonen, A. et Sipilä, J., « Varieties of Universalism », présenté à la Conférence UNRISD *New Directions in Social Policy : Alternatives from and for the Global South*, Geneva, 7-8 avril 2014 [En ligne], URL : http :// www.unrisd.org/80256B3C005BCCF9/(httpAuxPages)/D04EC7C33C 9EC48AC1257D0800293153/$file/Anttonen and Sipila.pdf, consulté le 7 août 2017.

Barba, C., *¿Reducir la pobreza o construir ciudadanía social para todos ? América Latina : Regímenes de bienestar en transición al iniciar el Siglo XXI*, Guadalajara, Universidad de Guadalajara, 2007.

Castel, R., *Les métamorphoses de la question sociale. Une chronique du salariat*, Paris, Fayard, coll. « L'espace du politique », 1995.

Castel, R., *L'insécurité sociale. Qu'est-ce qu'être protégé ?*, Paris, La République des Idées/Seuil, 2003.

Cerami A. et Vanhuysse P. (dir.), *Post-Communist Welfare Pathways. Theorizing Social Policy Transformations in Central and Eastern Europe*, Palgrave Macmillan, 2009.

Chauvière, M., « Enjeux de la néo-familialisation de l'État social », Colloque International *État et régulation sociale. Comment penser la cohérence de l'intervention publique ?*, Paris, 2006.

Deacon, B., « The Politics of Global Social Policy », présenté à la Conférence UNRISD *Social Knowledge and International Policy Making : Exploring the Linkages*, Geneva (Switzerland), 20-21 avril 2004.

Destremau, B., « Introduction », in Destremau, B. et Lautier, B. (dir.), *Providence ou prévoyance ? La protection sociale* dossier de la *Revue Tiers Monde*, n° 175, juillet-septembre 2003, pp. 489-499.

Destremau, B., « Que 'boa familia' ? Assistência e solidariedade familiares em Cuba », in *Assistência e família na América Latina : intimidade, vínculos sociais e gênero*, Garcia dos Santos, Y. et Enríquez Rosas, R. (dir.), Dossier thématique de la revue *Cadernos de Pesquisa,* Fundação Carlos Chagas, São Paulo, Brésil, n° 152, avril-juin 2014, pp. 290-311.

Destremau, B., « L'extension du marché à Cuba : une "nouvelle transformation" ? », in Servet, J.-M. et Hillenkamp, I. (dir.), *Comprendre autrement le marché. Marchés réels et marché fantasmé,* Paris, Classiques Garnier, coll. « Écrits sur l'Économie », 2015a, pp. 251-274.

Destremau, B., « Crise de la reproduction sociale et refamilialisation de l'État social à Cuba : adieu la "femme nouvelle" ? », *Interventions économiques,* Dossier *Négocier l'articulation des temps sociaux* (coordonné par Ch. Nicole-Drancourt, Bernard Fusulier et F. Berton), 2015b (mis en ligne le 01 septembre 2015) [En ligne], URL : http ://interventionseconomiques.revues.org/2637, consulté le 7 août 2017.

Destremau, B., « Le vieillissement à Cuba, un défi majeur », *Cahiers de santé publique et de protection sociale*, n° 19, Paris, Fondation Gabriel Péri, 2015c, pp. 14-21.

Destremau, B., « Effets de genre à Cuba : paradoxes de l'émancipation féminine et résistance du patriarcat », in Granchamp, L. et Pfefferkorn, R. (dir.), *Résistances et émancipation de femmes au Sud. Travail et luttes environnementales*, Paris, L'Harmattan, coll. « Logiques sociales », 2017.

Destremau, B. et Lautier, B., « Le sociologue et "la femme pauvre du tiers monde", ou comment une approche en termes de rapports sociaux de sexe a éclairé la sociologie du développement », in Verschuur, Ch., Guérin, I. et Guétat, H. (dir.), *Sous le développement, le genre*, Paris, Genève, Edition Objectif Suds IRD/ IHEID, 2014, pp. 129-150.

Domínguez, M. I., « La política social cubana : principales esferas y grupos especificos », *Themas*, n° 56, octobre-décembre 2008, pp. 85-94.

Durán, A., « Transformaciones sociales y familias en Cuba : desafíos para las políticas sociales », Castilla C., Rodríguez C. L. et Cruz Y. (dir.), Cuadernos des CIPS 2009. Experiencias de investigación social en Cuba, Publicaciones Acuario, La Habana, 2010, pp. 80-109.

Ellison, N., « Beyond universalism and particularism : rethinking contemporary welfare theory », *Critical Social Policy February 1999*, vol. 19, n° 1, 1999, pp. 57-85.

Ellison, N., *The Transformation of Welfare States ?*, Routledge, 2006.

Espina Prieto, M., Políticas de atención a la probreza y la desigualdad, : examinando el rol del estado en la experiencia cubana. Buenos Aires CLACSO, Colección CLACSO-CROP, 2008 [En ligne], URL : bibliotecavirtual.clacso.org.ar/ar/libros/clacso/crop/prieto/.

Espina Prieto, M. P., « Polémicas actuales sobre enfoques y estilos de política social. El caso cubano », in Valdés Paz, J. et Espina Prieto, M. (dir.), *América Latina y el Caribe : La política social en el nuevo contexto – Enfoques y experiencias*, Flacso UNESCO, pp. 25-68, 2011.

Espina Prieto, R. et Rodríguez Ruiz, P., Raza y desigualdad en la Cuba actual, *Temas*, La Havane, n° 45, 2006, pp. 45-54.

Esping-Andersen, G., *The Three Worlds of Welfare Capitalism*, Cambridge, Polity Press et Princeton, Princeton University Press, 1990.

Gilbert, N., « Renegociating Social Allocations : Choices and Issues », in Gilbert N. (dir.), *Targeting Social Benefits. International Perspectives and Trends*, International Social Security Series, vol. 1, New Brunswick and London, Transaction Publishers, 2001, pp. 211-226.

Gough, I., Wood, G., Barrientos, A., Bevan, P., Davis, P. et Room, G., *Insecurity and Welfare Regimes in Asia, Africa and Latin America : Social*

Policy in Development Contexts, Cambridge, UK, Cambridge University Press, 2004.

Hillenkamp, I. et Laville, J.-L. (dir.), *Socioéconomie et démocratie. L'actualité de Karl Polanyi*, Toulouse, Érès, coll. « Sociologie économique », 2013.

Hochschild, A., « The culture of Politics : Traditional, post-Modern, cold-Modern and Warm-Model Ideals of Care », *Social Politics*, 2 (3), 1995, pp. 333-346.

Hoggett Paul et Thompson, S., « Universalism, Selectivism and Particularism : towards a postmodern social policy », *Critical Social Policy*, 16, 1, 1996, pp. 21-43.

Kildal, N. et Kuhnle, S., « The Principle of Universalism : Tracing a Key Idea in the Scandinavian Welfare Model », présenté à la *First Conference of the European Social Policy Research Network, Social Values, Social Policies*, Tilburg University, The Netherlands, 29-31 août 2002.

Lautier, B., « Towards universal social security and protection of the "most vulnerable" », in *Social protection and inclusion – Experiences and policy issues*, International Labour Office/STEP, 2006 , pp. 77-103.

Lautier, B., « Universalisation de la protection sociale et protection des plus vulnérables », *Revue Tiers Monde*, 2013/2 (n° 214) , 2013 [2006], pp. 187-217 (publication initiale sous le titre « Towards universal social security and protection of the "most vulnerable" », in *Social protection and inclusion – Experiences and policy issues*, International Labour Office/STEP, pp. 77-103).

Lister, R., *Citizenship : Feminist Perspectives*, 2nd edition, Palgrave Macmillan, [1997] 2003.

Martin, C., « Individualisation et politiques sociales : de l'individualisme positif à l'instrumentalisation de l'individu », in Corcuff, P, Le Bart, C. et Singly, F. de, *L'individu aujourd'hui. Débats sociologiques et contrepoints philosophiques*, PUR ?, coll. Res Publica, 2010, pp. 273-282.

Merrien, F.-X., « L'empreinte des origines », *Revue Française des Affaires sociales*, n° 2, 1990, pp. 43-57.

Mesa-Lago, C., « Institutional Changes of Cuba's Economic-Social Reforms : State and Market Roles, Progress, Hurdles, Comparisons, Monitoring and Effects », in Richard, E. F. et Piccone, T. (dir.), *Cuba's Economic Change in Comparative Perspective*, Latin America Initiative Foreign Policy at BROOKINGS, Université de la Havane, 2014, pp. 48-69.

Molina, C. G. (dir.), *Universalismo básico : una nueva política social para América Latina*, Washington, D.C./México, BID / Editorial Planeta, 2006.

Orloff, A., « Gender and the social rights of citizenship : The comparative analysis of gender relations and welfare states », *American Sociological Review*, 58 (3), 1993, pp. 303-328.

Orloff, A., « Gender in the welfare state », *Annual Review of Sociology*, 22 (1), 1996, pp. 51-78.

Peña Farias, A. I. et Voghon Hernández, R. M., « Social workers' construction of "family" in Cuban context : Ideas for a debate », *Journal of Comparative Social Work*, 2015/2 [En ligne], URL : https ://doaj.org/article/04aec0828 04a40ac9d55edc4ffff9a4e, consulté le 7 août 2017.

Perrin, G., « Pour une théorie sociologique de la sécurité sociale », *Revue Française de Sociologie*, VIII, 1967, p. 299-324.

Petonnet, C., « L'Observation flottante. L'exemple d'un cimetière parisien », *L'Homme*, vol. 22, n° 4, 1982, pp. 37-47.

Prince, M. J., « The Universal in the Social : Universalism, universality, and universalization in Canadian political culture and public policy », *Canadian Public Administration / Administration Publique Du Canada*, vol. 57, n° 3, septembre 2014, pp. 344–361.

Thompson, S. et Hoggett, P., « Universalism, selectivism and particularism : Towards a postmodern social policy », *Critical Social Policy*, 46, 1996, pp. 211-243.

Titmuss, R., « Universalim *versus* Selection », in Pierson, C. et Castles, F., *The Welfare State : A Reader*, Cambridge, Cambridge University Press, [1967] 2000, pp. 40-47.

Valencia Lomelí, E. (dir.), *Perspectivas del Universalismo en México*, ITESO, México, Fundación Konrad Adenauer, 2010.

Voghon Hernández, R. M., « Empobrecimiento y sucesión generacional : un estudio sobre familias », *Temas*, 71, 2012, pp. 50-57.

Le récit de l'épopée latino-américaine contre la pauvreté

Enrique VALENCIA LOMELÍ

Université de Guadalajara, Mexique

Le discours hégémonique sur les politiques ciblées

Durant une bonne partie des années 1990, le discours hégémonique autour des politiques sociales de l'Amérique latine portait sur les avantages supposés du ciblage dans le cadre du Consensus de Washington (De Ferranti, 2000[1] ; Coady, Grosh, Hoddinott, 2004). Naturellement, cette hégémonie a été parcourue par de fortes polémiques politiques et académiques (Lautier, 2001 ; Barba, 2007 ; Roberts, 2012). Pour faire face à ces polémiques et pour renforcer les politiques ciblées – spécialement les transferts monétaires conditionnels – un récit (*una narrativa*) des grands succès[2], fondé dans une large mesure sur les discours des « évaluateurs »

---

1 Dans un rapport de la Banque mondiale à propos de l'insécurité économique et des politiques pour l'affronter en Amérique latine (De Ferranti *et al.*, 2000 : 46), on signalait au début des années 2000 que, à partir d'une conception résiduelle de l'État « la politique sociale est fondée sur des principes minimalistes et non pas *ad hoc* » et que la protection sociale devait être considérée seulement pour augmenter l'autoprotection des individus et des foyers ; suivant cette approche, les investissements en capital humain peuvent être le noyau de cette protection sociale.

2 Par exemple, Nancy Birdall, présidente du Centre pour le développement mondial, un groupe de recherche à but non lucratif à Washington, a dit : « Je crois que ces programmes sont le plus près qu'on puisse s'approcher d'un remède miracle [magic bullet] du développement » (cité par le *New York Times*, 3 janvier 2004). Sur Wikipedia, à propos des transferts monétaires conditionnels en Amérique Latine, on peut lire : « Les programmes de transfert conditionnel de ressources peuvent être très efficaces pour la réduction de la pauvreté à court terme » (*Transferencias monetarias condicionadas – Wikipedia, la enciclopedia libre* [En ligne], URL : http://es.wikipedia.org/wiki/Transferencias_monetarias_condicionadas, consulté le 7 août 2017) ; il s'agit du même message que celui de Fiszbein, Schady, 2009 ; Stampini, Tornarolli, 2012 ; World Bank, 2014).

internationaux[3] et sur les comptes-rendus des institutions financières internationales (IFI), a été construit[4]. Les « évaluateurs » internationaux ont ainsi été les principaux producteurs de ce récit d'un nouvel exploit – une épopée – face à la pauvreté (Behrman et Skoufias, 2006). Ce récit a permis la diffusion des programmes de transferts monétaires conditionnels dans le monde (Fiszbein et Schady, 2009), à partir du soi-disant succès de l'Amérique latine (surtout des programmes *Progresa/Oportunidades* du Mexique et *Bolsa Familia* du Brésil) : entre 1997 (l'année du lancement de *Progresa* comme programme national au Mexique) et 2013, selon le dernier rapport de la Banque mondiale, chaque année a surgi en moyenne un programme de transferts monétaires conditionnels uniquement en Amérique latine et trois dans un pays d'autres régions du monde ![5]

Cette approche des politiques ciblées a clairement dominé les quinze dernières années dans les institutions financières internationales. À partir de celle-ci s'est développée l'impulsion économique (les crédits) et politique (le soutien aux coalitions nationales) pour lancer de nouveaux programmes de transferts monétaires conditionnels[6]. Cependant, les débats académiques mettant en cause tant les théories sous-jacentes que la conception des programmes, n'ont pas manqué. Dans les années 2000, avec la très forte diffusion globale de ces programmes, le débat s'est tourné vers leur efficacité et leurs bilans à moyen terme[7].

---

3 La bibliographie est énorme. Il est possible de consulter d'une manière illustrative IFPRI, 2000 ; Skoufias, McClafferty, 2001 ; Behrman, Skoufias, 2006 ; González, 2012.

4 Parmi les rapports et articles principaux de chercheurs des IFI on peut voir Rawlings, 2005 ; De la Brière, Rawlings, 2006 ; Fiszbein, Schady, 2009 ; Stampini, Tornarolli, 2012 ; World Bank, 2014.

5 Nos calculs à partir de World Bank, 2014.

6 Les IFI ont représenté une partie importante de la coalition transnationale de soutien de ces programmes (Franzoni, Voorend, 2011 ; Valencia, 2013). Par exemple, en accord avec le Rapport sur le développement dans le monde 2013 de la Banque mondiale (World Bank, 2013 : 15), « L'année fiscale 2013, la Banque a investi plus de 3.0 milliards dans la protection sociale et les programmes d'emploi ; cela fait un portfolio de 11,9 milliards avec 172 opérations dans 85 pays ». Une partie importante des programmes de protection sociale concerne des transferts monétaires conditionnels.

7 La production de bilans généraux est considérable, polémique et hétérogène. On peut voir notamment, Cohen, Franco, 2006 ; Fiszbein, Schady, 2009 ; Cecchini, Madariaga, 2011 ; Franzoni, Voorend, 2011 ; González, Escobar, 2012 ; Stampini, Tornarolli, 2012 ; Valencia, 2008, 2012 ; Barrientos, 2013 ; World Bank, 2014.

Le récit de la nouvelle épopée contre la pauvreté se confronte à ces débats. Les défenseurs de ces programmes soutiennent que leurs deux principaux objectifs sont, en premier lieu, de rompre la transmission intergénérationnelle de la pauvreté et, en second lieu, de diminuer la pauvreté à court terme (Fiszbein, Schady, 2009 ; Levy, Schady, 2013). Selon les moments politiques, les discours oscillent de la défense d'un objectif à l'autre. Le récit du succès est ainsi flexible. De plus, dans une version extrême de ce récit de la grande geste latino-américaine contre la pauvreté, nous trouvons dernièrement le discours de l'arrivée de nouvelles classes moyennes, qui sortent de la pauvreté grâce aux nouvelles politiques sociales (Salama, 2013).

Mais faible performance des transferts monétaires conditionnels

Après deux décennies de politiques ciblées du type des transferts monétaires conditionnels, les résultats ont été très faibles en termes d'impacts sur la réduction à court terme de la pauvreté. Ces programmes allègent (ou soulagent) légèrement la pauvreté et obtiennent, au moins partiellement, que les pauvres soient moins pauvres[8]. Et, par ailleurs, les familles pauvres ont en main un nouvel actif dans leur portefeuille, pour survivre au quotidien et pour négocier de nouvelles formes de résistance (González, 2006). Le discours des États a consisté à insister sur la priorisation de l'action publique à l'égard les plus pauvres. Cependant plus que de réduire remarquablement la pauvreté, les dirigeants régionaux ont réussi à la gouverner et à la constituer en élément fondamental de légitimité.

Les transferts monétaires conditionnels, il est vrai, ont rapproché les services publics des pauvres traditionnellement exclus de la sécurité sociale (et même des services publics élémentaires) et ont allégé un peu la pauvreté, mais ces programmes ont surtout été remarquablement utiles pour les États : ils leur permettent d'affirmer que maintenant ils se préoccupent des personnes pauvres, que maintenant ils mettent en œuvre des programmes pour plus de 20 % de la population de l'Amérique latine

[8] La réduction de l'incidence de la pauvreté à court terme, grâce aux programmes de transferts monétaires conditionnels, est faible. Ceci est ce que montrent les résultats des programmes nationaux les plus consolidés comme *Progresa / Oportunidades* au Mexique (Banegas, Mora, 2013), et *Bolsa Familia* au Brésil (Rocha, 2013). Un des impacts majeurs de ces programmes est la réduction de la brèche de pauvreté (Stampini, Tornarolli, 2012), c'est-à-dire que les pauvres sont moins pauvres.

(en Équateur même près de la moitié de la population), et tout cela à un coût économique très bas (seulement 0.5 % du PIB) (Valencia, 2008 ; Cecchini, Madariaga, 2011). Le récit de l'épopée latino-américaine a en effet permis un gain politique significatif : les transferts monétaires conditionnels ont été utiles comme mécanisme de légitimité des régimes face à la société en général mais particulièrement face aux masses importantes qui obtiennent dorénavant l'accès aux services publics ou aux transferts gouvernementaux. Les transferts monétaires conditionnels ont été utiles aussi pour légitimer la segmentation sociale (Ivo, 2011) : les mécontentements que nous trouvons en Amérique latine ne sont pas causés par l'identification des bénéficiaires comme pauvres, mais par la non-inclusion de certains individus dans les dispositifs nouveaux d'administration de la pauvreté (Adato, 2004, 2007 ; Jaramillo ; Ceballos, dans ce volume).

Tout cela se situe, jusqu'aux années 2000, dans un contexte macroéconomique positif en Amérique latine[9] – à l'exception du Mexique-, mais qui entre déjà en crise (par exemple, l'Argentine) ou qui se confronte au moins au ralentissement économique (par exemple, le Brésil et toujours le Mexique). Sauf changement majeur, la dynamique latino-américaine de la dernière décennie se maintiendra difficilement (Salama, 2013). Comment va s'adapter le récit du succès au ralentissement économique ou, plus grave, à la récession, quel sera le dispositif du discours ? Le cas mexicain offre une alternative d'adaptation : l'épopée de la réduction de la pauvreté pourrait devenir, plus grossièrement, le récit du rationnement de la pauvreté.

Usure du récit hégémonique

Les transferts monétaires conditionnels tendent à se convertir en transferts permanents de revenu (Banegas, Mora, 2013) et dans certains cas avec des conditionnalités faibles (Brésil, Équateur) (Cecchini, Madariaga, 2011). Le noyau dur de l'orthodoxie des transferts monétaires conditionnels continue à être présent dans quelques États (comme le Mexique et la Colombie), mais il cohabite avec des points de vue moins orthodoxes et plus flexibles (Valencia, 2013). Ainsi, dans

9 L'apport des programmes de transferts monétaires conditionnels à la réduction de la pauvreté en Amérique latine a été mineur par rapport aux changements survenus dans le marché du travail. Par exemple, Robles et Mirosevic (2013 : 25-26) signalent qu'au Brésil l'apport de Bolsa Familia a été de seulement 13 % entre 1999 et 2009.

cette configuration de programmes hétérogènes, les premières initiatives remontent déjà à seize ans et tout indique que ces programmes se maintiendront encore un bon moment ; ils arriveront bientôt à vingt ans. Ainsi sont-ils devenus une institution solide, légitime, installée socialement et partagée par divers courants politiques de gauche, du centre et de droite ; et évoquée en termes de succès et d'innovation. Dans ce cadre, les familles pauvres ont appris à négocier avec les règlements et les conditions imposées, et construisent leurs propres récits hétérogènes. Le problème avec les programmes qui demeurent longtemps mis en œuvre, et avec une efficacité réduite, est qu'ils s'usent comme arme de légitimité, comme discours du gouvernement (ou d'administration) de la pauvreté. Ce discours cesse d'être une nouveauté, il perd de son efficacité discursive et politique : le récit du succès perd son *glamour* et sa force.

Il n'est donc pas gratuit que les défenseurs de ces programmes oscillent entre manier le discours de l'objectif de la réduction de la pauvreté à court terme et celui de rupture de la transmission intergénérationnelle de la pauvreté à long terme. En ce qui concerne le premier (le court terme), la guerre de chiffres et de calculs fait rage pour montrer que, oui, ils ont été efficaces à court terme[10]. Et quand des évaluations ou recherches sérieuses montrent que l'apport à court terme a été mineur (Banegas et Mora, 2013 ; Rocha, 2013), alors le récit hégémonique rappelle que les transferts monétaires conditionnels sont des instruments pour le long terme[11]. Combien durera ce long terme ? Quelques travaux universitaires reconnus concluent que, pour connaître l'impact sur le long terme, encore quinze ou vingt ans sont requis (Yaschine, 2012 : 266)[12] ; c'est-à-dire que, de ce point de vue, pour faire un bilan raisonnable des résultats, il faut attendre que ces programmes atteignent trois ou quatre décennies de durée ! Il est difficile qu'un récit solide de légitimation politique

10 Selon les rapports de Fiszbein et Schady (2009) et World Bank (2014), les programmes de transferts monétaires conditionnels ont des impacts positifs sur la réduction de la pauvreté. Selon Stampini et Tornarolli (2012), avec un échantillon de 13 pays, l'incidence de la pauvreté aurait été de 13 % plus importante sans la présence de ces programmes. Ce genre de conclusions amène González (2012 : 67) à affirmer : « Le programme [*Oportunidades*] a été conçu afin de réduire la pauvreté à long terme, mais au Mexique et dans d'autres pays il a montré un effet mesurable fort sur la réduction de la pauvreté actuelle, ce qui a amené les gouvernements à l'utiliser comme un outil de combat des crises et de la pauvreté ».

11 Fiszbein y Schady (2009 : 313) acceptent que les effets de ces programmes à long terme soient inconnus, même par exemple sur la réduction de la pauvreté.

12 Yaschine (2012) se rapporte à l'étude de la réussite professionnelle de la première cohorte de jeunes bénéficiaires ruraux de *Progresa/Oportunidades*.

puisse se construire dans cette situation : renvoyer aux calendes grecques l'évaluation du réel succès des programmes n'est pas une perspective très prometteuse pour le récit hégémonique, pire encore, dès lors que plane sur la région latino-américaine la possibilité réelle du ralentissement ou de la récession économique, et la difficulté actuelle (y compris dans la période dynamique) de création d'emplois formels pour tous.

Le nouveau costume universaliste des politiques ciblées

Dans ce contexte, dans les années 2000, autant dans quelques organisations internationales (particulièrement l'OIT ou la CEPAL) que dans certains pays latino-américains, des discours différents se sont développés, fondés sur une approche universelle, malheureusement sans passer par un bilan complet et critique des expériences des politiques ciblées. Les « universalismes » émergents sont hétérogènes[13] et dans certains cas sont une extension des points de vue des politiques ciblées. Dit autrement, ils sont universels dans le discours mais dans la pratique ils créent une segmentation et reproduisent de la hiérarchie, entre institutions pour les pauvres (programmes ciblés à bon marché) et institutions pour les non pauvres (articulation de la sécurité sociale et de services privés de haute qualité). Comme dans le cas mexicain, ces universalismes nouveaux peuvent être le ciment de la segmentation de la citoyenneté ou de la citoyenneté « à plusieurs vitesses » (Valencia, Foust, Tetreault, 2012 ; voir aussi Ceballos dans cet ouvrage).

On parle de « plancher » ou « socle » de protection sociale universelle, avec des minima sociaux ; mais, les « étages » des minima sociaux proposés pourraient devenir une espèce de « sous-sol social », nouvelle forme de ségrégation sociale. Les nouveaux récits de l'universalisme seraient ainsi dans le fond des versions modifiées du récit des politiques ciblées : de *vraies politiques ciblées dans un costume universaliste*. Plus encore dans un cadre de mobilité sociale ascendante sérieusement limitée, avec de grandes difficultés à générer des emplois pour tous et le ralentissement économique que commence à expérimenter la région, les minima sociaux

---

13 Filgueira (2013) décrit trois approches de protection sociale universelle qui sont discutés en Amérique latine : un socle de protection sociale de l'OIT, un système d'assurance universelle financée par des taxes à la consommation promu par Santiago Levy et un système universel de prestations et de transferts de base ou « universalisme basique ».

pourraient se convertir en un *nouveau ghetto institutionnel, de citoyenneté limitée.*

Aller au-delà ?

Sortir des impasses actuelles requerrait, en premier lieu, l'approfondissement des bilans critiques des expériences de transferts monétaires conditionnels, qui dépassent les limites des évaluations liées aux récits hégémoniques du succès. En deuxième lieu, la conversion des transferts monétaires conditionnels soit dans des mécanismes de revenu citoyen, soit en une allocation familiale universelle sous logique de droits, gagnerait à être envisagée : les États latino-américains allouent déjà 0.5 % du PIB en moyenne aux transferts monétaires conditionnels, ce qui pourrait représenter une base initiale fiscale réaliste pour avancer progressivement vers un revenu universel beaucoup plus ambitieux. En troisième lieu, le retour aux projets de construction de systèmes de protection sociale universels : services pour tous, avec la même qualité et le même statut citoyen. Cependant, même dans le cas des deux dernières possibilités, *au fond, la critique du récit hégémonique est incontournable.*

Bibliographie

Adato, M., *Combining Survey and Ethnographic Methods to Evaluate Conditional Cash Transfer Programs*, Q-Squared Working Paper n° 40, Centre For International Studies, Toronto, University of Toronto, 2007.

Adato, M., « Programas de transferencias monetarias condicionadas : beneficios y costos sociales », in Boltvinik, J. et Damián, A. (dir.), *La pobreza en México y el mundo*, México, Siglo XII/Gobierno de Tamaulipas, 2004, pp. 348-363.

Banegas González, I. et Mora Salas, M., « Transferencias condicionadas y reducción de la pobreza en México : Entre lo real y lo imaginado », *European Review of Latin American and Caribbean Studies*, 93, 2013, pp. 41-60.

Barba Solano, C., *¿Reducir la pobreza o construir ciudadanía social para todos ? América Latina : regímenes de bienestar en transición al iniciar el siglo XXI*, Guadalajara, Universidad de Guadalajara, 2007.

Barrientos, A., *Social Assistance in Developing Countries*, Cambridge, Cambridge University Press, 2013.

Behrman, J. R. et Skoufias, E., « Mitigating Myths about Policy Effectiveness : Evaluation of Mexico's Antipoverty and Human Resource Investment Program », *The ANNALS of the American Academy of Political and Social Sciences,* 606, 2006, pp. 244-275.

Cecchini, S. et Madariaga, A., *Programas de Transferencias Condicionadas. Balance de la experiencia reciente en América Latina y el Caribe*, Santiago de Chile, CEPAL, 2011.

Coady, D., Grosh, M. et Hoddinott, J., *La focalización de las transferencias en los países en desarrollo : Revisión de lecciones y experiencias*, Washington, World Bank/IFPRI, 2004.

Cohen, E. et Franco, R. (dir.), *Transferencias con corresponsabilidad. Una mirada latinoamericana*, México, FLACSO/Oportunidades, 2006.

De Ferranti, D. *et al.*, *Asegurando el futuro en una economía globalizada*, Washington, Banco Mundial, 2000.

De La Brière, B. et Rawlings, L. B., *Examining Conditional Cash Transfer Programs : A Role for Increased Social Inclusion ?, Social Safety Net Primer Series*, Washington, World Bank, 2006.

Filgueira, F., *Hacia un modelo de protección social universal en América Latina*, Santiago de Chile, CEPAL, 2013.

Franzoni Martínez, J. et Voorend, K., « Actors and ideas behind CCTs in Chile, Costa Rica and El Salvador », *Global Social Policy*, 11 (2-3) , 2011, pp. 279-298.

González De La Rocha, M., « Pobreza, cambio familiar y políticas social en México : una perspectiva diacrónica », in González De La Rocha, M. et Escobar Latapí, A. (dir.), *Pobreza, transferencias condicionadas y sociedad*, México, CIESAS, 2012, pp. 51-98.

González De La Rocha, M. (dir.), *Procesos Domésticos y Vulnerabilidad. Perspectivas Antropológicas de los Hogares con Oportunidades*, México, CIESAS, 2006.

González De La Rocha, M. et Escobar Latapí, A. (dir.), *Pobreza, transferencias condicionadas y sociedad*, México, CIESAS, 2012.

International Food Policy Research Institute, IFPRI, *¿Está dando buenos resultados Progresa ? Informe de los resultados de una evaluación realizada por el IFPRI 2000*, México, SEDESOL, 2000.

Ivo, A. B. L., « Bolsa Familia ; caminos da coesão social ou segmentação da pobreza ? », in Barba, C. et Cohen, N. (dir.), *Perspectivas críticas sobre la cohesión social. Desigualdad y tentativas fallidas de integración social en América Latina*, Buenos Aires, CLACSO, 2011, pp. 171-194.

Lautier, B., « Las políticas sociales en América Latina : propuestas metodológicas para analizar el cambio que se está produciendo », *Espiral, Estudios sobre Estado y Sociedad*, VII (22), 2001, pp. 91-130.

Levy, S. et Schady, N., « Latin America's Social Policy Challenge : Education, Social Insurance, Redistribution », in *Journal of Economic Perspectives*, 27 (2), 2013, pp. 193-218.

Fiszbein, A. et Schady, N., *Conditional Cash Transfers. Reducing Present and Future Poverty*, Washington, The World Bank, 2009.

Rawlings, L. B., « A New Approach to Social Assistance : Latin America's Experience with Conditional Cash Transfer Programs », *International Social Security Review*, 58 (2–3), 2005, pp. 133-161.

Roberts, B., « Del universalismo a la focalización y de regreso : los programas de transferencias condicionadas y el desarrollo de la ciudadanía social », in González De La Rocha, M. et Escobar Latapí, A. (dir.), *Pobreza, transferencias condicionadas y sociedad*, México, CIESAS, 2012, pp. 341-360.

Robles, C. et Mirosevic, V., *Sistemas de protección social en América Latina y el Caribe : Brasil*, Santiago de Chile, CEPAL, 2013.

Rocha, S., « The Brazilian Bolsa-Família, 2003-2010. The workings of the new cash transfer program », *Économie Appliquée*, LXVI (1), 2013, pp. 125-154.

Salama, P., *Les économies émergentes, le plongeon ?*, Working Paper 42, Paris, Fondation Maison des Sciences de l'Homme, 2013.

Stampini, M. et Tornarolli, L., *The growth of conditional cash transfers in Latin America and the Caribbean : did they go too far ?*, Policy Brief 185, Social Sector, Social Protection and Health Division, Washington, Interamerican Development Bank, 2012.

Skoufias, E. et McClafferty, B., *Is Progresa Working ? Sumary of the Results of an Evaluation by IFPRI*, Food Consumption and Nutrition Division Discussion Paper 118, Washington, IFPRI, 2001.

Valencia Lomelí, E., « Conditional Cash Transfers as Social policy. Contributions, Limitations, and Illusions », in Veltmeyer, H. et Tetreault, W. (dir.), *Poverty and Development in Latin America. Public Policies and Developments Pathways*, Sterling, Virginia, Kumarian Press, 2013, pp. 163-187.

Valencia Lomelí, E., « Conditional Cash Transfers as Social Policy in Latin America : An Assessment of their Contributions and Limitations », *Annual Review of Sociology*, 34, 2008, pp. 475–99.

Valencia Lomelí, E., Foust Rodríguez, D. et Tetreault, W. (dir.), *Sistema de protección social en México a inicio del siglo XXI*, Santiago de Chile, CEPAL/ASDI, 2012.

World Bank, *The State of Social Safety Nets 2014*, Washington, World Bank, 2014.

World Bank, *A World Free of Poverty. Ending Extreme Poverty and Promoting Shared Prosperity*, Washington, World Bank, 2013.

Bio-bibliographies des auteurs, selon leur ordre dans le livre

Blandine Destremau est sociologue, directrice de recherche au CNRS et membre de l'Iris / EHESS. Ses domaines de recherche concernent la lutte contre la pauvreté, les politiques sociales et les formes de solidarité et d'organisation familiale, au prisme de l'intersectionnalité des rapports sociaux de genre, de classe, d'ethnicité, et de génération. Elle a coordonné de nombreux ouvrages et dossiers spéciaux de revue, dont *Cuba : temporalités et tensions du changement* (avec J. Leleu et N. Graber), *Cahiers des Amériques latines*, n° 84, 2017 ; *Culture and Institution: Cuban Dynamics of Change* (avec J. Leleu et N. Graber), *International Journal of Cuban Sudies*, vol. 8-2, hiver 2016 ; *Féminismes décoloniaux, genre et développement* (avec Ch. Verschuur), *Revue Tiers Monde*, nº 209 – Janvier-Mars 2012, Paris, Armand Colin.

Isabel Georges est sociologue, chargée de recherche à l'Institut de recherche pour le développement (IRD), membre de l'UMR 201 « Développement et sociétés » (IRD/Paris I-IEDES), chercheuse associée au Centre d'études des droits de la citoyenneté (Cenedic) à l'Université de São Paulo, professeure invitée à l'Université fédérale de São Carlos et à l'Université de Campinas (Chaire franco-brésilienne), au Brésil. Co-coordinatrice du Laboratoire Mixte International *Social activities, gender, markets and mobilities from beow (Latin America)* – LMI SAGEMM, IRD (https://sagemm.ird.fr/). Sociologue du travail et du développement, ses travaux portent sur les reconfigurations du travail, les transformations familiales et les politiques publiques dans une perspective genrée et intersectionnelle au Brésil et en Amérique latine. Quelques publications : « Les Années Lula : Politiques sociales ou néo-libéralisme ? » (dir. avec R. Cabanes), *Brésil(s), Sciences humaines et sociales*, n° 6, novembre 2014 ; *Travail, femmes et migrations dans les Suds* (avec N. Borgeaud-Garciandía), *Revue Tiers Monde*, n° 217, janvier-mars 2014, Paris, Armand Colin ; *São Paulo, la ville d'en bas.* (dir. avec R. Cabanes), Paris, l'Harmattan, 2009.

Robert Cabanes est ancien directeur de recherche émérite de l'Institut de recherche pour le développement (IRD). Ses travaux concernent l'anthropologie et la sociologie du travail et des quartiers populaires de banlieue à São Paulo, Brésil. Principaux ouvrages : *L'économie morale des quartiers populaires*, Paris, l'Harmattan, 2014 ; *São Paulo, la ville d'en* bas (avec I. Georges), Paris, l'Harmattan, 2009 ; *Travail, Famille, Mondialisation,* Paris, Karthala, 2002.

Yumi Garcia dos Santos est sociologue et enseignante-chercheuse à l'Université fédérale de Minas Gerais (UFMG), Brésil, depuis 2012. Ses enseignements portent sur la sociologie du genre, du pouvoir et des inégalités sociales, les théories sociologiques et la méthodologie qualitative. Chercheuse du Laboratoire Mixte International – *Social activities, gender, markets and mobilities from below* (SAGEMM) (2016-). Domaines de recherches : insertion des femmes dans le marché (articulant travail, politique, culture et religion). Ses publications récentes discutent les nouvelles politiques sociales au Brésil, leur dimension locale, implications avec les rapports de genre et le rôle de médiation des femmes : *As novas políticas sociais brasileiras na saúde e na assistência. Produção local do serviço e relações de gênero*. (avec I. Georges), Belo Horizonte, Fino Traço Editora, 2016 ; « As mulheres como pilar da construção dos programas sociais », *Caderno CRH*, UFBA, vol. 27, 2014 ; « Família, trabalho e religião das mulheres assistidas em São Paulo », *Cadernos de Pesquisa*, Fundação Carlos Chagas, vol. 44, 2014.

Carolina Rojas Lasch, docteure en sociologie de l'EHESS, Paris. Actuellement, directrice du Département de travail social de l'Université Alberto Hurtado et professeure à l'Université catholique du Chili. Elle est membre de la Plateforme interdisciplinaire de recherche « Normalidad, Diferencia y Educación » (www.nde.cl). Ses travaux portent sur la façon dont l'action publique construit des hiérarchies, des identités et produit des subjectivités, notamment dans le cadre de politiques sociales et de politiques d'éducation. Elle a publié des chapitres dans les ouvrages collectifs suivants : *Économies morales contemporaines*, sous la direction de D. Fassin et de J. S. Eideliman, Paris, La Découverte, 2012 et *Michel Foucault: Biopolítica y Neoliberalismo*, sous la direction de V. Lemm, Éditions de l'Université Diego Portales, 2010. Elle travaille actuellement à un ouvrage sur les transformations des politiques sociales au Chili, intitulé : *Estado Social Neoliberal. "La ayuda" y la gestión de la vulnerabilidad.*

Rocío Enríquez Rosas, docteure en Sciences sociales du Centre de recherches et d'études supérieures en Anthropologie sociale occidentale (ITESO), Guadalajara, Mexico. Elle est professeure et chercheuse de l'ITESO à l'Université jésuite de Guadalajara depuis 1996, membre du système national de chercheurs depuis 2004. Elle a coordonné le champ stratégique d'action dans le domaine de la pauvreté et de l'exclusion du système universitaire jésuite à Mexico (2004-2007). Elle est membre du Réseau national de recherches en politiques sociales (REMIPSO) et coordinatrice du Réseau national de recherches socioculturelles sur les émotions (RENISCE). Domaines de recherche : pauvreté et politiques sociales, construction socio-culturelle des émotions et l'inclusion sociale, genre, générations, familles et bien-être social. Elle est auteure du livre *El crisol de la pobreza: mujeres, subjetividades, emociones y redes sociales.* Elle a coordonné divers ouvrages et publié de nombreux articles dans des revues à comité de lecture et de chapitres dans des ouvrages collectifs. Elle coordonne actuellement le projet de recherche : « Subjectivités, émotions, processus de collectivisation du *care* des personnes âgées et bien-être social : Mexique, Espagne, Uruguay ».

Edith Carrillo Hernández, chercheuse indépendante, docteure en Sciences sociales, avec spécialisation en anthropologie sociale, du Centre de recherche et d'études supérieures en anthropologie sociale (ITESO). Elle a participé à diverses recherches sur le genre, le rôle parental, la criminalité, la pauvreté et la migration, ainsi qu'à des évaluations de divers programmes sociaux.

Elba Karina Vázquez Garnica, docteure en Sciences de la santé publique, Université de Guadalajara, Mexique. Enseignante à l'Institut technologique d'études supérieures de l'Occident (*Instituto Tecnológico de Estudios Superiores de Occidente* – ITESO), Mexique. Ses recherches portent sur les personnes âgées en situation de vulnérabilité, récepteurs de *care*, dans une approche qualitative.

Bérengère Marques-Pereira est professeure de l'Université à l'Université libre de Bruxelles, en science politique et membre du centre METICES de l'Institut de sociologie. Elle coordonne le groupe de travail « genre et politique » de l'Association belge de science politique. Quelques publications récentes : « Quelques jalons pour une politique comparée de la citoyenneté des femmes en Amérique latine », in K. Bergès, D. Burgos, M. Yusta, N. Leduc, *Résistantes, militantes, citoyennes. L'engagement politique des femmes aux XXe et XXIe siècles,* Rennes, Presses Universitaires de Rennes, 2015, pp. 19-31 ; « El género como recurso politico : el uso estratégico del género por Michelle Bachelet (Chile) y Laurette Onkelinx (Bélgica) », *Revista de la Academia*, vol. 20, 2015, en collaboration avec D. Paternotte et M. Valenzuela, http://revistas.academia.cl/index.php/academia ; « Peut-on professionnaliser et institutionnaliser le féminisme sans les féministes ? Les cas du Chili et du Pérou », en collaboration avec J. Jenson et N. Nagels, in P. Meier et D. Paternotte (dir.), *La professionnalisation des luttes pour l'égalité : enjeux théoriques et politiques*, Louvain-la-Neuve, Academia Harmattan, 2017, pp. 87-108.

Rubén M. Lo Vuolo, directeur et chercheur du Centre interdisciplinaire pour l'étude de politiques publiques (*Centro interdisciplinario para el Estudio de Políticas públicas*) – CIEPP, Buenos Aires, Argentine. Études d'économie à l'Université nationale du littoral (*Universidad Nacional del Litoral*), Argentine et à l'Université de Pittsbourgh, USA. Ses travaux portent sur les politiques sociales, le marché du travail, les théories et les politiques économiques. Professeur et chercheur invité dans différentes Universités et consultant de divers organismes internationaux. Actuellement, il préside le Réseau argentin du revenu citoyen (*Red Argentina de Ingreso Ciudadano*) – Redaic. Derniers ouvrages parus : *Políticas Públicas y Democracia en Argentina. Crónicas de un País que no Aprende*, 2017 ; *Citizen's Income and Welfare Regimes in Latin America. From Cash Transfers to Rights*, 2013 ; *Distribución y crecimiento. Una controversia persistente*, 2009.

Natália Maximo e Melo est l'auteure d'une thèse en sociologie, portant sur *L'aumône et le réseau de protection : une étude des services sociaux destinés aux personnes vivant dans la rue*, Université fédérale de São Carlos, Département de sociologie (Brésil), 2016. Séjour doctoral à l'École des hautes études en sciences sociales (EHESS) entre 2015-2016. Actuellement, elle enseigne à l'Université fédérale de São Carlos et est chercheuse du Laboratoire Mixte International (LMI-SAGEMM). Ses recherches en sociologie urbaine portent sur les enjeux sociaux qui sous-tendent la politique d'assistance sociale actuelle au Brésil, notamment celles qui visent les sans-abris et les usagers de drogues. Publication récente : « Distinguir entre tráfico e uso de drogas: apontamentos sobre a seletividade penal na cracolândia » (avec L.C. Souza), in Rui, T., Martinez, M., Feltran, G. (dir.), *Novas Faces da vida nas ruas*, 1ed., São Carlos: EdUFSCar, 2016, vol. 1, p. 223-244.

Magdalena Villarreal est enseignante-chercheuse titulaire C du *Centro de Investigaciones y Estudios superiores en Antropología social* (CIESAS Occidente), centre publique de recherche mexicain. Elle est membre de l'*Academia Nacional de Ciencias* et est classée au niveau II du *Sistema Nacional de Investigadores* du Mexique. Maîtrise sur les systèmes de connaissance, Université de Wageningen, Pays-Bas (1990), et doctorat, à la même Université (1994). Post-doctorats au Danemark et aux Pays-Bas. Ses recherches portent sur des questions migratoires, les finances populaires, les politiques publiques, le développement, le genre et l'argent, dans une perspective anthropologique. Quelques publications récentes : *Las deudas de los oprimidos en el imperio de la liquidez* (dir.), Numéro thématique de la revue *Desacatos. Revista de Antropología Social*, janvier-avril, n° 44, 2014 ; *Microfinance, Debt and Overindebtedness: Juggling with Money* (avec I. Guerin, S. Morvant-Roux (dir.)), Londres, Routledge, 2013 ; *Mujeres, Finanzas Sociales y Violencia Económica en Zonas Marginadas de Guadalajara*, Guadalajara: Instituto Municipal de Mujeres en Guadalajara (IMMG), IJM, CIESAS, 2009.

Cibele Saliba Rizek est sociologue, professeure de l'Université de São Paulo (USP), à l'Institut d'Architecture et d'Urbanisme (IAU) et au Centre d'études des droits de la citoyenneté (CENEDIC), chercheuse du *Centro Nacional de Desenvolvimento Científico e Tecnológico* (CNPq) et professeure invitée de l'Université fédérale de São Carlos (UFSCar). Elle est co-coordinatrice du Laboratoire Mixte International *Social activities, gender, markets and mobilities from below (Latin America)* – LMI SAGEMM. Ses domaines de recherche concernent la ville et les politiques de la ville, les politiques sociales et de logement. Elle a coordonné des ouvrages comme *Saídas de Emergência: Ganhar/perder a vida na periferia de São Paulo* (avec R. Cabanes, I. Georges, V. Telles), São Paulo, Boitempo Editorial, 2011 ; *Hegemonia* às *Avessas* (avec F. de Oliveira, R. Braga), São Paulo, Boitempo Editorial, 2010 ; *A Era da Indeterminação* (avec F. de Oliveira), São Paulo, Boitempo Editorial, 2007 ; aussi bien qu'avec I. Georges, deux dossiers sur les Politiques sociales au Brésil et en Amérique Latine (Revue *Contemporânea*, 2016 et *Cadernos CRH*, 2014).

Natacha Borgeaud-Garciandía est sociologue, chercheuse au Conseil national de Recherche scientifique et technique à la Faculté latino-américaine de sciences sociales (CONICET/FLACSO, Argentine) et membre associé de l'UMR 201 « Développement et sociétés ». Elle est chercheuse du Laboratoire Mixte International (LMI-SAGEMM). Ses principaux thèmes de recherche portent sur les rapports entre travail et subjectivité dans des emplois essentiellement occupés par des femmes, notamment dans les usines de sous-traitance (Nicaragua), ou plus récemment dans les emplois de *care* (Argentine). Outre nombre d'articles scientifiques, elle a publié *Trabajo de cuidado domiciliario a adultos mayores y migración en la Ciudad de Buenos Aires*, Teseo, 2017 ; et dirigé l'ouvrage *El trabajo de Cuidado*, Teseo, 2017 (sous presse). Elle a codirigé avec I. Georges le dossier thématique « Travail, femmes et migrations dans les Suds », *Revue Tiers Monde*, n° 217, 2014, Paris, Armand Colin, et a publié *Dans les failles de la domination*, Presses universitaires de France, coll. « Souffrance et théorie », 2009 ; *Puertas Adentro.*

Ania Tizziani est sociologue, chercheuse du *Consejo de Investigaciones Científicas y Técnicas* (CONICET) et enseignante à l'*Universidad Nacional de General Sarmiento*, en Argentine. Ses thèmes de recherche principaux portent sur le travail féminin, les rapports de genre et de classe et les inégalités sociales. Publications récentes : « Comparative perspectives on domestic work in Latin America » (avec D. Gorban), *Journal of Latino/Latin American Studies*, University of Nebraska, 2017 (sous presse), « Trabajo emocional y tecnologías afectivas: perspectivas sobre un programa de empleo para empleadas domésticas en un municipio del AMBA », in Canevaro, S., Abramowski, A. (dir.) *Pensar los afectos. Aproximaciones desde las ciencias sociales y las humanidades*, UNGS, Buenos Aires, 2017, pp. 137-150 ; « Género, familia y trabajo: concepciones de beneficiarias e intermediarias de un seguro de capacitación y empleo en un Municipio del Área Metropolitiana de Buenos Aires », *Revista Contemporânea*, UFSCar, vol. 6, nº 1, 2016, pp. 97-117.

Ricardo Peñafiel est professeur associé au département de science politique de l'Université du Québec à Montréal (UQAM) et chercheur au Groupe de recherche sur les imaginaires politiques en Amérique latine (GRIPAL). Spécialiste de l'Amérique latine, il enseigne l'analyse du discours, l'ethnosociologie ainsi que les théories et pratiques de la démocratie et du développement. Cherchant à faire entrer la voix des sans-voix dans l'analyse scientifique et les théories critiques, il développe une *ethnosociologie des discours*, plaçant sur le même plan épistémologique les récits de vie des laissés pour compte et les discours du pouvoir. Dans cette perspective, il a notamment codirigé le livre *L'interpellation plébéienne en Amérique latine. Violence, actions directes et virage à gauche*, Paris/Montréal, Karthala/PUQ, 2012. Il travaille actuellement sur une étude comparée des « Printemps » chilien (2011) et québécois (2012), à paraître chez Routledge.

Anete Brito Leal Ivo, professeure du Programme de post-graduation en politiques sociales et citoyenneté à l'Université catholique de Salvador da Bahia et du Programme de post-graduation en Sciences sociales de l'Université fédérale de Bahia (UFBA), Salvador de Bahia, Brésil. Chercheuse du Conseil national pour le développement scientifique et technologique (CNPq). Fellow CROP (*Comparative Research Program on Poverty*) du *International Social Science Council* (Unesco). Ses recherches s'inscrivent dans les domaines de la théorie sociale, de la modernisation et de la question sociale, ainsi que des études du développement et des inégalités, analysant les effets de la globalisation sur les politiques sociales et la structure sociale. Membre du Réseau latino-américain des études de la pauvreté et des politiques sociales (CLACSO) depuis 2004. Elle a organisé le *Dicionario Tematico Desenvolvimento e Questão Social,* São Paulo, Annablume, 2013 et publié notamment *Viver por um fio. Pobreza e políticas sociais,* São Paulo, Annablume, 2008 ; *Metamorfoses da Questão democrática: governabilidade e pobreza,* Buenos Aires, Clacso, 2001.

Jacob Carlos Lima est professeur de sociologie à l'Université fédérale de São Carlos (UFSCar), chercheur au *Centro Nacional de Desenvolvimento Científico e Tecnológico* (CNPq) et coordinateur du Laboratoire d'études Travail, professions et mobilités. Chercheur du Laboratoire Mixte International (LMI-SAGEMM). Ses intérêts de recherche se situent dans les champs de la sociologie du travail et de la sociologie économique, au croisement des thèmes suivants : restructuration et re-spatialisation de la production, travail flexible, travail informel, entreprenariat, réseaux sociaux, travailleurs dans le domaine des nouvelles technologies de l'information, coopératives et l'économie solidaire, cultures de travail et mobilités, pauvreté et politiques sociales. Quelques publications récentes : « Trabalhadores digitais: as novas ocupações no trabalho informacional » (avec D. Oliveira), *Sociedade e Estado*, vol. 32, 2017, pp. 115-143 ; « Fábricas recuperadas pelos trabalhadores: os dilemas da gestão coletiva do trabalho » (avec A. Pires), *Caderno CRH*, vol. 30, 2017, pp. 68-87 ; « La nouvelle informalité et la flexibilité du travail au Brésil » (avec F. Rangel), *Sociologie et Sociétés*, vol. 47, 2015, pp. 47-72.

Oscar Rodríguez Salazar, docteur en Sciences économiques et Sociologie. Professeur émérite des Universités Nationale et *Externado* de la Colombie. Chercheur émérite de Colciencias. Domaines de recherche : la Protection sociale, la monnaie et l'histoire économique. Publications récentes : « Rentismo financiero y vulnerabilidad social: el caso de las pensiones en Colombia » et coauteur de « La moneda en una sociedad de excluidos: el caso de los lazaretos en Colombia », in

Oscar Rodríguez (dir.), *La Protección social bajo el imperio del mercado,* Bogotá, Universidad Nacional de Colombia, 2017 ; Coauteur de « Crisis políticas y monetarias en una economía preindustrial. El caso colombiano 1850-1902 », in Théret, B. (dir.), *La moneda develada por sus crisis,* Bogotá, Universidad Nacional de Colombia, 2013 ; « Programas de investigación y políticas públicas en los sistemas de protección social », in Hernández, A., Rico, C. (dir.), *Protección social en salud en América Latina y el Caribe,* Bogotá, Universidad Javeriana, IDCR, Canada, 2010.

Décsi Arévalo Hernández, docteur en Sciences économiques. Professeur de l'Université des Andes, Bogotá, Colombie. Domaines de recherche : la Protection Sociale, la monnaie et l'histoire économique. Publications récentes : « La moneda en una sociedad de excluidos: el caso de los lazaretos en Colombia » (coauteure), in Rodríguez, O. (dir.), *La Protección social bajo el imperio del mercado*, Bogotá, Universidad Nacional de Colombia, 2017 ; « Gran especulación. Política y moneda en la guerra de los mil días », in Arévalo, D. (dir.), *Soberanía política y regímenes monetarios. Experiencias históricas*, Bogotá, Universidad Nacional de Colombia, 2016 ; « Crecimiento económico y protección social, dos patrones divergentes en Colombia », in Purcell, F., Arias, R. (dir.), *Chile – Colombia diálogos sobre sus trayectorias históricas*, Santiago de Chile, Ril Editores, 2014 ; « Crisis políticas y monetarias en una economía preindustrial. El caso colombiano 1850-1902 » (coauteure), in Théret, B. (dir.), *La moneda develada por sus crisis,* Bogotá, Universidad Nacional de Colombia, 2013.

Pablo Jaramillo, Ph.D. Manchester, Royaume-Uni, professeur associé d'anthropologie à *l'Universidad de los Andes*, Bogotá, Colombie. Chercheur associé à l'UMR 201 « Développement et sociétés » et chercheur du Laboratoire Mixte International (LMI-SAGEMM). Il s'intéresse aux intersections entre politiques sociales et multi-culturalisme. Ses recherches actuelles portent sur l'usage des nouvelles technologies de l'information dans l'administration et la distribution de l'assistance sociale. Publications récentes : « Pensar la indigenidad a través de la victimización y el género », in Restrepo, E., Rojas, A. et Saade, M. (dir.), *Antropología hecha en Colombia,* Tomo II, Bogotá, Asociación Latinoamericana de Antropología – Instituto Colombiano de Antropología-Editorial Universidad del Cauca, 2017, pp. 339-364 ; « Colombia y la ansiedad universal: afectos, técnicas y saberes de la modernización » (avec C.A. Manrique, J.R. Aparicio), in Bitar, S., Tickner, A. (dir.), *Nuevos enfoques para el estudio de las* *relaciones internacionales en Colombia*, Bogotá, Ediciones Uniandes ; « Gubernamentalidades futuristas: gobernar el hogar en la era del optimismo tecnológico », *Contempoânea* (Brasil) 6 (1), 2016, pp. 75-96 ; *Etnicidad y victimización*, Bogotá, Ediciones Uniandes, 2014.

Marco Ceballos, docteur en sociologie par l'Université de Paris 1 et Master en sociologie par l'Université de Paris 8. Il est enseignant-chercheur à l'École de sociologie de l'Université Andrés Bello à Valparaíso, Chili, chercheur membre du Groupe de Travail « Pauvreté et Politiques sociales » de CLACSO, chercheur associé à l'UMR 201 « Développement et sociétés » et chercheur du Laboratoire Mixte International LMI-SAGEMM. Ses recherches portent sur les politiques sociales et la sécurité sociale en Amérique latine (Argentine, Brésil, Chili, Mexique), en particulier les transformations de l'État et du social depuis les années 1980, la féminisation et familiarisation des politiques d'aide sociale, les inégalités de genre et les politiques d'activation. Publications : « ¿Ciudadanía o ayuda social? del diseño de la política pública a la experiencia de las mujeres beneficiarias asistenciales en Chile », *Caderno CRH, 28*(73), 2015, pp. 165-180 ; « Bolsa familia y la asistencia social en Brasil: de la lucha política a la mercantilización local » (avec I. Georges), *Caderno CRH, 27*(72), 2014, pp. 513-529 ; « Les CCTP en Amérique Latine : Entre modélisation internationale et conjonctures politiques nationales » (avec B. Lautier), *Revue Tiers Monde*, 214, (2), 2013, pp. 219-245.

Enrique Valencia Lomelí, socio-économiste. Professeur et chercheur à l'Université de Guadalajara (Mexique) depuis 1994, membre du Système national de chercheurs du Mexique. Coordinateur du Programme du Doctorat en Sciences sociales de l'Université de Guadalajara. Master en sociologie de l'Université Ibéro-américaine (Mexique), Doctorat de l'Université de Paris 7, spécialité Structures productives et Système mondial. Recherches comparatives portant sur les politiques économiques et sociales, en Amérique latine (Brésil et Mexique) et Asie (Corée du Sud). Coordinateur du Groupe de recherche Pauvreté et Politiques sociales CLACSO (2010-2016) et président du Réseau mexicain de recherche en politiques sociales (2013-2016). Publications de livres collectifs en Australie, Corée du Sud, États Unis, Argentine, Brésil, Chili et Mexique, réalisation de projets éditoriaux avec la BID, la CEPAL et l'UNESCO, et publications dans plusieurs revues scientifiques : *Annual Review of Sociology* (États Unis), *Global Social Policy* (Canada), *Revue Tiers Monde* (France), *Development and Society* (Corée du Sud), *Revista Uruguaya de*

Ciencia Política (Uruguay), *Revista de Ciencias Sociales* (Argentine), *One Pager* (Brésil), *Estudios Sociológicos* (Mexique), *Espiral. Estudios de Estado y Sociedad* (Mexique), *Estudios Sociales* (Mexique).

Action publique

La collection « Action publique » étudie le fonctionnement de l'État sous des angles multiples. Elle privilégie l'analyse des politiques publiques (environnement, santé, emploi, culture, etc.) et l'étude institutionnelle et organisationnelle des administrations publiques. Les mutations qui caractérisent aujourd'hui l'action publique (déréglementation, externalisation, contractualisation, action en réseaux, etc.) sont au cœur de ses préoccupations.

Ainsi la collection « Action publique » accorde-t-elle également une place importante aux rapports que l'État entretient avec son environnement, l'appareil politique et la société civile bien sûr, mais aussi avec les évolutions sociétales plus larges (individualisme, globalisation, etc.).

La pluridisciplinarité est une caractéristique essentielle des travaux contemporains dans le domaine. C'est pourquoi cette collection encourage les approches économiques, historiques, juridiques, politologiques, sociologiques et philosophiques.

Directeurs de collection :

Jean-Louis GENARD, Professeur à l'Université Libre de Bruxelles

Steve JACOB, Professeur à l'Université Laval.

Titres parus

N° 1 – Steve JACOB, Frédéric VARONE et Jean-Louis GENARD (dir.), *L'évaluation des politiques au niveau régional*, 2007, 218 p.

N° 2 – Fabrizio CANTELLI, *L'État à tâtons. Pragmatique de l'action publique face au sida*, 2007, 268 p.

N° 3 – Isabelle DE LOVINFOSSE, *How and Why Do Policies Change? A Comparison of Renewable Electricity Policies in Belgium, Denmark, Germany, the Netherlands and the UK*, 2008, 317 p.

N° 4 – Frédéric DOBRUSZKES, *Libéralisation et desserte des territoires : le cas du transport aérien européen*, 2008, 287 p.

N° 5 – Fabrizio CANTELLI, Marta ROCA I ESCODA, Joan STAVO-DEBAUGE et Luca PATTARONI (dir.), *Sensibilités pragmatiques. Enquêter sur l'action publique*, 2009, 444 p.

N° 6 – Guy LEBEER et Jacques MORIAU (dir.), *(Se) gouverner. Entre souci de soi et action publique*, 2010, 211 p.

N° 7 – Marc LEROY, *Taxation, the State and Society. The Fiscal Sociology of Interventionist Democracy*, 2011, 400 p.

N° 8 – Mathieu BERGER, Daniel CEFAÏ et Carole GAYET-VIAUD (dir.), *Du civil au politique. Ethnographies du vivre-ensemble*, 2011, 603 p.

N° 9 – Thibauld MOULAERT, *Gouverner les fins de carrière à distance.* Outplacement *et vieillissement actif en emploi*, 2012, 287 p.

N° 10 – Léa LIMA (dir.), *L'expertise sur autrui. L'individualisation des politiques sociales entre droit et jugements*, 2013, 242 p.

N° 11 – Hélène BUISSON-FENET, Xavier PONS, *School Evaluation Policies and Educating States. Trends in Four European Countries*, 2014, 210 p.

N° 12 – Luisa MORETTO, *Assessing Urban Governance. The Case of Water Service Co-production in Venezuela*, 2014, 286 p.

N° 13 – Nathalie SCHIFFINO, Laurent TASKIN, Céline DONIS et Julien RAONE (eds.), *Organizing after Crisis. The Challenge of Learning*, 2015, 285 p.

N° 14 – Louise CARLIER, *Le cosmopolitisme, de la ville au politique. Enquête sur les mobilisations urbaines à Bruxelles*, 2016, 234 p.

N° 15 – Blandine DESTREMAU et Isabel GEORGES (dir.), *Le care, nouvelle morale du capitalisme. Assistance et police des familles en Amérique latine*, 2017, 422 p.

www.peterlang.com

www.ingramcontent.com/pod-product-compliance
Ingram Content Group UK Ltd.
Pitfield, Milton Keynes, MK11 3LW, UK
UKHW021921290926
8980IPUK00016B/1392

9 782807 605329